《〔民国〕续纂泰州志》整理课题组

组长：刘社林

成员：袁　莉　蔡　清　曹卫民

邓桂安　王顺国　易楠希

泰州旧志整理文化工程

民国续纂

泰州志

泰州市海陵区党史方志办公室
泰州市海陵区档案馆 编

南京出版传媒集团
南京出版社

图书在版编目（CIP）数据

民国续纂泰州志 / 泰州市海陵区党史方志办公室，泰州市海陵区档案馆编. -- 南京：南京出版社，2023.12
（泰州旧志整理文化工程）
ISBN 978-7-5533-4543-7

Ⅰ. ①民… Ⅱ. ①泰… ②泰… Ⅲ. ①泰州－地方志－民国 Ⅳ. ①K295.33

中国国家版本馆CIP数据核字（2023）第238826号

书　　名　〔民国〕续纂泰州志
编　　者　泰州市海陵区党史方志办公室
　　　　　泰州市海陵区档案馆
出版发行　南京出版传媒集团
　　　　　南 京 出 版 社
　　　　　社址：南京市太平门街53号　　邮编：210016
　　　　　网址：http://www.njcbs.cn　　电子信箱：njcbs1988@163.com
　　　　　联系电话：025-83283893、83283864（营销）　025-83112257（编务）

出 版 人　项晓宁
出 品 人　卢海鸣
责任编辑　严行健
装帧设计　孙睿静
责任印制　杨福彬

排　　版　南京凯德印刷有限公司
印　　刷　南京凯德印刷有限公司
开　　本　787毫米×1092毫米　1/16
印　　张　30.5
字　　数　430千字
版　　次　2023年12月第1版
印　　次　2023年12月第1次印刷
书　　号　ISBN 978-7-5533-4543-7
定　　价　120.00元

泰州旧志整理文化工程前言

官修志书历来被视为最权威、最全面的地方性历史文献。宋郑兴裔为《广陵志》作序，称“郡之有志，犹国之有史，所以察民风，验土俗，使前有所稽，后有所鉴，甚重典也”。泰州“州建南唐，文昌北宋”，文化积淀深厚，向来尚文崇教，素有编修地方志的传统。《吴陵志》编修于南宋淳熙九年（1182），是泰州地区有史料记载的第一部官修志书，惜已散佚。自南宋至民国，泰州地区所修的州、县志书以及专志、杂志、乡土志数量较多，流传至今的旧志仍有50多部。

古泰州东临大海，南濒长江，西邻扬州，北倚淮河。江淮海三水激荡，吴楚越因缘际会，“名臣名宦交相重”，“百姓日用即为道”，阡陌街巷弦诵相闻，如此等等，悉载于旧志，幸免湮没于岁月尘埃，留下了可堪查找的史料和值得探究的线索。泰州旧志多由州、县循吏倡导主持，地方名士贤达共襄盛举，历代相沿，代有续修，资料累积丰富，门类颇为齐全，记述堪称详备。

中华优秀传统文化是中华民族的根和魂。旧志整理对于保存地方历史文献、延续历史文脉、传承文化遗产、汲取先贤智慧、弘扬优良传统、服务当代发展，具有重要意义。整理旧志是各级地方志机构的重要职责之一。为贯彻落实国务院《地方志工作条例》精神，实施《江苏省“十四五”地方志事业发展规划》关于“加强旧志等地方文献整理研究”的要求，2021年10月，泰州市党史方志办公室（泰州市档案馆）启动“泰州旧志整理文化工程”，决定于“十四五”期间对泰州及靖江、泰兴、兴化等地现存的具有较高历史价值和文化价值的旧志统一进行整理。

旧志整理专业性很强，但又形式多样，简之影印汇编，详之点校考据，甚有注释翻译者。为满足更多读者了解泰州历史、研究泰州历史的需要，适应当代人的阅读习惯，提高旧志的使用价值，“泰州旧志整理文化工程”主要采取精选底本、规范标点、适当校勘等整理方式，全书以简体横排的面貌呈现。

“泰州旧志整理文化工程”是泰州地区有史以来对旧志进行最大规模的集中点校整理，必将为读者利用泰州旧志提供完善的读本，为学界研究泰州历史提供方志整理范本，为适应时代要求、数字化利用历史资源提供重要文本。

整理前言

《〔民国〕续纂泰州志》三十五卷首一卷，成书于民国十三年（1924），由韩国钧、王贻牟任总纂。该志修成后，未正式刊刻，仅有抄本流传，各抄本之间互有异同。

韩国钧（1857—1942），字紫石，又字止石、子石，晚号止叟，江苏省扬州府泰州海安镇（今江苏海安）人。1889年中举人，先后充任知县、直隶省矿务局总办、河南新军参谋处会办、江苏交涉局会办、奉天劝业道、交涉局局长、开埠局局长，葫芦岛商埠督办；辛亥革命时任吉林民政司。中华民国北洋政府时期，韩国钧于1913年9月任江苏民政长。1917年7月调任安徽巡按使。1922年6月再度入主江苏，任江苏省长。1924年12月暂兼江苏军务善后事宜督办。1925年1月免去兼职，同年2月辞去江苏省长职务。至此辞官乡居，退隐林泉。抗日战争期间，韩国钧以八十高龄、在野之身居乡问政。与新四军友善，同陈毅同志直接交往，多方奔走，呼吁国共合作，制止反共摩擦，支持新四军东进抗日。后日伪军队包围韩宅，利诱威逼韩国钧出任伪江苏省长。韩国钧陷敌不屈，大义凛然，以致忧念成疫，于1942年1月与世长辞。陈毅同志曾表彰其崇高的民族气节和爱国主义精神，誉之为“民族抗战之楷模”。著述近十种，刊行于世的只有《永忆录》和《止叟年谱》。曾辑刊乡先哲遗著数种为《海陵丛刻》，有功于乡邦文献。

王贻牟，字笠农，书屋名挹爽楼，王氏系泰州望族。岁贡生。自幼博览群籍，工行草隶书，曾学诗于朱宝善。性恬淡，不乐仕进。平生两次总纂泰州志，晚年益勤学不倦，奖掖后进，孳孳如不及。著有《黄雪山庄诗抄》《草隶钩沉》《隐囊杂录》若干卷。

该志肇始于民国九年（1920），历时四年，民国十三年脱稿。其体例参照光绪州志（油印本）及《宣统续纂泰州志》，《采访条例》称内容记述上起道光七年（1827），下迄宣统三年（1911），则此志所续者，为《〔道光〕泰州志》。

本志稿修纂于民国初年，反映了晚清西学东渐后，对方志编纂的影响。一是注重科学知识的吸纳。如《建置沿革》门中新增"晷度"，附以《泰州各节气日出日入时刻表》《泰州各节气昼夜永短表》《泰州各节气更漏刻分表》《泰州各节气昏旦刻分表》《泰州各节气午正太阳弧表》《泰州各节气午正太阳晷景表》；《河渠》所附"水利"中，不但记泰州咸丰以来水患之情，议治水之策，而且附有光绪、宣统间斜丰、三洋港堤工程与收支总册以及章程十则等。二是注重社会史料的留存。晚清至民国初年，受西方文明传入的影响，中国社会风俗有了较大变化。该志《风俗》篇中，遂载有冠婚丧祭之今昔不同，士农工商之社会习尚变化。《选举表下》新增《学堂毕业表》"兹际改革之初，犹沿举、贡等名称，为学堂毕业之奖励。"《军政》新增《巡警》。《事略》篇记载泰州义勇有娘子军，为寡妇所组成，反映清末民初时期基层妇女解放的历史进程。三是注重经济史料的记载。如《风俗》篇中，记载了泰州各区、各行业度量衡的比较。其新增《交通》一目，记述光绪三十年（1904）前后盐运、电报、邮政、轮船等行业创立发展情况。《事略》篇中有关太平军的记述甚多，如副都御史諴用钱江议，捐收厘金助饷之策，钱江在泰州索饷时遭各坊乡义勇反抗之事，等等，皆为史传所不载。记载的徐老虎宝山索饷之事尤其生动有趣，令人拍案。这些都反映了民国时期政治、社会各方面发生的变化，也使得与之前的志书有不同特点。

本志稿也对历史多有考证，对以前志书中的错讹之处作了修定。所附《道光泰州志建置沿革门考证》，据任珏等撰《泰州新志刊谬》所纠正道光《泰州志》"沿革"门相关内容为主，而又有所补充，对泰属九江郡、后汉海陵省入东阳条、晋海陵隶徐州条的考证多有独到之见解。《选举上》进士条中："王佐业，改名广业，道光丙戌朱昌颐榜，钦点主事，有传，前志作乙酉，误。"如《列女》："陆氏，陈之亹妻，年二十七，夫殁，其子缙又早逝，媳徐氏随侍孀姑，抚幼子成立。守节三十三年，乾隆二十一年，学政梦奖以匾额。

（新采，按《道光志》卷二十九二十九页，有陈亹成妻陆氏，事实同，惟名不同，疑是写讹，未知孰误）”等等，不一而足。

本志稿由于未及正式刊印，因而存在一些缺失。一是体例不够严谨，各章节之间不平衡，如《列女》记载最为详细，甚至内容与前面章节多有重复，而有的章节却十分简略。二是部分内容失传。如《道光泰州志建置沿革门考证》只记至北宋，之后的则没有。三是部分内容为成稿后所增补。如《艺文・书目》载有道光七年前州人的不少著作，《贫儿院附记》中有民国九年的内容。四是各抄本质量互异。由于抄写者文化程度、抄写态度等原因，各有千秋，而错漏难免，有漏行缺字的，有同音字、错别字，如《艺文》中赵贞吉《王心斋先生墓志》，原本脱“令亲天寒盥冷水而不知也，尚得为人乎？自此，遂出代”二十一字，使文意不通，通过抄本互校，补足后则意义明晰。有的抄本虽然一致，但与原著则有差别，对照原著做了标注，如蔡襄《胡安定先生墓志》，对照《端明集》，有十七处不同。但瑕不掩瑜，《〔民国〕续纂泰州志》是民国时期编纂的一本质量上乘的志稿，将其整理刊印出版，不仅是文献学上一件盛举，而且可以赓续泰州珍贵的文脉，助力谱写泰州文化新华章。

整理说明

本志点校整理，以泰州图书馆所藏红格抄本《续纂泰州志》（以下简称“原本”）为底本，以2014年凤凰出版社出版的《泰州文库》第一辑第三册影印的《〔宣统〕续纂泰州志》（以下简称“宣统志”）和程法抄本《〔民国〕续纂泰州志》（以下简称“程抄本”）国字图书馆藏泰州市新华书店古旧部1981年抄本《〔民国〕续纂泰州志》（以下简称“新抄本”）参校。

二、底本原文明显讹、误、脱、衍之文，据校本改正，并出校记说明。重复误字，于首见时出校记说明，后则从略。

三、底本原文中的“己”“已”“巳”、“戊”“戌”“戍”等常见误字，据文义径改，不出校记。“閒”字，据文义区别为“间”与“闲”；“沈”字，据文义区别为“沈”与“沉”，均不出校记。“叚”及从“叚”之字应为“段”或从“段”者，亦径改。原本与程抄本中“姜堰”与“姜埝”，统一为“姜堰”，亦径改。

四、底本原文中的“邱”“元”“宏治”“宜征”等避讳字，回改为“丘”“玄”“弘治”“仪征”，于首见出校记说明。

五、异体字、古今字、碑别字，按通用汉字规范，统一处理为规范的简体字。人名、地名、年号名用字，改后易起歧义者，保留原字。

六、节引之文，文义正确，不失原义者，不出校记。有较大讹误者，则出校记说明。

七、底本原文漶漫，又无他本可校者，以“□”标出。

目　录

续纂泰州志采访条例

依志局油印，发采访员抄录，以备参考、铨注

一、此次采访，自道光七年丁亥起，讫宣统三年辛亥止。为泰州续志所有事实，仅先送局；民国以后，另纸采录续送。

一、各分区应行采访门目，开列如左：

祥异：宣统元年续志稿略具，仍须补采至三年为止。

河渠：就各区所有，详载名称及支干源委，并修浚事项年月。

堤坝、涵洞：以上二门，关于水利，详其修筑、启闭年月。

风俗：调查冠昏、丧祭与前志所载今夕不同之点，及士农工商之习尚，与社会一切状况。各区秤尺、斗斛、法码，各业不同之比较。

关榷厘金：查各镇、各乡分局设立年月，及住在地点。

祠祀：凡载祀典者，开列修造年月，各姓宗祠附。

寺观：就各区所有，详其修改年月，有教堂者附采，详其为何国何教，建始何年。

古迹：凡属名人第宅、园林，存废悉载之。

冢墓：凡仕宦、乡贤、名人冢墓，有碑志可考者，悉采之。义阡附，详施田人姓名及亩数。

事略：关于治乱、兴革各大事，择要采录。

桥渡：就各区交通最著者，详其名称，并建设及修造年月。桥梁或公修，或某人独修，一一详载，其小者从略。

物产：就天然、制造二类，叠次赛会送出陈列、得有奖品者，详细说明。

封荫：以实官为限。

引年：寿考、贞寿，凡老人自生年起，算自宣统三年，年寿满八十以上者，男入寿考，女入贞寿，详其姓名、里居、年数。女人，载某人妻，或某人母。入民国后尚存者，注现存。曾膺旌、赐匾额等，及五世同堂，一并开列。

名宦：凡境内秩官，功德在人、有政绩可举者，均行采录，但以清季为断。

儒林：举有功经训著作，风行卓然，可为人伦师表者。

仕绩：凡仕官他省，确有丰功盛业可考者，不拘名位，但求实迹，武勋附。

忠节：举临难效忠及蹈义死殉，事节昭著者。

孝友：举笃伦常、孝友可风者，依照案事实开列。

文苑：举其人以文章著名、有篇籍可稽者。

笃行：举其人诚实不欺、力行善事有实蹟可考者。

艺术：不论书画、医术之属，但能专精一艺，不愧传人者，应详其如何擅长之实际，或他人之评定。

隐逸：举其人学行高尚、不求闻达者，虽纤麻磨镜之流，并得采之。

流寓：依照前列数科，确有实迹可纪者，一律采录。

释道：举有道行精纯，迥殊凡俗，及有诗文、书画可传，久位本邑寺观者，凡采之。

列女

节妇：以亡三十岁内守节者为限，生存以守节满三十者为限。

贞妇：未婚过门守节者。

孝妇：孝事翁姑，确有事实可纪者。

烈妇：以死殉夫，及临难不辱者。

孝女：事孝事父母，确有事实及旌表年月可稽者。

贤妇：贤声卓著，迥出寻常，确有事实可纪者。

以上开明姓氏、里居，某人妻，某人女，已旌者注明旌表年月，未旌者详细照旌表年例采访，幽微尤宜注意。

艺文：凡本邑先哲及寄寓名人遗书佚稿，不论已刊、未刊，但经序跋论定，为众所共见共闻，悉采之。生存人著述，除奏疏、公牍与地方确有关系者外，概不采录。抄撮畸零，从无序跋论定之书，并非名人残缺真迹，不录。

书目：凡送局备采之书，均须开载撰人名姓、爵里、事实，及本书卷数、序跋、例目，并摘录纲要，连同原书副本，送备查考。

金石：凡金石文字与史传相资，及有考证可采者，录其年月款识，或原文考证，并收藏人姓名及所在地，附同原本，送局备采。

杂志：凡琐闻、轶事，为志中各门所不录，而有资于博物者，并得采之。

以上各目，均由各区采访员征录，其余各门须抄查案件者，应由本局另订章程，特别调查，兹不备列。

一、采访期限，自条例颁布之日起，以三个月为限。

附通则

一、各姓宗谱及先代传状、志表、年谱，暨著述原稿或副本，金石拓本，均得由本家送本局收发员收管，面给存根收证，加盖收发员姓名图章。其由采访员转送者，须采访员先给收条，转局给证。一俟志书编竣后，凭收证给还。

一、凡抄送书籍稿本及传状、年谱，并开具事迹送局者，本局概不给费。

一、本局各区采访，自本条例宣布之日开始。凡有应行开送者，依期报由各本区采访员转送本局备采，但以采访期为限，幸勿延误。

特别采访各门目

以下诸目，除舆图、建置沿革、晷度、方言无庸采访外，其余均抄录案件，应特别采访。列下：

舆图

建置沿革

晷度

方言

城池（街、市、坊、巷附）

公署

仓储

慈善（前志作义局）

续纂泰州志纂修姓名（依志局油印名单录）

总纂：韩紫石　王笠农

顾问：吴棣轩

协纂：刘诚甫　陈融斋　管石清　沈惕斋

分纂：刘星伯　王冶亭　沈幼樵　李漱青　徐菊人　高寿征
周尘佛　吴希伯　陈琢如　程子谟　王颂侯　曹鲁南
王文伯　单孝毅　陈子植　朱沁青　汪惕生（兼坐办）
高子愚（兼收发）

总校：卢希侣　袁季枚

分校：李寅生　袁慕安　高竹溪　宫秉璋　袁君久　钱干庭
严耀秋　季炎伯　王孝芸　陈秀峰　苏柳樵　陈伯绳
韩杏潭　凌沐深　张同恩　刘竹江　叶介臣　陈仲平
蒋鹤龄　夏彭章　蒋子成　程峻生　颜彬甫　许杏农
萧小香　陈西蕃　吴鹿苹　马东侯　费季桥　张木卿
程恩植　陈管侯　李光国　章星圃

文牍：管柏宸

收发：高子愚　束柱臣（副）

会计：汪朝栻

庶务：沈　愚　施恕生（副）

总采访：谭小亭

各区探访：

一区：陈洁秋　陈觐文　徐雁峰

二区：王振猷　魏迓东　汪小轩
三区：李郁文　蒋炳焕　宫子威
四区：陈云路　王汝警
五区：宫凭自　陈逵伯
六区：戴岫孙　袁　铸
七区：高松墅　田效先
八区：陈稚芸　陈子谟
九区：王介眉　谢一同
十区：陆耕野　崔宝铭
十一区：陈石琴　管湘叔
十二区：王荩臣　沈习曾
金石：高齐民
学务：韩亮侯
续聘采访：
陈进斋　程介生　储稺庵　马衍同　费丹溪　陈燕宾　程郁哉
沈湘北　孙镜湖　马润之　刘采之　曹莲叔　石雁卿　陆鲁言
卢炳光　冯文海　叶镜仁　李焕臣　张仲黄　宋首卿　钱子射
孙明甫　陈季明　胡少平　顾甘伯　石子云　宫子良　陈汝俊
程习朋　夏吉士　朱溥泉　陈颖叔

续纂泰州志卷之一

建置沿革 晷度、祥异附

前志即道光志。《例言》谓："史无建置表，故不立表。"《续纂志稿》即宣统志稿。乃增为之，历代迁移割并之迹，遂益章著。今重加编辑，大体依前志及续纂稿而增补之。有更易者，注明表内，并附考证。

表

历代	统部	国、郡、州、路、府	邑县州
虞	扬州		
夏	扬州		
商	扬州 按，光绪阜宁、盱眙、盐城三县志，用李巡、孙炎、郭璞、邵晋涵诸家之说，以《尔雅》"江南曰扬州"为殷制，江北属徐州。今据《汉书·地理志》"殷因于夏，无所变改"，仍从旧制，作扬州。		

（续表）

周		扬州	吴	
	元王三年	扬州	越	
	显王三十六年	扬州	楚	海阳 《战国策·楚策》苏秦说楚王曰："楚地，东有海阳。"吴注："卢藏用云：'在广陵东，今扬州海陵县。'刘氏云：'楚之东。'"又按，《逸周书·王会篇》有"海阳大蟹"语。罗泌《路史·国名纪·丁》[1]以为潮州之海阳，江都陈逢衡《逸周书补注》以为辽西之海阳。惟王应麟补注《史记·苏秦传》"东有夏州、海阳"，与《楚策》同，是周初之海阳，即为楚之海阳，而以吴注《国策》证之，海陵于周初即为海阳矣。近如皋沙元炳为此说附著于此，俟博雅正焉。

[1]"国名纪·丁"，原本脱"丁"字，据程抄本补。

（续表）

秦	始皇二十四年		东海郡 前志据《通典》，属九江郡；今依全祖望，改为东海郡，详《考证》。	
汉	高祖元年至五年为楚汉之际	东楚	东阳郡 《水经·淮水注》：“广陵，楚、汉之间为东阳郡。”《汉书·地理志》阙。《高祖纪》：“六年，以故东阳郡、鄣郡、吴郡立刘贾为荆王。”	

（续表）

汉	武帝元狩六年		临淮郡 王先谦《汉书补注·地理志》“广陵”下云：“广陵，楚、汉之间为东阳郡，兼有广陵、临淮二郡地。”《王、子、侯表》：封江都易王子蒙之盱眙侯、定国淮陵侯，皆临淮郡属县。《广陵王胥传》“相胜之奏夺王射陂草田”，张晏云“射水之陂，在射阳县”，射阳亦属临淮，是临淮先属江都，后属广陵，故《晋志》云“武帝分沛、东阳置临淮郡”也。	海陵县
	元封五年	徐州部	临淮郡	海陵县
	新莽	淮平 按，《后汉书·侯霸传》“初为王莽淮平大尹”，即此。		亭间 一作亭门

（续表）

东汉		徐州刺史	广陵郡	海陵县 按,《后汉书·郡国志》脱“海陵”字,今依《宋书·州郡志》“海陵令,前汉属临淮,后汉属广陵”列入,说详《考证》。
三国	魏文帝黄初二年		广陵郡 《通典》:“魏为重镇。”	海陵 《魏志·张辽传》:“辽与曹休至海陵。”
	吴孙亮五凤元年《通典》作建兴二年[1],误		广陵郡 《吴志·孙韶传》:“使卫尉冯朝城广陵。”按,孙韶、冯朝相继为广陵太守。	海陵 《吴志·吕岱传》:“所见广陵海陵人也。”左思《吴都赋》:“觇海陵之仓,红粟流衍。”

[1]“二年”,程抄本后有“或三年”。

（续表）

晋	武帝太康元年		广陵郡	海阳县 成帝时避杜后讳，改“陵”为“阳”，详《考证》。又按，《左·哀十二年传》：“公会卫侯、宋皇瑗于郧。”杜注：“郧，发扬也，广陵海陵县东南有发繇口。”《春秋土地名》作“广陵海阳县，东南有发繇亭”，是海阳即海陵也。
东晋	安帝义熙七年	徐州	广陵郡 徙治海陵，分广陵，立海陵、山阳二郡。海陵太守领建陵、临江、如皋、宁海、蒲涛五县，隶兖州[1]。	海陵县
宋	武帝永初三年	南兖州刺史	广陵郡 时海陵太守徙治建陵，领县如故。废帝泰豫七年[2]，增置临泽县。	海陵县

[1] “隶兖州”，程抄本作“隶南兖州。时，南兖州侨治广陵郡”。
[2] “泰豫”，原本作“太豫”。程抄本“帝”前有“明”字。“废帝泰豫七年”，当作“明帝泰豫初”。

（续表）

南齐	南兖州	广陵郡 时，海陵郡领县如故。武帝永明元年，增置齐昌县。五年，罢新平郡，并海安县度属。	海陵县
梁	南兖州	海陵郡 移治海陵县，洪龄孙《补梁疆域志》："领建陵、宁海、如皋、临江、蒲涛、临泽六县。"	海陵县
北齐	东广州 后曰南兖州	海陵郡 领县如故	海陵县
陈　宣帝太建五年	南兖州	海陵郡 领县如故	海陵县
北周	吴州	海陵郡 省蒲涛，又省临江，入宁海，余领县如故。	海陵县

（续表）

隋	文帝开皇九年		扬州总管府 开皇初，海陵郡废，并建陵县入海陵，寻析置江浦县，又并如皋县入宁海，又并临泽县入高邮。	海陵县
	炀帝大业元年	扬州[1]	江都郡	海陵县 江浦县省入。
唐	高祖武德三年		吴州	吴陵县
	七年		邗州	海陵县
	太宗贞观元年	淮南道	扬州	海陵县
	中宗景龙二年	淮南道	扬州	海陵县 析置海安县。
	玄宗[2]开元十年	淮南道	扬州	海陵县 复省海安县。先是，临江、如皋皆省入，宁海至唐又省入海陵。
	天宝元年	淮南道	广陵郡	海陵县

[1] “扬州”，原本脱，据程抄本补。
[2] “玄宗”原在“天宝元年”前，为保证传例前后一致改。

（续表）

唐	肃宗乾元元年	淮南节度使	扬州	海陵县
杨吴		江都府	海陵制置院 《寰宇记》："乾贞中立。"	海陵县
南唐	李昪昪元元年	东都		泰州 领海陵、兴化二县，析海陵县界之南五乡置泰兴县。
	李璟保大十年	东都		泰州 领海陵、兴化、泰兴、如皋四县，又割楚州盐城县来属，又于海陵东境置静海制置院。
周	世宗显德五年	扬州大都督节度		泰州团练使 分静海都镇制置院置静海军，寻升通州，又以东境东洲镇置海门县。
宋	太祖乾德五年	淮南道[1]		泰州军事 领县如故。

[1]"淮南道"。原本脱，程抄本作"淮东南路"，参《嘉庆扬州府志》卷五《建置沿革》改。

（续表）

宋	太宗太平兴国三年	淮南路[1]		泰州 领海陵、兴化、如皋、泰兴四县，以盐城割还楚州。
	神宗熙宁五年	淮南东路		泰州 领县如故。
	高宗建炎三年	淮南东路		泰州 入于金，寻复。四年，改兴化县隶承州。
	绍兴五年	淮南东路		泰州 泰兴县改隶扬州，十年来属，十二年仍隶扬州，以柴墟镇延令村[2]隶海陵，二十九年尽仍旧。
	十九年	淮南东路		泰州 兴化复来属。
	孝宗乾道二年	淮南东路		泰州 兴化隶高邮，又来属。
	淳熙四年	淮南东路		泰州 兴化还隶高邮。自是所统，惟海陵、如皋二县。

[1]“淮南路”，原本脱，程抄本作“淮东南路”，参《〔嘉庆〕扬州府志》卷五《建置沿革》改。
[2]“延令村”，原本脱，据程抄本补。

（续表）

元	世祖至元十四年	江淮等处行中书省[1]		泰州路总管府
	二十一年[2]	淮东宣慰司 时江淮行省移杭	扬州路	泰州 领如皋、海陵二县，隶江北淮东道廉访司。
	二十三年[3]	江淮等处行中书省 行省移治扬州路	扬州路	泰州 同前。
明	太祖洪武元年	直隶中书省	扬州府	泰州 领如皋县，省海陵县入州。
	成祖永乐二年	南直隶	扬州府	泰州
清	世祖顺治二年	江南布政使司[4]	扬州府	泰州
	圣祖康熙六年	江苏布政使司[5]	扬州府	泰州
	世宗雍正三年	江苏布政使司[6]	扬州府	泰州 以如皋县隶通州。
	高宗乾隆五十三年	江宁布政使司[7]	扬州府	泰州 分置东台县。

[1]“江淮等处行中书省”，原本作河南江北等处行中书省，据程抄本改。
[2]“二十一年”条，原本脱，据程抄本补。
[3]“二十三年”，同上。
[4][5][6][7]“江南布政使司”原本脱“司”字，据程抄本补。

附:《道光泰州志》建置沿革门考证

楚海阳条并案语 前志本旧志注“或曰即楚海阳”,按语引《战国策》苏秦说楚威王“楚地东有海阳”为证。今按,《国策》吴注有“卢藏用云:‘在广陵东,今扬州海陵县。’刘氏云:‘楚之东’”二十字,宜兼引,方为海阳即海陵实证。又案,程恩泽《国策地名考》为:“《地理通释》:楚威王六年,败越,尽取吴故地,至浙江[1]。《左传》‘奄征南海’,则自春秋以来,楚已跨及蛮越矣。若仅以今扬州府泰州当之,似不足以尽其疆域,惟于‘东’字差合耳。”案,程氏此说,盖以今广东潮州之海阳当之,其实潮之海阳为汉揭阳县地。晋义熙九年始立海阳县,见《元和郡县志》,不足以证楚海阳。《国策》明云“东有海阳”,则舍海陵无足以当之者。严观《补元和郡县志》、洪亮吉《乾隆府厅州县志》皆以海陵为楚海阳,诚可据也。

秦属九江郡条并案语 前志本旧志,据《通典》云:“秦灭楚,广陵属九江郡。”欧阳忞《舆地广记》、乐史《太平寰宇记》、马端临《文献通考》、顾祖禹《读史方舆纪要》皆沿杜佑之误,应举全祖望《汉书地理志稽疑》以正之。《地理志稽疑》云:“九江,始皇二十四年置,汉因之,又分衡山、庐江、豫章、江夏。”“东海,始皇二十四年置,汉因之,又分泗水、广陵、临淮。”案,此则九江跨兼江介东海,则郯以至江都,地理各判,因知秦属东海郡而不属九江郡。全氏已于“广陵国”下“当云故属秦东海郡”。而各志于泰州沿革皆本《通典》,遂谓秦属九江郡,亦由胡三省谓秦无东海,故为此语。不知秦东海之名,既见《汉书·陈胜传》,又见《周勃传》,安得云无?秦有东海郡,则以秦地理考之,广陵必属东海无疑。又此条案语云:“秦三十六郡无楚,考平楚之时暂置,后为九江郡。”其说本于胡三省。胡氏谓秦灭楚,复分为九江、鄣、会稽三郡,盖原《史记》孙检注“秦虏楚王负刍,灭去楚名,以楚地为三郡”之语。钱大昕《廿二史考异》亦引此条,并以秦始皇父名楚,故《始皇本纪》称楚为荆。孙氏谓灭去楚名为得其实,亦谓灭楚之后,未尝置楚郡,然钱氏虽未驳孙注,而胡梅磵沿孙注之讹。全氏《地理志稽疑》已指其谬,云“楚郡”,《前·志》按,谓《汉书地理志》。《续·志》、谓《后汉书地理志》。《晋·志》谓《晋书地理志》。皆阙。始皇二十四年置楚郡,见《楚世家》;次年置

---

[1] “吴故地”,程抄本脱“故”字。“至浙江”,程抄本作“至于浙江”。

会稽郡，见《秦本纪》，盖错举而不备。其实秦灭楚，置五郡：曰楚、曰九江、曰泗水、曰薛，曰东海；及定江南，又置一郡，曰会稽，而无鄣郡。楚郡盖自淮阳以至彭城，泗水则沛也，薛则鲁也，东海则郯以至江都也，皆江北也。会稽，则江南也。惟九江跨兼江介，非由楚郡分置为三也。胡因二汉、晋《志》皆无，欲护其失，而为此语。又按，《地理志稽疑》云："予参《前·志》《续·志》，以求三十六郡之目。《前·志》有东海，无黔中；《续·志》有黔中，无东海，而皆失去楚郡，则只三十四郡矣。以内史充其一，又不足，则以晚出之鄣郡充其一。故《前·志》《续·志》所阙者稍异，而其实则同。裴骃注《史记》，但主《续·志》，不改《前·志》，而《晋·志》因之，于是厚斋、梅硐亦因之。惟三刘尝言鄣之非秦置，卒亦未得三十六郡之数。今除内史不豫外，内史、汉三辅及弘农不在三十六郡内，盖以尊京师也，《前·志》《续·志》《晋·志》皆误以为三十六郡之一。并收二《志》之东海、黔中，补以《史记》之楚郡，则三十六郡始完。"陇西、北地、上郡、汉中、蜀郡、巴郡，六郡皆秦境；邯郸、巨鹿、太原、上党、雁门、代郡、云中、九原，八郡皆赵境；河东、东郡、砀郡，三郡皆魏境；三川、颍川、南郡、黔中、南阳、长沙、楚郡、九江、泗水、薛郡、东海、会稽，十郡皆楚境；齐郡、琅邪，二郡皆齐境；渔阳、上谷、右北平、辽西、辽东，五郡皆燕境。以上三十六郡，见《地理志稽疑》，后又去九原，补以广阳。长沙王先谦《汉书补注》以全说较前人为核实。据此则知，《通典》微差者，亦以内史入三十六郡中，而前志不能据全氏说以正其误。厥后刘文淇《楚汉诸侯疆域志》数十八王分地，案之三十六郡，无南阳、黔中，而有东阳、郯。汪世铎《三楚考》数秦三十六郡，仍主裴骃，无东阳、郯，而有南阳、黔中。然皆以内史入三十六郡中，则与《汉书·地理志》本文"本秦京师为内史，分天下作三十六郡"，明分三十六郡于内史之外，文义不合，似不若从全说之为当也。案，王鸣盛、钱大昕皆尝考三十六郡，兹主全说，因不尽录。

海陵仓条并注 《汉书·枚乘传》说吴王曰："转粟西向，陆行不绝，水行满河，不如海陵之仓。"臣瓒曰："海陵，县名也，有吴太仓。"师古曰："瓒说是也。"案，枚乘书上于景帝三年既诛晁错后。海陵之名，始见于此。据文义，疑海陵立县已在其前，特史无明文耳。《前·志》未引《枚乘传》臣瓒注以实海陵，而第引乐史《寰宇记》。乐谓"海渚之陵，因以为仓"，系用晋灼注"海陵，海中山为仓"为说，已为小颜所不取引之。则于海陵县名转晦矣。又此条小注“陆行不绝”句，称据《后汉书》补入。按，此语明出《前汉书·枚乘传》本文，范书并无其事，“后”字衍。

后汉海陵省入东阳条 按，《后汉书·郡国志》无海陵，而云“东阳，故属临淮，有长洲泽，吴王濞太仓在此”，原文中断一字。嘉庆《府志》谓其传写有脱，此说甚确。盖以《郡国志》书例[1]而言，凡于某县故属某郡，下必空一字，乃书他县，此处有长洲泽，上当脱“海陵”二字。刘昭补注《郡国志》时，本用司马彪《续汉书》。昭，梁时人，见《梁书·文学传》，与沈约著《宋书》同时，或先后间耳，不宜有异。约书《州郡》既云“海陵，后汉属广陵”，则刘氏补注《续·志》，亦当有海陵。观乐史《太平寰宇记》，以海陵仓、麋畯列“泰州海陵县”下，而不言海陵于后汉并入东阳，是宋初所传《郡国志》本文，犹未脱“海陵”字也。刘昭注《补志》三十卷，至宋乾兴元年，判国子监孙奭始奏以备前史之阙，见洪迈《容斋四笔》。盖当时传本尚少，故淳化五年监中所刊《后汉书》凡九十卷，惟帝后纪十卷、列传八十卷，而无志。欧阳公修《新唐书·艺文志》，不知昭为何代人。至政和中，欧阳忞撰《舆地广记》，始云“海陵，东汉省之”。盖据《后汉书》传抄误脱本为言，犹不敢径言“省入东阳”也。以王应麟之精博，而《困学纪闻》引《郡国志》：“广陵郡东阳县有长洲泽，吴王濞太仓在此。”韦昭以为在吴东，谓盖谓广陵之吴，是明知长洲泽吴太仓在吴东，即广陵之东，而未尝显言海陵者，亦牵于《郡国志》，而不谓其传本有脱误也。自明陈沂字鲁南，上元人，正德间进士，官至太仆，见《明史·文苑传》。《南畿志》谓“海陵，东汉省入东阳”，泰州旧志崇祯《志》引亦谓“建武省县四百余，而海陵并入东阳”。崇祯《州志》又加“光武建武六年”字。于是海陵并入东阳，始显然成为故实。顾氏《方舆纪要》于“天长县东阳城”下，引《郡国志》之文，而于“泰州建陵废县”下，又谓：“或曰秦汉时，东阳废县在州东百里。其东有长洲泽，又东有扶海洲，今堙。”骑墙之见，出以调停，皆不知《郡国志》之脱耳。王氏《汉书补注》于《地理志》“海陵”下曰：“《续·志》后汉省。枚乘云：‘海陵之仓。’瓒注：‘海陵有吴太仓。’”《续·志》“东阳”下自注云：“有长洲泽，吴王濞太仓在此。”然则海陵并入东阳矣。又有《宋·志》云：‘三国时废，晋太康二年复立。’又《吴志》：“吕岱，广陵海陵人。”是汉末复立，吴复废之。此亦出于调停，非笃论也。《一统

[1]“书例”，程抄本作“书之例”。

志》谓泰兴为东阳故地，嘉庆《如皋县志》《东台县志》，同治《通州志》遂各谓其地为东阳矣。其实皆无解于东阳去海陵尚远，以汉地考之，中隔射阳、高邮二县之疑也。且《史记·项羽本纪》注晋灼曰："东阳县本属临淮郡，明帝分属下邳，后复分属广陵。"《后汉书·明帝纪》："永平十五年，改临淮为下邳国。"据比，则东阳且于明帝时分属下邳。若是海陵已于建武中并入东阳，是海陵亦尝于后汉属下邳矣。自来纪舆地者，何无一言及之？此证近在目前，而人多略之。又海陵为汉大县，岂以一东阳而能越境以理者乎？《府志》谓传写有误，当无可疑。刘宝楠《宝应图经》引伸《府志》之说甚详。《图经》云：《方舆纪要》："秦汉时，东阳废县在泰州东百里，其东有长洲泽。"案，泰州在《前汉·志》为海陵，《后汉·志》阙。《汉书·枚乘传》："转粟西乡，不如海陵之仓。"谓吴王濞太仓也。《后汉·志》："东阳有长洲泽，吴王濞太仓在此。"《宋史·河渠志》宣和二年诏曰："汉吴王濞开邗沟，通运海陵仓。"似前汉海陵，后汉改为东阳。《纪要》援据此文，遂为此说。按，后汉自有海陵，《三国志·吕岱传》"广陵海陵人，为郡县吏"，在建安时。《张辽传》"与曹休至海陵"，在魏黄初二年。《宋书·志》："海陵令，前汉属临淮，后汉属广陵是也。"《后汉·志》"东阳"下当有"海陵"二字，在"有长洲泽"之上。《志》文脱去"海陵"，读史者以"长洲泽"上缀"东阳"，遂以东阳为海陵。（今志又云：广陵郡十一城当作十二城，后人以脱去海陵故，改作十一。）此一讹也。又焦氏循有《广陵考》，以东阳为海陵，刘氏亦驳之，文繁不录。

三国时废条　前志依《府志》引《宋书·州郡志》"江淮为战争之地，其间不居者，各数百里。射阳、海陵、高邮、江都，三国时废"为据。案，《宋·志》于"淮南太守"下谓："江淮为战争之地，其间不可居者，各数百里。此数县，并在江北淮南，虚其地，无复民户。"洪亮吉《补三国疆域志》亦引之。盖魏淮南郡领县十，其寿春、成德、下蔡、义成、曲阳、西曲阳、平阿、全椒、阜陵八县，洪谓三国时俱无此数县也。又《宋·志》谓："射阳令，三国时属临淮太守。海陵令、高邮令、江都令，三国时废，属广陵太守。"既非连语，与江淮二语词义不相属，且令废而县不废，故《魏·志》"黄初二年张辽与曹休至海陵"，《吴志·吕岱传》"广陵海陵人"。此皆三国不废海陵之证。前志于《宋·志》删去"令"字，遂疑令废县亦废，并以"江淮战争，民所不居之数百里"即指射阳、海陵、高邮、江都，误矣。《江南通志》《〔嘉庆〕扬州府志》亦谓三国时废，皆由认令为县，于《宋·志》未加详核耳。

至前志案语，谓“广陵海陵，不能定其属魏属吴”，所论非是。据《通典》云：“后汉广陵郡，魏为重镇，嘉平后属吴。”《江南通志·沿革表》引之，洪氏《补三国疆域志》亦谓广陵郡。《汉·志》：魏领县九，广陵、平安[1]、凌、东阳、射阳、舆、堂邑、海西、淮浦[2]。后属吴，孙亮使卫尉冯朝城广陵。据此，则三国时之广陵海陵，因先属魏、后属吴也。洪氏又谓《晋书·地理志》晋广陵无海西，有海阳，疑即汉海西，实谬。《晋·志》海阳注“有江海会祠”，与《汉·志》海陵注同，知海阳即海陵也。

晋海阳条 前志引《晋书·地理志》“广陵郡海阳”注“有江海会祠”，雍正《府志》年表言“晋改曰海阳”，史无明文。海阳之名，虽见《国策》，而《宋书》不言改名，恐即陵字之讹。按，乾隆《一统志》云：“《晋·志》广陵所统县有海阳，无海陵。以《前汉·志》海陵‘有江海会祠’及《晋·志》‘祠在海阳’推之，知海阳即海陵耳。”《左·哀十二年传》杜预注：“广陵海陵县东南，有发繇口。”杜预是晋初人，此晋初有海陵之证也。《晋书·简文帝纪》：“庾希反，自海陵入京口。”又《毛璩传》：“海陵县界，地名青蒲。”，此皆东晋有海陵之证也。所以名海阳者，据王象之《舆地纪胜》云：“旧《图经》谓误陵作阳。据此则谓陵误作阳，由来久矣。近于牵合，故新志非之。据此，则宋时志书已非之矣。象之谨案：沈约《宋·志》于宣城郡之广阳县下云：‘汉曰陵阳。’晋成帝杜皇后讳陵阳，咸康四年更名广阳，则书海陵为海阳，恐是避杜皇后讳耳。”王氏此说，足破群疑。盖海陵故楚海阳地，当时避讳，姑从旧名。唐代修书，改之未尽。推之于理，有可信者，较之凿空，为有据矣。

晋南兖州条 前志引《晋·志》：“安帝分广陵郡之建陵、临江、如皋、宁海、蒲涛五县，置山阳郡，属南兖州。”既依《府志》谓“据《宋书》‘山阳’当作‘海陵’甚是，而‘兖州’上亦宜据钱大昕之说去‘南’字”，辨明于下。钱氏《廿二史考异》云：“晋南渡后，侨置徐、兖、青诸州，俱不加‘南’字。刘裕灭南燕，收复青、徐故土，乃立北徐州而侨置之，名如故。是时，兖境亦收复，不别立北兖州，但以刺史治广陵或治淮阴，而兼领淮北实境。义熙末，乃以刺史治滑台，而二兖始分，然侨立之州，犹不称‘南’。至永初受禅之后，始诏除北加‘南’。沈《志》谓‘晋成帝立南兖州，寄治京口’，此特据

[1] “平安”，原本作“安平”，据《后汉书·志·郡国三》改。
[2] “淮浦”，原本作“浦”，据《后汉书·志·郡国三》改。

后立之名追称之，非当时有‘南兖’之名也。”钱氏《十驾斋养新录》《养新余录》俱有说甚详，兹不备引。

建陵废县条 前志："建陵废县，在泰州东北七十里，本东海郡属县。义熙中，侨置于此。见《方舆纪要》，今东台境。"案，此文与《府志》同，不误。洪亮吉《东晋疆域志》云："建陵，汉县名。《图经》：汉县，在今沭阳县界，晋义熙中侨置于海陵县，属山阳郡，按，此语因《晋·志》而误，前志已据《府志》谓"山阳"当作"海陵"，钱氏《廿二史考异》云："以《宋·志》考之，安帝义熙中，分广陵立山阳郡，统县四：山阳、盐城、东城、左乡[1]也；又分广陵立海陵郡，统县五：建陵、临江、如皋、宁海、蒲涛也。"寻属海陵郡。《一统志》："晋建陵侨县，在海州东北七十里。"此"海"字，实为"泰"字之讹。建陵废县在泰州东北七十里，见《方舆纪要》，《一统志》实承用之。若汉县，《一统志》明云"故城在今沭阳县西北建陵山下"。洪氏撰《乾隆府厅州县志》，于"海州沭阳县"下云："建陵山，在县西北百里，汉县以此得名。"海州在沭阳东北一百二十里，若建陵又在海州东北七十里，岂不与建陵山在沭阳西北自相抵牾乎？又"泰州"下云："义熙七年，于县置海陵郡，刘宋移郡治建陵。"此明系侨置之建陵。若指为海州之建陵，岂不以海陵郡移治沭阳乎？且洪《志》明云侨置，非汉县也。洪氏本不误，因刻书时误"泰"作"海"，故为辨之。

晋海陵隶徐州条 前志案语"海陵郡，《晋·志》属南兖州"，雍正《府志》作"隶徐州"，因宋元嘉八年，以广陵江都等县立南兖州，治广陵，遂疑南兖州为专领广陵一郡。又谓，宋末南兖犹领郡十一，南齐时始分为五郡，并注明南兖州非专领广陵一郡。此说是也。至案语谓"元嘉三十年，南兖并省南徐，故以海陵郡属徐州"，则有不尽然者。崇祯《州志》[2]谓："晋义熙[3]七年，分广陵界置海陵郡，隶徐州。"康熙《府志》、雍正《州志》从之。《江南通志》亦谓：堂邑、钟离、盱眙、海陵、山阳五郡，《晋·志》并附见徐州，辄于《扬州建置沿革表》中载明晋隶徐州，南北朝兼隶徐州、南兖州，不止雍正《府志》作隶徐州耳。即《宋书·州郡志》"南徐州"下谓"永初二年"，《郡国志》又

[1] 程抄本作"盐城、东城、左乡、山阳"。
[2] "州志"，程抄本作"志"。
[3] "熙"后，程抄本有"之"字。

有南沛、南下邳、广平、广陵、盱眙、钟离八郡。《廿二史考异》称其中脱海陵、山阳二郡，则海陵郡之隶徐州，非以南兖并省南徐也。如谓晋义熙时徐州统郡十一，广陵、海陵不在所统，其论尤误。据《晋书·地理志》云："义熙七年，始分淮北为北徐州，淮南仍为徐州，统十一郡。彭城、沛、下邳、兰陵、东莞、东安、琅琊、淮阳、阳平、济阴、北济阴。"《廿二史考异》驳之，谓彭城以下十一郡，皆北徐州所统。依《宋·志》，尚失数东海一郡，而北济阴为宋孝建所立，不应义熙已有之，当去北济阴，而增东海为十一郡。其徐州仍寄治京口，而遥领广陵、山阳、海陵、盱眙、钟离诸实郡，是徐州未尝不统海陵、广陵也。《东晋疆域志·侨州实郡第五》为徐州，胡三省云："徐州实郡在江北者，有广陵、堂邑、钟离三郡。"洪氏以为不止此，沈《志》："穆帝永和中，郡移出京口。"《图经》：晋徐州侨治京口，凡领旧郡二，增置郡四[1]，首广陵郡，次海陵郡，与实郡州县中北徐州所领之郡不同。前志未审徐州有二，只以北徐州内无广陵、海陵二郡，遂忘广陵、海陵属于侨置之徐州，误矣。又，前志按语谓："宋元嘉时，以江北为南兖州，广陵、海陵割属焉。"合之《通典》"宋文帝置南兖州，理广陵"之文，原可互证，但六朝南北纷争，各州领郡无常，未可执一以为断，而海陵郡之隶徐州，史书亦有实证。以《宋书·武帝纪》考之，义熙十三年，进宋公爵为王，以徐州之海陵、东安、北琅琊、北东莞、北东海、北谯、北梁，豫州之汝南、北颍川、北南顿十郡益宋国。十四年，固让进爵。元熙元年正月，又由前命以徐州之海陵、东海、北谯、北梁，豫州之新蔡，兖州之北陈留，司州之陈郡、汝南、颍川、荥阳十郡益宋国。可见，徐州领海陵郡，晋、宋间有然，不得谓海陵郡之隶徐州，史文无见也。

唐景龙二年析置海安县条　前志谓"景龙二年，析海陵置海安县。开元十八年，复省入"，本《新唐书·地理志》。旧志与嘉庆《府志》同，又引《方舆纪要》云："宁海，晋安帝置，隋以如皋县并入，唐又省入海陵。"《府志》"沿革"门亦引之，但府、州《志》于宁海、海安是一是二，究未分晓。《江南通志》谓："《南齐·志》海陵郡有海安县，即唐析之海安也。"此实未确。南齐之海安，绝非唐析置之海安也。考宋明帝泰始七年四月甲辰，于南兖州置新平郡，《南齐书·州郡志》"海陵郡海安"下云："永平五年，罢新平郡，并

[1]"四"，原本误作"曰"，据《泰州新志刊谬》卷上改。

此县度属。”所谓“度属”者，以其不在本郡而遥度属之也。《南齐书》所载度属各县，如鄄城，济南郡县也，而度属南濮阳；南城，南泰山郡县也，而度属平昌；考城，南济阳郡县也，而度属鲁：皆由彼郡而度属此郡也。若海安即在海陵本境，则谓之析置可耳，何言度属乎？《齐·志》：新平郡，本侨立于北兖州。北兖州镇淮阴，宋泰始二年于此立州镇。齐高帝建元四年，移镇盱眙，仍领盱眙郡所领，又有七郡，惟阳平一郡寄治山阳，领泰清、永阳、安宜、丰国四县。永明七年，光禄大夫吕安国始启请立东平郡，领县二：寿张[1]、割山阳官渎以西三百户置。淮安。割直渎、破釜以东，淮阴镇下流杂一百户置。余高平、济北、泰山、新平、鲁五郡皆荒，其下亦无县可考。其郡虽隶北兖州，而于南兖州实无从界别。即如盱眙，本南兖州所领郡，而北兖州镇盱眙，则又领盱眙郡。至阳平、东平二郡，寄治山阳，则亦南兖州郡也。宋于南兖州置新平郡，疑不专在广陵境，或山阳、盱眙，皆南兖州境也。《方舆纪要》谓新平郡治江阳，案，《隋书·地理志》：“广陵，后齐置广阳、江阳二郡。”是南宋、南齐时，江阳郡尚未立，乌[2]得云新平郡治江阳乎？顾氏所言，未审所本，疑不能定。故李氏《地理韵编》于新平、海安，皆谓当在江苏境，而未尝确指。其地如系南齐之海安，即唐析置之海安，为今海安镇地，李氏无容不知，何难质言其地乎？且唐析置海陵为海安县，其地即在宁海境内。当南齐时，宁海县故在，尚未并入海陵，不得又立海安。《舆地纪胜》云：“宁海废县，在泰州东南一百里。”《方舆纪要》：“如皋县，在州东一百四十里。宁海废县，在县东北。”又云：“海安城，在州东一百二十里。”据此数文，则知海安适在海陵之中，宁海可以包海安，海安不可以当宁海也。旧州志有宁海乡，在州治东南，辖都七、场五、里二十六。今都、里不尽可考，而五场则梁垛、安丰、栟茶、富安、角斜，今皆割入东台境，其地正包如皋县四境图。海安西南有宁海桥，是皆可证明为宁海云。唐以前州境无名海安者，其由新平郡度属之海安，必不在海陵本境，《江南通志》之言，未足据也。

宋为泰州军事条 前志云：“开宝九年，以盐城还属楚州。”州、府各《志》皆同，本《元丰九域志》之文也。案，《寰宇记》谓：“太平兴国三年，割还楚州。”在《九域志》之前，乐史是当时人，当得其实，宜从之。

[1]“寿张”，原本为“寿春”，据《南齐书·州郡志上》改。
[2]“乌”，程抄本作“焉”。

晷　度

历学昌明，于今为烈，星野一说，不攻自破。前志及诸家历书驳之甚详，兹不赘。《泰兴县志》演以《里差》诸表，洵有识也。邑乘为史册初基，史册均有历志，邑乘岂可独无？况里差本为各地设。前志曾载泰州北极出地三十二度三十分二十秒，此数出《度里表》，今亦用之。又载夏至日出寅正三刻八分，日入戌初二刻一分，昼五十九刻八分，夜三十二刻一分。冬至日出辰初二刻一分，日入申正二刻八分，昼三十七刻一分，夜五十九刻八分。仅此固大略，而于法又殊，不可通。就其数以考之，其误显然。夏至，日入戌初二刻一分，是以六刻一分加酉正矣，即当以六刻一分减卯正为日出时刻。如例减之，得寅正一刻十四分，较原数少一刻九分，误一。夏至，昼五十九刻八分，是以一十一刻八分加全昼分矣，即当以一十一刻八分减全夜分为夜刻。如例减之，得三十六刻七分，较原数多四刻六分，误二。昼夜长短总数相加，例得九十六刻。今以其五十九刻八分与三十二刻一分相加，得九十一刻九分，比定例少五刻六分，误三。冬至诸数，其误同。古今无此历法，而复矛盾已极，宜乎与今推不合，不知其何所本也。惟兼列中星，是则不必里差有定，岁差无定。北极出地，隔二百五十里，即差一度，是谓里差法，自晋虞喜始。西人名为各地节气。太阳周天，每历一岁，约差五十一秒，是谓岁差法，自北齐张子信始。西人名为恒星，东行里差，亘古不易。故北极高度一名定纬，岁差逐年不同，故赤道经度须常加减。《尧典》《月令》之所载，经生聚讼而已。《尧典》《月令》中星各异，其原理固由岁差，曾经明历诸儒详为考证，而经生家终多难解。且《泰兴县志·中星表》于今亦不合矣，其表造于光绪乙酉，去今二十四年。以岁差推之，当差二十分二十四秒，今尚可用哉？至若《里差》诸表，非黄赤大距有大差，则固历久无异也。总之，造《中星表》以岁差为根，不以里差立算。惟求中星，须按节气；求节气，须按里差，故推步者亦尝连类及之耳。实则《中里表》当每年演造，方能密合天行。兹谨遵《御制历象考成》《钦定协纪辨方》，按泰州里差，北极出地三十二度三十分二十秒。依黄赤大距，二十三度二十九分。演成六表著于篇章，并以求泰州各节气时刻及交食先后法，附录表后，庶可备海陵一区仰观之准欤。

泰州各节气日出日入时刻表

	日出	日入	
冬至初候	辰初初刻四分一十七秒	申正三刻十分四十三秒	冬至初候
二候	初刻三分五十九秒	三刻十一分一秒	三候
三候	初刻三分六秒	三刻十一分五十四秒	二候
小寒初候	辰初初刻一分三十八秒	申正三刻十三分二十二秒	大雪初候
二候	卯正三刻十四分三十八秒	酉初初刻二十二秒	三候
三候	三刻十二分八秒	初刻二分五十二秒	二候
大寒初候	三刻九分一十一秒	初刻五分四十九秒	小雪初候
二候	三刻五分五十秒	初刻九分一十秒	三候
三候	三刻二分八秒	初刻十二分五十二秒	二候
立春初候	二刻十三分八秒	一刻一分五十二秒	立冬初候
二候	二刻八分五十二秒	一刻六分八秒	三候
三候	二刻四分二十四秒	一刻十分三十六秒	二候
雨水初候	一刻十四分四十六秒	二刻一分十四秒	霜降初候
二候	一刻十分	二刻五分	三候
三候	一刻五分六秒	二刻九分五十四秒	二候
惊蛰初候	一刻九秒	二刻十四分五十一秒	寒露初候
二候	初刻十分七秒	三刻四分五十三秒	三候
三候	初刻五分四秒	酉初三刻九分五十六秒	二候
春分初候	卯正初刻	酉正初刻	秋分初候
二候	卯初三刻九分五十六秒[1]	初刻五分四秒	三候
三候	三刻四分五十三秒	初刻十分七秒	二候
清明初候	二刻十四分五十一秒	一刻九秒	白露初候
二候	二刻九分五十四秒	一刻五分六秒	三候
三候	二刻五分	一刻十分	二候
谷雨初候	二刻一十四秒	一刻十四分四十六秒	处暑初候
二候	一刻十分三十六秒	二刻四分二十四秒	三候
三候	一刻六分八秒	二刻八分五十二秒	二候
立夏初候	一刻一分五十二秒	二刻十三分八秒	立秋初候
二候	初刻十二分五十二秒	三刻二分八秒	三候

[1]“五十六秒”，原本作“六十六秒”，据程抄本改。

（续表）

三候	初刻九分一十秒	三刻五分五十秒	二候
小满初候	初刻五分四十九秒	三刻九分一十一秒	大暑初候
二候	初刻二分五十二秒	三刻十二分八秒	三候
三候	卯初初刻二十二秒	酉正三刻十四分三十八秒	二候
芒种初候	寅正三刻十三分二十二秒	戌初初刻一分三十八秒	小暑初候
二候	三刻十一分五十四秒	初刻三分六秒	三候
三候	三刻十一分一秒	初刻三分五十九秒	二候
夏至初候	寅正三刻十分四十三秒	戌初初刻四分一十七秒	夏至初候

泰州各节气昼夜永短表

	昼刻		夜刻
冬至初候	三十九刻六分二十九秒	五十六刻八分三十四秒	夏至初候
冬至二候、大雪三候	三十九刻七分八秒	五十六刻七分五十八秒	夏至二候、芒种三候
冬至三候、大雪二候	三十九刻八分四十八秒	五十六刻六分十二秒	夏至三候、芒种二候
小寒、大雪初候	三十九刻十一分四十四秒	五十六刻三分十六秒	小暑、芒种初候
小寒二候、小雪三候	四十〇刻四十四秒	五十五刻十四分十六秒	小暑二候、小满三候
小寒三候、小雪二候	四十〇刻五分四十四秒	五十五刻九分十六秒	小暑三候、小满二候
大寒、小雪初候	四十〇刻十一分三十八秒	五十五刻三分二十二秒	大暑、小满初候
大寒二候、立冬三候	四十一刻三分二十秒	五十四刻十一分四十秒	大暑二候、立夏三候
大寒三候、立冬二候	四十一刻十分四十四秒	五十四刻四分十六秒	大暑三候、立夏二候
立春、立冬初候	四十二刻三分四十四秒	五十三刻十一分十六秒	立秋、立夏初候
立春二候、霜降三候	四十二刻十二分十六秒	五十三刻二分四十四秒	立秋二候、谷雨三候
立春三候霜降二候	四十三刻六分十二秒	五十二刻八分四十八秒	立秋三候谷雨二候
雨水、霜降初候	四十四刻二十八秒	五十一刻十四分三十二秒	处暑、谷雨初候
雨水二候、寒露三候	四十四刻十分	五十一刻五分	处暑二候、清明三候
雨水三侯、寒露二候	四十五刻四分四十八秒	五十刻十分十二秒	处暑三候、清明二候
惊蛰、寒露初候	四十五刻十四分四十二秒	五十刻十八秒	白露、清明初候
惊蛰二候、秋分三候	四十六刻九分四十六秒	四十九刻五分十四秒	白露二候、春分三候
惊蛰三候、秋分二候	四十七刻四分五十二秒	四十八刻十分八秒	白露三候、春分二候
秋分初候	四十八刻	四十八刻	春分初候
	夜刻	昼刻	

泰州各节气更漏刻分表

	起更 分′ 秒″	二更 分′ 秒″	三更 分′ 秒″	四更 分′ 秒″	五更 分′ 秒″	攒点 分′ 秒″
冬至初候	酉正三刻 一〇 四三	戌正三刻 〇九 二五	亥正三刻 〇八 〇八	子正三刻 〇六 五一	丑正三刻 〇五 三四	寅正三刻 〇四 一七
冬至二候 大雪三候	一一 〇	〇九 三六	〇八 一二	〇六 四七	〇五 二三	〇三 五九
冬至三候 大雪二候	一一 五四	一〇 〇八	〇八 二二	〇六 三七	〇四 五一	〇三 〇六
小寒、大雪 初候	酉正三刻 一三 二二	一一 〇一	〇八 四〇	〇六 一九	〇三 五八	寅正三刻 〇一 一六
小寒二候 小雪三候	戌初初刻 〇〇 二二	一二 一三	〇九 〇四	〇五 五五	〇二 四六	寅正二刻 一四 三八
小寒三候 小雪二候	〇二 五二	戌正三刻 一三 四三	〇九 三四	〇五 二五	丑正三刻 〇一 一六	〇八 〇九
大寒、小雪 初候	〇五 四九	亥初初刻 〇〇 二九	一〇 〇九	〇四 五〇	丑正二刻 一四 三〇	〇九 一一
大寒二候 立冬三候	〇九 〇一	〇二 三二	一〇 五〇	〇四 一〇	一二 三〇	〇五 五〇
大寒三候 立冬二候	戌初初刻 一二 五二	〇四 四三	一一 三四	〇三 二五	一〇 一六	寅正二刻 〇二 〇八
立春、立冬 初候	戌初一刻 〇一 五二	〇七 〇七	一二 二二	〇二 三七	〇七 五二	寅正一刻 一三 〇八
立春二候 霜降三候	〇六 〇八	〇九 四〇	一三 一三	〇一 四六	〇五 一九	〇八 五二
立春三候 霜降二候	戌初一刻 一〇 三六	亥初初刻 一二 二一	亥正三刻 一四 〇七	子正三刻 〇〇 五二	正二刻 〇二 三八	丑寅正一刻 〇四 二四
雨水、霜降 初候	戌初二刻 〇〇 一四	亥初一刻 〇〇 〇八	子初初刻 〇〇 〇二	子正二刻 一四 五七	丑正一刻 一四 五一	寅正一刻 〇四 二四
雨水二候 寒露三候	〇五 〇〇	〇三 〇〇	〇一 〇〇	一四 〇〇	一二 〇〇	一〇 〇〇
雨水三候 寒露二候	〇九 五四	〇五 五六	〇一 五八	一三 〇一	〇九 〇三	〇五 〇六
惊蛰、寒露 初候	戌初二刻 一四 五一	〇八 五四	〇二 五八	一二 〇一	〇六 〇五	寅正初刻 〇〇 〇九
惊蛰二候 秋分三候	戌初三刻 〇四 五三	一一 五五	〇三 五八	一一 〇一	〇三 〇四	寅初三刻 一〇 〇七
惊蛰三候 秋分二候	戌初三刻 〇九 五六	亥初一刻 一四 五七	〇四 五九	一〇 〇〇	丑正一刻 〇〇 〇二	〇五 〇四
春分、秋分 初候	戌正初刻 〇〇 〇〇	亥初二刻 〇三 〇〇	〇六 〇〇	〇九 〇〇	丑正初刻 一二 〇〇	寅初三刻 〇〇 〇〇

（续表）

春分二候 白露三候	〇五 〇四	〇六 〇二	〇七 〇〇	〇七 五九	〇八 五七	寅初二刻 〇九 五六
春分三候 白露二候	戌正初刻 一〇 〇七	〇九 〇四	〇八 〇一	〇六 五八	〇五 五五	寅初二刻 〇四 五三
清明、白露 初候	戌正一刻 〇〇 〇九	亥初二刻 一二 〇五	〇九 〇一	〇五 五八	丑正初刻 〇二 五四	寅初一刻 一四 五一
清明二候 处暑三候	〇五 〇六	亥初三刻 〇〇 〇三	一〇 〇一	〇四 五八	丑初三刻 一四 五六	〇九 五四
清明三候 处暑二候	一〇 〇〇	〇三 〇〇	一一 〇〇	〇四 〇〇	一二 〇〇	〇五 〇〇
谷雨、处暑 初候	戌正一刻 一四 四六	〇五 五一	一一 五七	〇三 〇二	〇九 〇八	寅初一刻 〇〇 一四
谷雨二候 立秋三候	戌正二刻 〇四 二四	〇八 三八	一二 五二	〇二 〇七	〇六 二一	寅初初刻 一〇 三六
谷雨三候 立秋二候	〇八 五二	一一 一九	一三 四六	〇一 一三	〇三 四〇	〇六 〇八
立夏、立秋 初候	戌正二刻 一三 〇八	亥初三刻 一三 五三	子初初刻 一四 三七	子正二刻 〇〇 二二	丑初三刻 〇一 〇六	寅初初刻 〇一 五二
立夏二候 大暑三候	戌正三刻 〇二 〇八	亥正初刻 〇一 一六	子初一刻 〇〇 二五	子正一刻 一四 三四	丑初二刻 一三 四三	丑正三刻 一二 五二
立夏三候 大暑二候	〇五 五〇	〇三 三〇	〇一 一〇	一三 五〇	一一 三〇	〇九 一〇
小满、大暑 初候	〇九 一一	〇五 三〇	〇一 五〇	一三 〇九	〇九 二九	〇五 四九
小满二候 小暑三候	一二 〇八	〇七 一六	〇二 二五	一二 三四	〇七四三	〇二 五二
小满三候 小暑二候	戌正三刻 一四 三八	〇八 四六	〇二 五五	一二 〇四	〇六 一三	丑正三刻 〇〇 二二
芒种、小暑 初候	亥初初刻 〇一 三八	〇九 五八	〇三 一九	一一 四〇	〇五 〇一	丑正二刻 一三 二二
芒种二候 夏至三候	〇三 〇六	一〇 五一	〇三 三七	一一 二二	〇四 〇八	一一 五四
芒种三候 夏至二候	〇三 五九	一一 二二	〇三 四七	一一 一二	〇三 三六	一一 〇一
夏至初候	亥初初刻 〇四 一七	亥正初刻 一一 三四	子初一刻 〇三 五一	子正一刻 一一 〇八	丑初二刻 〇三 二五	丑正二刻 一〇 四三

泰州各节气昏旦刻分表

	昏刻	旦刻	朦景刻分
冬至初候	酉正一刻十三分十一秒	卯初二刻一分四十九秒	六刻二分二十八秒
冬至二候、大雪三候	一刻十三分二十四秒	二刻一分三十六秒	六刻二分二十三秒
冬至三候、大雪二候	一刻十四分四秒	二刻五十六秒	六刻二分一十秒
小寒、大雪初候	二刻一十秒	一刻十四分五十秒	六刻一分四十八秒
小寒二候、小雪三候	二刻一分四十一秒	一刻十三分十九秒	六刻一分十八秒
小寒三候、小雪二候	二刻三分三十七秒	一刻十一分二十三秒	六刻四十五秒
大寒、小雪初候	二刻五分五十五秒	一刻九分五秒	六刻六秒
大寒二候、立冬三候	二刻八分三十五秒	一刻六分二十五秒	五刻十四分二十五秒
大寒三候、立冬二候	二刻十一分三十六秒	一刻三分二十四秒	五刻十三分四十四秒
立春、立冬初候	二刻十四分五十五秒	一刻五秒	五刻十三分三秒
立春二候、霜降三候	三刻三分三十一秒	初刻十一分二十九秒	五刻十二分二十三秒
立春三候、霜降二候	三刻七分二十五秒	初刻七分三十五秒	五刻十一分四十九秒
雨水、霜降初候	酉正三刻十一分三十四秒	卯初初刻三分二十六秒	五刻十一分二十秒
雨水二候、寒露三候	戌初初刻五十七秒	寅正三刻十四分三秒	五刻十分五十七秒
雨水三候、寒露二候	初刻五分三十三秒	三刻九分二十七秒	五刻十分三十九秒
惊蛰、寒露初候	初刻十分二十三秒	三刻四分三十七秒	五刻十分三十一秒
惊蛰二候、秋分三候	一刻二十四秒	二刻十四分三十六秒	五刻十分三十一秒
惊蛰三候、秋分二候	一刻五分三十六秒	二刻九分二十四秒	五刻十分四十秒
春分、秋分初候	一刻十分五十八秒	二刻四分二秒	五刻十分五十八秒
春分二候、白露三候	二刻一分三十秒	一刻十三分三十秒	五刻十一分二十六秒
春分三候、白露二候	二刻七分十一秒	一刻七分四十九秒	五刻十一分二十六秒
清明、白露初候	二刻十三秒	一刻二分	五刻十二分五十一秒
清明二候、处暑三候	三刻三分五十四秒	初刻十一分六秒	五刻十三分四十八秒
清明三候、处暑二候	戌初三刻九分五十三秒	寅正初刻五分七秒	五刻十四分五十三秒
谷雨、处暑初候	戌正初刻五十五分	寅初三刻十四分五秒	六刻一分九秒
谷雨二候、立秋三候	初刻六分五十六秒	三刻八分四秒	六刻二分三十二秒
谷雨三候、立秋二候	初刻十二分五十三秒	三刻二分七秒	六刻四分一秒
立夏、立秋初候	一刻三分四十三秒	二刻十一分一十七秒	六刻五分三十五秒
立夏二候、大暑三候	一刻九分二十一秒	二刻五分三十九秒	六刻七分十三秒
立夏三候、大暑二候	一刻十四分四十一秒	二刻十九秒	六刻八分五十一秒
小满、大暑初候	二刻四分三十八秒	一刻十分二十二秒	六刻十分二十七秒

（续表）

小满二候、小暑三候	二刻九分四秒	一刻五分五十六秒	六刻十一分五十六秒
小满三候、小暑二候	二刻十二分五十四秒	一刻二分六秒	六刻十三分十六秒
芒种、小暑初候	三刻一分二秒	初刻十三分五十八秒	六刻十四分二十四秒
芒种二候、夏至三候	三刻三分二十秒	初刻十一分四十秒	七刻十四秒
芒种三候夏至二候	三刻四分四十五秒	初刻十分十五秒	七刻四十六秒
夏至初候	戌正三刻五分十四秒	寅初初刻九分四十六秒	七刻五十七秒

泰州各节气午正太阳弧表

冬至初候	三十四度四十秒
冬至二候、大雪三候	三十四度六分二十一秒
冬至三候、大雪二候	三十四度二十三分二十秒
小寒、大雪初候	三十四度五十一分二十四秒
小寒二候、小雪三候	三十五度三十分十五秒
小寒小候、小雪二候	三十六度十九分二十六秒
大寒、小雪初候	三十七度十八分二十四秒
大寒二候、立冬三候	三十八度二十六分三十五秒
大寒三候、立冬二候	三十九度四十三分十五秒
立春、立冬初候	四十一度七分四十三秒
立春二候、霜降三候	四十二度三十九分十二秒
立春三候、霜降二候	四十四度十六分
雨水、霜降初候	四十六度九秒
雨水二候、寒露三候	四十七度四十七分五十七秒
雨水三候、寒露二候	四十九度三十九分四十一秒
惊蛰、寒露初候	五十一度三十四分二十九秒
惊蛰二候、秋分三候	五十三度三十一分三十六秒
惊蛰三候、秋分二候	五十五度三十分十五秒
春分、秋分初候	五十七度二十九分四十秒
春分二候、白露三候	五十九度二十九分五秒
春分三候、白露二候	六十一度二十七分四十四秒
清明、白露初候	六十三度二十四分五十一秒
清明二候、处暑三候	六十五度十九分三十九秒
清明三候、处暑二候	六十七度十一分二十三秒

（续表）

谷雨、处暑初候	六十八度五十九分十三秒
谷雨二候、立秋三候	七十度四十二分二十四秒
谷雨三候、立秋二候	七十二度二十分八秒
立夏、立秋初候	七十三度五十一分三十七秒
立夏二候、大暑三候	七十五度十六分五秒
立夏三候、大暑二候	七十六度三十二分四十五秒
小满、大暑初候	七十七度四十分五十六秒
小满二候、小暑三候	七十八度三十九分五十四秒
小满三候、小暑二候	七十九度二十九分五秒
芒种、小暑初候	八十度七分五十六秒
芒种二候、夏至三候	八十度三十六分
芒种三候、夏至二候	八十度五十二分五十八秒
夏至初候	八十度五十八分四十秒

泰州各节气午正太阳晷景表

	直	横
冬至初候	一尺四寸六分七厘	○尺六寸六分八厘
冬至二候、大雪三候	一尺四寸六分二厘	○尺六寸七分○厘
冬至三候、大雪二候	一尺四寸四分六厘	○尺六寸七分七厘
小寒、大雪初候	一尺四寸二分一厘	○尺六寸八分九厘
小寒二候、小雪三候	一尺三寸八分八厘	○尺七寸○分六厘
小寒小候、小雪二候	一尺三寸四分七厘	○尺七寸二分八厘
大寒、小雪初候	一尺二寸九分九厘	○尺七寸五分四厘
大寒二候、立冬三候	一尺二寸四分七厘	○尺七寸八分六厘
大寒三候、立冬二候	一尺一寸九分二厘	○尺八寸二分三厘
立春、立冬初候	一尺一寸三分四厘	○尺八寸六分五厘
立春二候、霜降三候	一尺○寸七分五厘	○尺九寸一分二厘
立春三候、霜降二候	一尺○寸一分六厘	○尺九寸六分六厘
雨水、霜降初候	○尺九寸五分六厘	一尺○寸二分六厘
雨水二候、寒露三候	○尺八寸九分八厘	一尺○寸九分二厘
雨水三候、寒露二候	○尺八寸四分一厘	一尺一寸六分六厘
惊蛰、寒露初候	○尺七寸八分六厘	一尺二寸四分八厘

（续表）

惊蛰二候、秋分三候	〇尺七寸三分二厘	一尺三寸三分九厘
惊蛰三候、秋分二候	〇尺六寸八分〇厘	一尺四寸四分一厘
春分、秋分初候	〇尺六寸三分一厘	一尺五寸五分三厘
春分二候、白露三候	〇尺五寸八分三厘	一尺六寸七分九厘
春分三候、白露二候	〇尺五寸三分八厘	一尺八寸一分八厘
清明、白露初候	〇尺四寸九分五厘	一尺九寸七分五厘
清明二候、处暑三候	〇尺四寸五分五厘	二尺一寸四分五厘
清明三候、处暑二候	〇尺四寸一分五厘	二尺三寸四分七厘
谷雨、处暑初候	〇尺三寸七分九厘	二尺五寸六分七厘
谷雨二候、立秋三候	〇尺三寸四分五厘	二尺八寸一分五厘
谷雨三候、立秋二候	〇尺三寸一分三厘	三尺〇寸九分〇厘
立夏、立秋初候	〇尺二寸八分四厘	三尺三寸九分六厘
立夏二候、大暑三候	〇尺二寸五分八厘	三尺七寸七分六厘
立夏三候、大暑二候	〇尺二寸三分四厘	四尺〇寸九分六厘
小满、大暑初候	〇尺二寸一分三厘	四尺四寸八分〇厘
小满二候、小暑三候	〇尺一寸九分六厘	四尺八寸七分二厘
小满三候、小暑二候	〇尺一寸八分一厘	五尺二寸五分二厘
芒种、小暑初候	〇尺一寸六分九厘	五尺五寸九分五厘
芒种二候、夏至三候	〇尺一寸六分一厘	五尺八寸七分二厘
芒种三候、夏至二候	〇尺一寸五分六厘	六尺〇寸五分三厘
夏至初候	〇尺一寸五分四厘	六尺一寸一分六厘

附录：推泰州各节气时刻及交食先后法

查《时宪书》京师节气时刻，以泰州偏度泰州偏京师东三度三十二分。变时，加之即得。譬如今岁己酉，查《时宪书》，京师立春时刻乃酉正一刻八分，以泰州偏度变时得十四分八秒，加之得酉正二刻七分八秒，即为泰州今岁立春时刻。余节气仿此推之。

查京师日食时刻，以泰州偏度变时，加之即得，法与推节气同。譬如今岁己酉五月朔日食，京师食甚时刻卯初一刻七分四十六秒，以泰州偏东三度三十二分，变时得十四分八秒，加之得卯初二刻六分五十四秒，即为泰州今岁日食食甚时刻。初亏、复圆，仿此推之。

查京师月食时刻，以泰州偏度变时，加之即得，法与推节气同。譬如今岁己酉十月望月食，京师食甚时刻酉初二刻十分一十九秒，以泰州偏东三度三十二分，变时得十四分八秒，加之得酉初三刻九分二十七秒，即为泰州今岁月食食甚时刻。初亏、复圆，仿此推之。

祥 异

道光八年秋，大水。九年夏六月，地震。十一年夏，运河决马棚湾，次日张家沟复溢，下河田多淹没。秋八月，地震。九月，地再震。十二年春，大饥，斗米钱五百[1]，民食榆皮、草根及观音粉，饿殍载道。十三年秋，大水。十四年秋七月，地震。十五年，夏麦熟，不雨。秋七月，大风拔木，坏屋无算。十六年，蝗不为灾。十七年二月，设局收买蝻子。六月，蝗大作。十八年除夕，大雷电，雨雹。十九年秋，大水。二十年秋，大水。二十一年秋，大水。二十二年秋，大熟。二十四年秋，大水，不成灾。二十五年秋，大水，多风雨。二十六年夏，旱。秋，大水，不成灾。二十七年春夏，少雨。秋，大水。二十八年夏，大风雨，江、淮、湖、海同涨，平地水深数尺，岁大歉。二十九年秋，大雨水。三十年秋，大水。

咸丰元年，海潮涨溢，决范公堤。二年夏，地震。三年，彗星见，太白昼见。四年，歉收。五年，洪水下注，岁大歉。六年五月至八月，大旱，运河水

[1] “五百”，程抄本后有“文”字。

涸，赤地千里，飞蝗蔽天。七年春夏，旱。秋，歉收。八年夏，大旱。九年，歉收。十年闰三月，坡子街火灾，延烧数十家，挡军楼毁。秋，大水，小六堡漫口。十一年秋八月丁巳朔，五星聚奎，日月合璧。

同治元年，稔。二年夏，地震。三年，旱，勘不成灾。四年，彩衣街灾。五年夏七月初六日，大雷雨，觉正寺前文昌阁焚。秋，湖水盛涨，清水潭决，下河田庐漂没，禾稼尽淹。六年夏，旱。七月初二日，大雨三日，歉。[1]七年，歉熟不齐，粟贱。八年，夏旱，秋多雨，歉收。九年，春多雨雪。秋旱，禾多白莠。十年，旱，不成灾。十一年夏六月，地震。十二年夏，旱。十三年夏，禾生虫，多不实。

光绪元年秋，得雨迟，收成歉薄。二年夏，旱、蝗。人剪辫，鸡剪翅，飞针、飞血、飞印，纸人纸马，妖异叠见。三年夏，大风拔木。[2]四年夏，蝗不为灾。五年夏，水不成灾[3]。秋，大熟。六年夏，彗星见。七年，中稔。八年夏，彗星见[4]。九年，稔。太平坊某妇孕，产犬二首。十年，麦秀两歧。十一年，稔。冬，大雪雨。十二年冬，桃李华，文峰塔毁于火。十三年，稔。十四年，秋疫。十五年，稔。十六年，稔。十七年春二月，大风拔木。十八年冬，奇寒，草木多死，鸡卵冻裂。十九年秋，酷热。九月，雨雪。二十年，稔。二十一年，稔。二十二年春正月，大雾，雨雪，卉木槎枒，皆成琼花瑶叶，是为雾淞。夏，鸡剪翅。秋九月，雷电，奇寒，雨雪。二十三年秋，大水，不成灾。二十四年元旦，日食。春，大雪深数尺。夏，大雨伤麦。二十五年，稔。二十六年秋，大水。二十七年秋，大疫。二十八年夏，大风拔木。二十九年夏，大雨。秋，歉。三十年，稔。冬十二月二十日，大雷雨，电击火星庙旁桑树，成木屑。三十一年，稔。三十二年秋，大雨，湖水涨溢，车逻、五里等坝俱开，下河田庐，半为淹没。冬，麦不下种。三十三年春，大饥，谷价奇贵，石米十千余。称是秋彗星见。三十四年，稔。秋，疫。

宣统元年，稔。二年秋，歉收。三年，稔。

[1] “歉”，程抄本下有“飓风三日息”。
[2] “大风拔木”，程抄本下有“漕粮三价”。
[3] “水不成灾”，程抄本作“不成水灾”。
[4] “见”，程抄本下有“秋，大雨十五昼夜”。

续纂泰州志卷之二

河　渠 涵洞　堤坝　桥渡　水利附

通扬运河　即上官运盐河，同治四年挑浚。宣统二年，由姜堰至海安官河水浅，轮船不便驶行，由姜堰商会丁植卿会同通州张謇出资，雇工挑挖，阅三月始竣。

跃鳞河　见前志，光绪十三年，邑人陈芾、石梁、卢福保出资重浚。

鸭子河　见前志。同治五年，运宪忠以里下河河道浅涸，札州松会坝武，亲往鸭子河等口门，查有泄水之处，堵闭利运。

草河　在北门东坝下，为草船丛集之地，由施家湾北注。徐家桥旁，有嘉庆年革官草行弊[1]石碑。

赵家河　在城东三里，老东河东。

陆家河　在东南隅，塘湾东。

老龙河　即白眉河，在白米南，自白米三十里至蒋垛。光绪年，由蒋垛孟锦光浚深，惟孟家湾至泰兴界雁岭通江处尚淤浅。

运粮河　在姜堰南二十里，由运粮庄折而西南，至顾家庄、高家庄，入泰兴黄桥、季家市通江，北通上河。稍挑浚，即通行。

甸家河　在小白米三元桥西南，通老龙河。

穆家湾　在东南隅，吴嘉纪诗“日落穆家湾，日落马家湾。两湾地僻易为贼”是也。

---

[1]“弊”，原本脱，据程抄本补。

马家湾 在正东隅。

相见湾 在州南十五里。

孟家湾 在东南隅，马沟直南，通泰兴。

鸭儿湾 在东南隅，与泰兴分界。

窑湾 在西南隅，西锁嘴西。志载：海子沟北有小支，通窑湾入运河。

打鱼湾 在城南门外，柳敬亭居此。

葛港 在东南隅，南通江。明作“葛堽”，有葛港汛兵，康发祥有《葛港汛》诗。

焦港 在海安龙王庙对河，由靖江八圩港通江。靖江、泰兴士绅议筹款开浚此港，光绪年间李緝倡浚，惟泰境南仍淤浅。

秀才港、鸡儿港 秀才港，在海安三里庙对河，邑人徐蟠浚。咸丰元年，陆泰山重浚。鸡儿港，在百子桥对河。按，以上三[1]港，皆明时通江处也，今已淤浅。光绪年间，李緝先后倡浚。

杨港、黄沙港 杨港，在海安城隍庙巷河南，明通江，今淤。光绪年间，李緝倡挑黄沙港西、杨港西。

田家港 在曲塘东古灵庵对河，南通大江，北口有木档关局。港内一带农民将田泥壅塞河面，河身淤浅。光绪年间，李緝重修。

蔡家港 在东南隅。

三里港 在东南隅。

许家港 在东南隅。

烟冲港 在东南隅，南接泰兴界。

古洞港 在州治东七十八里，南至泰兴古溪等处通江，北由高家湾通老龙河。

灰粪港 在济川河西，古名绰泼港[2]，由燕口入上河。光绪二十八年，木簰过港，该港贫民诈扰，由金陵木厘局委江都县吴运判方会州勘明，该港由市港口狮子桥入港，经流星港十八里入上河，详派三江营炮船护簰出境，示禁在案。

---

[1] “三”，程抄本作“二”。

[2] “绰泼港”后，程抄本补注“即八汊港”。

张王沟　在海安南，因张士诚得名。

范菱沟　在白米南，通黄桥。

七里沟　在葛港南。

营沟　在东南隅，亦名营溪，与泰兴、如皋分界。

界沟　即斗门镇。运宪兼管下河水利，筑有土坝。道光年，清明农忙时，沟内民田开坝引水灌溉。一届重阳节，即由运宪札坝堵闭，以利盐运。按，界沟沈家渡附近，有道光年运宪示禁居民抛掷瓦石阻碍河道石碑，今在河干。一在下河西北隅，近坂埝，与东台分界。

走马沟　在界沟北。

马沟　在正东隅，古急递铺，有马沟铺司兵。

下水沟　在正东隅。由大冯甸入上河，有明林瑄墓，储巏为铭。

以上均属上河。

盐大河　在赵公桥西。旧为运盐河，今废。见《泰州四境水利图》。

斜丰港河　在斜堤北。嘉庆十九年，河督黎世序奏挑泰州之运盐河、斜丰港河，余详《水利》。

三洋河　在西北隅。古名山阳渎，由宜陵经南、北逍遥河，至樊汊入高邮界。今宜陵筑坝，水由各涵洞北注，余详《水利》。

中村河　在西北隅。乾隆三年，汪灋曾挑中村河，以泄水归海。水大时，居民皆迁居小纪。自黄河北徙，河道渐淤，民人复归，渐成村落。中村镇，在州治西北四十五里，古名陆家港，一名徐家河，东与鱼儿港通。

臧许河　在西北隅。

范鸭子河　在西北隅。王岳河北流，为范鸭子庄河。

南、北盛家河　在西北隅。范鸭子河北流，入樊汊。

陈筛子河　在西北隅、王岳河东，再东至小纪镇。

宁乡河　在宁乡镇北，注鲁汀河。

汊河　在宁乡镇西。

溪河　在宁乡镇北。

王岳河　在西北隅，南、北逍遥河之间。

老东河　在东门鲍家坝上。

老西河 在西浦西。

燕支河 在西浦北，为老西河分支。《竹枝词》："燕支河畔落花多。"

东西单塘河 在正东隅，由葛港庄北通下河。明马场有单塘河庄，群牧马地。

新河 一名富安旧河，在海安镇东，为串场河之纲领，里人李祖遐倡浚。咸丰六年，由万民洞挑至大墩庙。九年，再挑。光绪年，里人李緝复浚。

阔河 一名运盐河。咸丰九年，由中坝浚至六里港。光绪十三年，里人崔隆安、李緝倡浚。

海安老东河 自阔河分支，一抵牙桥，一抵柴坳。咸丰九年，王华封倡浚。光绪年间，李緝重浚。

三里河 在海安西门外，上达官运河，下通六里港。河口上架木桥，以利行人。桥门钉桩，以防绕越。

洋河 自泰州与如皋分治之韩家洋，经潮墩头、藻家庄，至胖头港，东岸为东台界。

界河 在海安中楹桥南十里许，泰、如分界，因名。

谈家河、彭家河、鸭徐河 三河均在西北隅，斜丰港堤内。

鲍湖 见前志。即包老湖，在港口东北，周围二十里。由甸头庄至靳家潭，穿湖心七里；由夏家庄[1]至杨庄，穿湖心亦七里。光绪十四年夏，大旱，鲍湖北各庄就湖中协力挑浚长漕，阔丈余，深八尺，南引溪水以灌稻田。十九年夏，旱，湖东西水漕有淤塞，农民复浚，通靳家潭、杨家庄大河之水，其利甚溥。

贾湖、南湖、北湖 三湖均在西北隅，斜丰港堤内，今皆淤浅。按，贾湖有东贾湖、西贾湖。

喜鹊湖 即鸡雀湖，旧湖滩面积数十里，近亦淤浅，开垦成草田矣。按，即秦潼湖周围二十里，属东台[2]。

海陵溪 见前志。称浦汀河，即海陵溪，为下河总名。按，海陵溪在浦

[1] 夏家庄，程抄本作"夏庄"。
[2] 本条按语，据程抄本补。

汀河闸外，水道由西而东，为高、泰、兴、东四县毗连之地，河面宽大，半系荒滩。清初，漕督桑格议挑海陵溪，使高邮所受之水入海，即此。

下溪 在西北隅港口北，古称龙溪。镇之南，有回龙将军庙在焉。溪之上游名上溪，约千余家。溪之下游名下溪，约三百余家。按，前志有上溪，无下溪。

鳅鱼港 在赵公桥东北二十五里。

李港 一名里港，在三洋河北。逍遥之北为李港口，南逍遥水合王岳河，李港水合臧许河，仍归北逍遥口合流，通小纪宗村河、蒋家兔坭港、徐家河、臧许河无数小口，向东有圩壅，水不开放，否则流出鲁汀河。

华陀港、四分港 在三洋河东、小纪南。

兔儿港、鱼儿港 在西北隅。兔儿港，北流入徐家河。鱼儿港，在徐家河东。兔儿港，一名兔坭港。

时家港 在海安新河东。

汤家港 在海安东。

六里港 在海安北六里，明徐炯浚。又，三洋港在六里港北。

赤林港 在海安东，一名赤练港。

殷婆港 在六里港北，一名殷蒲港。

乌龙港 在东北隅，与东台界。

殷仲港、西家港、北理港 三港均在曲塘北。

桑家港 在港口西。该庄有吉祥庵石碑，称有桑相肇基此土，因名，见《退庵笔记》。

鳗鱼湾、戚家湾、桥儿湾 均在正东隅。鳗鱼湾，近仇湖。戚家湾，曲塘北。桥儿湾，朱家滩东北。

麒麟湾 在治西北七里。

蒋家湾 在西北隅。

兴隆湾 在正北隅，一名九里湾。

周家沟 在施家湾北。

五里沟 在斜桥东北。

暂止沟 在曲塘北十余里，有东、西暂止沟，附近有华严寺、唐王井、跑马沟、军分桥诸古迹。

千步沟 在谢王河西北。

东元沟 在正东隅。

吉沟 在西北隅，近港口。崇祯《志》："治北四十里吉沟，有永兴庵。"

以上均属下河。

城内中市河 道光二十八年挑浚。光绪十三年，知州陆元鼎查勘河道淤塞、年久失修，丈量段落，按册估工，捐资五千余缗，官督民办，刻日竣工。南、北水关，一并修理。两岸民房太多，河深岸陡，势必倾颓，终归淤塞，宜有善法处之。

玉带河 前志以为即东西市河，非也。宫伟镠谓："三河川流，而横亘其中者为玉带，玉带河故道宜浚者是也，惟淤塞已久。"康发祥云："偿其田价，人必乐从。疏通后，水由南、北二水门入，左右旋转，城中气脉无处不通矣。"欲通玉带河，必自通市河始，市河不通，终属无济。

以上均属市河。

涵 洞

万民涵 在海安镇徐家坝，即古青龙闸。乾隆二十年，前巡抚庄公有恭易闸为坝，堵闭不开。闸下居民捐资，就百子桥下旧涵修筑，以引淮流，是为万民洞。洞以木钉成四方长形，上河之水经海安镇东分，入百子桥内，转而东行至万民洞，直达东台富安，为下河来源。嘉庆年间，里人重修。道光二十三年，里人再修。光绪二十七年，如、东、泰三州县会禀请修，如董沙元炳等、东董吕德忱等、泰董刘震甲等涉讼。二十九年，上宪委扬州知府吴，泰州侯、如皋县单、东台县孙，石港场、三州县会同绅董沙元炳、陈宇、陆燕昌等会勘丈量，仍照旧制高、宽三尺四寸定案，三十一年动工，改建石涵。

九里沟涵 在九里沟。涵坝下十三庄按亩捐修，有碑有案。蓄水济运，下卫民田。西水下注，冲激不堪。道光三十年，斜丰港堤成，知州张之杲督修此涵，不准过船。夏令不雨，十三庄农民尝请开通涵坝，引水灌田，旋开旋闭，历任有案。

夏家桥涵　在南门城子沟。光绪三十二年，有人禀开该桥涵洞，装运灰粪船只。知州张浍亲往该处勘明，钉桩堵闭。

姜堰东涵　光绪二十三年，王姓重修。

曹堡涵　在曹堡。同治四年，王子勤、陈芸阁等公议重修。议得：旱年导水，西河至北地名凤凰眼打坝，东河至学田与胡姓、张姓车前打坝，禀官立案。

马沟西伍家庄涵　光绪十余年时，张姓重修。

马沟西朱家滩涵　光绪二十八年，王姓重修。

白米西涵　光绪二十八年时，尤姓、张姓重修。

丁家涵　光绪年间，许宝书等重修。

崔母涵　道光年间，张姓重修，改为石涵。

土地山东西涵　在北刘庄东南土地山前，创于乾隆二年八月，有碑记，倒塌。宣统二年，刘茂斋等捐资购石重修，改石涵。

谢家河涵、王家河涵　前志载谢王河涵、东涵，误，采访函请更正。

老鹤坝涵　老虎坝改，详下《坝》“老虎坝”条。

小宝带桥涵废　在南门外。光绪二十八年，奉督宪刘委勘详，称“涵洞为蓄水防私而设。此涵[1]一开，江潮少，则运河干涸，害已无穷。若江潮泛滥，灌入运河，仍分灌下河，洼下田庐，尽成泽国”等语。今改涵为活桥，通行船只。

苏陈庄涵废　在州治东十八里。光绪五年，夏嘉谷等禀请修复，旋圮。

宫家涵废　在州治东[2]，莲花池附近。旧为涵洞，后筑坝。宣统年间[3]，有人禀开，经宫姓援案禀禁。

黄村涵废　在州治东南五十里。道光十九年，犹为涵洞。后大水毁涵，崩为黄村口。光绪五年，运宪委徐运判会董曹将口门缩小，两边用石裹头，上建木桥，名曰顺济闸，今圮。

---

[1]“涵”，原本作“港”，据程抄本改。
[2]“州治东”，原本脱，据程抄本补。
[3]“间”，原本无，据程抄本补。

卢家涵废　在海安东门外，大墩庙北。

解家涵废　在海安东门外，花花桥北。

以上二涵，久经改涵为桥，往来船只。

三里涵废　在海安镇西三里。旧涵洞不知毁于何年，久设木桥。光、宣间，里人拟建石闸，未果。

泰邑上河，旧有七十二涵洞。同治五年，运宪忠以河道浅涸，札州松查堵七十二涵洞，是也。前志所载本不全，数十年来又多废，改名称亦异，分书于右，余详前志。

堤　坝

滕家坝　古名济川坝。顺治年改名滕家坝，设档收税。乾隆五十三年筑实。济川河高于上官河，一经启放，官河立涸，农田、盐运，两有妨碍。道光十五年，抚宪林勒碑示禁船只绕越漏税，内载“滕家坝数百年舟楫不通”之语，现仍立河干。同治十二年，泰兴县请开滕[1]坝，详奉督宪李札州会坝委勘，禀：“奉批滕坝之设，已数百年，未便轻易启放。续有奸民拖船私挖坝基，经绅士王广业、王桐等公禀修筑，与鲍家坝势同唇齿。”光绪三年，鲍、滕两坝奸民等拖船索费，奉运司详奉督宪沈委勘，钉桩堵闭，给示勒石，永禁挖坝泄水。知州刘汝贤详奉宪批，并禁拖船，以杜私挖。光绪十九年，姜泰厘捐委员陈为奸民煽惑，冀畅捐务，禀奉总局札饬知州王端启会勘办理，经绅士单渭南、王贻哲等录案禀禁。二十四年，邑人禀请鲍、滕两坝购备机器拖绞船只，经绅士陈恩熙、王谌谋等禀请，监掣王鹏豫详准运督宪，勒石永禁，分置泰坝署前并鲍、滕两坝，以垂久远。

鲍家坝　古名东河坝。雍正《泰州志》：“东河坝，又名鲍家坝。”为鲍家坝之始。光绪六年夏旱，鲍坝[2]附近庄民禀请开坝，以资灌溉。未几，大雨如注，坝决数丈，水势奔腾。乡民连夜抢堵，然已冲倒斜桥，糜费无算。

[1] “滕”后程抄本有“家”字。

[2] “坝”，原本作“家”字，据程抄本改。

光绪二十五年，王谌谋等以鲍、滕两[1]坝上年既奉宪禁，自应禀请颁发告示，勒石坝旁，以垂不朽等情，由运宪详奉督宪刘批示“鲍、滕两坝拖绞船只，有损坝身，于盐运、地方大有妨碍，自应勒石严禁，永远遵守，不得再有纷更”在案，并颁发告示到坝，当由王谌谋自备工资，摹示勒石三方，分置坝署前并鲍、滕二坝河干，以垂不朽。余参看上“滕家坝”条。

延溪坝　在串场河东岸小缺口迤北，与砖涵一水相隔，坝身泰州与东台分治。

官坝　在串场河东岸，上通杨冒河，与新丰闸斜峙。

刘家岱东、西坝　在姜堰刘家岱前。宣统末，大水崩坏，经武生刘泽提倡修筑。

莫家坝　在北门外，姜家窑东。

张家坝　在正西隅。

冈门坝[2]　在麒麟湾西北，杨家庄附近。

于家坝　在海安[3]王家院河南。

杨道人坝、万三坝　均[4]在海安贲家集西。

周家坝　在曲塘北。

刘家坝　在谢王河北。

老虎坝废　光绪十八年，泰州张改为涵洞，更名老鹤，并会同泰坝陈通禀大宪，勒石示禁偷挖涵洞、拖船、漏税在案。今涵洞通流，何得仍称为坝乎？

老坝废　在海安新河中老坝头后，已久[5]。旧制，以上流两岸稻田多，须蓄坝水溉田，春闭秋启，以便商船。近因稻田少，无须蓄水，不复堵，惟两堤坝根犹存。

[1]“两”，程抄本作“二”字，下同。
[2]“冈门坝”，程抄本作“罡门坝”。
[3]原本脱“安”字，据程抄本补。
[4]“均”，原来无，据程抄本补。
[5]疑脱“圮”字。

桥 渡

红桥 见前志，在暮春桥北。光绪二十四年，里人叶承年、袁烺等募修。

嘉定桥 见前志，即八字桥。光绪年，颜文洽等重修。

陈家桥 见前志，光绪三十三年，里人汪朝栻、沈思等募修。

王家桥 见前志，光绪十三年，里人邱淦泉、徐世济等募修。

北水关桥 见前志，光绪十二年，里人张厚裕、徐世治等募修。康发祥有《水关桥槐树》[1]诗。

迎淮桥 见前志，即且乐桥。光绪七年，邑人王贻谷重修。二十九年，里人萧桂生等募修。

太和桥 见前志，即州桥。光绪二十八年，里人顾履坦、乐善庵僧宝善等修。

三元桥 见前志，光绪年，知州刘汝贤重修。

右水桥 见前志，光绪二十九年，里人徐世济等募修。

小板桥 见前志，在岳墩东北，近彩霞桥，今改砖桥。

沈家桥 见前志，在右水桥东。光绪三十四年，里人陆鹤松等募修。

西红桥 见前志，在州治北。光绪十八年，里人何炳葵等募修。

耳门桥 见前志，在北门耳门外。光绪三十三年，里人袁绍曾等募修。

板桥 见前志，在仓浦后。今按，在马浦后。光绪三十年，邑人陈恩洽、商董席裕仁等重修，场商捐助五千余缗。

通仓桥 见前志，道光十二年，里人王廷机捐修。咸丰十一年，万堉、唐震之等禀修。

清化桥 见前志，咸丰九年重修。

招贤桥 见前志，光绪三十一年，场商捐修。

大通桥 见前志，即大东桥。光绪八年，里人王贻谷重修。

赵公桥 见前志，即凤尾桥。咸丰六年，知州徐瀛重修。光绪三十四

[1] “水关桥槐树”，原本脱“槐”字，据程抄本补。

年，里人复修。

迎春桥　见前志，作板桥，今改砖桥。

板桥　见前志，近南门外吊桥。光绪十一年，里人张玉树、唐璧重修。

东板桥　见前志，在姜堰镇。光绪二十七年，里人王尚文独修，卢福保有《重修姜堰东板桥碑记》。

牙桥　见前志，即砖桥，在海安东门外。同治二年，里人缪增倡修，陈缜有《牙桥坝源流说》。

百子桥　见前志，在海安东门外，下有百子桥涵。咸丰八年，里人重修。

六里港桥　见前志，仲振猷有记。光绪二十五年，里人李緭倡修。

凤山桥　见前志，即凤凰桥。光绪五年，里人李緭倡修。

花花桥　见前志，道光年僧若水重修。光绪十年，里人王树基倡修。

杨家桥　见前志。宣统三年，里人李葆忱修，改为活桥，以便草船往来。

以上见前志重修者。

黉桥　在圣庙东黉门。

文利桥　在学署东北。

紫阳桥　在光孝寺西。过桥，则为安徽会馆。光绪六年，知州绩溪程遵道建。

北门外吊桥　光绪十二年，里人周彬重修。

既济桥　在东火星庙侧，旧为板桥。咸丰六年，里人王贻谷改建砖桥。

汤家桥　在城南三里。光绪间，重修。

菖蒲桥　在东门外至大冯甸路，地名菖蒲沟。

东胜桥　在塘湾镇河北。光绪年，里人李金台倡建。

普福桥　在塘湾河南。向系木桥，里人李荣国倡修，改建石桥。

西板桥　在姜堰南街，跨盐河，有石垛四。光绪三年，里人集资重修。

永宁桥　在姜堰下坝。

永丰桥　在姜堰下坝。光绪三十一年，里人重修。

同善桥　在姜堰下坝。嘉庆七年，里人黄恕堂建，名新桥。同治初，归同善堂募修，故名同善。光绪三十二年，里人重修。

山桥　在天目山前。光绪三十四年，里人王尚文禀请独修。

刘家桥　在姜堰，造于刘氏，故名。姜堰明初为三水镇，上下两坝交通，船舶由此出江。此桥俗名大桥。清初上坝闭塞，水道渐淤。此桥跨河西岸，往来车毂，络绎不绝，桥木易坏。上年，里人刘步阶、张文等捐修，改为石桥。

东兴桥　在姜堰镇东。年久失修，耆民郭仲堪集资改造，工料坚实，乡人称便。

十五里桥　距姜堰十五里，故名。光绪二年造，光绪三十二年重修。

七里桥　在姜堰北七里，王公三祝祖墓在焉。

方仙桥　在姜堰官庄北，虾蟆垛附近。

三元桥　在小白米河南。

亭长桥　在小白米林家涵北，经大、小虹桥，通沙子沟，接东台界。

天后桥　在大白米东涵北，经蒋桥、马庄，至莫家庄东台界。

子由桥　在曹堡北三十里。

白龙桥　在梁垛庄。

西亭桥　在曲塘荀家涵东。

马蝗桥　在曲塘南。

巫沟桥　近曲塘镇。

立发桥　在海安镇东，一名力乏桥，东界如皋。见《古迹》“发繇亭”注。

八字桥　在海安镇西门外过街涵洞北。有双桥，如八字形，萧海青有《双桥曲径》诗。

丁沟桥　在海安东北。

张仙桥　在海安韩家窑南。

得胜桥　在海安东北，五汊港南。

萧家桥　在海安时家港西，贲家集东。

十八步两顶桥　在海安西十里，陆氏古墓在焉。

屠家桥　在灰粪港西，大王庄观音岔[1]东。

［1］“岔”，原本为“岔”，据程抄本改。

蒋家桥　在侢家港内，由流星港入寺巷口，北有蒋家庄。

狮子桥　在寺巷口镇北，为南门通口岸、龙窝要道。其水又通灰粪港，由燕口入上河。建自清初，宣统年设渡济行，经王振猷募款重修。

沙子沟桥[1]　在东南隅。

九龙沟桥　在九里沟北，储氏之墓在焉。

青龙桥　在界沟，与江都交界。

万善桥　在南坝塘。其水南通长江，船出江口，此为捷径。建自光绪二十八年，初为坝，因交通便利，呈准改建。

友忠桥　在大埨庄中。道光三年十一月，张友忠出款建桥。清末，黄华等重修石桥，仍名为友忠桥。

运粮河桥　光绪十七年，邑人宋荣玢独修。三十三年，荣玢与王槐堂捐修，后宋尹东又捐资重修。

药箱桥　在同文庄。乾隆时，王益峰住七区红桥庄。益峰精歧黄，常负药箱卖药于市。嘉庆初，遁迹，不知所终。其后人迁居于庄河东，宅旁造小木桥一架，以其箱葬于桥侧，名曰药箱桥。

张家院新桥　在张家院西，有南北官河一道，上通上河，下达下河。光绪十八年二月，由张家院陈伯平建设桥梁一座，名曰新桥。此桥下栽有木桩二十余，以杜南北船只来往，可流水。

蒋家垛利涉桥　在蒋垛南河。古称蒲津渡口，行人往来，呼渡于此，后架木桥通之。乾隆三十年，镇人申苍文等改建石桥，其侄志书撰碑记。道光七年，申氏公议修补石桥南北燕尾，别立碑记之。碑文录后。

蒋垛南河，古之蒲津渡口也，南骥沙北场灶，最为要地。昔造船以济，后易之以木桥。木朽而颓，行者仍病焉。今欲以石坚之，侄燕居、燕芳与予同志，协力捐金，共襄厥事。汪甥棣然不惮跋涉采诸山，侄辈钦若不遑蚤夜以董其役，因旧址筑新基。乙酉三秋经始，予时扶杖其上，而僧省悟亦有左右之劳，是以不逾月而工竣。示乐其相与有成也，名之曰利涉桥。盖以遵王政徒杠舆梁之义，俾往来无临流之叹。爰勒诸石，用垂不朽云尔。乾隆

[1] 原本、程抄本均作“沙子桥”，据新抄本改。

三十年立。道光七年，申氏公议重修石桥南北燕尾，有石碑记[1]。

金龙桥 在陈家厦。

彩凤桥 在陈家厦。

南桥、北桥 在港口夹河。前志载："港口夹河桥，在港口镇。"查该镇夹河桥，有南、北两座，均系石堵，横以木板。

汤家桥 在小纪镇东南。

钦家桥 在西北隅。

积善桥 在樊汊镇，旧为三洋河长堤。光绪十八年，僧本慈建。

喜雀桥 在鸡雀湖南。

以上未见前志增入者。

丰乐桥废、**百子桥**废。

以上二桥废。

茶庵渡 在南门外。

南门渡 在高桥东。

界沟渡

绰子湾渡

唐家渡

陆家河渡

蒋家河渡

黄村渡

冯甸渡

俞家田渡

马沟渡

银杏树渡

杭家铺渡

白米渡

曲塘渡

清平港渡

[1] "道光七年"以下文字，疑为衍文。

崔母渡

胡家集渡

景家渡　在海安镇

以上均在上河。

金家渡

陈家渡

顾家渡

以上在[1]下河垎岸。

马家甸渡

陆庄渡

以上均在下河。

水　利

泰邑上河地高苦旱，下河地低苦水。修水利，防水害，前志言之綦详。州志不修，未及百年，水道情形，迥异畴昔。咸丰五年，黄河决铜瓦厢，河流北徙，湖泊积淤，里运垫高，归江不畅，此为下河受害之原因。河漕旧设专官，经费岁达百万。自运道改设，河湮不治，上游淮、沂、泗宣泄无路，惟以下河为归壑。而吾邑于是岁患涝，上河只恃一线淮流。防河水之南泄，筑滕坝、老鹤坝、小宝带桥，亦叠奉宪禁开挖，今则小宝带桥既开放通行船只矣。防河水之北泄，筑东西坝、鲍家、徐家等坝，除斗门、七十二涵洞外，本无通下河之水道。界沟旧系斗门，今则春开秋闭者，已有名无实。黄村旧系涵洞，今则反借航政开通之说，任意开浚。此河一开，则上河水由高桥而东者，即由此河直泄下河，茫无津涯，东乡一带民田，势必不敷灌溉，亢旱可忧。旧志称"下河：淮水入六闸，至孔家涵内注，经小纪、樊汉接浦汀河，注串场河归海；其至兴化凌亭阁，南流接州境新城，东至施家湾，西至犁山嘴，以上为下河"等语。自三洋河、斜丰港建筑数十里长堤后，河流变迁，今非昔比。淮水至孔家涵内注，分流入艾陵湖，经樊汉夹河，沿斜丰港堤外，东

[1]"以上在"，程抄本作"均在"。

注海陵溪，灌入兴化境；其有自丁沟夹河分流入三洋河，由南北道遥口内注入，经小纪等处，为淮水西来之一部分。余如九里沟、界沟、广福桥、顾家圩等处，皆为上河水内注下河之孔道，合流出澛汀河。斜丰港岁修，光绪六年，存典本九千千文。七年，程牧遵道修理衙署，借拨六千千文，分十年摊还，每年本利八百六十四千文，通禀有案。八年、九年、十年，程任均照数摊捐。十三年，陆任摊捐四百三十三千八百二十一文。十四年，陆任仅摊捐七百一千五百五十文。十五年，黄任仅摊捐一百七十八千九百四十七文。十二年，章任禀请展缓一年，奉批有案。而十一、十二年许任，十二年张任、方任，十五年程任又病故，方任、黄任均未摊捐，以致岁修无着，始则提典本，继则借善堂公款。岁修少者数百，多者或至千余金。以十四年张芑堂臬宪亲驻泰、东工次，派委督修，款为最巨，支用均经报销在案。十六七年，提归内办，于是公款益无着落，遂有亩捐之举。宣统年，在察院公举总理，因经费支绌，无任其事者。里运开坝问题，为下河必举之要点。旧制：水桩秋前一丈五尺，秋后一丈四尺，然历届成案，必逾定制。光绪三十三年，开坝高邮玉马头，水志一丈六尺九寸。宣统元年，水志一丈七尺三寸。宣统二年，水志一丈六尺八寸。自兹以往，不知或知。十年之间，三度开坝。每一开坝，则吾邑下河田庐、坟墓尽付陆沉，新城、港口以北高原下隰，一望汪洋，牲畜漂流，墙壁半圮水中。编户穷氓，惟有携老弱、挈家具，奔赴数十里斜丰堤上，露宿风餐，为逃死之计。若再开放昭关，里运无论，滔天水势，不难尽泄，而泰民靡有孑遗矣。斜丰港口门倒塘，续开至数十处之多，虽历经[1]认闭有案，然涓滴不塞，立或江河。堵闭一处不实，一旦西水下注，仍立崩决，全堤荡然无用。掷金虚牝，未免可惜。且长堤与东台蚌蜒河衔接，是宜通力合作，先事绸缪也。夫下河以里运为来源，以海口为归壑。今则海岸高耸，引河淤塞，盐场草荡尽为垦地，安得有归海之希望乎？是直以下河低田为邻壑，而使吾邑人民尽填鱼腹也。若云由王家港入海，夫古河口王家港不敷泄水，载在运河公牍。泄水入海，以斗龙港、新洋港为最畅。王家港距斗龙港二百余里，中间为草荡，向来坝水下注泛滥，平铺入海。至大丰盐垦公司将场荡收为垦地，又将东洋河塞圈入，以致水被垦部高堤阻塞，

[1] “历经”，程抄本作“经历次”。

不得由草荡平铺入海，反绕垦部外西子午河下注斗龙港。上年人众毁堤二处，水即时落尺许。盖王家港即开成，而以二百里荡地平铺泄水，改为数丈之港，相差太远。由泰邑士绅议由垦部内子午河借过，入斗龙港，而春麦已无望矣。此道光四年河决、六年开坝，魏源奉督宪札勘查下河水利，有“归海不如归江”之覆也。尤可虑者，有人拟串场河别辟一河，订名新运。此河成，则自陈家港至角斜，止四百二十里，即至通州天生港，不过五百余里。所有北盐，全可由陈家港运天生港出江，分销各岸。如是，则泰县[1]掣验可移至场，无须改道，而泰县之盐务、商场将一落千丈，一转瞬而为贫瘠地矣，岂仅食盐之缺乏哉？宣统三年，江北士绅创办运河测量局。居今日而谈泰州之水利，非设水利支会，合群策群力以谋之，以蕲达于导淮故道之议，吾邑之水利殊难言之矣。

斜丰港　三洋河

泰州斜丰港长堤，肇于嘉庆十九年，两江总督百龄、河督黎世序于奏办下河水利案内，借帑兴筑，于河道挑起河泥，堆筑成堤。是时，知州事者为方公恩承、许公乃来。道光十一年，运河决马棚湾，下河淹没。十二年至二十一年，叠遭水患，旋筑旋圮。二十四年，邑绅陈琥、程祥芝等公禀修筑，知州张之杲准谕绅富并各庄首领，循照旧堤分段，按亩派夫摊捐，每亩给稻一石，折钱千五百文，挑挖田土。每筑堤一丈，贴钱百五十文。修后，连年俱获丰收。二十八年六月，上游坝开，水势冲激，堤岸多残缺，民人张沁园等复禀修筑。二十九年，知州张之杲按亩集夫，逐段修整，捐置泰邑民田一千七百零六亩、钱四千余千，均系沿堤民田；海陵溪，兴邑民田六十三亩五分、荒田五亩、钱五百余千，泰邑田契二百六十一纸，兴邑田契十五纸，为岁修取土之用。三十年，工竣。咸丰元年，劝谕正东隅各业户捐钱六千八百余千文，于三洋河接筑长堤，及堵闭斜丰港各口门，前后董其事者为景光锡、葛绍云、夏嘉瑞、宋桂生。其两堤形势，自樊汉镇北首起，转折而东，至凌亭阁止，计十一段，长四十五里，是为斜丰长堤。自樊汉南首起，上接三洋河，计四段，长十五里，是为三洋河长堤。斜丰港堤，原志堤

[1]“县”，程抄本作“坝”。

高一丈四尺至一丈二三尺不等，顶宽一丈三尺至一丈一二尺不等，底宽四丈至三丈一二尺不等。三洋河堤地势稍高，原志堤高一丈一尺，顶宽八九尺不等，底宽二丈四五六尺不等。其工程，则修筑堤岸，责成附近之西北、正北、东北三隅二百二十六庄舍业食佃力分段，每亩摊修一寸六分九厘，每年由春分兴修，清明竣工，堵闭口门。以北逍遥、青阳沟两处口门堵实，南逍遥、沙子沟、杨景埝、直汀沟四处口门留作活口。谕令执业之正东西两隅业户，每亩捐钱三十六文，以三十文抵充口门工料之用，以六文作为收捐之费，余钱置买公田。其经理，则城董四人轮班照料，事总其成。每段段董或一二人、三四人、五六人不等，皆西北隅之人充当。其规制，则配分工段，皆有志碑[1]。此堤内外临河民产，皆系沤田，一望皆水。沤田围以子圩，圩高二三四五尺不等。各段口门，旧制宽一丈六尺，以便民船往来，必须盘做裹头；其堤内缺口倒塘，必预备土方柴料，为临时堵闭之用。此项由官筹备，责成段董领办。考泰境西北田地，坐落高邮坝下，一经启坝，即受水患。斜丰、三洋两堤，专防车逻各坝之水。堤内三百余庄、粮田数十万亩，适当其冲。有此长堤，坝水正溜，即可循堤而北、而东。东台县接筑蚌蜒河堤九十里一千六百五十丈，束水入海隅[2]。遇海水顶托，方由东台迤逦入境，纡回灌入，可延一二旬之期，秋收不致垂成沉溺。是以咸丰间叠次大水，而泰境不受水患也。同治五年，清水潭决口。九年，知州桂迓衡照案详请修筑，谕董集捐。自后，人忘水患。光绪五年，知州刘汝贤因堤岸失修，谕城董四人夏嘉谷、曹寿彭、桂峤、俞玉桂分段监工，各段乡董择人而用，并札派宁乡巡检吴甫田在工弹压。其筹办口门各工，函请邮工运判许宝书派拨效兵到工，镶堵口门，亦属坚实。其留活口之处，裹头整齐；旁积土方，均敷堵闭之用。又购石为碑[3]十一块，每块长三尺五寸，宽八寸，厚三寸，镌刻斜丰港堤岸第几段、共长若干尺，立各段堤岸之首为记。各段董办理勤慎，或赏银牌，或赏钱三十千文及十五千文不等。所收亩捐约田四十万亩、钱一万三千二百余千，除做口门、买公田及船饭津贴、刊刷告示一切杂费，各

[1]“碑”，原本为“牌”，据程抄本改。
[2]“隅”，原本为“偶”，据程抄本改。
[3]“碑”，原本程抄本均为“牌”，据宣统志改。

款共用钱三千五百九十五千文余外，净存钱九千余千文，发典生息，作为善后及每年岁修经费。详称同治年间，知州桂牧任内，用钱八千余千，此次用钱不及昔年之半，堤工视旧制有加，而坚实过之，并议定章程，示谕勒石，章程详后。光绪六年，知州程遵道修理衙署，提典本六千千文。八年，夏嘉谷禀提典本二千千文修理斜丰港，契买公田六亩。九年，买公田十六亩，将三洋河首段曲堤改为直堤。曲堤由纪家庄西山至后河港南岸止，计长四百五十六丈零。直堤由樊汊镇东岳庙南至纪家庄，长一百五十丈；由纪家庄西山至大河港南岸，止长八十八丈，工料较省。十年，夏嘉谷禀提典本六百千文，买公田，内载有田契十五张。十一年，知州许之轸将延寿闸改建石闸，详请按亩派捐，不准。樊汊、小纪两镇劝输户捐，又拨公款三百元，绅董挪垫二百余千，历三年始竣工。十三年，河南决口，黄水南移，知州陆元鼎以东台接蚌蜒河长堤，移商接济，提典本八百千文，并量拨东台，禀明移还厚协钱一千二百千内，尽催尽收，以济公用。并于樊汊镇后、郑家舍前，添筑护堤七子圩，使两堤联为一气。内有当冲工段，如杨景沟、青阳沟、海陵溪等处堤，加高帮宽根脚，多则四丈，少亦三丈数尺；其限于地势者，酌循后身，加钉排桩修整。会同委办泰州堤工候补县俞，将加筑斜丰港、三洋河长堤，高宽丈尺，开具清折申报。十五年，黄淮水涨，知州黄承暄任内，夏嘉谷禀借拨周彬粥厂足钱一千千文，又借钱庄缴还清节堂存本钱八百千文。十八年，知州张兆鹿详办亩捐，正东隅士绅王培芝、刘震甲、郭秉彝、曹炳耀、王贻燕、丁廷献、周全泰、王尚质、曹炳奎、曹商年等共合捐二千余千，于知州王端启接任呈缴，为置买公田之用。二十八年，仇志庠等禀请，堤内二百二十六庄，每亩捐钱十文。二十九年，知州侯绍瀛详请提拨库款，改建石闸，淮扬道沈未准。三十年，知州张淦因堤岸坍塌，垫款修筑，用钱二千二百余千，详办五隅通捐，每亩捐钱十八文，草田九文。五隅约田五六十万亩，捐钱约一万余千文，除归还垫款外，为各口门改石闸之用。三十二年，启放车逻、南关两坝，加筑圩岸，堵筑口门，用钱一千八百余千文。夏廷熙报销，禀奉知州黄仁黼批饬，酌量裁减。宣统元年、二年，上游开坝，众议举总董建石闸，均以经费无着而止。

章程

一议，所收正东、正西两隅亩捐钱文，除修各口门工料外，下余钱发典生息，以为善后岁修之费。每年陆续修补堤岸、口门，只准提用利息，不得提本。无论何项需用，不得借用存本。惟放坝之时，如有险工，必须抢筑，利不敷用，方准酌量提本，不得过多；俟利息有余，仍将所提之本补足。至钱文发典之后，如有应用之处，无论提息提本，应由城董禀州，给谕转提。州无董禀，不准发谕擅提；董无州谕，不准赴典擅取。

一议，各口门堤岸，每年于秋后农隙之时，查有损坏处所，即谕城董会同段董核实，估修用钱若干，即在岁修经费利息内提用。或于水涸之时，挑河内之土，培筑口门堤岸，用钱无多，亦用岁修经费。

一议，各口门自此次堵闭之后，该处居民或于春间欲开通小缺口，以行农船，必须来州禀明，或由段董代禀，并具交夏自行堵闭切结存案，方准开通。俟堵闭时，估计工程大小，酌给工价钱一半，以为津贴，以期迅速。若不禀明，私自开放，许段董知会城董，即时联名具禀，提案究惩。段、城董庇不禀，究查出罚，令将口门堵闭。若是禀明具结开通，俟交夏令之后，由州饬查，如未堵闭，即提究惩重办。

一议，留活口之各口门，如三洋河之南逍遥河、斜丰港之沙子沟等处，做有裹头，积有料土，预备发水堵闭。所有看守之夫，每月每人给工食钱一千文，由息款拨给，按季领取。其裹头是否损坏，料土应否增添，每年于春夏之交，由董查明，禀请酌办。

一议，各处居民于该堤请留水漕、涵洞，以及风车、脚车、牛缺等口，均已预备方土，并具发水临时堵闭切结在案。嗣后每年交夏，饬令将所积之土加增备用。

一议，各堤下公田，均系备价置买，推过钱粮，专留为取土筑堤并修理口门之用，严禁占种。违者提案究惩，仍核占种若干亩，按年科算，押令补缴钱粮、花利，拨充该堤公用，仍予重惩。

一议，各堤岸自此项修筑之后，永禁居民堤顶、堤坡种植菜、花、瓜、豆等类，致将堤土铲削，日渐陵夷坍卸，大于堤身有碍。如有违禁种植者，许该约保将所种之物先行拔去，一面禀案，立时饬提，严行究惩不贷。

一议，多栽杨柳，以固堤土。查三洋河陆家港一带堤岸，杨柳颇多，树根盘结土内，土遂凝聚而不散，以故该处之堤，较他处独为完好。则斜丰港及三洋河无柳之处，每年酌提利息若干，交段董买栽杨柳若干株。十年之后，庶几沿堤皆柳，土皆坚固。

一议，各堤现已一律修整，宛如屏障。倘遇春间天旱之时，准许农民禀开缺口，以便引水灌溉；一面预备料土，并具交夏自行堵闭切结存案。倘有首领人等，需索钱文，方准开缺，准其喊控提究。嗣后堵闭之时，亦估计工程大小，酌给工价钱一半，以为津贴，责令照旧筑固。工程草率，即提重惩。

一议，该堤专为抵御坝水而设，关系民生，实非浅鲜。凡膺此土者，自应留心民瘼，每年春、秋两季，亲往查看工程，斟酌估修，督董妥办，以期核实。若遇大水之时，亦应亲往督饬，以资捍卫田畴。如交替之日，并饬经承开列须知册内，俾新任一经接篆，即知是堤吃重，亲诣看明，认真办理。

斜丰港堤工收支总册

光绪六年分

旧管：存典本足钱九千千文。光绪六年正月十九日存典生息，周年十个月，每月八厘，该息钱七十二千文，每年计七百二十千文。又存足钱二百五十三千五百八十一文，此款捐余，存备岁修之用。

新收：一收，光绪六年正月十九日起至七月十九日止六个月，计典息足钱三百六十千文。

开除：一支，修理斜丰港，通共支用足钱三百八十六千七百二十九文。历年支用，均有细账报销在案。

实在：除支，实存足钱二百二十六千八百五十二文。

光绪七年分

旧管：存典本足钱九千千文，存上年余存足钱二百二十六千八百五十二文。

新收：一收，光绪六年七月二十日起至七年正月十九日止，六个月，计典息足钱三百六十千文。

开除：一支，修理斜丰港，通共支用足钱四百七十三千四百四十九文；

一支，本年借拨六千千文，修理衙署，通禀有案。

实在：存典本足钱三千千文。除支，余存足钱一百十三千四百三文。

光绪八年分

旧管：存典本足钱三千千文。存上年存足钱一百十三千四百三文。

新收：一收，光绪七年正月二十日起至八年六月三十日止，十七个月零十天，照本三千千文，计典息足钱三百四十六千六百六十七文。一收本年六月三十日禀提典本，足钱一千二百千文。

开除：一支，修理斜丰港，通共支用足钱一千四百七十七千一百二十七文。

实在：存典本足钱一千八百千文。除支，余存足钱一百八十二千九百四十三文。

光绪九年分

旧管：存典本足钱一千八百千文。存典本足钱六百千文，此款系本年三月初一日领，运生息八年，分摊还修署典本。存上年余存，足钱一百八十二千九百四十三文。

新收：一收，光绪八年七月初一日起至九年十二月三十日止，典本一千八百千文，十八个月，计典息足钱二百十六千文。一收，光绪九年三月初一日起至九年十二月三十日止，典本六百千文十个月，计典息足钱四十千文。一收，光绪八年分借修衙署项下摊还利息二百六十四千文。一收，光绪九年分借修衙署项下摊还利息二百六十四千文。

开除：一支，修理斜丰港，通共支用足钱一千二百四十五千五百二十文。

实在：除收，实垫足钱二百七十八千五百七十七文，此款由州代挪。

光绪十年分

旧管：存典本足钱二千四百千文。存典本足钱六百千文，此款本年二月起息，九年分摊还修署典本。上年挪垫足钱二百七十八千五百七十七文，代挪未还。

新收：一收，本年典本二千四百千文子金，足钱一百九十二千文。一收，禀提典本六百千文，此款系本年二月起息，四月初五提用。一收，本年二月初一日起至三月三十日止，典本六百千文，子金两个月，足钱八千文。一收，十年分摊还借修衙署利息二百六十四千文。以上共收足钱一千六十四千文。

开除：一支，修理斜丰港，通共支用足钱九百八十七千一百九十七文。

实在：除支，净存足钱七十六千八百三文。

光绪十一年分

旧管：存典本足钱二千四百千文。存典本足钱六百千文，此款十年四月初一日起息，十年分摊还之款。存上年余存，足钱七十六千八百三文。

新收：一收，本年照典本一千八百千文子金，计足钱一百四十四千文。一收，本年四月初一日起至十一年六月三十日止，典本六百千文，子金十五个月，计足钱六十千文。一收，本年正月起至六月底止，典本六百千文，子金六个月，计足钱二十四千文。一收，禀提典本足钱六百千文，此款六月十六日提交工用，系八年摊还之款。一收禀提典本足钱六百千文，此款十一年六月十六日提交工用，系十年摊还之款。以上共收足钱一千五百四千八百三文。

开除：一支，修理斜丰港，通共支用足钱一千四百六十三千三十八文。

实在：存典本足钱一千八百千文。除支，余存足钱四十一千七百六十五文。

光绪十二年分

旧管：存典本足钱一千八百千文。存上年余存，足钱四十一千七百六十五文。

新收：一收，典本一千八百千文本年子金，足钱一百四十四千文。

开除：一支，修理斜丰港，通共支用足钱五百十六千一百十二文。

实在：存典本足钱一千八百千文。除收，挪垫足钱三百三十千三百四十七文。

光绪十三年分

旧管：存典本足钱一千八百千文。上年挪垫足钱三百三十千三百四十七文。

新收：一收，典本一千八百千，文本年子金，足钱一百四十四千文。

开除：一支，修理斜丰港，通共支用足钱二百二千二百六十二文。

实在：存典本足钱一千八百千文。连上年，共挪垫足钱三百八十八千六百九文。

光绪十四年分

旧管：存典本足钱一千八百千文。光绪十二、十三两年，共挪垫足钱三百八十八千六百九文。

新收：一收，典本一千千文子金，本年正月，足钱六千六百六十六文。

一收，典本八百千文，本年春季子金，足钱十六千文。一收，禀提典本足钱一千八百千文。一收，三洋河捐贴东堤钱一千二百千文。一收，十三年摊还修理衙署足钱四百三十三千八百二十一文。一收，十四年摊还修理衙署足钱七百一千五百五十文。以上共收足钱四千一百五十八千三十七文。

开除：一支，修理斜丰港，通共支用足钱四千一百五十八千三十七文。是年臬宪张芑堂亲驻泰、东工次，派委督董，监修堤工。

实在：除支，实垫足钱三百八十八千六百九文。

光绪十五年分

旧管：上年挪垫足钱三百八十八千六百九文。

新收：一收，暂借育婴堂公款，足钱九十七千六百文。一收，暂借粥厂公款，足钱一千文，利息按月一分。一收，暂借清节堂公款，足钱七百九十千四百文，利息按月一分。一收，摊还修理衙署，足钱一百七十八千九百四十九文。均有禀案，领结在案。

开除：一支，修理斜丰港，通共支用足钱一千六百七十八千三百四十文。

实在：净垫光绪九年分董事册报挪借支用工料，足钱二百七十八千五百七十七文。光绪十五年八月起至十二月止，垫给周彬粥厂子金，足钱五十千文。光绪十六年连闰二月，计十三个月，垫给周彬粥厂子金，足钱一百三十千文。光绪十七年，计十二个月，垫给周彬粥厂子金，足钱一百二十千文。

以上共子金足钱三百千文，系由暂挪，禀请筹捐归补。

今将光绪七年修理衙署，借拨斜丰港存款，捐摊、归补各数开后。应自光绪八年起至十七年止，每年摊还本利，足钱八百六十四千文，禀明各大宪，奉批在案。

光绪八年分。程任，捐摊足钱八百六十四千文，照数捐摊讫。

光绪九年分。程任，捐摊足钱八百六十四千文，照数捐摊讫。

光绪十年分。程任，捐摊足钱八百六十四千文，照数捐摊讫。

光绪十一年分。许任，应摊捐足钱二百六十千六百六十五文，未摊捐。章任，应摊捐足钱八百六十四千文，禀请展缓一年，奉批有案。

光绪十三年分。章任，应摊捐足钱一百四十五千四百九十七文。方任，应摊捐足钱二十四千十七文。以上两款，均未摊捐。陆任，应摊捐足钱四百三十三千八百二十一文，此款董事具领工用。连前许任十二年分，欠摊捐款共钱八百六十四千文。

光绪十四年分。陆任，应摊捐足钱八百六十四千文，已摊捐足钱七百一千五百五十文，此款董事具领工用。未摊捐足钱一百六十二千四百五十文。

光绪十五年分。程任，应摊捐足钱一百三十七千九百九十八文，未摊捐。方任，应摊捐足钱十四千四百二十一文，未摊捐。黄任，应摊捐足钱七百十一千五百八十一文，已摊捐足钱一百七十八千九百四十九文，未摊捐足钱五百三十二千六百三十二文。各任总共未摊捐足钱二千一百四十一千六百八十文。

再，光绪十六、七、八三年，仍应摊捐每年本足钱六百千文、利足钱二百六十四千文，共欠摊款二千五百九十二千文。十六七两年，系由内办。自经内办后，夫价既不全发，验收工程亦不认真。总由十年摊还本利，欠本在官，以致前后任官吏并相蒙蔽。此清册辗转抄出，当时固秘不宣布也。

斜丰港各官口地名

沙子沟　在斜丰港第一段。光绪十四年，经董丈量，口门长一丈二尺，中泓水深五尺，两边水深三尺五寸，高一丈七尺，估算每丈派土方五十一方。今筑闸。

稽家庄塘　在斜丰港第四段。光绪十四年，经董丈量，倒塘三十三丈五尺，高一丈二尺，加高三尺五寸，宽一丈二尺，前牧刘定二十四方。现拟二十四丈，折算每丈派土方二十四方。今建闸。

青阳沟　在斜丰港第八段。光绪十四年，经董丈量，口门长一丈二尺，中泓水深四尺，高一丈六尺，每丈派土方四十方。光绪二十七年，堵实不开。

杨景堎　在斜丰港八段。光绪十四年，经董丈量，口门长一丈三尺，中泓水深三尺五寸，高一丈五尺，每丈派土方三十九方。因对漕堤闸坝，光绪三十三年，堵实不开。

直汀沟　在斜丰港十段。光绪十四年，经董丈量，口门长二丈三尺，中泓水深三尺六寸，高一丈五尺六寸，每丈派土方三十九方。于春分限期修理，设遇西水，临时堵闭。

鲁汀河 在斜丰港十一段。光绪十四年，经董丈量，口门长四丈四尺，中泓水深五尺六寸，高一丈七尺六寸，每丈派土方四十四方。今建闸外葛家沟，口门实闭。此口门向归金天富自闭，今伊物故，子幼，故拨入官口。

斜丰港各口门，由民人自行堵闭地名

首段

西猫儿沟口门，一丈，张秉和等认闭。

野前庄前沟口门，二丈，闻兴楼等认闭。

二段

马家沟口门，一丈，周彭楼等[1]认闭。

三段

韩家沟口门，五尺，韩云松等认闭。

钩家沟口门，九尺，部遐昌等认闭。

长林沟口门，六丈，部日琴等认闭。

许家沟口门，一丈七尺，卢银举等认闭。

下河墩口门，三丈，卢云卿等认闭。

五段

刘家沟口门，五丈，刘正楼等认闭。

和尚沟口门，六丈五尺，僧满志认闭。

猛家沟口门，十丈，嵇春树等认闭。

蓝家沟口门，七丈，吴春和等认闭。

六段

东段子头□门，八丈，周相山认闭。

潘陈舍□门，六丈，潘万言等认闭。

七段

冯家沟口门，三丈，张华元等认闭。

北尖口门，一丈，李启明等认闭。

[1] “等”，原本无，据程抄本改。

西尖口门，一丈二尺，张永盛等认闭。

九段

钱家沟口门，一丈三尺，钱万宝认闭。

以上各口门，于光绪九年勘明，均于春分后由总董酌给加土夫价，归段董经办，限期完竣。设遇西水，临时堵闭。

斜丰港各段倒塘，光绪十四年经董丈量估算土方清册

首段

野前庄倒塘，长三十五丈，顶、底二丈，高一丈二尺，每丈派土方二十四方。内去现存旧基，高一丈，宽二丈四尺。每丈折土方十七方，应加高二尺，加宽六尺，每丈派实土方七方。计加土方派二百四十五方。

二段

尹家沟倒塘，长十八丈，顶宽一丈，底宽三丈，顶、底折实二丈，高一丈二尺，每丈派土方二十四方。内去现存旧基，高八尺，宽一丈六尺。每丈折土方十方零四分，应加高四尺，加宽一丈四尺，每丈实派土方十三方六分五厘。计共派土方二百四十四方八分。

许家沟南倒塘，长八丈五尺，顶宽一丈，底宽三丈，顶、底折实二丈，高一丈二尺，每丈派土方二十四方。内去现存坝基，高九尺，宽一丈三尺。每丈折土方十方零三分五厘，应加高三尺，宽一丈七尺，每丈实派土方十三方六分五厘。计共派土方一百十六方零一分二厘。

孙家沟南倒塘，十三丈五尺，顶、底折二丈，高一丈二尺，每丈派土方二十四方。内去现存坝基，高六尺，宽一丈五尺。每丈折土方十方零五分，应加高六尺，加宽一丈五尺，每丈实派土方十六方零五分。计共派土方二百二十二方七分五厘。

下河墩庄后湾倒塘，长十六丈五尺，顶宽一丈，底宽三丈，顶、底折二丈，高一丈二尺，每丈派土方二十四方。内去现存坝基，高九尺，宽二丈。每丈折土方十四方五分，应加高三尺，加宽一丈，每丈实派土方十方零五分。计共派土方一百七十三方二分五厘。内去下河墩庄后沟三丈实闭，去土方三十一方五分。

五段

刘家沟倒塘越工，长三十二丈，顶、底折二丈，高一丈二尺，每丈派土方二十四方。内去现存坝爪，高八尺五寸，宽二丈。每丈折土方十二方七分五厘，应加高三尺五寸，加宽一丈。每丈实派土方十一方二分五厘。计共派土方三百六十方整。

以上倒塘岁修主食、佃力，酌给加土夫价，由段董领办，限期完竣。

斜丰港车缺等口，由民人自行堵闭地名

首段

野前庄后车缺，李金魁等认闭。

王家套车缺，首领李有贵认闭。

二段

上河墩庄西牛缺，潘明珠认闭。

三段

吕家沟堤上内水漕，吕彭泽等认闭。

部家庄后牛缺，李正扬等认闭。

四段

嵇家庄前圈儿港南边水漕，王永泰认闭。

五段

五顷舍风车口，王三盈认闭。

又脚车口，嵇春举认闭。

五顷沟水漕，张如桂等认闭。

六段

西尖口南边脚车漕，张成广认闭。

西段子头后脚车漕，李在国认闭。

西段子头后脚车漕，吴春和认闭。

西段子头后脚车漕，周镶玉认闭。

西尖口南边风车口，张良泽认闭。

西尖口南边风车口，张华元认闭。

七段

张中尖小水漕，陈三姚等认闭。

北尖口北边脚车口，张义方认闭。

过水沟南边风车口，张成责[1]认闭。

北尖口北边脚车口，张成正认闭。

北尖口北边脚车口，张士宏认闭。

北尖口北边脚车口，张学经认闭。

八段

陈家沟西脚车口，吴邦伟认闭。

陈家沟西脚车口，陈连发认闭。

青阳沟东脚车口，冯际贤等认闭。

杨景堎东脚车口，钱焕勋认闭。

青阳沟东脚车口，李长富认闭。

陈家沟留口，陈连冬等认闭。

青阳沟东脚车口，李长明认闭。

九段

高家沟留涵洞口，段董姚金元等认闭。

高家沟东口、结庐堤旁，陈安正认闭。

钱家沟口、结庐堤旁，钱宝万认闭。

涵洞一口，杨清源认闭。

十段

涵洞一口，张如林认闭。

涵洞一口，徐岳萃认闭。

涵洞一口，陈巨宝认闭。

涵洞一口，汤步余等认闭。

涵洞一口，陈林等认闭。

十一段

涵洞一口，张永庆认闭。

---

[1] “张成责”，程抄本作“张成贵”。

涵洞一口，兴邑赵福堂认闭。

涵洞一口，兴邑孙鹏举认闭。

涵洞一口，兴邑徐志茂认闭。

涵洞一口，兴邑徐志学认闭。

涵洞一口，兴邑徐志昌认闭。

涵洞一口，兴邑徐志明认闭。

涵洞一口，兴邑徐志仁认闭。

涵洞一口，兴邑徐志盛认闭。

以上兴邑民人认闭涵洞八条，系准兴化县移送，有结在卷。

以上各口门，均于六月三十日一律堵闭。倘有启坝确信，再行督令加镶，以防坝水。

斜丰港长堤高宽丈尺，光绪十四年，知州陆会委俞，开具清折，申报堤工局臬宪在案。

首段　东猫沟东堤，高一丈四尺，顶宽一丈一尺，底宽三丈二尺。沙子沟西堤，高一丈二尺，顶宽一丈一尺五寸，底宽三丈二尺。

二段　沙子沟东堤，高一丈二尺，顶宽一丈二尺，底宽三丈二尺。陈家沟东堤，高一丈二尺，顶宽一丈一尺五寸，底宽三丈二尺。

三段　部家庄后堤，高一丈二尺，顶宽一丈二尺，底宽三丈二尺。长林沟南堤，高一丈二尺，顶宽一丈一尺，底宽三丈五尺。

四段　宫家沟北堤，高一丈二尺，顶宽一丈一尺，底宽三丈一尺。汤家沟南堤，高一丈二尺，顶宽一丈二尺，底宽三丈四尺。

五段　刘家沟北堤，高一丈二尺，顶宽一丈二尺，底宽三丈三尺。五顷沟后堤，高一丈二尺，顶宽一丈二尺，底宽三丈三尺。

六段　西段子头堤，高一丈二尺，顶宽一丈一尺，底宽三丈三尺。潘陈舍西堤，高一丈二尺，顶宽一丈二尺，底宽三丈二尺。

七段　西尖口堤，高一丈二尺，顶宽一丈一尺五寸，底宽三丈二尺。

八段　清杨沟堤，高一丈二尺，顶宽一丈二尺，底宽三丈二尺。杨景沟西堤，高一丈二尺，顶宽一丈一尺五寸，底宽四丈。陈家沟西堤，高一丈二尺，顶宽一丈一尺，底宽三丈一尺。

九段 港子沟西堤，高一丈二尺，顶宽一丈二尺，底宽三丈二尺。直汀沟西堤，高一丈二尺，顶宽一丈二尺，底宽三丈二尺。

十段 直汀沟东堤，高一丈二尺，顶宽一丈二尺，底宽三丈二尺。鲁汀河西堤，高一丈二尺，顶宽一丈二尺，底宽三丈二尺。

十一段 鲁汀河东堤，高一丈二尺，顶宽一丈二尺五寸，底宽三丈二尺。海陵溪堤，高一丈二尺，顶宽一丈二尺，底宽三丈二尺。

三洋河首段

延寿闸 在州西三洋河首段堤工口门，每逢西水下注，堵闭维艰，于光绪二十二年，绅士叶锦美等禀请改造石闸，前任州牧翁延年勒碑闸侧。翁延年《延寿石闸记》：泰州治西有地，曰樊汉镇。镇南曰三洋河，上有延寿桥，桥之左旧置土堰，恃以宣泄。乃久开，则[1]春霖秋涝，游波踔腾，泥沙冲刷，堵塞匪[2]易。久闭则滞甚，操舟者用为困，且田资灌溉，系国赋巨，胥惟水是病。夏绅少舫乃集其乡人谋曰："水性湍悍，易盛衰，为田庐患。若建闸，甃石为固，则一劳永逸。经理之要，孰利于是？"佥曰："善。"牒请于上，发帑资工，复计闸左右夫家，其田灌润得及者，率户役焉。水陆寺僧华如力赞之，倡捐三百缗，而事以集。光绪乙酉秋九月兴工，阅八载而讫工。费钱一千五百七十贯有奇，而东、西、北三隅之田可得而食，于是州人旷然知石闸之利也。其上有曲防，自纪家庄西山，抵大河汊港南岸口，长四百五十六丈。夏绅等乃度地植基，易曲为直，缩至百六丈，力省而财不费。僧华如复任厥劳，节食以恤役，拓室以作工，其功尤不可没也。襄斯役者，叶锦美、杨伯如、缪之镕、马金元、茅国珩、靳文泰、夏廷熙、俞振熙、杨燕舒，例得并书，光绪二十二年撰。

南坝倒塘两处 以上两处，段董经办。

四段

北逍遥口门 在三洋河四段，上通丁沟，下通樊川，直对车逻闸坝，尤关紧要。光绪十四年，臬宪张亲驻泰东工次，派委督董监修堤工效。用徐得元估算，北逍遥口门南北计长十二丈，签水深九尺，平水深五尺，稍面宽一丈四尺，稍面土一百五十方，后戗土长十二丈，顶宽六尺，底宽三丈四尺，每丈土二十八方，共计后戗土三百三十六方。外戗土有底无顶，长十二丈、

[1] "则"后有"滞甚"二字，误衍。
[2] "匪"，程抄本作"非"。

高一丈，每丈土十方，共计前戗土一百二十方。外用草料、树桩、篾缆、芦缆、麻缠，将口门实闭。今建石闸，随时启闭。水大时，高、宝人请开该闸泄水，经泰绅以民捐民办拒之。

南逍遥口门 在三洋河四段。光绪十四年勘明，南逍遥口门上口长二丈五尺，下口一丈五尺，堤高水面五尺，中泓水深九尺，存旧堤顶八尺。新工堤长三丈五尺，宽一丈六尺，柴工一丈五寸，土方五尺五寸，底宽一丈零，高平水面七尺五寸，出水六尺，今建石涵洞。

三洋河暂留车缺等口，由民人自行堵闭地名

二段

车口一条，新安庄首领高增寿认闭。

车口两条，高春荣认闭。

长林沟一条，陈太平庄首领蔡恒兴等认闭。

小水沟三条，又南长沟一条，瓦屋舍首领陈廷标认闭。

三段

徐家小沟一条，陈太平庄首领王照方等认闭。

柳树沟一条，陈太平庄首领蔡章锦等认闭。

太平沟一条，朱俊魁等认闭。

四段

里港沟一条，陆家巷首领李桂华等认闭。

蔡家湾水沟一条，陆家巷乡保王仲元等认闭。

何家沟地方下水沟小缺一条，乡保王仲元等认闭。

以上各口门，均于六月三十日一律堵闭。倘有启坝确信，再行督令加镶，以防坝水。

三洋河长堤高宽丈尺，光绪十四年，知州陆会委俞开具清折，申报堤工局臬宪在案。

首段。延寿桥堤，高一丈一尺，顶宽九尺，底宽二丈六尺，

纪家庄堤高一丈一尺，顶宽九尺，底宽二丈五尺。

二段。江家圩堤，高一丈一尺，顶宽九尺，底宽二丈五尺。

长林沟堤，高一丈一尺，顶宽八尺五寸，底宽二丈四尺。

三段。太平沟堤，高一丈一尺，顶宽九尺，底宽二丈五尺。

里港口北堤，高一丈一尺，顶宽八尺五寸，底宽二丈六尺。

四段。里港口南堤，高一丈一尺，顶宽九尺五寸，底宽二丈六尺。南逍遥堤，高一丈一尺，顶宽九尺，底宽二丈五尺。

七子圩

斜丰港堤，四十五里接东台堤，九十里至范公堤。三洋河堤，长十五里，头段均在樊汉镇。光绪十三年，前州陆添筑护圩，联络两堤，在樊汉镇后，北接斜丰港头段郑家舍，南接三洋河头段东岳庙，名曰七子圩。

郑家舍圩，田二百余亩；史家圩，田三十亩；邢家桥圩，田百余亩；顾家圩，田五十亩；莫家舍圩，田一百亩；叶家圩，田一百八十亩；葛家圩，田三十亩。

以上斜丰港、三洋河。

续纂泰州志卷之三

城 池 街市坊巷附

州城自乾隆三十三年知州王镐修整后，道光十八年，知州陈公玉成捐修城垣，并挑浚北濠，见夏荃《北濠利病说》。光绪二十八年，知州罗允猷以州城岁久坍圮，周围城垛、护城泥土多有残缺，南、北水关圈门闸木亦多损坏，拟在税契项下带捐修补。详奉藩宪批饬，未允。二十九年，权州事侯绍瀛首倡捐廉一百元，又会同府宪，谕提中市河等河工一千元，典息四百六十六元二分八厘，合拨用库储，共化钱五百十六千有奇，谕凌董领款督修。即于是年冬，先将南关城垣、城楼及水关桥梁等处，次第工竣，统共用费七百三十千有奇。惟西城倒卸之处，当因筹无款项，未克举办。夏荃《北濠利病说》：道光十八年九月，州牧陈公邀同人集胡公书院，议修城垣。设局万寿宫劝捐，乡城捐者，为钱万八千有奇。城垣分五段兴修，余与潘君督西门“义”字段及南城楼工。次年某月，工将竣，复与同人从事于北濠。北濠之湮久矣，出北门丈许，市廛鳞次，旧皆官地及濠身，第展转售鬻，日侵月占，相沿已久。今浚濠，必坏其屋，屋主难之。同人依违其间者，议于吊桥之南岸，去北门留三尺下桩，或议留五尺及五尺五寸者。余坚执以为不可，何也？今议浚濠至一丈八尺，方能过水，可谓深矣。以三五尺地而逼近城根，城根之入[1]土者，不过寻丈，濠之深且倍之，护根之土仅数尺，根庸可护乎？以二丈六尺之高城，逼临重压于一丈八尺之深濠，不厚积其土以护之，不终日而土崩城圮矣。此必至之势，谁执其咎耶？城根多留地尺，则桥北多去地尺。多去地，则多坏市廛，而余戚之屋多在桥北，例当撤。而余略无所徇者，城与濠之责綦重。撤屋者多，虽至戚，亦无从致怨于我也。自余说

[1] “人”后，程抄本有“于”字。

出，同人以为然者强半。[1]浚至丈余，而旧桥之南北两岸出矣。南甃砖，北累石，形制宛然。量之，南岸距城根一丈一尺五寸，桥之金门南北一丈八尺。自旧基出，而同局翕然无异辞，卒从余言，屋主浮议亦顿歇矣。

或问："此旧桥基，果何时建？"余曰："此明制也。"国朝二百年来，未有浚濠、建桥之举。州城之大修也，在乾隆三十二年[2]，州牧王公镐详请帑金九万有奇。今《州志》"城池"门，记城之广袤，下及楼橹、雉堞之数甚备，而绝无一语及濠。京兆程公作《重修泰州城垣记》，亦略濠而不书。城与濠并重，果有事于濠，庸可略乎？疑当日城工竣事，帑项无余，一请难于再请。且既请帑，未便民捐。或其时外濠情形，不似今日嵗塞淤遏之甚，挑浚可缓，均未可知。以二百年久废之举，一旦兴之，所谓"千载一时，开万世之利"者在此。然必依旧制一丈八尺之金门，则有三利焉。河身深一丈八尺，非广如其数，则斗绝而易淤；依旧制，则永无淤垫之患，所谓一劳永逸也，其利一。广则河流浩荡，血脉周通，舟楫畅行，商贾辐辏，文运、财源均有裨益，其利二。城以卫民，濠以卫城。濠深广，则足以备非常。宋淳祐元年，金兵突至，以濠深不敢逼，此明征也，其利三。

或曰："如子言，则桥北之屋，当尽撤矣。"余曰："即不如余言，桥北之屋存者有几？今屋之有碍者撤，无碍而牵连者亦撤。其无碍者，濠成而后，主人必以余地可惜，截长补短，举而新之，计其工费，浮于屋直，足别置一产。且新造之屋，逼近河岸，久必坍塌，将为若子孙累矣。如余言，不如弃之，非于某某已撤之屋外，又别撤他姓一重屋也，何害为？使今日顾忌此已破碎不足惜数尺之隙地，调停苟且为之，一成之后，牢不可动。他日，即有毅然从事于外濠，为深为广计者，不得北去寸地矣，岂不可惜？"余执此说，有窃笑其旁者曰："子说良是，而近于迂。今姑依估册一丈二尺之金门，为之缩北岸三尺入里，可以对官司而谢吾乡人矣。"卒以同志者少，余说不得行。

时州牧陈公摄海门厅事，解任去，寄孥于泰。一日，因公至，闻之，曰："诸君太不晓事，不如仍旧贯之善也。"然已无及矣。今濠与桥皆成，而河身徒窄，东西两[3]头近水口处，其土方皆在水底，捞浚不易，势难深通矣。淤垫之患，不出十年，恐吾身犹及亲见之也。

夏荃《城濠浚治深广说》：或问余曰："子熟于往籍，练于故事，以北濠旧桥基为明制，信矣。第未识濠之浚治深广，往事可得闻乎？"余曰："不难。州志具在，可考也。"州志详南濠，而东、西、北三濠皆略。南濠上通江淮，千里来源，其濠不得不深广。宋建炎中，通判马尚于城之南又增一濠，即今万善桥下运盐河。是所谓深沟高垒，重门叠户，自固以待敌也。北濠通下河，至兴化、盐城而

[1] "半"字，原本、程抄本皆无，据《退庵笔记》补。
[2] "乾隆三十二年"，宣统志及程抄本均作"三十三年"，《退庵笔记》亦作"三十二年"。
[3] "两"，程抄本无。

止。州之有东、西、北三濠，自宝庆丁亥，州守陈公垓开浚始也。公纂《泰堂记》，曰："凿十三里外濠，面二百尺，深二十尺，南北浮梁，西东问渡。"其时南、北濠皆设浮桥，以通行人，东、西濠无桥梁，设官渡。此宋时四门外濠之情形。故至今州城，南有吊桥，北有桥址，西临大河，非渡不可。出东门，可陆行，然大雨水，则南北之水合，浅则人负人，深则招舟子矣，盖犹存宋制之旧也。若濠之深广，南唐昇元初，广一丈二尺。至宋建炎中，广五丈，深一丈四尺矣。宝庆时，广二十四丈，深一丈五尺矣。端平后，四角为[1]月河，深广皆倍于旧矣。淳祐初，金兵突至，以濠深不敢向，退而窥堡城矣。明时，濠广五十二丈，深一丈一尺矣。夫五十二丈之濠，似太广阔，疑指极广一二处而言。若周围广五十二丈，则州城宛在湖荡中，断无是理。或五十二丈字有误也。此外濠浚治深广，可略言者。

街市坊巷

东大街，由觉正寺至东坝口。堂子后街，在坡子街西。天禄街，在坡子街东。犁头街，在紫藤花架东。袁后街，在郁家铺西。马浦，在坝署东。郁浦，在坝署东。大浦，一名仓浦，在坝署东。西浦，在坝署西。以上四浦，为抬盐所。牛市。在时家巷北。

五条巷，丁家巷，袁家巷，殷家巷，铁炮巷，玉花芙巷，蓬莱巷，关帝庙巷，土地庙巷，打笆巷。以上城内。百花潭巷，三元巷，西仓水巷，仇家巷，小蓬莱巷，胜春巷，同春巷，夹剪巷，天德巷，时家巷，兔儿巷，善人庵巷，百岁巷，萧家巷，卓家巷，席巷，竹巷，新巷，益仁巷，柴藤花巷，东安巷，杀猪巷，王草巷，王彭年巷，古官巷，鹅头湾巷，阔巷，麻雀巷，储柴巷，铺儿巷，今名北瓦厂巷。佘家巷，乌盆巷，瓜蒌巷，金兰巷。以上在北门外。

姜堰街，光绪年间，冯继川由龙王庙修至三港。即山巷，直对天目山。东板桥巷，马家巷，城隍庙巷，丁家巷，陶家巷，山巷，一名黄孝子祠巷。龙王庙东西巷，皮坊巷，香店巷，旧名传胪街。炕房巷，刘家桥巷，吉家巷，碧霞宫巷。

海安街，在海安镇，有东、西二门，街道向铺青石，高低破碎不平。光绪己亥，里人李緝等邀同镇董，捐购苏石，緝亲自督工，先后七载告成。梅家巷，陆家巷，城隍庙巷，衙门巷，草坝巷。

---

［1］"为"字，诸本皆作"无"，据《退庵笔记》改。

续纂泰州志卷之四

风　俗　度量衡

泰邑通用尺，称曰裁尺。工部营造尺一尺，当裁尺九寸。木匠所用之尺曰木尺，即工部营造尺。木行所用之尺，曰一同正摊，以裁尺九寸六分为一尺。石尺以裁尺八寸为一尺，玻璃尺以裁尺七寸五分为一尺。市上零售通用木尺，以裁尺九寸为一尺。

权衡金银所用之砝码，州城以扬州平为标准，每一千零二十四两合库平一千两。姜堰、海安以镇江平为标准，每一千零零二两四钱合库平一千两。豆油用者，城市零售苏砝十四两四钱，二斤半合一斤。南签，一名泰签，苏砝十九两六钱成一斤。姜签，苏砝十九两三钱成一斤。海签，苏砝十八两三钱成一斤。现下海签名十八两三钱，实与姜签相等，姜签则与泰签相等。海安市上零售，一斤半合一斤，接苏砝化漕九折。稻秤砝码，咸、同年间，十五两三钱，光绪初年改用十五两六钱，后又改为十五两八钱，有案可稽。今名虽仍旧，实行准十六两矣。海安以姜堰为标准，每斤合苏砝十四两六钱。咸丰、同治年间，名十四两六钱，实得十四两四钱。光绪二十四年后加重，实有十四两八钱，仍名十四两六钱。州城较大，姜秤每一百三十二斤半，合城秤一百二十斤。下河小纪等处秤，较泰秤大六斤至八斤。斗斛，姜堰、海安以邵伯斛为标准，每石合苏砝十四两六钱秤，一百七十八斤。海安近年杂粮斗斛仍旧，米斛较大，每石较伯斛大三升。曲塘斗最大，伯斛一石一斗五升，合曲斗一石。州城名称最繁，有门斗、天字斗、摊斗、伯斛之分。门斗合苏砝十四两四钱，每石秤一百五十斤，天字斗合一百六十五斤，摊斗合一百八十七斤半，伯斛合一百七十七斤。豆麦买卖，以伯斛为通行。此外，有东门斗、较伯斛九二折。西行斗、较伯斛九折。普通米斗、较伯斛八四折。南河斗、较伯斛大四升。麸升、较伯斛七折。公斛，较伯斛大三升。积俗相沿，其参差如此。

泰邑四乡，以农为耕耘，播种各有不同。泰城内高田，多种蔬菜。东乡由泰城至姜堰镇，旱田多、水田少，旱田多种麦、粟、秣、秫、豆、芝麻、花生、棉花。姜堰东官河南多高田，河北多水田，种麦栽秧。西乡与东乡相等，南乡多旱田。北乡多水田，种麦者少，只种稻一熟，谓之沤田。间有高处，名曰垎岸，奇零不成亩，以十缸水为一亩，一缸水为一分，名曰八卦洲，见《泰邑城乡图》。沟港纷繁，垎岸重叠，种瓜、瓢、秣、秫、蔬菜、蒜、大蓝等类。上河稻田稍干，则日夜由涵洞取水不辍。下河秋收后，民人乘艒艒船，由口岸出江，往江南一带贸易、取肥料，清明回归春作。有赢余，则演戏酬神。斜丰港内均圩田，用风车，余均用桔槔。清明后，由田主修油春作。下河田，道光年间十岁九涝，田主出田地种粮，佃户出人工、粞本，秋收稻谷，主佃平分。咸、同后，斜丰港圩堤修筑，岁庆有秋，田皆改为包租。今东乡谢王河等处有分行之例，田中谷粒晒干，折算手续繁难，则以地属膏腴，故亦循主佃平分之例也。

女子自天足会倡行后，多不缠足，入女学校习手工。有文明结婚者，俗名一天圆婚礼。回门，旧制称七日，乡俗均系一月。

泰俗求雨，各坊画龙墙上，坛设其下，或设香台于街市，中供王灵官位，用小轿一，以小锣二前迎，谓之当当轿。小儿有病，则至老鱼行都土地庙进香，申文祷告。有瘧病者，九月二十八日至颜塔庙进香，以土产萝卜、枳椇子载归。农夫清明添无主孤坟事毕，将铲锹迎至邑庙，侑以纸轿鼓乐。五月九日，迎都天会，祀张巡。其跳跃前行，如神附体者，曰马披。下河赛船会以双舟载神，曰驾船，有秋千、高跷前迎。窑头、朱家庄等有渔夫，以鱼鹰取鱼。六月间，由西浦载香亭，至泰山行宫，有斋婆鸣鱼磬、宣佛号，随其后以忏悔，曰迎香亭。二月望日，至岳墩进香，庙旧有武穆像，系伊秉绶、曾燠诸名家跋，今遗失。南山寺塔落成后，州人以佛诞日至寺放生。中元节，邀僧道施食，曰众姓利孤；以五色纸作莲花灯，浮之水上，曰放河灯。有灾疫，则高搭香台以祈祷，曰降台。东乡三窦庄一带，上元夜以麦秸扎把，燃火田中，谓之厌虫灾，火爆有声，则喜为丰收之兆。

泰俗娶妇，必用《三官经》一部，使新郎手捧迎轿。以正月十五、八月十五送张仙船桩，祝人有子。姜堰岱岳寺东有桥三座，俗传元宵、中秋夕渡此即生子，有张灯鼓乐而过者，曰送轿砖。海安东门外，有百子桥，乡人婚娶，彩舆必过其上，以为吉。

祭，咸、同时行三献礼，光绪初，改曰徽祭，行三献三馔礼。礼成后，有侑食点茶礼。侑食，则侄或孙行之。点茶，则婿或外孙行之。赞襄者，请诸生。科举废后，有祭会以承其乏。

物　产

谷类：秋前五、苞里黄、细子秈、洲秈、金秈，以上粳稻名。瓜棱糯、堆金糯、乌金糯，以上秫稻名。青豆、乌豆、鹦哥绿、红豆、绿豆，以上豆名。大黄皮、紫管子。以上小麦名。

木类：湖桑。本产于浙之湖州，故名。其叶专以饲蚕，近时邑人多有植之者。

果类：落花生。大者俗名洋花生，近时乡农多植此种，出产甚富。

货类：棉花。俗谓之草棉，其种类有通棉、美棉、鸡脚棉、小五子之分，而以通棉为佳。近时东北乡农民种植甚广。

药类：玉竹、络石藤、俗名巴山虎。急性子、凤仙花子。天花粉、酒醉子、蝉蜕。亦名蝉衣。

毛类：水獭、刺猬。

羽类：十姊妹、鹡鸰。

以上皆前志所未载，故补录之。

续纂泰州志卷之五

公　署　义局附[1]

州署　在城中近东北。光绪七年，知州程遵道禀请重修。

照墙，东、西牌坊，东、西八字墙。大门三间，东为土地祠，西为监狱及班房。二门三间，东、西院墙，中为大甬道，东吏舍十四间，西吏舍十三间。大堂三间，东、西院墙，西外库一间，堂东漕粮房，堂西管年房，堂后瓦卷，东、西厢舍，宅门内库五间。二堂五间，堂东账房五间，东西走廊，茶房六门，大厨房十二间，征收房九间，堂西大花厅四间，即西厅。旧有《浮香亭梅花》诗刻石上，今亡。厅西幕舍二十四间，西厢房三间，小厨房三间，蝴蝶厅一间。厅后两进，上房各五间，东、西走廊。堂后大楼五间，楼东上房五间，楼后群房十八间。东北有荷花池，西南有从舍。丹徒李承霖碑记：余自[2]兵燹后，故园沦落，转江南北。岁乙亥，至泰州，以其风土善，遂卜居。居五年，而州牧程公莅任。公为政严明，寓宽于猛，黠者畏服，良者乂安。时前牧未出署，以城西光孝寺治事，去余居数十武，故闻知最详。余闭关却扫，三十余年不与外事，不与官长往来。一日，驺从至门，门者投刺，余命人敬谢。公已下车入，啜茗晤谈，一见如故，推诚相与，虚怀下问，纵论古今。余有所见，必以告，坐对移晷，然语不及私。未几，前牧去。余谓公曰："义所当为，以避嫌而不为，非良吏也。夫燕私之地可苟简，治事之处不宜苟简。今之士大夫，视官府如逆旅，斤斤自守，惧以糜公项、拂上官意不敢请。衙署倾欹，置弗问，但求在任未就圮，即为幸。龌龊苟且，合署屋皆败坏，垣柱、榱桷多残朽，上渗下湿，幕宾不能安几

[1]"义局附"，原本作"义局"，据后文改。
[2]"自"，原本作"至"，据文义改。

砚，胥吏不能蔽风雨。文书倚败壁积若山，每检一案，无所展布，急切不可寻。四民赴公堂候听断者，仰视惕惕恐倾压。因循偷安，百务因之废弛。此其人于民有益乎？无益乎？以视具文，请重款，略一涂饰，藉修葺以肥己者，其贤不肖之相去能几何哉？州署自康熙十三年严牧重修后，迄今二百有六年，历时太久。两次所修，皆无实际，日就隳坏不可居，以僧寮为官舍，胡可长？且非体。方今大吏多贤良，知公名，所请当允。”公然之，列状以闻，果见许。两淮都转洪公汝奎遣员勘，计应修者一百二十七间，须费钱一万二千二百余缗。借用本地捐存备修斜丰港堤发典生息之款六千缗，分十年本利摊还，又由运库发钱六千二百余缗，鸠工庀材，以光绪七年三月兴工。析动旧屋牵连增修者，又二十九间，须费钱四千二百余缗，公自筹备。州人感公德，谓衙署非公私物，不可以累公，咸愿集资助役。公不能却，为镌其名姓于石，以昭核实。八阅月，告成。公精选工物，务求坚实，不为目前利，期可久长。名曰修，其实造也。而内室殊草草，因陋就简，湫隘偪仄，仅可栖止。正楼五楹，前牧所建者，悉仍其旧，以此见公之先公后私、审度缓急、一切不苟也。其所以计画民事、未雨绸缪者，准乎此矣。地方蒙其利济，曷有极哉？余以寓公，在部民之列，愿得长依广厦。顾念公循声上达，不日必迁擢以去。甘棠茇舍，长在人心。瞻仰斯宇，弗能忘也。余虽不敏，敢为文以告来者，是为记。公名遵道，字悦甫，号介庐，安徽绩溪人。论曰：居官者，动言兴利除害。余谓三代而下，生齿日繁，苟有纤悉之利，民必能自取，无俟于官。特恐民愚，罔知趋避，误以害为利。官能为指示，俾知所适从，斯害除而利自见。舍乎此，而别求利民之方，害必甚矣。然除害必以渐。若不详察次第，而操切以图，则民手足无措，不独除一害又生一害，且恐更增百害于民，岂有济哉？故清与勤，必当出之以慎，三者不可缺一也。公于营建事，判公私，审缓急，民之集资，不隐其姓名。其矢清矢勤，而将之以慎，盖本其爱民行政之心所推而暨也。余忝公知，意议相合，故及之。

学正署　见学校。

州同署　在州署大门内之东，今废。

吏目署　在州署大门内之东，光绪十三年吏目刘盛霖重修。

照墙，大门三间，大堂三间，二堂三间，书房二间，班房二间，土地祠，西门房三间，东厅四间，对厅六间，内宅五间，西厢二间，东厢三间，厨房三间。

海安巡检司署　在海安镇，见前志。

宁乡巡检司署　道光二十八年，遭西水患，房屋冲没无存。巡检仍移驻小纪镇，租赁民房为办公处所。

泰坝监掣署　在北门外西仓大街。

照壁，左坊，榜曰肃鹾裕运。右坊，榜曰秉掣持平。头门三间，二门三间，大堂三间，班房一间，关神殿一间，土地祠一间，书舍二间，东西两廊书舍四间，盐仓四间，二堂三间，东门房一间，西门房一间，三堂三间，上房三间，上房东厢一间，签押房二间，套房一间，花厅三间，大仙楼一间，幕舍三间，下房二间，财神殿一间，厨房四间。

高凤翰《初至坝上，无官舍，治事舟中》作："浪迹人同泛水鸥，今年又到海西头。封堤万灶新亭长，隘控双河古界沟。坝设上下两河，以作关键。方苦无居无问竹，不妨有蟹有监州。平生雅负元龙气，舵尾犹雄百尺楼。"又《河上勾当公事毕，还寓题壁作》："摒当河干日几回，千帆坐看压云来。筹边大计真难缓，盐政初立，用以缓商家之费。托命穷黎剧可哀。泰民仰盐事而活者数万家。冷案无从资饱蠹，小臣亦许佐盐梅。书生老矣头全白，怕见如山烂雪堆。"又《建署落成作》："鹾部分曹地，亭连万灶场。利民供楚粤，扼要控淮扬。栋宇自今始，关河与世长。一椽皆帝力，风雨慎无忘。"

都司署　在州治东南，本游击署。同治十一年，奉文改游击为都司，遂为都司署。

照墙，大门三间，东西辕门，吹炮房一间，马房二间，二门三间，东西班房各三间，福神祠，号房，官厅二间，大堂三间，东厅四间，东西书房各三间，科房三间，二堂三间，内宅五间，厨草房三间，东西厢各一间，箭道，箭厅三间[1]。

把总署　在东门内，本守备署。同治十一年，奉文裁撤守备后，把总遂移居焉。

照墙，大门三间，二门三间，班房三间，衙神祠，大堂三间，火药房二间，军械房三间，二堂三间，东厅二间，书房二间，光绪二十九年，把总储维城捐廉建。东箭道，正宅五间，厨房二间。

卫所署　在州治西南，历年倾圮。知州侯绍瀛建造中学堂，复将头门、大堂拆卸，所存者只东、西偏屋而已。

学政试院　在州治东。光绪十七年，知州张兆鹿禀请重修。三十年，停止科举，地遂旷废。今教育会、劝学所皆设于内。

[1] 程抄本衍“东西厢各一间”六字。

照墙，鼓吹亭二，东、西旗竿二，东辕门，西辕门，大门三间，东偏为官厅，西偏为听差房，福神祠，二门三间，东、西瓦卷，东号舍九间，西号舍九间，明瓦篷，光绪五年，郜王氏捐田四十亩为岁修经费。三十年，族孙郜鲁禀拨入学堂。大堂五间，堂东班房八间，堂后工字厅，二堂五间，东廊房三间，西廊房十三间，堂后东偏大厨房四间，内宅门，南、北瓦卷，正房五间，东厢楼十二间，西厢楼十二间，正房后幕舍及从舍。

演武厅　在州治西校场，如前志。

右列各署间架，俱照当时现存者备录，较道光初有无添减，合前志观之自见。旧建新增，兹皆不赘。

义局附

养济院

在州治东南隅，守备署西。惟存大门一座，地基一段，月给孤贫银米一百二十六石。详见《赋役》“解支”。

育婴堂

在州治东南进德坊，创于康熙六十一年，详载前志。道光年间，经费奇绌，几成中辍。咸丰十一年，邑中尤璞、任鸿宝、高桂森三人出而担任财政，延贡生夏嘉谷董其事，重订堂规，清查堂产，全活婴孩甚夥。无奈灾祲屡告，所入仍不敷出。同治七年，三家禀州退董，分还欠款至二千余千之多。迨至光绪七年，邑绅等禀准府宪，转饬在税契项下带收育婴堂善举捐，每契价一两，捐钱十文，给发执照，归堂支销。由是，育婴堂乃能期久远焉。

本堂房屋二十二间：大门一间，门房二间，账房一间，客座一间，厨房二间，草房二间，大殿三间，大厅三间，乳妇号房七间。

本堂市房：管王坊四间，清化坊八间半，前志十间，道光二十九年水灾，倒塌二间。太和坊地基一段，前志载屋五间，久已倒塌，惟存地基一段，在城隍庙大门西街。太和坊鼓楼南厕坑一元，前志载太和坊一间，是否改为厕坑，待考。大林坊十间，东城庄三间，同治六年，强琳捐送。管王坊八间，光绪三十年，董事王贻牟等置。文利坊十九间，光绪三十年，董事王贻牟等置。夺魁后身十一间。[1]

本堂田亩：樊汉黄家楼二十九亩，野营庄八十亩，石羊庄六亩五分，北徐庄一亩，罡门庄四十五亩，前志载七十七亩，现存草田十五亩、熟田三十亩，尚少三十二亩，待考。海安韩家窑草田二十亩，溱潼镇后湖北庄东舍后南荡熟田十亩、草荒田四十七亩，地名土地塘。花杨季家庄田四百六亩五分。以上旧志。按，旧志有滕家庄田三十亩，纪略载明失考。东台谢家泊田二十五亩，城南李家庄田五亩，刘家庄田六亩，张家舍田四十亩，又名黄思庄，地名河北大圩。老东河秧田七十亩，地名楝树沟，咸丰三年，僧琢玉、性海捐送。李志庄田十六亩，同治八年，吴兴贵捐送。草子庄曹家圩秧田十九亩、又丁家荒田七亩五分，同治十一年，僧恒光捐送。马家庄刘家圩田三亩，光绪元年，洪茂春捐送。海安徐家庄复兴庵秧田十亩，光绪元年，吉仁利捐送。城东院庄高秧田八亩，光绪二年，窦松年捐送。城南北徐庄田二十七亩三分二厘六毫，光绪二年，南山寺送。隍庙东首园田三亩八分半，光绪四年，因案入堂。海安穆官庄田十七亩，光绪十年。姜堰张家岔田九亩，光绪十六年。东乡沈家庄四十亩，光绪十六年。东乡花家庄田十亩，光绪十六年。海安徐家套高秧田九亩，光绪十九年。海安陶家庄秧田八亩，光绪十九年。海安穆官庄秧田十亩，光绪二十二年，徐裕玺捐送。海安西汤家庄秧田十亩，光绪二十四年，马应铜捐送。海安戴家涵田八亩，光绪三十年，戴经礼捐送。东南隅赵家岱田八亩，光绪三十年，董事王敬渊等置。海安梅家套田七亩，光绪三十二年，梅明秀施送。海安梅家庄田五亩，光绪三十二年，周长泰捐送。正北隅曹于桥田十八亩，光绪三十三年，董事卢道古置。野营庄秧田三十亩，光绪三十三年，董事卢道古置。海安野于岸田五亩，光绪三十四年，王兴国捐送。海安邓家舍草田二十亩，光绪三十四年，赵士凤捐送。海安野于岸田六亩，宣统二年，于湖珍捐送。海安北乡潘家庄田五亩，宣统二年，孟永康、永成捐送。海安野于岸田五亩，宣统三年，殷昆盛捐送。丁塘河田四亩，朱文彬捐送。朱家庄田四亩。陈宝盈捐送。以上现存熟、荒田一千零九十三亩六分七厘六毫。

本堂典息：旧存回赎田亩银四百四十八两五钱，合成九五色九九五平银四百六十二两四钱九分九厘，存典生息，每月一分。

乾隆五十一年，知州袁捐足钱一百千文。光绪三年，知州桂捐九七六钱一百五十千文。光绪六年，知州刘倡捐九七六钱一千千文。此款于光绪十八

[1] “夺魁后身十一间”，原本脱，据程抄本增入。

年，经知州张借用捕蝗，后于光绪二十八年，经知州罗拨款补还。光绪二十四年，董事王学渊、王贻牟余款九七六钱五百千文，共成足钱一千千零七十六千文、九七六钱六百五十千文，存典生息，每月一分。旧有日捐，因私钱太多，停收。

杨玺《新建进德坊育婴堂碑记》：闻之：殀夭杀胎，物犹有禁；存孤养幼，事载诸经。盖胞衣乍堕，正需襁褓之温；口血未干，难成水浆之食。苟不为之顾虑，倚依何人？倘漠视其流离，生全无路。夫虎乳梦泽，乌覆寒冰。彼异类，其何知，尚同仁而一视。矧乎万物，人为最灵。在厥初生，藐孤[1]堪念。或以蹇遭患难，若邓攸之弃而不收；或以时值困穷，若郭巨之埋而弗顾。或苦向平之多累，或惊姜氏之寤生。或恶辰之弗举，似不利父母之田文；或来历之[2]未明，类不知姓名之陆羽。均有呱呱之泣，闻者神伤；谁无煦煦之仁，见之心痛。势同入井之忧，宜生恻隐；民有纳沟之耻，何况儿童？方今圣人在上，普慈爱于寰区；岳牧其咨，广檐楹于郡县。考泰州之育婴堂，本在北门。雍正初，移建城东之文利坊，今七十余年，又渐次欹倒。颓垣败壁，空存保赤之名；上雨旁风，难觅栖身之处。不少青鬟之妇，累累襁负而来；仍令黄口之儿，叠叠携持而去。缘是狡伪迭出，真赝莫分。三尺孤具在，忻戴仁天；一块肉奚存，早成婴鬼。移张就李，何殊维鹊居鸠。故将东补西，岂异以牛易马！皆由未有定止，难以遍查故也。嗟乎！吉征投燕，喜错弄璋，汤饼以集宾朋，弧帨而分男女。方且擎诸掌上，珍视宝珠；而此掷之怀中，弃犹敝屣。一样受气成形，独听朝生夕死，可乎？余下车以来，屡过此堂，心忧倾圮，正筹良法，力拯阽危。适有捐职州同知尤彬禀请，独解己资，于进德坊买房一所，重建新堂，离旧堂五十余步。因鉴其诚，亟允所请。卜日鸠工，克期蒇事。生人有术，能量力以出金；择地而迁，等为功于种玉。从此列屋而居乳妇，计口而活婴儿。图其至全，策其可久。幼吾幼以相及，斯为仁之本与？才不才而兼收，亦各言其子也。至本堂房舍凡几，田亩若干，给饘粥之资，供絮帛之费，以及迁徙岁时，董理姓氏，俱书册籍，以备参稽。所有旧基，改创义塾。彬次第举行，周详妥协。余嘉其乐善之心，有裨恤孤之政，故喜为之记。

尤彬于嘉庆四年八月禀请：捐买进德坊团姓住房十六间半，建改育婴堂。一切正价、使费、匠工、木料、砖瓦、油漆、器用，共捐钱四百一十千九百十五文，通详有案。彬殁于州同知，灿、孙鹤庆、福庆刻石。

育婴堂条规录要 旧例，由州谕董四人公办，春夏二人，秋、冬二人，轮流经理。光绪四年，知州刘汝贤增订章程，谕董分年轮流管理，公同商酌财政，以期和衷共济。堂中设司事二人，管理账房，稽查出入，共司其事。设

---
[1] “藐孤”，原本作“藐诸”，据程抄本改。
[2] “之”，原本缺，据程抄本改。

有不合，应行更换，不得滥用私人。向来乳妇一名领婴二名，亲生子女不准带堂，恐存偏见。嗣以经费难筹，乳妇悉归外堂，每妇领婴一名，载明案卷。内堂乳妇三名，现用一名，以为接婴之用。所用外堂乳妇，除每月朔、望抱婴送堂，经董查验外，仍令司事分期往查，每月二次，察婴孩之肥瘠，验哺乳之勤惰，以定赏罚而昭劝戒。至外堂领婴，以一年半为限，按月给乳妇工食钱一千文，限外折半。婴孩有愿领者，听人领养。无则依乳妇过活。女婴十岁学习女工，及笄时，听董代为择配，给奁资约十千文。男孩六岁入学义学，十岁出堂。董事量材授业，送店学习生理，给行李等件，以十千文为限。婴孩周岁后，种牛痘颇稳妥，医药发味，司事小心照料。倘婴患病，延医诊治。病故者，给随身衣服、棺资等费，约八百文为限。司事督同堂役，送义冢埋葬。堂内不准博弈[1]、吸食洋烟。凡到堂抱婴，堂中司事均不得需索钱文，违者查究。若堂中收支各账，逐月开列四柱清册，年终报销，州署存案备查，并刻征信录，以便次年交代董事接办。

普济堂

在北门外西仓大街社稷坛东，创于雍正十年，详载前志。咸、同之际，兴衰不一。光绪十八年冬，经建堂后裔徐、李二姓公同整顿，添置田亩，加设早餐，开辟西号，州署有案。

本堂房屋六十间，瓦卷二座，门五座，菜园一所，厕坑四元。朝南大门三间，朝南育婴厅三间，朝南义学三间，系旧育婴所改设，本普济堂屋，义学借用，详旧志《学校》。朝西义学门一座，上有瓦卷。朝北草房四间，朝南厅屋五间，朝西腰门一间，朝西厨房三间，朝北下房一间，朝南大仙殿一间，朝南华王殿三间，东墙土地祠一座，朝西催生娘娘殿一间，殿西总号门一座，朝南官厅三间，朝南药厅三间，朝南东号门一座，朝北公义堂三间外瓦卷一座，朝南人字号三间，寿字号三间，年字号三间，丰字号三间，朝南广字号四间，朝东腰墙一堵，天井内有古柏一株。朝南西号门一座，朝东西字号五间，朝西后门一间，北边菜园一所，前后厕坑四元，厨房南砖井一口。

本堂市房：本堂对门瓦房三间，堂西山瓦房二间，又对门瓦房三间，西

［1］“博弈”，程抄本作“赌博”。

仓行头瓦房三间，西仓大街住北朝南瓦店房四间、又瓦房二间，清化坊萧家巷北头瓦房二间，北山寺大街住南朝北瓦房二间，演化坊韩家桥大街住西朝东瓦房二间，郁家浦板厂西住东朝西瓦房二间，东坝坊大街住北朝南瓦房二间又瓦房二间，北门越城内住西朝东瓦房六间，税务桥北大街住西朝东瓦房一间又二间，通年计共日、月房租除让、小建，约收租钱二百七十余千文，闰月在内。

本堂地基：堂东一段，租户七家。堂西路南二段，租户二家。路北一段，租户六家。东坝坊一段，租户一家。通年约收租钱五千五百文。

本堂田亩：泰境沈家庄田三十亩，朱家庄田三亩一分，董家庄田一百六十三亩、地基二亩四分、场基三亩、地基二段、草屋六间，蟹壳场田二亩，西冯庄田六十亩，夏庄田四十七亩七分、场二面、地基五分，森森庄田一百十一亩五分，前董林案缴。新城庄田五亩八分，黄家垛田八亩二分，洪家垛田二亩，西坝田二亩二分，港口田五亩三分、地基一段、草屋四间，下溪田十亩，上溪田一百八十四亩四分，北曹圩桥田一百十七亩，管王庄田二亩，东板埨田六十五亩，西浒垛田六亩，许家庄田七亩、场基二亩又一段又半面，东彭毛田十一亩，西彭毛田十二亩，朱家楼草田二十三亩，左家舍草田十二亩，罡门田十五亩，杨家庄田四十三亩、地基三亩五分，草龙垛田八十七亩五分，姜家窑田七亩五分，东墩子田八亩，下水沟场基一亩，西石羊田二十三亩，东石羊田五十五亩，沙村田五十三亩、地基三分，大墩庄田三亩六分五厘、瓦草房三间，殷家庄田六亩七分、地基一段，查家庄田十二亩七分五厘，老李庄田九亩，陆家庄田二十三亩三分，义桥庄田八亩、瓦房三间、地基一段，下棋庄田一亩，野河庄田七亩，前窦庄田三亩五分，许家庄田三亩，寿生寺田四亩，三里庙田十一亩、场一面、厕坑一元、草屋三间，奚家桥田五十亩，李家庄田十七亩，尤家庄田五十六亩六分八厘一毫，陈家庄田四亩，王思庄田三十五亩，耿家庄田四十六亩、佃房六间、场基六段计二亩二分五厘，淤溪田二十一亩、场基六亩、瓦屋三间，吴家舍草田三十亩，葛家庄田八十七亩五分，太平庄田三亩，周徐庄田九亩五分、草屋三间、竹园一段，张甸田五亩，西马庄田三亩，北徐庄田二十七亩。以上泰境，共荒、熟田一千六百五十九亩七分八厘一毫，共额收租钱五百二千一百四十六文，租洋七十元五角，房地、场基租钱六千六百文，麦租六十三石八斗一升七合九勺，豆租十二石八斗六升七合九勺，稻租四百七十八石七斤。

东台境：陈家堡田九十七亩，杨家舍田八亩，曹家舍田六十二亩、地基一段，冯家庄田七十一亩五分、草屋六间、地基二段、场基一面，宫埝甸田二十四亩，小甸址田三十五亩，孙家堡田四十三亩，北沙垛田三十三亩，五张庄田三十亩，西纪庄田四十亩，朱龙庄田一百十六亩、场基四亩。以上东台境，共田五百二十九亩五分，共额收稻租二百六十二石一百十八斤，场屋、地基租钱五百二十文。

泰、东两境共荒、熟田二千一百八十九亩二分八厘一毫，佃房四十三间，地基六亩七分，场基十八亩，场、地基十五段，竹园一段，场四面半，厕坑一元，两共额收麦租六十三担八斗一升七合九勺，豆租五十二石八斗六升七合九勺，稻租七百四十一石五斤，租钱五百二千一百四十六文，租洋七十元五角，房地、场基租钱七千一百二十文。

本堂典息：张恒章存九九五扬平银一百六十九两六钱二分一厘，每月行息一分，每年息钱二十两三钱五分四厘。此项息折，载明与育婴堂合分，息折存普董处，由普执付平分与育，育董亲立收条与普。丰豫公存九五色九九五平本银七十五两二钱，每月行息一分，每年息钱九两二分四厘。李德成现改豫晋存九五色九九五平本银七十五两二钱，每月行息一分，每年息银九两二分四厘。王积庆现改勤业存九五色九九五平本银一百五十两四钱，每月行息一分，每年息钱十八两四分八厘。

通共额收典息银五十六两四钱五分。

本堂荒田义冢：沈家庄河南田二亩，任家庄二亩七分五厘，卞家厂田三亩，港口镇高田四亩，西行头田五十九亩五分，蒋秀书捐施四亩五分，卞花氏捐施三亩，陈明卿捐施二亩五分，顾廷珍捐施六亩，卞昆山捐施三亩，僧福庆捐施三亩，杨升捐施六亩，吕尔臣捐施四亩，孔西来捐施一亩，陈松涛捐施十六亩，王君临捐施六亩。又契买金长松西官路剥坟头田四亩五分。

以上共荒田义冢七十一亩二分五厘。

本堂粥厂：光绪十八年，徐、李整顿时，因堂中旧有遗孩局久废，禀请将原有经费改为粥厂，每年由冬至日起至次年清明日止，按月施放米粥，给散堂外贫民。

田租：西石羊田四十三亩，何家楼田二十六亩、地基六亩。两庄共额收稻租五十九石一百八斤。

典息：周丰豫[1]存九七八串钱三百七十五千文，周年息钱三十七千五百文。戴裕厚存九七八串钱九百二十八千一百二十五文，周年息钱九十三千零二文。刘元益存九七八串钱一百八十七千五百文，周年息钱十八千三百三十六文。周丰豫存英洋一百八十元，李毓彬捐送。周年息洋十八元。共额收钱一百四十八千八百三十八文，洋十八元。

市房：尤问源市房一所，房租由尤姓缴署转发。

清节堂

在州治南进德坊，创于嘉庆二十三年，详载前志。原定额三十名，咸丰四年，陈张氏捐钱一千五百千文，禀州增额五名。光绪八年，杨世泰施兔儿冈田二百八十五亩，禀州增额五名。光绪九年，纪李氏捐钱三百千文，禀州增额一名。共增额十一名，嗣又续增十三名，现计五十四名。又添住堂候补六名，共六十名。随带子女，各以二名为限。前光绪二十年，仲贻光等禀准仿照育婴堂，在“税契”项下，每契价一两，带收捐钱十文归堂，添设外号；合并光绪九年周彬捐钱一千六百千文存铺所生之息，专备给散外号；孀寡每名月给钱一千文，贫嫠每名月给钱四百文。至光绪三十四年，外号增至一百八十四名。嗣因“税契”项下捐款裁撤，周彬存铺之款拨修斜丰港，互见《河渠》。外号停止。

本堂房屋：朝东大门三间，朝东二门一座，朝南仪门一间，朝北接待室二间，朝北账房四间，朝南厅屋三间，有东西回廊。朝南书房三间，东山朝南厨房二间，西山朝南厢屋二间，朝南厢屋二间，西山厢屋二间，天井东厢屋二间，天井西厢屋二间，顾李氏建。西厢屋南厨房一间，顾李氏建。穿堂东过套二间，东巷朝西厢屋十五间，邑人周彬建。朝北厨房一间，朝南新屋十二间，天井东厨房二间，天井西厢屋二间，土地祠一间，贞节祠一间，朝南大厨房六间，朝西草房三间、院落一段，砖井一泉。以上计屋八十七间，大门外贞节坊一

[1] “豫”，原本作“裕”，据程抄本改，下同。

座，东北厕坑一座。屋外四止：东止官路，西止陈界，南止陈界，北止本堂田界。

本堂市房：文利坊斯文雅堂一所，计屋三十间，暖池一座。州后坊北门越城内，店面间半，瓦卷间半，小楼上下二间。又，笔店三间，顾李氏捐送。州署西市房一所计屋三间，坡子坊坝口市房一间，坡子坊堂子后街市房三间，清化坊演化桥河西市房四间，演化坊韩家桥口大街住东朝西无屋三间空地基一段，无租户。大林坊歌舞巷有院墙空地一方，内安太平水缸。演化坊大街路南市房地基一段。无租户。通年计共房租，除让小建，约收租钱三百七十余千文。

本堂田亩：城西北兔泥冈田一百九十八亩，场基五面、草佃房三间半，牛车四部，脚车一部，碌碡两条，瓦庄屋四间。城东官河北红庙庄高田二十一亩、秧田五十亩七分五厘、场基一面、瓦佃房三间、牛车二部，萧家庄田三亩，城东南塘湾后夏家庄高田一百亩，此田夏廷熙由同仁堂拨来。城东北刘庄田二十八亩四分，城东南冯甸官河南殷家庄南荡高田十亩，城东姜堰镇官河南唐家园高田五十三亩、场基二亩、有佃房，城东海安镇秧田四十八亩、场基八亩、牛车一部、脚车一部、草东蓬一座、瓦佃房五间、碌碡全，城东南冯甸官河南殷家庄高田十亩，城东冯家岱秧田七十二亩、牛车二部、草车蓬二座，城东斜桥庄官河东沈家沟南高田十亩，城北邬刘庄秧田六十亩，城西西冯庄秧田三十六亩，城东北石家岱高田六亩五分，城东响练庄高田四亩，城东姜堰镇后时庄高田七亩，姜堰镇西陈家庄高田十二亩，城东晏子墩庙西秧田六亩，城北董家潭塔岸田三亩，本堂堂后园田五亩，城东冯甸河北中桑庄湾三沟高田一亩六分，城东姜堰镇詹家汪园田一亩。

以上上、下河各庄高低田七百四十三亩二分五厘，场基、佃房在外，通共各庄额收小麦租一百十七石六斗三升四合，大麦租三十四石九十五斤，旱豆租四十七石四斗五升，籼稻租三百四十三石三十斤十两，秼秫租一千七百二十六斤，以上均租斗、租秤。呆租钱四十八千八百五十文，呆租洋十七元。

本堂典息：城乡九典，计共领本折足钱八千四百二十二千六百九十一文，息折二十四扣。

樊汉邱恒泰领本足钱九百五十八千九百五十六文，按月一分行息，下同。计足钱一百十五千七十五文。闰月在外，下同。又，邱恒泰领本九九八串钱七百二十七千二百七十三文，计九九八串息钱八十七千二百七十三文。又，邱恒泰领本九七六串钱九十千文，周年行息九七六串钱九千文。

樊汉王具庆领本足钱一千一百七十三千二百四十三文，计足息钱一百四十千七百八十九文。又，王具庆领本九七六串钱六十千文，周年行息九七六串钱六千文。小纪王积庆现改勤业。领本足钱三百千八百六十五文，计足息钱三十六千一百四文。又，王积庆领本九九八串钱一百三十四千九百五十文，计九九八串息钱十六千一百九十四文。又，王积庆领本九九八串钱一百八十二千文，计九九八串息钱二十一千八百四十文。又，王积庆领本九七六串钱六十千文，周年行息九七六串钱六千文。姜堰刘元益现改源亿。领本足钱九百五千二百五十一文，计足息钱一百八千六百三十文。又，刘元益领本九七六串钱六十千文，周年行息九七六串钱六千文。

曲塘戴裕厚领本九九八串钱一百八十七千五百文，计九九八串息钱二十二千五百文。又，戴裕厚领本九九八串钱一百八十七千五百文，计九九八串息钱二十二千五百文。又，戴裕厚领本九九八串钱五百四十五千四百五十四文，计九九八串息钱六十五千四百五十四文。又，戴裕厚领本九七六串钱三十千文，周年行息九七六串钱三千文。又，戴裕厚领本九七六串钱十五千文，周年行息九七六串钱一千五百文。又，戴裕厚领本九七六串钱六十千文，周年行息九七六串钱六千文。

海安许源源领本九九八串钱二百六十四千二百四文，计九九八串息钱三十一千七百四文。又，许源源领本九九串钱一百八十七千五百文，计九九串息钱二十二千五百文。又，许源源领本九七六串钱七十五千文，周年行息九七六串钱七千五百文。

塘湾李三和现改豫晋。领本九七六串钱三十千文，周年行息九七六串钱三千文。

本城周丰豫领本九九八串钱一千九十千九百九文，计九九八串息钱一百三十千九百文。又，周丰豫领本九七六串钱六十千文，周年行息九七六串钱六千文。

本城魏衡泰领本九七六串钱六十千文，周年行息九七六串钱六千文。

通共各典生息，一律折足钱八百七十九千十一文。

同仁堂

在城内州后坊歌舞巷北。咸丰六年，州人杨世耀因本年灾祲，道殣相望，创办施材义举，邀集绅士张思禄、康发祥等禀州立案。初借北越城武庙举行，名曰同仁堂。续于同治元年，为永远计，禀准州牧，将州后坊毗卢庵改建，仍颜其堂曰同仁，延贡生夏嘉谷、职员杨振冈董其事，专办夏药、冬衣、施材、惜字四项善举。

本堂屋宇：大门一间，朝东屋三间，厨房一间，字纸炉一座，关圣殿三间，对照三间，大厅三间，对照四间，方亭一座，平圃一方。宣统元年，城市公所总董李毓彬在大厅平圃、方亭西空地，向州署请款四百五十元，增添屋宇五间。

本堂田亩：夏家庄高低田二百二十五亩三分五厘，外场地基五面，草房六间。原有田三百二十五亩三分五厘，由夏廷熙经理时，提出一百亩，拨入清节堂，仅存今数。每年纳小麦租五十石六斗四升六合，秋豆同。共四十九佃。雍家舍亦名雁翎舍。两熟高秧田一百二十亩，内起去草佃房九间，又场基、旧坟墓共十二亩，净田一百八亩。每年夏纳大麦租四千四百六十四斤克三十七石二斗；秋纳秈稻租九十六石。共五佃。

海安解家荡高秧田十八亩、草佃房三间、场基一面，每年呆租钱七千二百文。城西蒋家岔高田六亩，每年呆租钱四千四百文。强陈庄高田五亩，每年小麦租一石八斗，折一石五斗。凌安庄高田三亩，每年呆租钱四千文。

泰城粥厂

县署西公廨马神庙　历任官补助钱三百千文，漕总、里书各捐助若干，周彬存典息每年钱八十千文。

坝署保婴局　盐引提助。

王乡贤祠　祠产轮值，提钱购办，通年早施米粥，历有年所。

普济堂 因遗孩局废止，经费改建粥厂，附设堂内。

公善堂 在陈家桥西京江义学，丹徒人创办，吴镬龄施田补助，王炳章施产扩充，田租分半与培善堂，县署有案。

斗姥宫 孙德洋、仲效贤、张巨鳌、许文宏、孙明德、万洪熯等多人创立，各送田房有案。张西送南乡高田三十一亩半。

南斗宫 厂名公善堂，初设南门外关帝庙，卢福保、尤寅、李锡彭创立，后移至高桥口，现迁定南斗宫。

北斗宫 厂名勉善堂，王义渊、徐炳华、张裕堂等多人创立。

东斗宫 即培善堂，在城北太平坊，旧屋三进。乾隆间，顾芝山添造后楼三间。宣统元年，邑人王文耀、夏彭寿、顾占元、夏积庆妻陆氏合资建屋六间。又，王文耀施田三十亩，与陈家桥公善堂平半均分，县署有案。堂内善举，施衣[1]、恤嫠、施药、惜字、施材[2]、施粥俱备。

西斗宫 厂名兴善堂，李毓彬、史文瀛、史悠勋、吴笙庚、篪庚，李焕臣、焕京、黄文治等多人创立。

小教场关帝庙 王学渊、任恩组等创立，嗣归方佩、尤养之等公司其事。

天后宫 厂名求贤堂，李培宽、葛文彬等多人创立。

旃檀庵 厂名宝善堂，李毓彬、侯焕章、李顺观、万洪增、桂德元、张文田等多人创立。

北山寺卢氏粥厂 卢廷桢、廷栋、廷楷、廷模兄弟创立。

臭沟头张氏粥厂 张裕登、张锡纯叔侄合立，指定姜堰东崔母等庄田二百数十亩所有收入，永为粥厂经费，子孙不得移作他用。

以上各处，每年冬至日开放，至次年清明日截止，有款延长，不拘时日。

泰城水龙局

以下各局并设有救火联合会，举正、副会长各一人主其事。

太平水仓 在北门外坡子坊，里人公置。以下各局水龙，一遇火警，踊跃进行。出龙经费，均商民合力担任。

---

[1] “衣”，程抄本作“医”。
[2] “施材”后，程抄本尚有“施衣”二字。

永潜堂 在北门外华家桥蒋宅,蒋杰置。

平安堂 在东坝坊观音庵,里人公置。

乐善堂 在犁头街王宅,王世丰置。

普安堂 在彩衣街,里人公置。

静安堂 在坡子坊,里人公置。

永逸堂 在淯水桥,里人公置。

公济堂 在董家小桥,许宅置,人夫公给。

公安堂 在税务桥北,里人公置。

静善堂 在铁盘巷,里人公置。

天一堂 在文利坊牌楼口,里人公置。

载德堂[1] 在进德坊杨宅,杨宅置,人夫公给。

长安堂 在太和坊,里人公置。

公善堂 在南一铺水月庵,里人公置。

百忍堂 在南一铺张宅,张宅置。

永静堂 在南二铺关帝庙,里人公置。

永安堂 在南二铺土地庙,里人公置。

保安堂 在泰坝保婴局,盐务公置。

永安堂 在西浦晏公庙,里人公置。

义安堂 在破桥土地祠,里人公置。

同安堂 在孙家桥河西,景阗、徐兆元同置。

泰坝保婴局

在北门外便民坊西甲。光绪元年,举人缪锟、职员单湘南禀准坝官龚家驯创建,经费由通、泰属场盐过坝按引捐集。通属,每引商捐八毫,屯捐每引一文五毫。泰属,每引商捐二文,屯捐与通属同。收养婴孩定额四十名,续增至七十五名。乳妇领回抚养,朔、望送局验看。先是,局所暂设都天庙内。光绪五年,积有余款,坝官鲁光圻又捐廉资助,始立今地,房屋共二十八间。

本局市房共六十间:袁后街四十六间,西浦三间,坡子坊十一间。

[1] “载德堂”,原本作“戴德堂”,程抄本作“载德堂”,据程抄本改。

本局田亩共二百五十六亩：杨家庄秧田一百七十八亩，陈家庄秧田七十四亩半，西行头义冢高田四亩。

水龙局 光绪七年创建，常年经费，通属商捐每引七毫，泰属商捐每引一文。

粥厂 光绪二十三年创建，常年经费，通、泰属商、屯捐每引一文。每年冬至后，放粥八十一天。

右列二局，均附泰坝保婴局内。

本城慕莲堂冬衣施材局

在周氏家祠。光绪九年，职员周彬捐钱二千千文，禀准督宪饬州发典生息，为冬衣、施材两项常年经费。

姜堰镇施材局

在正东隅，名同善堂。道光乙未，镇人曹一桂撰记立碑，碑阴备书捐输者姓名，随时续列。定议捐钱十万，分股担认；每月会计，按股补足，禀州立案，期垂久远。房屋共十八间，在文昌阁，刘植青、曹寿彭等施田四亩，禀州勒石有案。

姜堰镇保婴局

在正东隅。光绪初年，丹徒严作霖与镇绅王尚质创建。尚质首倡，捐钱五百千，输田一百亩。常年经费，本出自陆陈行铺户各捐，中途败坏几废。镇人公同禀请邑绅卢福保与质弟尚文重加整顿，手订章程五十一条，存州卷。高田一百二亩七分，光绪初年，王尚质施送。曲塘镇西、东朱家庄后徐家道两熟田十六亩，光绪二十一年，倪永三施送。曹家堡两熟高田五亩，光绪二十六年，韩松寿施送。包家舍两熟高田八亩五分，光绪二十七年，包同森施送。烟墩口高田二亩，光绪三十四年，江都戎玉树堂施送。丁家舍高田二亩七分，光绪初年，本局置婴孩义冢。俞家田高田三亩，光绪二十二年，本局置。东陈家庄两熟高田八十六亩五分，光绪三十一年，本局置。东陈家庄两熟秧田二十八亩，光绪三十一年，本局置。烟墩口两熟高田十四亩七分。宣统元年，本局置。北街瓦房一所，计屋十一间。光绪二十五年，本局置。

堂规摘要 司事七人。司帐，出入逐日清结。司内堂，专管内堂门户，毋许男丁出入。有愿充外堂乳妇者，须报名挂号，不离责守。司查婴孩，须次第轮查。每月近者两三次，远者一两次。出人不意，察乳妇勤惰、婴儿疾苦。

司副帐，号条、婴衣，另存各册。号条必须监印，何行买若干张，随时登簿。婴衣领若干件，布匹若干尺，某乳妇所领，逐细纪载，以备查考。

两熟田租、伙食、零用，均副帐责成。

司收上行捐，抄帐五日一送，流水收捐。送第二次帐时，前帐必清缴，不准逾限。每月二十日送捐条，月内收清，以此为限。司收下行捐，各行所买号条，除现钱外，限十日缴清。

抄上行帐，五日一清；抄栈房帐，一月一清，不得过期延宕。

司巡，每月抄油碾坊帐一次。查察白号条、竹筹挑运者，是其专职。栈房过坝者多，小车者亦不少，务时加梭巡，总期用本局号条。违者察出，即押挑到局，照例充公。如他司事查出白号条，记功一次。司事薪水朔日给发，不得预支。

乳妇初领婴孩，给小褂裤两件、单袜一双、夹袜一双、棉袜两双、大小棉各一件、棉裤两条、夹褶裤各一件、尿布四块、帽一顶，夏给竹篮一具、小夏布帐一顶、蒲扇一柄。

每届春令，有应种牛痘者，给乳妇发味钱二百，服药由局加盖图记，向铺取配。结痂后，赏钱二百。

月朔，乳妇各带执牌，同婴到局，验勘肥瘠，赏罚不得徇情。且将婴儿照相，按名系某乳妇所领，以杜朦充。婴断乳后，收内堂管领。男六岁入蒙学，十六学生理。女十岁教针黹，不缠足，十六，由堂择配[1]。

婴儿患病，乳妇来堂举报，送医诊治。病故，盛以木匣，司事督同，送埋义冢。

婴儿有人领养者，预挂号，查明男或为子、为婿，女或为女、为媳，以杜为奴婢，贩鬻为娼、为妓之弊。领婴之家，给钱二千二百文，乳妇、仆人分

[1] “择配”，新抄本作“执配”。

派。又，坊约作保，钱二百文。局中设功过簿，各司事记十功者，加给花红费若干。满十过者，年终辞退。有大过者，即行斥退。

姜堰镇粥厂

在姜堰镇北街东岳庙。自同治五年清水潭决口后，地方凋敝，由寓姜丹徒李绅馨谷与其乡人赵葵之、余锡蕃等集议施粥，先后由韩孝思及锡蕃弟镜明、曹木卿、陆余三及子正甫、王春海、冯光国等办理尽善，逐年扩充。始仅需款数百千，近增至三四千千。赖典钱业诸商及镇人王郁哉、丁植青、凌子兰、包献廷、丁佑文、曹焕春、春海子梦榴、正甫子载之、光国子镜秋，躬亲厂务，助款踵至，得以维持云。

白米镇悯孤堂

在正东隅。道光六年，绅士朱宜、朱璋等倡建，为客籍贫病栖止而设。见《续府志》。

樊汉镇施材局

在西北隅，名庆余堂。同治十年，绅士叶锦美等禀请设立，常年经费公同筹集，并买堂房四进，州牧桂给示，勒石在局。

樊汉镇恤嫠局

在西北隅。光绪十一年，镇人黄吉恒、叶锦美等公同捐置镇东莫家舍两熟田一百一十七亩，又均王庄田五十七亩，禀州设立恤嫠局，定额五十名，每月各给钱三百文。光绪十七年，又置本镇市屋一所九间、厢房四间、过道二间，取租归局。此外，有捐输银米，每岁无定数，亦归局给散。年终造册，呈州榜示，局所即在庆余堂内。

孙家庙字纸局

在西北隅，名保善堂。光绪元年，职员纪观沂倡捐创建。城乡善士陆续施田，共四十亩，为常年经费。堂前设字纸炉，文生李庆芳、廪生萧枟等禀州立案,给示勒石。房屋二十一间。

海安恤嫠局

在海安镇邑庙南巷内。嘉庆年间,镇人监生李祖遐、徐进阶创设,祖遐子、邑痒生李衮扩充。

恤嫠北局

在海安镇邑庙北巷内。光绪年间,镇人夏鸣凤、刘蔚以本局余资创建,屋宇十六间,附义材局三间。

育婴堂

在海安镇青云巷。初,镇人附贡生夏鸣凤募捐,在虹桥西巷内,并自出资,创建接婴堂一所,留养婴孩十名,额满即送如皋育婴堂。每年议定贴洋三百元。嗣于光绪二十七年,购买青云巷内赵姓房屋。三十二年,自出资改建育婴堂房屋二十余间。

本堂田产:徐实符、徐崇甫、徐伯鸣施送五角垛秧田二十三亩五分,每年额完租粮二十石。徐天裕施送蒋家庄秧田十八亩,每年额完租粮二十二石五斗。夏竹安施送厉家窑秧田二十一亩,每年额完租粮二十七石。袁怀山施送张腰庄秧田五亩,每年额完租钱九千文。李勖初施送贲家集河南秧田十一亩,每年额完租粮十五石。王国樑施送俞家湾秧田六亩,每年额完租粮七石。本堂续置中桥河南园田九亩,每年额完租钱七千文。

水龙局

在海安镇,局设五所。道光戊戌年,邑人李伦、王莹、刘淇、方继曾、李緝等,先后建置牙桥口、东湾子、城隍庙土地祠、西寺巷明道书院、普利庵五处,内附施材局。

因利局

在海安镇东街。光绪二十八年,镇人李緝创办,镇江善士严作霖助基本金六百千文,縜侄李葆元接办,均系私款。

异姓祠

在海安镇祇树寺二殿外,寺僧若水建,专祀无祀木主。光绪年,李縜倡修。

暂栖所

在海安衙桥东圆觉庵旧址。光绪年,李縜倡建,专为过境饥民住宿之所。

延生堂

在海安镇祇树寺内。道光年间,僧若水募款创建,养年老残疾贫苦无依者,建屋十余间,并置田若干亩,为常年费。

牛痘局

在海安镇邑庙内。光绪二十六年,镇人吉林、新安主簿李葆煌等禀请州署,立案开办。宣统末年停办。

赈粥厂

在海安镇邑庙内。每逢冬季,募捐开办,至来年春截止。咸丰初年,镇人李僩创办,后僩侄李縜接办。

施材局

在七区沙家桥。监生田雨之自捐西柯庄田三十六亩,仪征绅士卞宝第、同邑绅士王鸿业助资设立于岱岳寺。光绪十八年,勒石立案。

附记公署

谨按,公署一门,入民国来,惟州署、监掣署仍旧。学正裁撤后,废署为文庙,奉祀员居住地,屋宇尚无变更。吏目署,已改为图书馆,其内宅及东西厢改为典狱署。海安巡检司署，改为县佐署。都司署，始改为地方审检厅，嗣又改为警备队分驻地。把总署，改建平民工艺厂。学政试院，改为警备队营部，其正房五间、幕舍、从舍改为城市第一国民学校。演武厅，亦改为警备队分驻地。多非当日之旧矣。

又按，州署之外库房、管年房，及西幕舍之前五间，又西吏舍之北五间，归并入警察所，此民国十一年十月间所新改造也。

附记义局

育婴堂附记 宣统三年，国体变更，税契、捐款停止，堂用支绌。嗣经县议会议决，在“附税”项下，每年拨助洋四百五十元，以资接济维持。本堂屋宇年久失修，岌岌乎有倾圮之虞。会民国三年冬，任董恩组病故，县长白加委邑人程恩洋、夏彭寿会同袁烺、宫之藻，和衷经理，逐渐整顿。民国七年，大殿三间重修。八年，乳妇房四间重修。九年，大厅三间及草房两间重修。又因近来百物腾贵，内、外堂乳妇工资不得不酌量加增。惟外堂乳妇挂号厅候传补[1]者甚属寥寥，加以米珠薪桂，送堂婴孩较多，苦难应给。因竭力筹画，就堂内隙地增建乳妇号房九间。内堂多雇一乳妇，外堂即少传一婴孩，非经理者所宜顾累乎？十年，又将管王坊市房店面两间重建，增加房租。自时厥后，如能逐渐扩充，即斯堂之幸福也。

民国二年，任恩组、袁烺等经理时，因堂用不敷，提用戴裕厚典本三百十七千九百八文，现实存典本九五色九九五平银四百六十二两四钱九分九厘，足钱七百五十八千九十二文，九七六钱六百五十千文。

民国八年，李保元独立捐助洋六百数十元，将大门入内各屋修理完善。民国九年，将本堂堂东地基一段，收归堂内。李毓彬《重修普济堂记》：地方善举，得人则兴，失人则废。兴废成败，有至理焉，有定数焉。邑之有普济堂也，由清雍正朝彬叔太高高祖讳沆、嫡高高祖讳廷芳，与徐公讳大强、讳汉，施地、施房、施田、施钱所创建者也。又得诸大君子，一倡百和，经营缔造，卒底于成。凡老病无依之人，俾咸得所。复于是堂设育婴厅一所，雇乳妪以抚婴儿，使养老慈幼合而为一。嗣育婴堂移设城内，而是堂岿然独存，养济贫民，迄今二百余年，计全活者不可胜数。邑中贤士大夫推原所自，咸啧啧称道弗衰，谓非创办者之苦心毅力，焉能获此无量之

[1] “传补”，新抄本作“传播”。

惠。以故徐、李两氏子姓绵延书香，幸获不坠。虽区区不才如彬，得以稍稍继承先志者，皆祖宗之默佑，有以致此也。

特日久弊生，中间董其事者，端正慈惠固不乏人，而侵渔朘削、罔惜丧德者亦间有之。清光绪十八年，彬不忍以祖宗所手创者，自甘放弃，合徐、李两姓族人，出为整顿。缺者增之，冗者去之。田地湮没者，检查而清厘[1]之；屋宇倒塌者，修葺而重新之。内而病夫添设早饔，外而贫黎施放冬粥。堂内规模，粗有起色。比年以来，渐蹈因循，兴替又复不一。

幸民国成立，经贤有司李公岳蘅、郑公辅东莅宰斯邦，敦聘高君炳华、杨君悠禄、张君文选、文田、沈君愚先后共理斯堂，任劳任怨，百废俱举。其间如查增田亩，重修大厅，皆卓卓可见者。惟斯堂创建年久，入门两进及群屋失修颇多，几有岌岌可危之势。经理诸君，久愿庀材修建，苦经费无着，无可如何。每议及斯，未尝不引为憾事。即彬亦自愧无力相助，以期斯举之克成也。顷现任胡公维藩三至斯邦，留心善举，加聘李君保元总理堂务。保元莅堂之日，目睹倾败情形，即奋然曰："吾前承乏清节堂，曾捐助数百番，修理雅堂、市房各屋。今任斯堂，而听其荒废，吾心奚安？吾责难谢。"爰独自极力筹措，捐助巨资，大兴土木。由己未夏四月始，迄八月落成。计砌造大门三间，东廒房四间，旧育婴堂三间，大厅朝西门一座，华王殿三间，堂西市房两间，及各处残缺修补完善，使是堂屋舍焕然一新。洵近今士大夫中，寥寥不多觏者矣！

保元家海安，前明由闽迁泰，占卫籍。余家亦前由闽迁泰，占卫籍，当然固是一家。是堂创始于叔太高高祖、嫡高高祖，今日复修，又出自保元。家世好善，一脉相承，此殆理之所宜然，而数之若预见者欤。独异保元家仅赡足，非巨室大富可比，而独能轻财好义，乐善不倦。综核生平慈善之事，不可胪举。今又复修斯堂，以视世之沾沾为子孙计较锱铢，吝财物，不肯为公家畀涓滴者，相去奚啻霄壤！此彬重保元之功，而信其后之保世滋大，冥冥之中必有阴相之者，非仅彬同宗一人之私言也。监修马君大隆，实事求是，朝夕不遑，斯役与有劳焉。兹不欲没保元之善，并藉以昭示来者。是为记。

贫儿院附记附设普济堂内　民国七年，丹徒吴钱龄、邑人李毓彬发起创设。经李毓彬、陈熙祖、孙明德、许则林、吴笙庚、李焕臣具禀胡知事，借地城西普济堂西偏药厅三间，先行试办。嗣向官产处购置社稷坛空地六分七厘七毫八丝三忽三微三纤，砌造屋宇。坛基、石主仍遵旧制，修复保存，照常祭祀，领有财政部执照。是院设经理三人，总理其事，并延月董李培宽、许文宏、万洪畟、陈启运、李焕臣、袁祖辉、张西、邱成凤、葛文彬、徐蘖十一

[1]"厘"，程抄本作"理"。

人轮流值月，一切款项全资捐募。至民国九年，院始成立。

屋宇：朝东院门一座，朝南大住房三间，中一间为饭室，左右为宿舍。朝南讲堂三间，左、右宿舍各一间。朝北社稷坛门墙一堵，旧志载坛址北向，今嵌石额为识。坛基一座，遵旧制修复，中安石主，并补栽树木。朝东工艺室三间，朝西厨房两间，砖灶四眼。南边披屋两间，朝北工艺室二间。

院内设会计一员，文牍一员，庶务一员，看护一员，男仆二名，女仆二名。

书塾：一切仿照国民小学办理，学额以所收贫儿为限。内设中文教员一员，英算教员一员，体操教员一员。

工艺：技师一员。教授纺织、手工。

饮食：每日两粥一饭，素菜。每月大犒二次，小犒四次。

衣服：每名每年备单、夹棉夏布衣、帽子、鞋袜、套裤、被褥、帐席各件，及学校制衣，均由院备。

收例：本院所收贫儿，以流离道路孤苦无依为限。凡有父母抚养者，概不收入。所收之孩，以男为限，不收女孩。

年龄：本院所收贫儿，不拘年岁，然非幼稚园与育婴堂可比，过小不便抚养，酌以九岁至十四五岁[1]为限。

额数：初收时以二三十名为限，现已流水收入四五十名。后看来款多寡，酌量增减。

习业：本院所收贫儿毕业后视其资禀，酌量资送习学商、工两业，一切费用，仍由院备。其能入高等小学肄业者，亦得由本院一体升送。

本院经常费

田亩：姜堰于家舍高田八亩，周连海施[2]，每年纳麦、豆租各三石半。马家楼庄西北鲁家沟高田二亩，院置[3]。每年纳麦、豆租共四斗。菱塘，旧例，社稷坛前河边，有菱塘一段。每年纳租洋十元。

县署两次批准拨助地方附税，每年洋二百元。漕米开征结领。坝署商捐税

[1] "十四五岁"，程抄本作"十四岁、十五岁"。

[2] "周连海施"，原本脱，据程抄本补。

[3] "院置"，原本脱，据程抄本补。

食盐引，每引常年捐助钱二文。淮南盐引日见减少，此款恐难持久。

存魏衡泰足钱五百千文，按月一分行息。陆绍三经募无名氏之款。

省议会议决，每年省款补助洋一千元。由十年七月一日开始。

本院助款

吴镂龄每年捐助洋三百元，晚香舍每年捐助洋六十元，凌子兰每年捐助洋三十元。

本院商捐

城乡十典每年捐助洋一百四十元，面粉、洋油、糖、碱、蛋厂各公司九十元，各钱庄每年捐助洋约一百二三十元，各米坊每年捐助洋约八十余元，杂货店每年捐助洋二十四元。其余前后乐输善士，各捐助之款，款到随给收据，登入簿册，岁底报销，一律榜示，不备载。

清节堂附记 县附税补助费洋，每年四百五十元。经县议会议决，每年由县署提拨结领。

民国六年，经理李保元解囊，捐洋六百余元，独将文利坊斯文雅堂、浴室[1]、市房各屋修理完善。

民国七年，经理卢廷栋捐助足钱一千千文，存周丰豫典生息，按月一分，每月足钱十千文，添设外号二十五名，每名每月四百文。续于八年，经理李毓彬劝募，五知堂每月捐助足钱十千文，又增外号二十五名，计共外号五十名。

外号典息：本城周丰豫领本足钱一千千文，民国七年新增。按月一分行息，每月足钱十千文，闰月在外。

同仁堂附记 民国四年，李毓彬经理时，将夏药一项，改为周年施送。施材一项，每具购价定为五千文。冬衣一项，定为每年四百件外，增添冬米，每年二十石。惜字，仍前照办。禀请立案，垂为定例。

本城因利局 民国五年，知事郑辅东倡办，邑人李保元经理。其周转金由各绅富捐集，经常费县公署筹拨。初设东门大街，因道路不均，移设北门越城，现设西虹桥南首，局址均属租赁。

贫民工艺厂 在东门大街，因旧把总署废养济院地址改建。有康姓房

[1] “浴室”，原本脱，据程抄本补。

屋十三间，与厂址相错，邑人李保元、沈愚价买捐送，扩而大之。民国三年，知事张浍提倡，延邑绅筹备，公举李保元创建。五年，工竣。八年，开办，徐泽经理。其建筑费，系旧藩库存典外销积[1]存息金及绅富捐集。其基本金，暂借海安公益[2]工厂五千元，徐泽筹措五千元，合成一万元。其公家补助，每年由省拨给一千元，暨省款存典息金六百余元，为经常之用。

残妇收容所 乾道成男，坤道成女，男女本无偏重。泰城向有普济堂，专收贫病无依之男，未能及于妇女也。民国九年，由吴籛龄、卢求古、袁祖辉、李顺尧、张桂森、詹恕、张西、邓梁、纪鸿庆、石彭龄发起创设，由吴籛龄出租住宅一所，计屋三进共二十间，在北门外大东桥东，为收容残妇之地。并查泰城原有之养济院孤贫口粮，每月额支钱八十千文，由“附税”项下支拨。频年以来，浮冒滋多。经发起人等禀请，拨归收容所以为基础以外，协力劝募，又得基本金五百千文，存殷实商号生息，归所济用。其开办经费，均发起人分任担负，本所遂稍具规模。俟经费宽裕，再图扩充。

保婴自乳会 附设于残妇收容所内。泰城近年以来，百物腾贵，贫民糊口维艰。遇有妇女怀孕，或未产而堕胎，或既生而溺毙，种种苦况，惨不忍言。民国九年，万洪畟、吴籛龄、张西、孙明德、邱成凤、王守中、邓梁、张桂林[3]、葛文彬、李锡功、宋学熺、康逵[4]发起自乳会，由张桂森施送麒麟湾田十四亩，每年纳租稻十二石，并分投劝募，集有基本金一千元，存铺生息。合之各商月捐，每月约三十千文。其定章：凡有妇女怀孕、无力产育者，先期报名挂号，调查无讹，由临产时津贴十八个月自乳费，以免堕胎、溺毙之惨。其十八个月，分为三期。第一期每月给钱一千文，第二期每月给钱八百文，第三期每月给钱六百文，期满停止。定额四十八名，俟有款再增。

江洲公所附记海安 周召齐、袁厚庭[5]、周承恩、郭枝芳、韩廷元[6]、王明国禀请罗州尊立案。后因地址湫隘，添置地基一段，又置住屋两间。宣

---

[1] “积”，程抄本无。
[2] “公益”，程抄本作“工益”。
[3] “张桂林”，程抄本作“张桂森”，下同。
[4] “康逵”，程抄本作“康步逵”。
[5] “袁厚庭”，新抄本作“袁后庭”。
[6] “韩廷元”，新本作“朝廷元”，据程抄本改。

统三年，置瓦住房一所，前后重行修理，焕然一新。计屋三十一间，共价银四百八十六两，地基面积方尺八千九百四十六尺六寸五分。

附节略录后：

海安镇本无江洲公所，嗣以江都、丹徒两邑人士来此经商，每遇疾病，店家未便容留调养，又艰于回里。同乡诸君鉴此困苦情形，热心捐资，又赖地方善士赞助。于光绪二十六年价买刘文光、刘献廷北棋竿巷瓦屋一所，定名江洲公所，专为便利两邑人士调养疾病而设。藉联桑梓之情，敦扶持之谊，光绪二十七年创建。

姜堰弘戒律坛 姜堰自治研究会议员姚棣，南通代用师范学校毕业生、泰县县立第三高等小学教员丁咸，白米乡崇实两等小学教员王炳森，姜堰商会会董王文贵等创立于民国八年，集合同志，办理慈善事业，有施药、施米、施寒衣，补助粥厂、义塾、义冢、惜字、惜谷会等事，警局有案可稽。

王氏进业义庄附记 在州治正东隅谢王河乡。光绪三十年，由本乡王氏支祠王茂公次子王致远一支后人王培芸发起，捐田创办，王福民、王子兼、王树、王善慈、王善和、王培瀚、王培蕙、王恩瀚、王培菘、王培莱、王培本、王培艿、王元奎赞成。三十四年冬，组织成立，共捐熟田一千九百五十六亩一分五厘。时王福民、王子兼已故，由发起赞成诸人，与福民子培葑、培蓁，子兼子培苐、培茏，公同集议。其宗旨在教养一族，补助地方自治。大要办法有三：一、注重教育，设立男女两等小学校。二、注重实业，设立工艺厂。三、周恤贫族。本以上办法，公订章程，并缮具田亩数目、坐落图表，联名禀请知州朱立案，通详咨部。宣统元年，先后购置王家楼西首毗连住宅两所、地基二十六亩为义庄事务所。民国元年，开办进业初等小学校于义庄西部。二年，续置义庄门首熟田二十七亩五分。三年，初等小学校增设高等科，本年由义庄评议会修改章程，分学务、工艺、周恤为三部分，将义庄所有田产划分三股，永远为各部分之专产，由原捐田人王善慈等联名禀奉县知事张，详奉淮扬道尹陈，详奉江苏巡按使韩，咨陈内务部核准立案，呈奉大总统奖给匾额、褒章在案。七年，续置义庄东偏田四亩三分，扩张地基，为建设工艺厂之用。八年，王致远胞兄王宏远一支后人王培栽、王培礽、王培汉、王傅氏，共捐出熟田一百四十一亩一分一厘，并与该支族人捐出银币一千元，声请将该支附入义庄，与义庄评议会公订附入章程。同时，王致远一支后人王培芳捐田三十四亩九分，王宏远一支后人王元沁，遵嗣母王谢氏遗命，捐田三十三亩五分七厘八。经义庄评议会议长王培芸、副议长王念慈汇案，呈奉县知事胡，呈奉淮扬道尹王，呈奉江苏省长齐，咨准内务部立案，呈奉大总统奖给匾额、褒章在案。

本义庄房屋七十二间，地基三十亩三分。铁栅栏表门，大门三间，二门一间，厅屋三间，照厅三间，东西厢八间，厨房六间，后门一间。学校大门，门房两间，教员室三间，东、西厢宿舍八间，后进宿舍六间，食堂自修室六间，三教室共六间，浴所二间，厕所二间，工艺厂六间。

学务部分：田亩七百二十三亩八分九厘。王善慈捐曲塘乡纪家庄田六十亩六分；王树捐谢王河乡钟家涵田四十三亩五分一厘，又范家堑田三十四亩六分；王培芳捐白米乡灵觉庵后三十四亩九分；王培葤、王培蓁捐谢王河乡罗家町田三十五亩六分九厘，又白米乡小白米河北田三十亩六分一厘；王培本捐谢王河乡吉上庄二十二亩四分二厘；王培茀、王培茏捐曲塘乡纪家庄田百十九亩二分六厘，又虹桥河东田四十四亩六分二厘，又白米乡大白米河南百十一亩一厘；王培芃捐谢王河乡徐家庄田三十六亩一分一厘，又海安市马家套田四十五亩四厘；本部分续置义庄门首田二十七亩五分。

工艺部分：田亩六百二十六亩一分五厘。王树捐谢王河乡黄自量田百四十七亩三分三厘；王培葤、王培蓁捐谢王河乡王家楼东港[1]田三十一亩六分一厘，又胡家集后田五十三亩二分三厘；王培蔻捐谢王河乡田家庄田十七亩一分七厘；王培莱捐校林邓夏庄乡邓家庄田四十一亩二分九厘；王培茀、王培茏捐校林邓夏庄乡北刘庄田二百六十七亩六分七厘，又曲塘乡东桥南田六十七亩八分五厘。

周恤部分：田亩八百四十三亩一分九厘八，又银币一千文。王善和捐海安市大里庄田六十亩七分一厘，王树捐谢王河乡吴守安桥田百六十三亩四分一厘，王培栽捐谢王河乡革怀桥田三十三亩六分五厘五，王培礽捐革怀桥田三十五亩一分一厘二，王培汉捐谢王河乡刘家圩田三十八亩六分二厘八，王傅氏捐校林邓夏庄乡柏木桥三十三亩七分一厘五，王培瀚捐校林

[1]“东港”，新抄本作“东巷”。

邓夏庄乡顾家桥田五十五亩七分八厘，王培蕙捐谢王河乡闾市桥田九十四亩一分五厘，王恩瀚捐校林邓夏庄乡顾家庄田七十五亩六分二厘，王培芸捐曲塘乡清平港二十七亩二分一厘，王培菘捐谢王河乡闾市桥田六十七亩九分九厘，王培茀、王培茏捐谢王河乡旱沟西田六十六亩八分一厘，王元奎捐校林邓夏庄乡顾家庄五十六亩八分三厘，王谢氏捐谢王河乡王家楼田三十三亩五分七厘八。王明道捐八十元，王善溥捐七十二元，王善模捐三十六元，王锡三捐四十八元，王培栽捐一百七十元，王培万捐三十元，王培礽捐一百二十八元，王培汉捐一百八十四元，王黄氏捐四十八元，王培渊捐四十元，王培岳捐三十元，王培铎捐三十元，王伯禄捐四十元，王锡九捐四十元，王柏官捐二十四元。

义庄章程摘要附录

本义庄每年由规定合格之族人为义庄庄员，由庄员互选评议员，由评议员互选议长、副议长，组为评议会，议决义庄一切事宜。再由评议会选出学务、工艺、周恤三部分经理，执行各该部事务。学务部分大要：族人概免学费，贫族膳费及用品费分等减免。外姓照收各费。贫族高小毕业后，择尤酌给资，升送相当之学校。工艺部分大要：族人及外姓之膳、学费，如学务部分办理，毕业后照给工资。至游手好闲、滋生事端之贫族，得强迫其学习工艺。周恤部分大要：贫族男女年满五十以上，及年满八岁至十六岁者，孀妇及有残疾者，每人每月给米二斗一升。婚嫁丧葬及谋有职业者，照规定章程给资津贴。惟素不安分，及吸食鸦片，并纵令子弟不入学校者，即停止其周恤。

姜堰王氏义庄附记 王尚文立，在镇北甲，置水旱田一千亩、家塾瓦房五十余间。光绪三十四年，禀请立案。

白马庙王氏义庄附记 王云梯立。置旱田一千四百余亩，支祠一所。光绪十六年，禀请立案。互见《坊表》。

海安市育婴堂第一次征信录序

萃数十百颠连无告之婴儿，举而纳之一堂，体天地父母生人之心，哺乳之，保抱之。疾病也，医治之；垢污也，瀚濯之。护之必极其周，虑之必极其挚。室宇、器具，期无阙焉；执事、佣媪[1]，期无苟焉。因其地之隘也，又择而寄畜之佣乳者之家，月有薪，季有给。当此物力维艰之际，资用日绌，来者无穷，执途人而语之，盖亦忧其难继，然而能明其故，不能言其数也。此《征信》之辑，所以不容已矣。海安之有育婴堂，始于逊清光绪年间，初则收所送之婴，转而附之如邑，岁归银若干元，名接婴耳。既而如堂辞收。值民国元年，由本市公所承理，大加整顿，始改今名。于兹五稔，婴儿由少而加多，规则由疏而益密。而来款甚薄，费用日增，虽由当事者积极进行，悉心筹画，终觉岌岌可危。今欲从事扩充，必赖诸慈善家宏发胞与之怀，仍抱坚确信任之志，然后众擎易举，庶几集腋成裘。人亦有言：欲譣[2]方来，请征既往。用是，综核数年收支之数，并预于其事[3]及佽助者姓名，效元和计簿、汉碑出钱之例，罗而列之，付之孑墨，俾览者详焉。其有闻风兴起者乎？吾日望其源源而来，以全此无限呱呱之性命也。是为叙。

海安育婴堂附记 民国元年，市公所成立。里人韩潮、李保元等募集捐款，扩充办法，续置房屋计三十二间，并市房、荒熟田亩，永为堂产，延请女管理，专司堂内婴孩、乳妇事宜。

夏董移交、新增田产：张泰和施送苗家圩秧田二亩，每年额完租洋三元。袁金书、袁金泰施送长屋头秧垛田八亩，每年额完租粮六石四斗。程世贤同子绍智施送三里河秧田八十九亩，每年额完租粮一百六十三石。天宁草院转施穆官庄秧田六亩，每年额完租粮六石五斗。何张氏施送张士洼秧田十三亩，每年额完租粮十三石。张成德[4]施送贲家巷秧田四亩，每年额完租洋六元。徐姜氏施送花园庄秧田九亩，每年额完租洋十元。杨树露施送魏家庄营地一块，每年额完草租洋二元。张文山、张和山施送万家舍秧田四亩，每年额完租洋五元。戎长安施送上庄牛桥秧田五亩，每年额完租粮八石。闻刘氏施送粉坊头秧田二十八亩，每年额完租粮三十六石。丁德富施送丁家套秧田六亩，每年租洋九元。陆国耆施送西涵子后瓦屋一

[1] “媪”，程抄本作“妪”。
[2] “譣”，程抄本作“验”。
[3] “事”后，程抄本有“以”字。
[4] “张成德”，程抄本为“洪成德”。

所，每年租钱七千二百文。焦长明每年租息洋二十四元。李子实、李勖初施送本市东小街园田三十亩，每年额完租钱四十二千五百文。成崔氏施送千步沟秧田十六亩，每年额完租粮二十四石。李勖初施送三里庙后园田五亩，每年额完租钱十三千文。石万美施送本市老坡墩荒园一埏，每年额完租钱五千二百文。

价买：三里河口东边园田九亩五分，每年额完租洋十元七角。三里河口东边园田二亩，每年额完租钱二千四百文。三里庙后园田二亩，每年额完租钱二千文。大达内河轮船股票一百五十元三股，每年利息洋十二元。

拨入：太和桥[1]秧田一百七十八亩，每年额完租粮一百九十五石八斗。东岳庙前义冢一埏，每年额完草租钱三千二百文。柏家桥义冢一埏，每年草束，留堂为炊草。王家桥荒冢一埏，每年草束同上。太和桥荒冢一埏，每年草束同上。花娘桥荒冢一埏，每年草束同上。李家套秧田十九亩，每年额完租粮四十石。长屋头秧垛四十九亩，每年额完租粮五十一石。长屋头荒田二十余亩，每年斫草无定数。

说明：表列原有，系前董移交。新收系民国元年十一月接收后事实租数，以民国四年整顿后换立租约为标准。《保婴会启》：海安接婴堂，成立于逊清光绪三十四年春。董其事者，夏君鸣凤。民国元年，以款支绌停止收婴。元与韩君潮改组育婴。维持堂中存婴五十八，丁口乃日积月累，现除抱养者不计外，竟有七百数十名之多。斯即各行米厘能如往昔之收入，费用不致有意外之支出，婴孩即常如今此之数，已觉竭蹶难支。况米厘之收数大减，陆陈生意只有三分之一；意外之费用日增，三里河建石闸；婴孩之来日方长乎。自民国三年秋，改归公益员崔君宝铭、王君传桐经理其事，虽继续进行，仍时以款绌为虑。该堂以育婴为名，非他项善举可以限制者。比钧、元等目击情形，拟商同志，设立保婴会。此会办法，以育婴堂每年年终计算，不敷若干，列会者公同分认筹垫。该堂设有赢余，分垫之款亦即平均摊还。与会诸君可以永远造福，该堂亦赖斯会以永远维持。如蒙赞成，拟请诸善士将台衔登右，并请签字或加名章，以便信今传后。谨叙缘起，请鉴区区。发起人韩国钧、李保元谨识。

字纸局　同善社同人组织，地址在南晏公庙。

[1] 太和桥，原本为“太平桥”，据程抄本改。

续纂泰州志卷之六

学　校　书院　学堂　义学　教育会　劝学所附

泰州学

见前志。同治十年，知州桂迓衡劝捐，重修戟门。光绪十三年，邑人周彬捐修尊经阁，又存慕莲堂钱三千千文生息，为岁修学宫之用。

大成殿，咸丰元年，颁御书“德齐帱载”额。同治元年，颁御书“圣神天纵”额。光绪元年，颁御书“斯文在兹”额。光绪三十三年二月奉文，先师升大祀典礼。旧制，殿覆黄瓦，余覆绿，今改为通覆黄瓦。

神牌，旧制朱地金书，今改金地青书。神牌及案衣，旧制销金红缎，今改用黄云缎。爵制，旧用铜，今改用玉。祭器，旧制十笾十豆，今增二笾二豆，为十二笾十二豆。乐舞，旧制六佾，今增八佾；旧制专用文舞，今初献时添用武舞。承祭官出入，向例由左侧门，今改由右侧门。

祭器款式：登，旧制用铜，口为回纹，中为雷纹，柱为饕餮形，足为垂雷纹，盖上为星纹，中为垂云纹；今均用黄色，瓷纹仍旧。铏，旧制耳及缘不饰金，今铏纹仍旧，耳缘饰金。簠簋及豆，旧制用铜，不饰玉；今用木髹漆涂金，而饰以玉。笾，旧制编以竹丝，以绢饰裹，头及缘皆髹以漆，红色；今均饰黄色，口绘云纹。篚，竹丝编造，四周髹以漆；旧制红色，今改黄色。俎，用木，锡裹外，髹红色，中区为三，外铜环四，八足有跗；今仍之，因与庙社同制。尊，用铜，纯素，两耳为牺形；今仍旧制。以上各器大小、高阔，均仍旧制。

崇圣祠正位祭品，旧制羊一、豕一，笾八、豆八，今增牛一、羊一、笾二、品二。

乐谱增用武舞。

春夹钟清均，秋南吕清均。

伬 仉 仩 亿 仕 仩 亿 仕 伬 仉

宫 商 角 征 羽 角 征 羽 宫 商

初献，奏《宣平》之章，改用武舞。其词曰："予怀明德，玉振金声。生民未有，展也大成。俎豆千百，春秋上丁。清酒既载，其香始升。"

亚献，奏《秩平》之章，仍用文舞。其词曰："式礼莫愆，升堂再献。响协鼗镛，诚孚罍甗。肃肃雍雍，誉髦斯彦。礼陶乐淑，相观而善。"

终献，奏《叙平》之章，仍用文舞。其词曰："自古在昔，先民有作。皮弁祭菜，于论思乐。惟天牖民，惟圣时若[1]。彝伦攸叙，至今木铎。"

道光六年以后，节次增祀者：东庑从祀，增先贤公孙侨、咸丰七年从祀，位林放上。先儒毛亨、同治二年从祀，位孔安国上。谢良佐、道光二十九年从祀，位罗从彦上。李纲、咸丰元年从祀，位张栻上。文天祥、道光二十三年从祀，位赵复上。方孝孺、同治二年从祀，位薛瑄上。吕柟、同治二年从祀，位刘宗周上。孙奇逢、道光八年从祀，位陆陇其上。张履祥、同治十一年从祀，位孙奇逢次。许慎、光绪二年增祀，位后苍次。张伯行、光绪四年增祀，位陆陇其次。吕大临、光绪二十一年从祀，位谢良佐次。黄宗羲、光绪三十四年从祀，位孙奇逢次。王夫之。光绪三十四年从祀，位张履祥次。西庑从祀，增先贤公明仪、咸丰三年从祀，位公都子上。先儒刘德、光绪三年从祀，位董仲舒次。韩琦、咸丰元年从祀，位杨时上。辅广、光绪六年从祀，位黄干次。游酢、光绪十九年从祀，位杨时次。袁燮、同治七年从祀，位黄干上。陆秀夫、咸丰九年从祀，位许衡上。曹端、咸丰十年从祀，位王守仁上。陆世仪、光绪二年从祀，位黄道周次。顾炎武。光绪三十四年从祀，位陆世仪次。

崇圣祠，增先贤孔氏孟皮。位颜氏无繇上。

名宦祠，增江苏学政周系英、道光十三年增祀。江苏学政胡高望、道光十四年增祀。两淮运使俞德渊、道光二十三年增祀。两淮运使郭沛霖、同治二年增祀。知州张之杲。光绪九年增祀。

[1] "惟圣时若"，原本为"惟民时若"，据《清史稿》卷七十一改。

乡贤祠，增金山县学训导王世丰。道光十九年增祀。

学额

原额文童入学十五名，武童入学九名。同治二年案发，加广永远文额六名、暂额四名，永远武额六名、暂额四名。五年案发，加广永远文额四名、暂额一名，永远武额三名、暂额一名。光绪二十七年，武试停止。三十一年，文岁、科两试停止。

胡公书院

见前志。咸丰粤匪之乱，贼氛逼近，书院停课，屋宇荒废。同治七年，举人储树人等厘订章程，议修不果。光绪五年，知州刘汝贤及绅士捐资大修，夏嘉谷董其事。

岁入

随基园田十三亩六分，前志十三亩，查勘增田六分，共成今数。[1]前志每年额收租钱六千八百五十五文，嗣经豁赏该佃常年薅草工食钱一千七百六十四文，每年实征租钱五千九十一文。西锦庄田二百一十二亩八分四厘，前志二百一十二亩二分八厘，今据光绪二十八年知州罗允猷交册增入。前志每年额收租钱三十八千八十四文，续增租钱八十六千七百五十四文；又勘增租钱十八千三百八文，每年实征租钱一百四十三千一百四十六文。夏家泊典田五十二亩，见前志，在东台县界，内有高场基二亩。前志每年额收租钱四千八百文，草田成熟改征每年租稻二十二石二秤。丁家泊典田八十七亩，见前志，在东台县界。案，潘子斌原捐草田一百亩，内有陆有信种田十三亩，缴价回赎，发典生息，净在此数。前志"典息"项下，嘉庆年海安田变价八百千文，疑即指此，前志未能详叙。每年额收租钱八千三百五十二文。崔家桥田六亩，李贤谌捐送。每年额收租钱四千五百文。

以上田亩，连前志南门内园田三十一亩九厘，每年二十二千三百八十五文。王

[1] 此注，程抄本无。

岳河田三十九亩八分，每年租钱三十八千八十四文。湖南庄典田一十七亩，每年租钱八千七百七十五文。东台界樊家舍典田一百二亩，每年租钱四千一百七十六文。共田五百五十九亩三分三厘，每年共额收租钱二百三十四千五百九文，又租稻二十石二秤。

案，东台界丁家泊、樊家舍草田二宗，历由东邑征抵县赋。遍查从前收册，佃名、租数均未列入，致此项田亩莫知。其乡迭经移请东台县查复，在案。

以上各田亩，踵明万年间熊尚文置田为会课茶饼费之后，均为汤点。田亩向由州书经管，备常年“书院”项下按月动给。

白米镇后小溪庄亦名俞家园。两熟秧田二百二十九亩五分，监生钱长发捐送。每年额收大麦租八十石三斗，籼稻一百九十四石五十七斤。野黄庄两熟秧田九亩五分，陆前州任内，刘厚洪案缴十四亩五分，嗣禀请发还五亩，实存今数。每年额收租大麦二石七十四斤，籼稻六石六十六斤。

杜、殷两庄，高田一百四十四亩四分五厘，同治五年，封职刘震廷认捐钱一千四百千文。嗣据伊子刘汉臣禀请，将田抵缴。原案杜家庄，改归学堂时清查，系杜、殷两庄。每年额收小麦四十一石二斗七升九合，旱豆三十五石七斗七升四合，籼稻二十二石四十斤。

城南李家庄高田十九亩，同上。每年额收小麦五石二斗六升，旱豆五石二斗六升。

正西隅冯家庄秧田五十四亩，光绪九年，仪征县廪生何承祜捐送。每年额收租稻三十六石，扣贴场面两石，实征租稻三十四石。

西北隅吉安庄秧田八十三亩，光绪九年，候选同知任鸿宝捐送。每年额收租稻三十六石。

野王庄河西两熟秧田五十四亩，光绪九年，职员谢蕙镜案缴。每年额收租大麦十七石二斗五升，籼稻四十四石。

续增存典生息钱二千六百四十一千八百五十文，咸丰七年，道宪郭沛霖捐钱一千千文，知州许道身捐钱三百五十千文，主事纪恒庆捐钱二百五十千文。同治二年，张恩培案给银洋，化钱四十一千八百五十文。光绪六年，候选县丞周彬捐钱一千千文，共成今数。连前志存典生息钱四千一百千文，共六千七百四十一千八百五十文。每月一分行息，岁计钱八百九千二十二文。

“田房税捐”项下，每月拨助膏火钱四十一千八百文，按月发给。又，山长馆课，每次拨奖赏钱四千九百文，逢课发给。“税契”项下，每价钱一两，带征育婴堂捐钱十文。光绪十二年，知州章寿麟酌定，内提二文入书院。嗣经停止年余，光绪三十年，奉府宪批饬，照常提拨每两二文归书院，立案。

“田房税捐”项下，每价银一两，提钱一文。光绪十六年，知州张兆鹿清厘税捐，每价银一两，提解费平色银二厘四毫四忽，拨归经古季课。二十六年，税契改章，酌定此数。

盐驳船行，每引提钱一文一毫。光绪十六年，因案充公，历由泰坝衙门随引扣缴，按季解州，充经古季课常年经费。

存典生息银二百两，周宜南案缴。每月一分生息，岁计银二十四两。存典生息英洋四百元，林宝山案缴。每月一分生息，岁计英洋四十八元。以上两项，充选刻课艺常年经费，由斋长结领，选刻支销。

经费

前志：住院院长修金二百四十两，向以两淮盐运司库管“月薪”上项下请领之款作抵。自咸丰三年军兴后，库款停支，由州致送。

本学监院公费钱一十九千二百文，由学具文，按季支领。月课膏火，连前志所载，月给内课生前十三名膏火钱二千文，其下一千六百文；外课生前十二名，一千三百文，其下一千文。内课童前十三名，一千五百文，其下一千二百文；外课童前十二名一千文，其下八百文。增广生八百文，童六百文。

捐产郎中田敬锡后裔，岁领春祭银十三两二钱，八折串钱一十千五百六十文。又，秋祭银一十一两四钱，八折串钱九千一百二十文。

奉郭运宪批饬，月给增生葛奎璧妻周氏钱一千五百文。

每年完纳条漕，连前志所载，共三十五千零。

逢课，生童汤点，监院、掌院酒席，上房年规，州学经承纸笔，礼生薪资，书院听差、门役饭食等费，俱由经管州书于经费内支用开销。

经古季课，正取生十名，第一名奖钱六千文，依次递减；副取生十名，每名一千文；又副取二十名，每名五百文。正取童十名，第一名奖钱四千文，依次递减；副取童十名，每名八百文；又副取童三十名，每名四百文。每季课共奖钱一百千文，岁计四百千文。

春、夏致祭胡公，每次祭品钱十千文，由经承领款备办。

岁送本学监院薪水洋二百元，斋长膏火洋八十元，算学斋长钱八十千文，并另给经承纸笔费，均在“经古季课”项下支用开销。

规条

前志：肄业生、童三等，曰内、外、附课，各十二。同、光年间，迭次加广，额取内课生十六名，外课生二十名，增广生四十名；内课童十六名，外课童二十名，增广童三十名。

旧以甄别取列内课者，给膏火一年。咸丰四年，知州徐瀛改随课升降，间有停课之月，照前案发给。山长课无定次，优奖逢课发给。

前志载别为小课，卷试骈体文、古今体诗，嗣久停废。光绪十二年，知州章寿麟增设希两斋经古课，捐廉给奖，间一举行。十六年，知州张兆鹿筹有的款，始举行季课，诗赋而外，兼课经史、算学之类。每年四次，额奖生、童九十名，正副又副取三等，随课升降。

院长题名 曹懋坚，字艮甫，吴县人，附监生，后连捷进士，官至湖北按察使。魏茂林，字笛生，福建龙岩人，乙巳进士，官永定河道，有传。周顼，字子瑜，贵州人，官常镇道，有传。王桐，字子实，本州人，庚申翰林，授职户部主事。何承霖，字春海，仪征人，举人。李映庚，字耀西，海州人，乙酉拔贡，己丑进士。徐兆熙，字咸斋，兴化人，举人。詹嗣贤，字希伯，仪征人，同治甲戌翰林。时庆来，字蓬仙，仪征人，甲戌进士，官至杭嘉湖道。钱桂森。字樨庵，本州人，官内阁学士兼礼部侍郎，有传。

明道书院经费、规则均见前志，兹将院长题名录后。

万德基，举人。陆灌森，岁贡。崔辰，举人。刘舜年，岁贡。叶焘，岁贡。宫泰来，廪贡。陈文铎。优贡。

历材堂

在姜堰镇，专为本镇诸生童乡试卷烛、府试川资暨童生月课而设。自道光十六年张弼承倡捐田亩，相继捐送者凡数起，历由本镇绅士董理其事。初限于经费，每届月课，只饭菜、茶水由堂供给，概不给奖，且不常开课。光绪十六年，董事、广东补用盐大使王贻燕更订规则，岁课六次，以撙节之费，留为加奖之资，时经费尤形支绌。十八年，姜泰厘捐委员陈绍唐，董事、岁贡张敏等禀，蒙厘捐委员恩芳先后捐助，每年始课八次，大率视经费之优绌为等差，课卷由堂董延师校阅。十九年，知州王聘户部主事钱锡爵为山长，捐廉送修洋一百二十元，次年锡爵入都，停止。

岁入

本镇东桥南园田十亩，佃屋三间，道光十六年，监生张弼臣捐送。附镇田二十八亩，道光十八年，监生丁忠捐置。本镇地基三亩、草房二间、厕坑一所、晒场一面，道光二十年，文生李洽捐送。大岸头高垛田四亩，道光二十四年，监生丁丛桂捐置。官河南首墩子庄高田十五亩七分、秧田三亩、场面地基四亩七分。咸丰七年，文生王道捐送。八年，因王道家贫，由黄恒德堂缴价，与王道收回，禀将此项田地更正为黄恒德堂捐置。

以上田地五宗，每年额收田租小麦十四石六斗，秋豆同，又租钱七百文。房地租钱三十八千八百文。后房地租内，减去钱一千文。

河东高田十一亩，同治二年，朱荩臣捐送，内留朱氏茔地三分，在上有瓦屋三间。五年，遭水倾塌，荩臣复造草屋二间。每年额收大麦三百斤，籼稻六百斤，又租钱一千二百文。

本镇收租市房一所，光绪二十年契典，二十二年找价买置，统计买价，钱一百八十八千文，内有厘捐委员陈绍唐捐廉生息九八钱一百千文，又恩芳捐廉生息洋五十元。每月额收房租钱二千文。

本镇蛋捐，每年额收洋四十八元整。光绪十八年，厘捐委员陈绍唐定案拨入。本镇白塔河关分巡局捐助船头钱，无定额。光绪十八年起，二十四年奉裁。本镇西桥外生油板捐，每年额收洋四十元整。光绪二十一年，厘捐委员恩芳定案拨入。本镇东桥外油捐，每年额收洋二十元整。同上。

经费

每届乡试，给诸生卷烛钱四十千文。府试，给童生川资钱二十千文，案照本镇应试人数摊给。生以曾在本堂与课者、童以现与课者为限，月课取第一名者，奖洋一元，依次递减，以十名为率。完纳条漕及月课备卷供给、修葺墙屋等项，均于经费内支用开销。

以上各项，于光绪三十三年堂课停罢，所有入款改办本镇公立学堂。

义 学

四门义学

见前志。嘉庆四年，职员尤彬捐银创建，归尤氏子孙相继董理。光绪七年，知州刘汝贤改谕夏嘉谷重修屋宇。二十四年，嘉谷故，附贡生谭业骐等董其事。

前志"运库活支杂款"项下，每年拨助经费银二百四十一两。嗣照仪邑义学例，每年又给董事薪水银一百二十两，按季并发。咸丰三年后，运库无款，此项停支。

存典生息银七百两。前志，坝商捐银一千两。原注：照票按支，三年捐足，嗣仅由屯船捐银七百余两，每月一分生息，计银八十四两整。

存典生息钱二百十千文。谢陈氏捐置海安田亩，回赎缴价，每月一分生息，岁计钱二十五千二百文。

光绪三十三年，改办半日学堂，仍义学旧址，施材等在租息内支用开销。

朱文骧田十五亩，同治七年送，坐落未详。曹承勋田十八亩。施送年月、坐落均未详[1]。以上田二宗，共三十三亩，专助拾字经费，随案声叙，并无施送契据存卷。

张家舍荒田六亩。光绪二十年，丁晓峰送。

以上田一宗，为义冢。

[1] "曹承勋田"条，程抄本脱。

饮芗义塾

在州治东南戚家垛。同治七年，文生朱凤章等就游庆智原创惜字局[1]，捐产增设，初曰启蒙，嗣更名饮芗，举行月课，请学官主之，间亦由州给奖。副贡生王国桢、廪生邵汝霖等监课，并附设施材、施药诸义举。

书舍二十一间，字炉一座。

随基田四亩；同治六年，游庆智送。曲塘丁家河秧田三亩，同治七年，丁肇虎送。又四亩；同治七年，徐刘氏送。崔母镇河南刘家池秧田十六亩；同治七年，戴万玉送。北李家庄秧田十二亩；同治七年，高善文送。东夏殷庄田十六亩，光绪三年，监生卢塽送。又秧田十二亩；同治七年，章昆山原送土山庄西菜花港秧田九亩，嗣与游庆智东夏殷庄秧田十二亩互换。倪家庄秧田十亩；光绪六年，朱佑锦送。朱家庄秧田二十亩。光绪十八年，吴世德堂送。

以上田九宗，共九十七亩，除岁完条漕外，凡塾师修金、拾字工食、月课膏火、修理杂用，并施药一切。

文会堂义学

在州治西北樊汊镇泰州界，借设庆余堂内。光绪六年，董事叶锦美等创设。

本镇送租市房一所。在泰界，计楼上、下共九间，光绪六年置，每年额收房租钱五十千文。本镇铺户月捐，无定额。每年约收钱一百千文。

塾师一名，学生二三十名，无定额[2]。

学　堂

泰州中学堂

光绪二十八年冬，知州侯绍瀛创办泰州学堂，捐廉一千元，照会邑绅陈文铎、徐世济、李毓彬、高锡爵、陈熙祖、袁祖范等筹拟兴修。将旧有之胡公书院基地，督率工匠，构料砌造。二十九年二月开工，新砌楼房、号舍八十余间，改建讲堂屋四十余间，九月落成。聘定教员，购置图籍、器具，拨公款，

[1] “惜字局”，原本作“设字局”，据文义改。
[2] “无定额”，原本作“无额”，据宣统志及程抄本改。

并绅富捐，计洋九千四百余元、钱一千八百有零，详《征信录》。十月开堂。学额正斋四十名，备斋四十名[1]，规模粗具。三十二年，知州张浍整顿章程，禀高等小学改升中学，复经调查员沈来堂考察，详请立案。其分数最优者，酌量升为中学本科，稍次者作为中学预备科，余均作为补习。高等小学科共分三级。当蒙学务处司道批准，如详立案。改订中学学额，正斋八十名，新增学额自费学生四十名，分甲、乙、丙三班，每班四十名。正额八十名，月贴膳费二元，附额与正额同。知州侯绍瀛《泰州新建学堂碑记》：劝学始于荀子，说《诗》著于韩子，皆正学之渊源，先儒之定论也。盖学必有师，然后足以传道解惑；亦必有地，然后足为雍容讲习之所。古之政典如此，今之人情亦如此，此学堂之所由昉也。

然形上之谓道，形下之谓器。秉道以驭器，则器为人佐；秉器以驭道，则器为人祸矣。近世博综之儒，鉴故明伪妄之弊，专记诵，务考据，其学号称实事求是。由是前世陋习荡涤无余，浅解之徒无不震詟，盛名莫敢攀跻，厥功伟矣。而末流之失，至实腹高心[2]，蔑视道义，异军特起，别创汉学之目，力斥两宋诸贤为学之正轨。其甚者，或颠倒是非，杂糅邪正，使正谊明道之旨不明于天下，适为吾道深忧。秉器驭道之邪说，以此几遍海内。此则荀、韩诸子所未闻，两宋诸儒所不能解者，是岂政教之福哉？

光绪辛丑年，天子既重定制科，复轸念正学寖微，士习非古，诏天下郡县创建学堂，议定学规，严师弟之防，以为整饬政教之本。越一年，绍瀛适权知泰州事，因上遵功令，相地择宜，就城西安定胡公书院之旧，重建学堂。顾书院旧址，久废不治，兔狐窟起，满目榛芜。即所存屋宇，亦皆倾圮过半，不堪合用。爰与陈广文文铎、李学博毓彬、袁典籍祖范、高广文锡爵、陈贰尹熙祖、徐学博世济、张学博文泽诸人，鸠工庀材，督率改造。中为讲堂，前有礼堂，右为四至堂，皆仍其旧而新之。其所加者，东、西两斋，为诸生肄业之所。又有体操所、游息所，教习、监督、司事，亦各有其所。后有藏书楼、有浴池，东偏有客厅、荷池、环碧亭，而仍祀安定先生于讲堂之后。计得屋八十五间，各屋回廊四十间。经营惨淡，自春迄冬[3]，凡十阅月，乃获竣事。至其中布置之工，运筹之善，使浩大工程不遗涓滴，则尤出李、袁二子之力居多。其他诸君子，亦皆分隶各务，故能丰俭得中，规模合度。爰招考诸生若干人，俾安居肄业。

其年秋七月，既开学如礼，且敬奠安定先生于堂。乃进诸生，诏之曰："荀子之学，近绍孟子，正人心，熄邪说，讵诐行，放淫辞。其为说，悽怆往复，不能自已。读《佹诗》一篇，足以悲其志。则

[1]"四十名"，新抄本作"四十九名"。
[2]"高心"，新抄本作"高必"。
[3]"迄冬"，新抄本作"迄今"。

周秦之际，所以要圣学之终者，荀子也。韩子之学，值道丧文敝，异端并起，乃起布衣，因文卫道，谈笑以挥之。《五原》之作，足以上继孟、荀。则唐、宋之际，所以原圣学之始者，韩子也。及宋有天下，海内粗定，道义废缺。惟安定先生崛起海陵，以兴学为己任。其教授之方，至颁行诸路，以诲多士。两宋诸儒，由是奋起。至今天下书院，莫不以为宗师。则有宋之初，所以振圣学之绪者，实在安定先生矣。今海内虽号多事，而圣人在上，忧勤惕励，方以学校为要务。诸生既生安定之乡，复亲炙安定于堂。意者好学深思，上希先生高风，以振先圣不传之绝学，因以副朝廷教育贤才之盛事。高山仰止，庶几不为流俗所染。且撍持世道，更为流俗所师法。诸生其有意乎？夫正学匪艰，惟在志士仁人之好尚。学者苟能亲师取友，上求典坟奥赜，即不难处为真儒，出为名臣循吏。政教之隆，且计日可待。若无志不仁，渐于邪说，转以学舍为优游横议之所，则非予之所敢知矣。”

绍瀛垂老瞍闻，无补于世。因值斯堂之成，备疏始末暨在事诸人，以垂久远。且敬白所知，以为诸生劝。虽老生常谈，自揆无益于多士，而悽怆往复之意，未必不见谅于古之君子。并记其说如右，使来者有考焉。於虖悕已！

胡安定先生祠三楹，旧存新修。东西辕门，东曰振兴文教，西曰乐育英才，俱用砖刻金字，旧地新砌。新绘照壁一座，旧存犖直后面墙垛六座，新砌。东西新绘八字墙，旧地新砌。大门外月台甬道，中铺石板，镶砖。大门三间，新砌。泰州学堂门额一块，二门三间，《新建学堂碑记》嵌壁。门役住屋五间，新造。书记房三间，二门东边，新造。账房三间，二门西边，新造。土地祠一座，新造。石井一座，东讲堂两进，一为甲班，一为乙班，四面玻璃窗格，新造。大操场一面，新筑。荷池，红板桥，新筑。六角亭一座，新砌。西讲堂三间，丙班，新造。东、西园门两座，新砌。大讲堂三间，南檐前接瓦卷三间，旧存新砌，中有会心堂匾。东斋舍三进，每进三间，新造。西斋舍，与东斋同。月台，均用石板新砌，由大讲堂至大门甬道，均用石板镶砖。饭厅三间，后接瓦卷，旧存新修，中悬四至堂匾额。浴池二间，新砌。奏雅亭一座，现改礼堂，旧存新砌。教习室五间，旧存新修。藏书楼，上、下各三间，新砌。厨房四间，新砌。茶炉一间，新砌。大仙殿一间，新砌。后门六间，西二间为门役住舍。回廊四十间，新砌。字炉一座，新砌。厕屋一间。新造。

经费胡公书院田亩见前。**忙漕带征**，光绪三十二年起，每银一两带征钱五十文，每米一石收钱一百文，除拨姜堰、海安学堂各收一成外，余均归官立中学及官立两等学堂资用。**税契带征**，光绪二十九年起，每银一两带收十文。又宣统元年，奉文裁减。**典息**，详书院。**田租**详书院。**僧捐**，光绪二十九年起，每年认定捐钱一千八百千文。**稻捐**，每石二文。**饼捐**，每饼一千片，捐洋一角二分。**猪捐**，壮猪每口十文，中猪三文，腌猪每扛十二文。**蛋捐**，每石十文，自南、简易各得二成，六成归官立学堂。**钱业**，每年一百元。**盐厘**，每引提一文一毫。**盐引津贴**，每年四百千文,向归考试,现拨归学堂。学生纳费。无定数。

学堂新增田亩光绪二十九年,经学董等陆续加增,及案缴等项。正北隅邬牛庄庄西九顷三圩内秧田十七亩,大悲庵尼根远捐送,额租金秈十四石。东北隅徐□舍河南秧田八亩,福寿庵尼信禅捐送,额收租稻四石。正北隅草子庄河口秧田三十亩,庆云庵僧静安捐送,额收租稻十八石。东北隅马家堰河西秧田三十亩,普福庵案缴充公,额收稻租三十三石。东南隅绰子湾高田四十亩七分五厘,净因寺僧淦亭捐送,额租小麦十二石六斗七升五合,旱豆八石三斗七升五合。正东隅[1]北官庄秧田百七十九亩,复兴庵尼案缴充公,额收稻租八十七石零百十斤。光绪三十二年,增加稻租四十石零、小麦十二石六斗五升、旱豆十一石四斗五升。城内进德坊盐甲仓园田七亩,州宪侯履勘查出,收租钱七千六百文。东南隅东谢庄高田六十亩,王云咸同子禹谟案缴送堂,每年应收小麦、旱豆各十石五斗三升五合三勺。东北隅张甸野猫口旱田九亩,宋长富捐送,麦、豆两熟租钱七千二百文。正东隅郭家岔高秧田三十七亩,邵王氏捐送试院明瓦篷,拨入。东北隅草字庄秧田二十亩。崇善庵尼捐送。

课程:修身、经学、国文、历史、算学、图绘、体操、英文、舆地、理化、唱歌、博物。

教员:监督一员,兼国文、舆地。学监一员,兼舍监、理化。经学一员,兼修身。史学一员,英文二员,体操一员,兼绘图。博物一员,兼唱歌。算学一员。

执事人员:经董一员,会计一员,书记一员,杂务一员。

以上教员、执事人员历年增减,无定额,此系照宣统元年聘订。

高初两等官立小学堂 租赁城内储公祠。光绪三十二年八月,知州张淦捐廉一千元,禀请创办,其经费均由泰州中学堂移拨。

章程:学生以年龄在十岁以上、十四岁以下,识字三四千,身体结实、无暗疾[2]者,入初等小学。文法粗通、经书读过者,挑入高等,期与中学直接。本堂高等学生,即为泰州中学之预备科。学级分两班:一初等小学科,一高等小学科,学额每科各四十名。

课程:修身、读经、中文、习字、演话、数学、体操、地理、格致、历史、英文、唱歌。

[1]"隅",新抄本脱。

[2]"暗疾",疑当作"瘖疾"。

教习十员、会计一员。

经费：由中学堂款内拨洋三千一百四十元，外收学生膳费二百九十元，以备开支。历年章程及人员、经费各节，增损不一，兹照光绪三十四年录入。

公私学堂

天职两等小学堂　借州治学宫内尊经阁为校所，初为蒙小学堂。光绪三十二年，候选光禄寺署[1]正任恩组、安徽试用巡检尤同、增生王思源等创设，经费自筹，科学由各教员分尽义务。三十三年，改名两等，由州详奉提学使陈，批准立案。

学额：正斋二十名，不取学费，月取膳费洋八角。副斋二十名，月取学费洋六角，膳费与正斋同。

受知初等小学堂　借州治南明瓦巷陈氏花园为校舍。光绪三十三年，高等小学毕业生宫成頖、姚承弼、叶武、叶保等创办，自筹开办经费，担任教科。三十四年，由州转详提学使李，批准立案。

学额四十名：正额十名，亦不收学费。副额三十名，月收学费洋八角，贫者免。

景范初等小学堂　借设州治北门外范公祠为校所。光绪三十三年，高等小学毕业生范志诚禀请开办，由州详奉提学使，批准立案。

学额：正斋二十名，副斋二十名，不收膳、学费，经费由祠产移拨。堂中延聘正教习一员、副教习一员，祠产仍由堂董管理。

演化坊地租，岁纳钱二千百六十文。以下均祠产。塔岳庄秧田八十三亩，额收租稻五十四石四十斤。郑家庄田百九十三亩、小场一面，又场二亩，又场一面，额收租稻八十一石百斤。

自东初等小学堂　租借州治北门外东火星庙为校舍。光绪三十二年，候选直隶州周冕、举人夏惟默、试用县丞王国谋禀请创办立案。继改两等，现仍设初等。

经费：每年二百千文。据夏视学惟默咨称，此系慕莲堂公车费生息之款。"串捐"项下，拨助钱一百四十千文。史家舍典田三十九亩。高君锡爵捐送，亦据夏视学

---

[1]"署"，原本作"置"，据程抄本改。

咨称。

自南初等小学堂 租借州治南门外关帝庙为校所。光绪三十一年，附贡生乔鹤峻等禀办，直隶候补县丞、附贡生卢志古、考用巡检、廪生陈洽章等先后组织成立。三十二年，由州申请学务处立案。

经费：南门外大王庙前渡船收费，除修船、修路暨开销工食外，余款拨归堂用。滕家坝过载抽收货厘，粮食每石二文，杂货每石二文，腌猪每扛二文，烟每件六文，竹末每件四文，竹每扛六文，杉木每扛四文，衣包每件二十文，布每条八文，米每石四文，煤油每箱二文，蛋每石□文。滕坝南、北河各货船每捐钱五十文。

学额：暂定三十名，每名月收学费洋一元。

自西初等小学堂 借大浦西栖贤庵为校所。宣统三年，由夏彭甲、葛寿春、叶武、陈康、徐锺岳创办，劝学所拨串捐七十千、卷烛费五十千为经费。学额：三十名。

端本初等小学堂 借斗姥宫。宣统三年，高士模等创办。

培善初等小学堂 借风云雷电庙。宣统二年，夏子昂等创办。

育才蒙小学堂 在城内，借宫氏宗祠为校舍。光绪三十二年，宫饴孙、戈正平等创设，禀请学务处立案。

经费：发起人自筹。

学额：定四十名，酌收学费，半尽义务。

尤氏四区半日小学堂 旧为四门义学。光绪三十三年，安徽试用巡检尤同禀请改设，仍义学旧址：一在文利坊，为东区；一在安家坊三光殿，为北区；一在南一铺，为南区；一在便民坊普济堂，为西区。经费：原有义学，有典生息银暨生息钱。俱详“四门义学”。

私立温知女学校 在州治北门外，徐家桥河东。宣统元年，校长、附贡生韩景洙自筹经费，禀请开办。学额：三十名。

私立培英女学校 在城内田家牌楼。丹徒举人姚训恭、附生邹尔雅禀准。劝学所岁拨串捐一百二十千文。宣统二年，叶禀请接办，迁大浦西叶家楼。

以上城区。

保善初等小学堂 借孙家桥保善堂，宣统元年设立。

以上西乡。

同育两等小学堂 在州治东姜堰镇下坝改下行，下坝陆陈行曰下行。旧有公所同善堂为校舍，计屋十八间。光绪三十二年，监生王遐春等创办。初曰蒙小学堂，由州申报学务处批准立案。三十三年，改名两等。

经费：下行用资内公提，每石二文，不敷，由下行公同筹垫。

正额三十名，不取学、膳费。副额十名，不取学费，月取膳费，每人一元。正额专考取下行子弟，副额不拘。

公义半日学堂 在姜堰镇，租借净业寺前堂五间为校舍。光绪三十二年，附贡生曹炳文等创办。由州申请学务处，批准立案。

经费：由发起人及赞成人担任，不敷，由各铺户劝捐资助。三十四年，韩朝茂施送纪家沟秧田六亩五分，收租充常年经费。专为贫乏不能就学，或谋生计不能竟日学者而设。正额三十名，副额十名。

公立同化学堂 在姜堰南岱岳寺。光绪三十二年，知州张浍捐廉五十元，并劝捐百元，为开办费。由廪生陈士鸿、王锡韩等请拨励材堂经费，岁约百六十千，为常年费，立案开办。

私立励材初等小学堂 在姜堰文昌宫。宣统三年，束哲捐资开办，禀请立案。

公立尚义初等小学堂 在白米镇西街，校舍九间。光绪三十三年，节妇傅朱氏捐送。本镇附贡生朱溶女，东台县附生傅庆桢妻。先是，兴化县附生苏恩培由三十年就镇募捐日缘，并殷正心夫妇助洋二百元。至是获有校址，始呈请开办。三十三年，终共捐集洋四百五十余元，钱一百余千。凡修造、购置器具等用过半。三十四年秋，苏恩培退，附贡生王澄渊等筹捐，经理其事。

经费：就本镇募捐日缘，又附近抽收货厘。

额收四十名，以下收学费。

公立崇实两等小学堂 在州治南戚家垛，旧为饮芗义塾，光绪三十二年，文生宋伊东等筹款改办。校舍二十一间，旧存。字炉一座。旧存。

经费：旧有饮芗义塾收租田九十七亩。随基田四亩、丁家河岸田七亩、刘家池田十六亩、北李家庄田十六亩、东夏殷庄田二十八亩、倪家庄田十亩、朱家庄田二十亩。以上施送姓氏，详“饮芗义塾”。岁入租息，钱约二百余千文。

附近各庄大埨、土山、运粮河等庄。店铺常年捐。每日交易进千文者，捐钱二文。油槽坊每日一作者捐钱四文，两作以上照加。猪行每养猪一口，捐洋五厘，壮猪一口，捐洋一分。陆陈杂粮行买卖稻籽、杂粮，每石买卖，各捐钱二文。

学额：两等各二十名，不取学费，贴膳者月洋一元五角，兼膳宿者月洋三元。

公立务本初等小学堂 在州治东乡西官庄，借凌氏支祠为校舍。光绪三十三年，代理淮安府学教授凌恩锡等创设。

经费：本庄买卖粮食至十石以上者，每石卖户捐钱十文，买户捐钱六文，周年买卖约可万石。不敷之处，创设人自筹。

额收四十名，每名月收膳费洋二元。

广武高初两等小学堂 在曲塘镇武庙，即五圣庙。光绪三十一年，文童周昌甲禀请知州，照会廪生周纮顺、拔贡顾锡中、武生高兴国等暂租同仁堂开办。商人聚众破坏，中止。三十四年十月，由周纮顺要求，知州朱枚指定租借武庙西厢为校舍，庙僧次野、地开百计反抗。宣统元年，藉调查选举风潮，煽惑愚民逞蛮捣毁。扬州知府嵩峋履勘后，诣周处商办法。周建议庙产全数充公，永为学堂经费，改办两等，定名广武，由府据详陈提学使立案。

大门三间，二门半间，小嵌厢二间，中堂五间，东厢五间，西厢五间，大讲堂三间，后院墙一埏，院中隙地一亩八分，门外照壁墙一围，西南角街南北对面市房四间，旧武庙充公房屋。

经费：本镇承典周姓王大有店房一所，计屋四十五间，典价一千千文，每年行租一百二十五千文。光绪三十一年，武生高兴国捐送。本镇抽收货厘，杂粮每石二文，豆梢饼每百片大洋一分，小菜饼每百片大洋五厘，豆生油每石□文，均捐卖客，不捐买客。学董、监生周棣等禀请立案。

本镇河南新桥口两熟秧田一百十亩，每年麦、稻租约□□□□石。草车篷两座，佃房六间，童家涵东垛田四亩，每年租钱四千。旧武庙充公田产。

额四十名，不收学费。

公立凤山两等小学堂 在海安镇东北，旧为凤山书院。光绪二十九年，知州侯绍瀛捐廉一千四百元，照会廪生刘震甲、陆燕昌会同增生夏云峰、候选县丞陈庠等筹捐改建，三十年九月落成，修造经费近二千元。震甲殁，兄、候选理问刘玢会同接办。初为蒙小学堂，三十一年冬，改两等，附设师范简易科，由州详奉学务处，批准立案，遵饬推广高初两等名额，旋将师范科裁撤。三十三年秋，移设初等于镇之中区火星庙。次年，刘玢退，加谕候选布政司经历韩潮、监生张立淦董其事。

大门三间，旧存。二门三间，旧存。礼堂楼上、下六间，旧为文昌楼，今供奉如旧，上为藏书楼，下为礼堂。讲堂屋上、下六间，旧为观音楼，今改奉至圣先师位于楼上，其下为讲堂。三贤祠，祀范文正、文文山、胡安定如旧制，兼为诸生游憩所。斋舍三间，旧存大圣殿改。斋舍五间，均九架梁，新建。厨房三间，旧存小厨房一间，今改。厕所两间，新建。

经费：明道书院旧有镇西三里庙后熟田三百二十三亩，岁拨租洋一百八十元。由经董程葆祺缴，明道书院草田四百余亩，岁拨租洋八十元，由董韩国栋缴，州牧捐廉，岁送洋一百元。三十年，知州张淦倡捐。忙银带征学堂经费下，酌拨一成。本镇买卖抽收货厘，米、豆、细粮每石四文，荒粮减半。豆饼，每千片洋一角二分。豆、菜油，每石六文。烧酒，每石五文。布，每条八文，大布十二文，色布每捆二十一匹六文。棉花，每件十二文。壮猪，每只十文，小猪减半。本镇过载抽收货厘。米每石一文五毫，荒、细粮食照买卖减半。布，每条四文，大布、棉花每件六文。草运下河售卖者，每束五毫。

以上入款，岁约三千余元，商厘居十之七八，修薪、工资、伙食、修理、杂支，置书籍，器具，一切在内支用开销，约三千数百元。非力求撙节，不能敷用。

高、初等正额各二十名，副额各十名。正额免学、膳费，副额酌收膳费。不拘本籍、外籍，惟外籍概作副额。高等有宿舍，初等无。学生书籍、纸墨自备。至初等移设火星庙，更订初等额四十名，月收膳费人一元，高等如旧。

中区初等小学堂 在海安镇中区火星庙。光绪三十三年秋改设，移凤山初等于此，以便走读，详“凤山学堂”。

西区贫民小学堂 在海安镇，借草坝东陆陈公所为校舍。光绪三十三年，候选布政司经历韩潮等创办，由州详请提学使立案。

经费：由设立人公同担任。光绪三十三年，何长宏愿每年拨送何家庄田租洋十元。

额四十名，不收学费。

竞成初等小学堂 在王家楼万缘庵。光绪三十二年，士绅朱葆逵、苏恩培、王树、王培芸、徐炳烈、谢一同等发起，租借万缘庵开办贫民小学，僧次野、宏德聚众打毁校具，殴伤教员。叠经朱葆逵等暨全州学界禀请各宪查办，复由留学日本学生王锡光、周纮顺等电准江督端方，饬州拏办凶僧，即将该庙房屋完全改办学堂，三十四年成立。宣统元年，邻僧松月、海航又藉选举风潮，聚众打毁。旋由原发起人商同周纮顺等共尽义务，重新组织成立。开办费洋四百元，由王培葑、培蓁承认，常年费洋六百元，由发起人分任，教科由同人担任义务。学额三十名，专收贫民聪颖子弟，学膳、书籍费一概不收，附额二十名，酌收学、膳费。

房屋十八间，地基三亩，佃房三间，垛田三亩。旧万缘庵充公庙产。

以上东乡。

文会堂义学 在樊汉三元庵庆余堂内。光绪六年，叶锦美等募置堂屋两进，南巷口楼市房一所九间，每年房租五十千文，充常年经费，禀请立案。

海安义学 在司署东巷内房屋一所，油坊巷市房一所。光绪二年，陆蕖等禀请立案。

姜堰书报社 在文昌宫内。光绪三十一年，束哲召集同志，公出时务新书多种、日报五六份，任人浏览。推陈士鸿为社长，按月演讲六次。

教育会

光绪三十二六年六月，学部奏定章程，颁行各省、府、州、县、厅，遍设教育会，略谓："教育之道，必须官绅相通。借绅之力，以辅官之不足，地方学务乃能发达。现在学堂教育方见萌芽，深明理法教育之人，殆不数觏。是非互相切磋、互相研究，不足尽劝导之责、备顾问之选。自科举停后，地方绅士热心教育，开会研究者不乏其人，章程不一，窒碍实多。有完善周密、毫无流弊者，亦有权限、义务欠分明者。学部职司所寄，亟须明定章程，整齐而划一之。权限既明，义务自尽，似于振兴教育不无裨益。公同商酌，谨拟《教育会章程》，通行各省，一体遵照办理。”泰州自奉文后，屡经绅士及旅宁学生等禀请，设立分会，迄未果行。三十三年，游学日本毕业生韩焌等禀请重行组织，借试院为会所，议定规则二十八条，投票公举邑绅刘法曾为正会长，王贻牟为副会长，刊用木质图章，文曰泰州教育会之章。每年开春、秋大会二次，春季正月初十日举行，投票公举各职员，一年一任，连举连任。正会长一员，副会长一员，书记一员，会计一员，议员二十二人，会员无定额，著为例。附宣讲所、半日学堂于内，经费自三十四年九月起，每月由“州署公款”项下，拨洋三十元，作为的款。

劝学所　宣讲所附

劝学所为一邑教育行政之总机关，关系至为重要。光绪三十三年六月，由教育会选举劝学所总董兼视学员，禀请提学使立案，颁发钤记，文曰泰州视学员兼劝学所总董之钤记。月给薪水二十元、夫马费十元，由“州署公款”项下拨送。至各劝学员注重教育事宜，均由会所人员兼充，以免将来参差不齐之弊。泰州地处偏隅，教育既难普及，旧时之坊、庄、镇、堡界线未尽适宜，理合划分学区，以专责成。州治城内外分中五区，城内为中一区，北门之东部为中二区，北门之西部为中三区，北门之北部为中四区，南门外为中五区。其东门外附郭，作为附属中一区。州治东境分为东十一区，塘湾为东一区，姜堰之西部为东二区，姜堰之北部为东三区，姜堰之南部为东四区，姜堰之东部为东五区，白米之南部为东六区，白米之北部为东七区，曲塘为东八区，谢王河为东九区，海安之西部为东十区，海安之东部为东十一区。州治南境分二区，大泗庄为南一区，寺巷口为南二区。州治西沈家渡为西一区，州治北境分四区，港口镇为北一区，周家庄为北二区，小纪为北三区，樊汊为北四区。劝学员分区劝学，以期教育普及。经费由“串票捐”项下，每张提拨五文归所，为劝学资用。又，曲塘河南朱家庄田亩七分。朱庆庸[1]施送。

[1]“朱庆庸”，程抄本作“朱庆镛”。

宣讲所

光绪三十三年九月，州视学王思源遵章禀请立宣讲所，附设教育会内。遵照定期，由各会员会同讲生分担宣讲，由所于现分各区内逐渐推广，庶疑谤渐去，民智日开，于教育普及之义，有大裨益。其宣讲宗旨，照部章第十条办理。

续纂泰州志卷之七

赋　役 仓储附

人丁

咸丰元年，奏报阖境编户十六万七千三百六十户，丁口一百二十万三千七百六十五。同治元年，奏报阖境编户十七万零零五百七十三户，丁口一百二十万一千一百二十。光绪元年，奏报阖境编户十七万一千十户，丁口一百二十一万三千八百五十六。

前志云：征收钱粮，据康熙五十年丁册定为常额，续生人丁，永不加赋，名为盛世。滋生户口，逐年清查，造册送转。泰州丁额，除划分东台县外，实存办赋人丁四万六千六百零三丁，共应征银五千八百三十九两八分五厘。雍正六年，题定归田办纳，又匠班银二百一十六两五钱三分五厘，亦于雍正七年摊归田亩征收，余详前志。

田地

泰州田地，除划分东台县外，实存官民灶田地五千四百七十三顷三十九亩九分八厘，计分六则，按则征收，通共征银三万四千八百一十四两六钱七分六厘，征米三万二千八百五十四石五斗三升八合七勺。前志为八勺，今删，有案。又带征积谷，每银一两，捐钱五十文，每米一石，捐钱一百文。光绪五年起，十七年止，详见“仓储”。又加征券票捐，每银一两、米一石，各捐钱一百文。光绪三十三年起。又加征串票捐，每票一张，捐钱十文。光绪三十三年起，为府中学及本邑兴学之用。又加征弥补平粜亏折捐，每银一两，捐钱三十文；每米一石，捐钱六十文。光绪三十四年起。又加征地方自治经费捐，每银一两，捐钱二十文；每米一石，捐钱四十文。宣统元年起。余如前志。

杂办不在丁田之内

额征银三百八十七两三钱四分四厘，分六项出办，均如前志。

解支

除本色改征折色外，详见“漕运”。均如前志。惟存留支给项下，有改为解司者，汇列如左。

总河部院座船水手，岁支工食银五十两四钱。管粮通判员下，岁支俸工银三十二两三钱八分八厘。州同员下，岁支俸工银一百一十一两四钱九分六厘。儒学员下，岁支斋夫工食银二十四两，膳夫工食银二十一两三钱三分四厘，廪生廪粮银八十两。

以上四款，共银三百零九两六钱一分八厘，节次奉文停支，解司拨用。

屯田

泰州屯田，实共二百一十四顷一十五亩九分七厘，通共征银四百六十二两二钱八分六厘，归并本州征解，具详前志。光绪二十八年，奉文饬令：缴价税契，归丁执业。据三十四年清查，屯田总册共存一百八十顷一十亩八分四厘八毫五丝，缴价归丁；其余所缺田亩，现仍饬查具报，以符原数。

漕运

泰州漕运，属扬三帮，共计漕船五十一名只，俱领兑本州漕粮，俱详前志。军兴以后，改归海运，或河、海分运。咸丰九年，总漕袁甲三奏将扬二帮并拨运所，六十二只一概拆卸，每船应缴底板银五十一两，河运雇用民船。同治二年，扬属之漕乃变价解交司道衙门买米，随海运赴京。九年，改由州县买米，自运清江，交总局兑运。其变价余银解归藩库，备支运脚各费。近年改征折色，由州解银赴粮道库交纳，由道买米转运京仓。

杂税

一、牙税，额征银三百四十九两八钱六分四厘，前志额征银三百五十八两三钱四分八厘。同治二年，额设州境牙行四百六十七户，改定此数。光绪六年至三十四年，额外新增牙行二百二十七户，增银一百四十三两一分六厘。

一、田房税，额征银五百五十六两八钱。光绪二十六年，奉文：每契价一两，收钱六十文。二十八年，加赔款捐钱，每契价一两，捐银六十文；又收券捐钱，每契价一两，捐钱四十文；又收各善堂捐，每契价一两，捐钱共三十五文。三十四年，裁减。元年，于券捐内，改拨十四文归各善堂。

一、典税，每户岁输银五十两。前志每户岁输银五两，光绪二十三年，奉文加征。

一、猪羊税，额征银四两。

一、宰猪税，额征银一百零六两二钱。

以上二数，前志未载。

三坝

鲍、滕、北三坝，设自顺治年间，征银无额，详载前志。迨至同治时，茶商控告有浮收重征等弊，遂于五年奉文撤局，改由州署经收，谕令各行户凭公摊认，每月包完落地税银一百五十两，名为板税，造册解司。

蠲赈

道光十五年，恭逢万寿，恩免道光七年至十年正耗民欠，及灾缓未完地丁银三万六千八百四十九两零，米二万九千四百七十九石零。

二十五年，恭逢万寿，恩免道光十一年至二十年地丁屯折等银八万五千六百十七两零一分三厘，米六万八千五百三十三石零。

咸丰元年，蠲免自道光二十一年至二十九年地丁等银七万八千七百八十六两二钱三分四厘，米七万八千四百九十五石八斗五升九合六勺。元年，大水，蠲缓钱粮。六年，大旱，缓征钱粮。十一年，灾，蠲缓钱粮。

同治元年，蠲免自道光三十年至咸丰九年地丁等银九万七千四百九十三两九钱四分零八毫，米八万三千七百四十二石八斗八升七合五勺。五年，大水，缓征。十二年，特恩蠲免自咸丰十年至同治六年地丁等银九万零二百五十七两五钱一分七厘，米十万五千四百五十七石二斗八升四合九勺。十三年，春多雨雪，秋水，勘不成灾，缓征。

光绪元年，特恩蠲免同治七年至十年积欠地丁等银四万八千零五十三两七钱零七厘，米四万八千九百五十一石七斗八升四合二勺。二年，春坚冰，秋旱，勘不成灾，缓征。三年，夏旱秋水，勘不成灾，缓征。四年，夏蝗秋水，勘不成灾，缓征。十年，恭逢万寿，恩免同治十一年至光绪五年积欠地丁等银十万零八千零六十四两五钱五分三厘，米十万七千三百零四石六斗四升二合四勺。十五年，特恩蠲免光绪六年至九年积欠地丁等银四万一千九百六十二两六钱四分五厘，米四万一千二百零七石二斗一升四合三勺。十五年，恭上皇太后徽号，恩免光绪十年至十三年积欠地丁等银四万四千七百七十五两零七分二厘，米四万二千二百七十石三斗九升三合四勺。二十三年，水；二十六年，水；二十九年，秋歉；三十二年，大水，俱缓征。

宣统元年，特恩蠲免光绪十四年至三十三年积欠地丁等银。

仓储

旧志所载常丰仓、预备仓、州仓、平粜仓、西仓、惠民仓、平粜备边仓、军储仓、屯种仓、凤米仓，旧有今废，悉不录。自泰州义仓始，而以盐义仓附焉。

泰州义仓

在州署东北，光绪七年，知州程遵道建。十二年，知州许之轸、陆元鼎增建。二十四年，知州陆铣，二十八年，知州侯绍瀛重修。

北向仓神祠三楹，北向大门一楹，账房四楹，东向廒房六楹，西向廒房六楹，南向廒房六楹，又南向廒房三楹，北向三楹，后门一楹，连新买民房，共五十七楹。

积谷原始 光绪二年，山西奇荒，人相食，诏饬直、省各州县通办积谷。次年，前藩宪黎颁发《劝办积谷章程》十二条。四年六月，前州牧刘《详办积谷章程》十六条。此为泰邑创办积谷之始。录《详办章程》如左。

一、积谷钱文，拟由应征粮米内分别带征也。丁银每两捐钱五十文，分忙带收；漕米每石捐钱一百文，征漕带收。每年约银、米各二万上下，可收钱三千千文。收捐七年，可收钱二万一千千文，购谷抵一凶年之用。一、察看收成，以定征停也。一、仓廒拟暂缓建造也。一、捐项如暂不买谷，拟先发典存储也。一、拟官绅互为稽查，以杜侵挪也。一、拟官民并捐也。一、拟善堂地亩并各项公田，大小户一律照捐也。一、拟捐输积谷，拟从优奖励也。一、捐项不准擅提也。一、经办积谷，选董轮管也。拟多举谙练诚实之董，轮流值年。进谷出谷，仍令公同经理。储仓以后，即责成值年董事经管。期满更替，亦凭众董三面盘交，具结送州备案，以杜日久滋弊。一、仓谷宜定年限，出陈易新也。查谷石积储年久，恐致霉烂，而出陈易新，又虑折耗。拟定仓内储有三年之谷，即于次年春间出粜最前一年陈谷，仍留两年积谷。于今秋后买新归补，以次递推，周而复始。一、仓上锁钥，应慎重收存也。一、岁需禀用，拟预为筹画也。一、拟通查户口，以备查赈、散赈也。一、仓谷拟请免入交代委盘结报也。

按，此章本系十六条，中有“酌储大麦”一条被驳，未录。

积谷比较 五年七月下忙，举凡带征，刘前州并捐廉五百千文，为租房置物之用。此时未建左廒，五、六两年所购积谷三千六百石，暂储光孝寺东西廊房。

由五年至十三年八月初三日，据黄前州详称：实存仓谷一万四千三百二石二斗四升，此后带征之款，存典生息，周年八厘。积有多数，将利转本。定章：非有扬州府双衔印谕，不得擅动。十四年，存谷一万一千四百六十六石二斗四升，存钱一万一千八百十八千三百七十二文。内存典三千千文。十五年、十六年、十七年，同前。十八年，存谷一万四千一百八十八石八斗，存钱一万二千六百二十五千七百七十五文。十九年，存谷七千一百七十八石，存钱一万二千九百三十六千三百九文。二十年、二十一年，同前。二十二年、二十三年，存谷同前，存钱一万六千四百八十九千六百九十五文。二十四年,存谷五千八百二十石,存典钱二万九百七十二千三百六十一文,存库钱四百七十三千七十七文。二十五年,存谷同前,存典钱二万二百二十六千六百八十六文,存库钱一百六十二千六百五文。二十六年,同前。二十七年,存谷八千六百三十一石二斗,存典同前,存库钱一千二百二十三千四百十五文。二十八年,存谷八千八百六石六斗七升一合,存典钱二万七千九十九千九百九十一文,又存洋银一千元,存库钱二千四百九十八千一百十三文。三十年,存谷八千八百八十四石一斗七升,又备耗谷三百五十五石三斗六升七合,存典钱二万九千三百四十九千二百九十六文,又存洋银一千元,存库钱四千四百四十四千三百五十七文。三十一年,存谷同前,存典钱三万四千一百七十六千五百五十三文,又存洋银一千元。三十二年,同前。三十三年,存谷二千三十二石三斗二升六合,又备耗谷一百六十九石六斗五升九合二勺,存典钱同前。又转本钱一万二千四百千文,又存洋银一千元。

积谷改章 刘前州定章:三年,出陈易新。由二十七年二月改章,每年春借秋还。各米铺领谷者,还仓时,每石加耗四升。银米带征,自五年下忙起,至十七年止。因张前州亏款甚巨,二十年,复行带征。三十年,将此款拨归学堂。后因三十三年平粜,动用至三万余千之多,拟开亩捐填补,未果。定由三十四年下忙起,每银一两,带征五十文外,加三十文;每米一石,带征一百文外,加六十文。加数仍归积谷。

积谷亏耗 程前州遵道短交钱三千二百七十四千八百九十五文。张前州兆鹿短交谷七千十石八斗,又短交钱一万二千十二千三百四十一文。孔前州祥霖短交谷二百八十二石一斗。十八年,收买蝗蝻钱一千一百三十五千五百文。二十四年,平粜耗钱一千二百五十余千文。三十二年,平粜动用谷四千二百四十一石四斗八升。三十三年,平粜动用钱三万五千数百千文。

现实存仓谷五千三百八十三石五斗七升九合,实存典钱六千五百八十五千二百三十九文,又存典仓用经费本钱七千千文,又存典英洋一千元。

太平、清化两坊社仓 在孙家桥河西仿卢巷内,计廒房八间。光绪五年,邑人周彬捐置，并捐谷三千石，每年出陈换新，加耗补还，不得稍缺。由刘前州案定，至今遵办。

姜堰社仓 光绪十二年置，在姜堰镇，计仓房八间。光绪五年，刘前州捐廉买积谷二百石。彼时未有仓屋，暂储东岳庙。十年八月，曹寿彭禀请在本镇稻籽杂粮上下行用钱内，每石提钱二文，收费每年约二百余千，为仓之费。十五年九月，改章，以米铺、油漕、碾磨各坊捐款提归积谷，米、油各铺每石认捐四文。三十二年，实存谷二千五百六十八石六升六合三抄二撮。三十三年，平粜借拨仓谷二千四百九十一石八斗二合三抄二撮，续由董将收回粜价买谷还仓，并在买卖粮食行内，按石收捐，以补亏耗。

靳家潭社仓 光绪十四年置。监生袁云程遵父光泰遗意，先后施送田一百十七亩，每年租九十一石。又，仓房三间、场基二亩五分，住落官场舍。由十五年至二十四年，实储谷四百五十三石零七斤，此后检无此卷。

港口社仓 光绪五年，刘前州谕董陈登程捐办。共捐买谷一百十六石五斗。三十三年，办理平粜，动拨积谷，颗粒无存。经州宪朱照会局董，将收回粜价买谷还仓，尚未据禀报也。

运粮河社仓 宣统三年，宋尹东仿朱子法捐资创办，仓谷二百余石。春发秋收，每歉岁不能偿者免。次年复捐资购谷补其数，贫民赖焉。

盐义仓 创建之始，自纲盐盛时。总商报效银二十四万两，奉旨建仓，工程浩大，计周围圆墙一百五十三丈六尺。向南正仓五廒，名曰千、秋、万、岁、乐；前面仓神祠，左右有升、平二廒；东庑五廒，名曰岁、稔、频、亨、泰；西庑五廒，名曰时、和、庆、满、楹。共十七廒。仓神祠前，建有大堂大门，另有东、西住房。计每廒九架五间，间口一丈二尺，共宽六尺，围圆二十丈六尺，高二丈八尺，进身四丈二尺，廊沿深六尺，共储谷九百石。曩系扬州总商鲍有恒、张广德、黄潆泰经管。兵燹之际，设火药局，并屯住难民，叠遭践踏，栅栏片只无存。光绪四年，泰坝官鲁光圻禀请复修，未果。光绪二十九年，知州侯绍瀛以盐义仓年久失修，仅存破屋数间，隙地约计十亩，任听荒芜，未免可惜，拟将屋宇略加修葺，改作农桑公局。旋据盐掣胡光国移复，谓：事属可行，如日后需用此项义仓，仍应迁让，以清界限。

关榷前志无，今增。厘金附。

泰本无关，土货土销认板税。输入、输出之货，经由扬、由两关暨中闸、白塔河两口，纳扬由关税。惟泰境北通下河，南通江，绕越偷漏，在所不免。乃设分巡于滕家坝，以查禁之。旧制盖如此。自咸丰三年洪杨乱炽，扬州失陷，正途梗阻，客商改走下游。沿江港口弛禁，始就泰城及姜堰两处改设分关，名曰补征扬由关税。同时，并于白米设稽征处，亦曰分关，而隶属于姜堰。迨咸丰七年，如皋立发桥分关，忽设巡船于海安；继乃租赁民房办公，而设船梭巡如故。同治八年，始征收两岸土出之稻谷，俨然一分关矣。然长河仍由立发桥照报，故泰州虽有四分关，实则泰城、姜堰为正关，白米为附属，海安为借设云。今各详其年岁、地址，各分巡并附载焉。

泰城分关：咸丰三年立，在南门外滕家坝。分巡三处：一狮子桥，一塘湾，一北门外。

姜堰分关：咸丰三年立，在姜堰镇。分巡一处，在黄村。

白米分关：咸丰三年立，在白米镇，隶姜堰。

海安分关：同治八年立，在海安镇，隶立发桥。原系分巡，后遂借地设关。

厘金前志无，今增。

泰境厘金之设，亦始于咸丰三年。粤匪乱炽，军兴饷糈无着，侍郎雷以諴在扬州办理红旗营后路粮台，先设局于扬州，抽收货物捐百分之一，以助军饷。继乃派员至泰，设正局三处，曰泰城厘局，曰姜堰厘局，曰海安厘局。又于各局附近陆续添设分卡、分巡，并设船梭巡，以杜偷漏。当时厘捐收入，实为饷项一大宗，然皆尽征尽解，尚无所谓比较。同治元年，海安局归并姜堰。至光绪元年，泰城复归并姜堰，乃更其名曰姜泰。三十年，金陵厘捐总局札饬姜泰厘局，照二十九年实收数为比例，不许短少分文，是为比较所自始。今悉照宣统三年规制，以姜泰厘局为纲，而以各分卡、分巡附列于后。

姜泰厘局　咸丰三年设立，坐落姜堰镇。

黄村分卡　坐落姜堰西之黄村。

下坝分巡　坐落姜堰镇北。

西巡巡船　属东卡正局，常驻官沟[1]。

葛港巡船　属黄村分卡，常驻葛港。

以上皆近于姜堰者。

泰城分卡　坐落泰城南门外滕家坝。

泰北分卡　坐落城北门犁山嘴。

鲍坝分卡　坐落城东门。

九里沟分卡　坐落城西九里沟。

寺巷口分卡　坐落城南寺巷口镇。

塘湾分巡　坐落塘湾镇河南。

滕坝巡船　属泰城分卡，常驻滕家坝坝侧。

庙湾巡船　属寺巷口分卡，常驻庙湾。

以上皆近于泰城者。

海安分卡　坐落海安镇。

胡集分卡　坐落胡家集镇。

曲塘分卡　坐落曲塘镇。

白米分卡　坐落白米镇。

贲家集巡船　属海安分卡，常驻贲家集。

龙王庙巡船　属海安分卡，常驻龙王庙。

五里庙巡船　属海安分卡，常驻五里庙。

佃家河巡船　属白米分卡，常驻佃家河。

分水龙巡船　属白米分卡，常驻分水龙。

南坝巡船　属白米分卡，常驻南坝。

以上皆近海安者。

按，以上名曰台捐，惟鲍坝、黄村两处并另设漕捐分卡，由咸丰五年设立，属江都戚家汉漕捐局。至光绪十七年，归并姜泰厘局统辖合办，不另设局，而漕捐之名尚存。

[1]“官沟”，程抄本为“葛港官沟”。

又按，泰境樊汊镇设有樊兴厘局，其各分卡均在高邮、兴化、江都境内，兹故从略焉。

关榷附录

谨按，民国以来，扬由关大致无甚变更，惟析所属之地为若干区，本期由部直辖，取集权之制，而卒不果行，然区之名已定。泰城分关属第三区，姜堰分关属第四区，白米分关离姜独立，为第五区；海安分关仍归立发桥统辖，为第六区。

厘金附录

谨按，民国三年，将白米、曲塘、胡集划归海安管辖，特立海安厘局。四年，又并入姜堰，更名姜海厘局。七年五月，改厘为税，将东台厘局合并姜海，设立姜东税务总公所于姜堰镇。而樊兴厘局亦同时改为樊兴税务总公所，至[1]钱码改合洋码，并将正捐增加一倍，而漕捐亦并增加。盖自民国更始时，固已然矣。

[1]“至”，程抄本为“将”。

续纂泰州志卷之八

军　政 征兵附　驿站附　巡警附

泰州营都司一员，驻扎城内。

泰州营，旧设游击一员，详载前志。嗣于同治十一年通州营添设水师案内，奉文以泰州营游击改设都司，仍属狼山镇标。本营管辖泰州、东台、兴化三州县地方，四至交界，均如前志。时泰州游击为成天麒，泰州守备为文家银，泰兴都司为鲍瑞麐，奉调后，各携关防赴任。自此，泰州增一都司，而游击、守备之缺裁。

中军城守把总一员，驻扎城内。

泰州营中军，旧设守备一员，分防关厢汛。旧设把总一员。同治十一年，奉文改设营制后，即以左哨头司中军兼司分防。关厢汛把总改为中军城守把总，汛四：前志中军守备汛十，关厢汛把总汛十，今统存汛四如下。关厢、沈家渡、港口镇、西锁嘴。右四汛汛兵共存十名，此外一百名，皆奉文裁并，汛界仍前[1]。

分防姜堰汛把总一员，驻扎姜堰镇，汛八：姜堰镇、马甸、葛港、黄村、黄楝树、曲塘、胡家集、海安镇。右八汛汛兵共存十名，其余五十一名，皆奉文裁汰，汛界仍前。

泰州营，额设马战、守[2]兵各若干，详载前志。自道光后，迭次奉调奉裁。光绪二十九年，奉文：不分马战、守兵名目，改编为巡警军，分左、右两

[1]“并”，程抄本作“汰”。“界仍前”三字，原本脱，据程抄本补。
[2]“守”，程抄本无。

哨，存者为什长八名，正兵七十二名，共八十名。外委额外及坐战马，亦皆迭次奉调奉裁，存外委额外共六员，坐战马共十八匹。

附录：都司俸廉、马干银，月支三十七两六钱四分八厘八，岁计银四百五十一两七钱八分五厘六。把总俸廉、马干银，月支十二两六钱，岁计银一百五十一两二钱。什长每名月支银二两九钱，岁计银三十四两八钱。正兵每名月支银二两四钱，岁计银二十八两八钱。坐战马每匹月支银一两五分，悉附藩库，请领给放。

征　兵附

光绪三十一年二月，始征兵。

两江督练公所道员朱恩绂、徐绍桢，详准江督周馥，分区域为四镇。泰州属第一镇，设劝办征兵支局一所，四乡各设考验所，由总局派员分赴各乡，召集绅董、庄长，广为劝导。城乡先后应征入伍者甚多。是年，知州张浍设鼓励征兵会，聘徐炳华为会长，朱甲昌副之。自是凡五次，应征者三百余人。烈士陈元鉴亦预其选。[1]

驿　站附

泰州向无驿站，详见前志。旧备船只，未几亦废。凡有公文，均归铺兵递送。前志载急递铺二十六处，铺司兵五十六名，即为此也。同治七年，奉文将铺兵裁撤，改设正、腰两站，一在本城，一在宜陵镇。每站设抄书一名，跑夫四名，专司递送公文。所需经费，即将铺兵工食银两尽数移支，不敷由州筹给，不另开销。至于南门外之电报局、北门外之邮政局，往来文牍间一用之，电费、邮费均照通行常例。曹一桂《姜堰镇免差散坊碑记》：太上有立德、立功、立言。然德在一己而不利乎人，功在一时而不永千古，均不得谓之不朽。若夫数人倡之，数十人和之，而千万人享其利，千百世蒙其福，父老子弟传言往事，靡不津津然歌功诵德，相与感戴于无穷者，莫如我姜堰镇免差散坊之一事也。

[1] “聘徐炳华为会长”至“亦预其选”，原本作“自是凡五次，应者一百余人”，据程抄本改补。

姜堰初无官驿，故无夫差。因无脚头夫差者，官舫过境，征民以供牵挽，州胥即得借端滋扰，科派日增，每多至数百名不已。且有过站饭食，种种勒索。稍不遂欲，横恣酷烈。民困财竭，于此为极。而奸民又贿串胥吏，先借夫差名目，应官土工，凡商贾货物及居民婚丧事故，无不把持苛索。甚有父母之丧，越五七日而不克殓；父母之柩，数十年而不克葬者。惨目伤心，此为甚矣。李君义忠等三十人奋然起曰："脚头之害，根于夫差。夫差之累，肇于胥吏。欲士、农、工、商各得其所，吁免夫差，其首务也。"

先是康熙五十七年，有吾宗若恒等请除过站陋规一案，郡尊冯公赏示严禁后，接踵而起，具禀各宪。延至雍正六年，江抚陈公檄饬扬州府吕公，转饬泰州，取具碑摹勒石，永禁夫差，毋许废驰。无何，各宪轸念民依，水陆夫差一概禁免，而奸蠹之害，血恋腥羶，仍借当官名色，十有余年，负隅不改。是夫差之累可以幸免，而脚头之害伊于胡底矣。复有钱君文进等四十余人联名上牍，雍正十三年，蒙本府李公批州革弊，州牧萧公严切示禁。乾隆二年，又蒙按院戴公《为脚棍当道等事》牌示：一切扛抬量解，以及婚丧事故，听从民便，毋许私立脚头，坝坊肆横，且勒通衢，以垂久远。呜呼！数十年切肤之灾，一旦去尽。虽当时名公德政，不使一夫失所，抑亦由吾宗君恒倡于前，李、钱诸君继于后，一德同心，栉风沐雨，辛苦备尝，以至斯也。今之去昔，近百年矣。生齿日繁，熙来攘往，间有过碑碣而凭吊者，霜摧雨蚀，字迹模糊。诘以某某姓氏，而杳不可知。由是数传而后，诸君之苦心厚泽，其不至湮没而无闻也，几希矣。

嘉庆辛未，黄孝廉壮、钱文学中怀及桂等，防来者之患，踵往事之成，仅据乾隆二年碑摹，禀州牧宋公，赏示勒石魁星楼侧，永遵旧例，禁约如初。而雍正六年及十三年碑文，终不可得。道光元年秋，郁子涵淮偶于家藏敝簏中，检得碑摹各一纸示桂。乃知前贤之忧劳、大宪之恩仁，皆关千百世民生之休戚。是以碑摹所在，非尽郁之功，冥漠中旦有神物护持之矣。是为记。

巡　警附

泰州旧有保甲，光绪三十四年冬，知州朱枚废保甲，创为巡警。嵩太守峋延邑绅卢福保为总理，规则章程，自其手订，通详大宪，批准照行，摘其大纲列后。

一、分泰州本城警察区为东、西、南、北、中五区。自北门外紫藤花架起直至觉正寺止，为东区。自北门外板桥街北首起直至西仓行头止，为西区。自南门大街起直至宝带桥止，为南区。自北门外起直至演化桥止，为北区。

中区以四城门为界，而分为东、西、南、北四路。东路自升仙桥西首起直至东门止，西路自升仙桥东首起直至西门止，南路自陈家桥大街起直至南门止，北路自陈家桥大街起直至北门止。而州署大街、察院东大街包括在内，其各区各小街地段，临时斟酌分配，设立标识，而分属于各路。

一、东区在东区中心点置东局，西区、南、中、北区同。其北区，地方辽阔，应置分局一处，在清化桥北。

一、五局外，另设总局，在同仁堂，以资统摄。

一、东局置巡弁一人，月薪九千文；巡长一人，月饷钱六千文，下同。巡兵十二人，月饷钱四千八百文，以下同。南局、西局同。北局置巡弁一人，巡长二人，巡兵十六人，中拨巡长一人、巡兵四人轮班归于分局。中局置巡弁一人，巡长一人，巡兵十六人，分巡城内四周。总局置巡兵四人，以资保卫。

经费：

一、稻捐，每年约收钱一千八百余文。每稻一石，买卖各捐钱二文。

一、铺捐，每年约收钱二千余千文。向由各铺户认定捐数。

一、盐引津贴，每年约收钱八百千文。每引二文。

一、茶碗捐，每年约收钱四百余千文。茶肆、面馆、浴堂，每茶碗一文。

一、草捐，每年约收钱四百余千文。大草每束一文，小草每石二文。

一、蛋捐，每年约收钱三百千文。每石十五文。

一、八鲜捐，每年约收钱二百千文。每售货千文，捐钱三文。

一、过载捐，每年约收钱二百余千文。按货计捐，每石、每件捐钱一文，豆、饼、米、麦，每石五毫。

一、加增稻捐，每年约收钱六百余千文。买卖各加一文。

一、粗糠捐，每年约收钱八十千文。

一、期词白禀捐，每年约收钱五百余千文。每词一张，带收钱二百文。

一、房捐，每年约收钱一千千文。

一、屠捐，每肉一斤捐钱二文。续增。

一、花捐，每年约收洋六百余元。同上。

一、寓捐。

姜堰镇巡警局，宣统元年十一月，镇绅曹学韩、宫立等禀请，江南巡警总局扎派委员徐一士创立。

海安镇巡警局，光绪三十四年，镇绅崔保龄等禀请，将旧有保甲局改设巡警。宣统二年，奉江南巡警总局颁发钤记一颗，官职定名为区官。

续纂泰州志卷之九

商 会 农会附

前志无，今增。

光绪二十九年，商部时尚未改为农工商部。请立商会。以中国历来商务素未讲求，不特官与商隔阂，即商与商亦不相闻问；不特彼业与此业隔阂，即同业亦不相闻问。体察情形，力除隔阂，必先使各商有整齐划一之规，而后臣部可以尽保护维持之力，则今日当务之急，非设立商会不为功。拟先在京师倡设商会，以开风气之先。至外省各业商人，有能并心一致筹办商会者，应责成该处地方，俟商等将会章呈案时，即行详报督抚咨部，不得稍有阻遏，以顺商情等因，并订《简明章程》二十六条入奏，奉旨依议。是年，颁行《钦定大清商律》，凡商会设立省会者，名商务总会；设立府、厅、州、县者，名商务分会。举总理一员，一年一任，连举连任。理事以下无定员，隶属于各府、厅、州、县。商务繁盛之区，设立分所。总会、分会，由部分别颁发关防图记式样，刊刻钤用。所举总理，开具四柱清册报部，由部核准，加札委用。泰州州城、海安、姜堰三商会先后成立，脉络贯通，均以振兴商务、保护商人为宗旨。凡商人报告关于商界之事，得由会代为清理；有屈抑不平之事，得由会代诉地方官，为之清理。逐月清理各件，并收支各款，每届大会时，列表呈部并总会鉴核。每月抄会计列表，悬之会所，布告众商。每年开大会一次，选举总理及议董各职，并提议会中应兴应革诸事。月之朔、望，开常会二次。设有要事，提议约期集会，谓之特别会云。

州城商会于光绪三十二年成立，公举王贻哲为总理。任满后，举陈恩沅继之。陈满任，丹徒李寿开继之。期满，各商公举在籍员外郎沈铸为总理。就职之时，适值武汉举义，讹言四起，日夕数惊，兼有监犯越狱，与刘凤潮之变势，岌岌不可终日。赖沈绅对于地方及商界保护维持不遗余力，幸获安全焉。详见“事略”门。

海安商会，光绪三十三年，由商人夏鸣凤、陈志源等禀部立案，公举职商刘份为总理。其时，姜堰商人丁福基等以姜堰商务繁盛，甲于江北各县，禀部设立分会，因格于一邑无三商会之例，未能成立。复经丁等迭次力争，始于三十四年邀部批准，公举邑绅卢福保为总理。中国内地，一邑有三商会，自泰州始也。

农会

农会发起于直隶保定府。光绪三十三年，由农工商部奏定《简明章程》二十三条，以开通智识、改良种植、联合社会为宗旨。是年十月，奉部札，以农会附入商会办理。嗣以商会事务殷繁，不克兼顾，邑绅陈锺骏等另行组织，未能成立。续由塘湾绅士李崇本等，呈由江宁商务总会，转行达部，批准立案，会所即设塘湾镇。海安农会于宣统二年，由绅士李保煌等禀部批准设立。

交通

前志无，今增。

泰县位大江之北，盐运河横贯其中。由县治而南三十六里，为泰兴县之口岸镇。宋高宗时，金人南犯，岳忠武统偏师驻泰，遗迹颇多。是泰县交通，在南宋时已占重要位置。沿盐运河而东，为如皋县治，再东则达通州，及通分司所辖各场。沿盐运河而西，为江都县治，再西则为仪征县，淮盐屯集之十二圩在焉。是为上河。县治北水道，统名下河。由泰县而东北，亦为盐运河，可以达东台、盐城、阜宁等县，及泰分司所辖各场。由泰县而北百二十里，为兴化县治，迤西则入里运河，而达高邮州焉。淮南盐艘由通来者，经城南盐运河而西，直达瓜栈；由东台来者，抵城北之西起运，入上河，以达瓜栈。风帆来往，八达四通。因盐运所必经，绾淮南之枢纽，交通便利，有由来矣。光绪末年，厉行新法，朝野渐知趋重实业，交通为实业之一种，国家设有专司，人民视为营业。泰州交通上之设备，乃能粗具。约分数项如下。

电报局　在南门外，租赁民房开办，完全国有。

邮政局　在北门外坡子坊，租赁民房开办，设三等支局于姜堰镇，完全国有，光绪二十九年九月成立。

大达轮步公司　此项公司系由私人遵照部定章程，合资创办，报部立案。其船行上河者，为通扬班，东达通州，西达江都县属之仙女庙镇。其经由泰境城市、塘湾、姜堰、白米、曲塘、海安等，皆设分局售票。其航行下河者，由城市北施家湾至盐城县止，为盐泰班，皆光绪三十年以后成立。

续纂泰州志卷之十

盐　法 官盐栈附

道光十六年五月初九日，奉上谕：据查明，泰州、海州二分司所属各场，共欠因灾缓征折价银十九万一千七百五十六两零，随缴耗羡银一万七千四百九十七两零，又因灾借给口粮银十三万七千六百七十四两零，均系实欠在灶之款，着加恩一体豁免。

光绪七年七月，两江总督刘坤一奏报泰属各场同遭风潮情形。闰七月，奉旨："着该督饬属妥为抚恤，勿任失所。钦此。"

光绪八年三月，奉上谕："通、泰场地堤墩年久失修，一遇风潮骤至，灶户仓猝被灾，情形可悯，自应速筹修复。即着左宗棠督饬官绅集资兴工，核实办理，俾资捍卫。钦此。"以上《两淮盐法志·王制门》。

各垣均在海河之内，既捆，即运之过坝，场大使先以官称较准上屯船。至泰州坝，每引连包索、卤耗，重六百八十八斤，分为八包，每包八十斤。有轻重，则坝复捆之。

旧制，淮南引盐自场达扬，设专官于坝，司其掣挚。泰属盐多，凡马浦、仓浦、郁浦、西浦，以及旗竿、门楼、三房诸浦，随地掣放。通属之盐少，故至南浦掣放。今泰分司所属十一场引盐，仅在仓、郁、西、大四浦，仍由泰坝官过掣后，换上河屯船，运赴十二圩上栈。其通分司所属九场引盐，由泰州南门外委员掣挚，原船放行，以达十二圩，不由泰坝官过掣矣。以上《两淮盐法·图说门》。

凡论鹾政者，首重疏销。疏销之法，曰缉私，捍外患也；曰整顿盐色，治本原也。两淮之盐，北晒而南煎，论其品质，则淮北三场盐色为洁，淮南二十场，高下殊等。曰真梁、曰正梁、曰顶梁，皆名尖盐。其次曰和盐，尖与次杂揉，故谓之和。其下者脚盐，质黑销滞，商民两病之。故自沈葆桢创办重淋，为自强敌私之计，意亦善矣。乃行之未久，岸商吁请停派，故知利弊循环，相因而生。绾场务者，不可不加意。《两淮盐法志·场灶门》。

道光三十年四月，盐政陆建瀛淮南试行票盐，每纲拟行一百九万五千五百一十引，每引四百斤。加运乙未纲已纳课、未运之盐二百斤，每引以净盐六百斤出场。至仪所，不分楚岸、西岸，一律改捆一百斤大包。是年四月，又奏章程十六条。一、仪征改捆，原奏改捆百斤大包，以杜夹私带，今拟每引连包索、卤耗，以六百六十斤出场、过坝，运至仪征改捆，每包六十斤，分装十包，稽查较易。

道光三十年四月，陆建瀛奏改淮南纲运为票运，益汰虚文、除烦苛，积痼廓然。未几寇兴，鹾政破坏。同治初，曾文正踵行票盐之法，斟酌损益，归于至善。

泰坝为通、泰各场盐总汇交商之所，卖斤、偷爬，积弊不一而足。应由泰坝官选择坝董四五名，专管钩扛人筹。抬盐过坝，其坝费，官为酌中定数，不准仍前浮滥。此费由本商交董代发，不准各工人等向商争竞需索。其钩扛头，由泰坝官点充入卯，令其管束各项散工，仍交坝董约束。如有钩扛人等滋事，惟钩扛头是问。扛头作弊，惟坝董是问。其坝董代商过盐，俱由官轮派，不许私称主顾，把持争夺。如坝董作弊，即由泰坝官随时责革。另，送、接充官之幕友、家丁、书役，如有需索，惟本官是问。

咸丰七年，泰州设立总局，每盐百斤，收正税银一钱二分，经费银三分。

十一年，运司乔松年请撤丁堰分局，另委员在泰州南门外掣验通属引盐，经盐政批允，迄今照行。

同治四年，定由运司派员在泰州之四浦分浦抽掣。以上《两淮盐法志·转运门》。

道光十一年，奏准：每引以五百斤出场，到坝之时，应照新额捆掣，不得再任夹带多斤，致滋弊窦。三十年，商盐过坝，遵照定额，每引连包索五百三十斤。

是年，据安丰场大使赖以彬等请，将装运仪栈引盐暂改中包，每包连包索、卤耗改捆六十六斤，每引分捆十包，仍合六百六十斤之数，由泰坝称掣，南监掣上秤，溢则减除，少则加补。经由孔家涵行走，直达仪征，以期迅速。此场盐走西赶运时之通融办理也。泰坝停泊之盐，系属旧章大包，到仪改捆。咸丰三年十二月，会照新章征纳钱粮，就坝改捆中包。同治五年，通泰分司会详各垣，久无老堆，现在新收大[1]盐随收随重[2]，卤气甚重。各局于重盐时，每包过秤，必须稍为轩昂，装运到坝，庶无缺斤之虞。则堆盐难免暗亏，而场官虚报之弊恐难杜绝。拟请照三桶三成分成引旧制稍为变通，以四分六厘为一引，按场捆盐，以出场斤重，每引六百斤，分为六石，每石一百斤，加卤耗十斤；每石分捆两包，每包五十五斤。嗣据局员淮南总局。议请，运司批准，仍以六石为一引，分捆十二包。每石一百加五配割，加一卤耗，再加包索五斤，每石连包索、卤耗共计一百七十斤，分两包，每包库砠八十五斤。曾文正公定章：每包八十六斤，照八包成引，每包内系正盐七十五斤，耗盐七斤半，包索三斤半，共成八十六斤。每引正盐六百斤，耗盐六十斤，包索二十八斤。照垣盐每桶二百斤计算，每引除包索，共正耗盐六百六十斤，永著为例。引盐过坝，务按八十六斤定额平秤称掣，俾照准则，无得缺溢。

咸丰三年，安丰场商富元盛因贼氛未靖，到坝之盐七十余日尚未领收，请就坝寻觅空房，将引盐权为堆储，并发给朱封，饬差弹压。是年，运司郭沛霖驻扎泰州，江路梗阻，淮南片引不行，安徽、楚西各岸官盐早经脱缺，售价骤昂，每引增至二十余两。口岸有淡食之虞，场灶有壅积之患。议请就场征课，发给三联大票，护运赴岸销售。定章十条，其第五条云：盐运出江，照常由泰坝过掣。如不走泰坝之盐，即于泰州之滕家坝、江都之白塔河设卡称掣。截票盖铃，仍先赴泰坝衙门盖印，与向来过掣之南浦、孔家涵一律办理。其余支港，概不准行。倘不赴坝、赴卡盖铃截票，偷越出江，即以私论。

[1]“大”，宣统志和程抄本作“火”。
[2]“随重”，据文义，疑当作“随运”。

咸丰四年，行设厂抽税法，以泰州及东台、兴化盐栈，阜宁、通、如七州县例不销引，均系贫民肩挑零卖，售盐无多，抽税亦复有限，一律照岸抽税。

五年，以办出口税盐，数月以来毫无起色，由运司郭札坝官，严禁私开勾厂，选谕熟悉盐务之人，在泰坝各浦及东墩开设官栈，分栈曰盐栈。无论大小贩户，有盐过坝，查明场东[1]引票、盐斤包数，就栈补税，每石三百五十文。九月，邹自厚等禀请在沈家庄地方，开设森茂盐栈，代客买卖。

十二年，泰兴县禀请开通泰州滕坝，由监掣项、知州李会详，略谓：察看情形，咨询耆旧，佥谓此坝内通下河盐场州县，分达口岸支河、大江。如果开通，微特有碍泰州水利，抑恐夹带走私，势所不免。奉各大宪批，钉桩堵闭，永禁启放。

光绪二十四年，有奸民勾串坝头，敛资赴省，延请多人，捏词控禀：拖船过坝，便益商民，畅旺捐务。按，拖船过坝，先拔坝桩，后挖坝基、坝身，挖平水面，方能过船。名曰拖坝，实则开坝。经举人陈恩熙、廪生李毓彬等以颁示勒石永禁在案，至坝署具禀力争。监掣王鹏豫据情转详，督盐宪刘札饬泰州出示，永禁拖船，以利盐运。

光绪二十七年春，江都盐商徐某运动各盐宪，议请泰属各盐，由孔家涵一水达扬，不由坝地经过。运司程仪洛拟如所请，申督盐宪，据情入奏。泰人闻信，惊骇欲绝。上、下河，东、西浦，各行佣工、夫役陈淦等二百余人，联名具禀坝署，环乞恩援。运委分司任文澜至孔家涵勘视，泰民焚香泣求者千余人。嗣由钱樨庵阁学以“闻盐改道，泰民惊惶，请缓入告，细情飞函”十六字，电达刘岘庄制军。并以“泰坝过盐，历有年所，小民藉以资生者，不啻千家万口。且河道淤浅，里数延长，挑浚匪易”各情形，反复数千言，函达督署。坝官恽毓昌亦以“此间过坝、抬盐，佣工度日者，不下万人，宋朝沿革至今，久而不废，当初具有深意。今一闻此信，人心惶惶，市面不通，势若倒悬，难免不别生事端，且于场运，不无窒碍”等情，上禀运宪，事遂中辍。泰民迄今感阁学之恩者，犹铭戴不忘也。此条兼采访。

泰坝旧设监筹掣验四浦委员四员，以盐经历、盐巡检等官，一年一任，轮换到差。光绪三十二年，由运司赵滨彦禀请督盐宪周，将缉私各卡薪粮

[1]“场东”，原本作“场束”，据文义改。

酌减，并裁去各差，提归缉费，批准自三十三年正月将四浦委员一律裁撤。以上泰坝档册。

官盐栈

泰州逼近海岸，向不销引。《两淮盐法志》。光绪三十二年正月，运司赵滨彦以举办就堤缉私，深恐民食不济，禀请督盐宪周，在泰州及兴化、盐城、阜宁、通州、如皋六州县，由官酌筹成本，设立总、分盐栈。从前之肩挑随地售卖者，皆在不准之列。四月，由运司委盐运分司任文澜到泰，总办官盐栈事，总栈暂设小香岩，继任者为杨分司葆钧、褚分司德巘、王分司家栋。并札发委办泰州官盐总栈钤记一颗，十八日开用。本城设分栈二：一北门外彩衣街，一南门外大街州治东。姜堰、海安、西周庄、小纪四乡镇皆设分栈，委知事、巡检等员前往开办；其余本城及各乡、村、镇请设分盆者，不可数计。于闰四月初十日发售，定价每斤二十二文，较泰州向售盐价，加增三倍。五斤起码。不及此数者，需向分盆购买。向设之官酱坊开呈缸口，方准购盐。自官盐栈开设以来，弊端百出。去岁冬月，适逢菜市，购者麇集。分栈至巳初尚未启门，填街溢巷，行路不便。且有照章缴价、候之累时而不得盐者，有每斤多给数文、虽后至而可早得盐者，有以十二两、十四两为一斤者，总办、司事莫不中饱以去，小民咨嗟之声，盖不绝于道云。泰州署档册。

光绪三十四年九月，商人谦益永、的名周善义禀运督宪，请将泰州官盐改归商办，批准于十月十一日开办，每年认销七千引，每引完纳正课银一两二钱七分五毫八丝，经费一钱。由司发给护照，每引分捆十包，每包连包索、卤耗六十六斤，改官盐总栈委员为兴泰督销委员，月定薪水、夫马钱一百千文，由商按月致送。此为泰州开有食岸之始。

盐法补遗

代宗时，嘉兴、海陵、盐城、新亭、临平、兰亭、永嘉、大昌、侯官、富都十监，岁得钱百余万缗，以当百余州之赋。《食货志》

淳化四年，六路转输京师者，至六百二十万。在通、泰、楚、海四州煮海之盐，以供六路者三百二十余万石。《墨庄漫录》

淮南盐初甚善，自通、泰、楚运至真州，自真州运至江浙、荆湖，纲吏舟卒侵盗贩鬻，从而杂以沙土。涉道愈远，杂恶殆不可食。《食货志》

熙宁九年，王子京修运盐河，自泰州至如皋，百七十余里。《玉海》

国家鬻海之利，以三分为率，淮东居其二。通、泰、楚隶买盐场十六、催煎场十二、灶四百十二。《食货志》

绍兴末年以来，泰州海陵一监，支盐三十余万席，为钱六百七万缗，则是一州之数，过唐举天下之数矣。《宋史·食货志》

洪武二十四年，令扬州府泰州灶户，支盐官盐折纳钞贯。《明会典》

嘉靖十八年，查通、泰、海三分司所属盐场，掣过余盐银五万两，赈济被灾场分。灶丁极贫无妻者，每丁给银三两使自娶；死亡者，合募佥补。若有人民犯私盐徒罪以上者，补充灶丁，诸项差课暂为宽贷。《明会典》

盐品以散为上，颗次之。淮南之盐熬于盘，其形散；淮北之盐晒于地，其形颗。盐色有五，而淮盐之色三，曰青、黄、白。余东诸场盐俱青，余中诸场盐俱白，丁溪、草堰、白驹、刘庄、五祐、新兴、庙湾盐俱微黄。《嘉靖盐法志》。以上《两淮盐法志·沿革门》。

盐法附记

泰州盐务稽核支所，民国四年八月一日设立。地址：北门外百岁巷内。

华助理员一人，洋助理员一人，英、汉文课员各一人，会计员一人，帮办中、西文司事二人，总放秤员一人，副放秤员一人，司秤五人，筹役十二人。

凡泰属各场秤放局放出圩盐抵坝，由坝署送簿挂号，随派司秤一员、筹役二名，在上、下河，分别发筹、收筹。司秤在浦厅复秤，画马掣毕，由坝署填给运照，送所签字放行。凡通属各场秤放局放出圩盐，经过南门，亦派司秤及筹役往南卡河干，就船抽秤，验毕，就运照上签字放行。各食岸盐斤到岸时，亦派员役掣验，并监视进仓。

调缉私步队一排，驻扎西仓大王庙。分驻赵公桥。又，南门外调派缉私水师枪划一艘。

民国十一年五月，改组支所，迁移东台。泰州原驻所改名为盐务秤放局，设正、副秤放员各一人，筹役二三名。

续纂泰州志卷之十一

祠祀 坊表附

仓圣祠 在州治东南文昌祠侧。光绪四年，州牧刘汝贤创建，同时重修文昌祠，有碑。刘汝贤《重修文昌阁、创建仓圣祠碑记》：礼莫隆乎祀典，教莫重乎人文，此皆守土者之责也。海陵人文荟萃，敦实学而掇巍科者，项背相望。咸丰年间，兵燹遍江淮，此间独免。祠宇无恙，祀事秩然，固礼教之所存也。

余以丁丑夏来署斯州，凡事关礼教，兢兢焉，惟恐不逮。或因或创，思所以维系而振兴之。接见绅耆，悉心询访，佥以城东南隅，旧有文昌阁，年久倾颓为虑。住持僧体遐亦禀请修葺，并奉各上游饬，以豫省建有仓圣专祠，通行筹建。夫朝廷右文稽古，海宇一而泰阶平，天下同书，于今为烈。海陵虽僻在一隅，祀典之所昭，人文之所萃，通都大邑，无以逾兹，而神怨神恫，谁职其咎？余虽不敏，其曷敢辞？惟是下车之始，不雨恒旸，飞蝗过境，在在可虑。田畴之弗恤，而土木是营，吾知其必难合也。因复检旧卷，则又皆前牧李君召南、桂君穆堂，先后谕董劝捐，仍以卸篆未果。天时如此，人事如此，心窃难之。幸焉不数月后，岁转歉而为丰，人转忧而为喜，竟有出人意料外者。此固雨师风伯之灵，亦泰邑学士文人之庆也。

于是诣文昌阁，复加勘估，即就阁之西偏，规画仓圣祠基址。首捐俸廉，进绅董而商之，则皆欢欣鼓舞，赞成罔后。期年，捐有成款，先建祠宇，于岁之己卯二月二日，蠲吉从事。隆其堂，敞其轩，缭以西廊，院宇开朗。其南三楹，祠门中辟，与正宇相对，不雕不琢，平正通达。阅四十日，而仓圣祠成，创始也。

夫事难于创，易于因。是阁则势极崇高，倾颓已甚，欲重修之，因甚于创，其工费之巨，视仓圣祠，几至十倍。余亦虑其难，而襄事诸君劝捐益奋。即于是年闰三月初三日，鸠工庀材。层楼三上，直接霄汉。以斤以斧,以畚以锸。盖不特更新之难,即彻旧,亦正非易易也。自春徂秋,瓴甓高建,丹垩毕备。其法身宝相,灿现天表。凡九阅月,阁以蒇事,因率僚属、绅董,展拜告成,礼也。

是役也,劝捐则有直隶候补同知夏君嘉谷,候选同知曹君寿彭、朱君金、王君善生,候补[1]知县刘君侃、王君宝灿,候选布理问徐君震甲,候选按经历周君全泰,广东试用盐大使王君贻燕,廪生孙君墅。购料则有候选光禄寺署正桂君峤,候选郎中陈君宝儒,候选太常寺博士王君圻。经理收支,昕夕督察,仍属夏、桂两君及王君圻专其事,总其成也。至于乐输姓氏,急公好义,均不可没,悉载碑阴。俾后之览者,知是工之成,天实启之,人实赞之,天人相协,允无不谐。天下事大抵然也,余何力之有焉?

抑余更有望者,阁则新矣,祠则创矣,祀典无缺矣,人文已兆矣。前牧李君、桂君拟办而未果者,亦已竟事矣。所愿文人学士,瞻眺登临,推阴骘之原,识文字之正,举念不忘孝友,举笔不涉奇邪,束身体教[2],发为文章,以鸣国家之盛,庶不负先圣制字之初心,而司命、司中,尚其福汝于勿替也。则是记也,为风土记之张本也可,为科名记之嚆矢也亦可。

王桐《新建仓圣祠碑文》:且夫日月行于天,而后万物作之睹;文明启于世,而后万象为之昭。故肇造皇初,代结绳之治;诞生圣史,赞书契之成。耀四目之灵光,开五德之景运。于是俯仰三才,译《河图》于龙马;变化一画,阐《易》象于庖牺。篆刻讵类,虫雕灵爽,遂闻鬼哭。盖前相轩辕而佐命,六书大有渊源;后纪禅通以作君,百王奉为宪典。形声谐象,信斯文之指南;云汉昭回,俨象星之拱北矣。由是焕乎文章,既祖述之勿替;不谓安于耕凿,竟帝力之同忘。飨祀渐衰,钦崇奚永?我皇上报功崇德,稽古右文,纶綍一颁,馨香特荐。宏开祠宇,中外同风;共仰堂皇,经营不日。

今我海邦,邑侯惟刘,敬谨鸠工,绸缪翚革。文昌密迩,青然太乙之藜;俎豆常新,红荐海陵之粟。是以高檐十丈,卫道无涯;连阁四周,享神有庙。第掞天无力,椠铅莫罄高深;而就日有心,金石敢忘刻画?铭曰:

之罘选石,蝃蝀构梁。塔凌仙掌,楼拟凤凰。文峰竞秀。泮璧联芳。春秋万舞,跄济一堂。饮水思源,文字鼻祖。血气尊亲,羹墙如睹。绪缵崆峒,碑高岣嵝。不朽者三,长此终古。

文昌阁 见前志《祠祀》,名文昌祠。光绪四年,州牧刘汝贤重建。王桐《重修文昌阁记》:《易》曰:“观乎天文,以察时变;观乎人文,以化成天下。”尚矣!乃有因天之文,而即以默相乎人文者。考之《晋书·天文志》:“文昌六星,三曰贵相,太常理文绪。”海内士大夫,因其有功文运,各郡县绘像祀之。而吾州治东南,旧有阁,其尤著者也。

[1] “候补”,宣统志作“候选”。
[2] “体教”,宣统志作“礼教”。

阁之建，邑乘不载何时。自嘉庆六年编入祀典，春、秋两时，蒸尝勿少替。今而知吾邑自开国以后，士之秀而列于庠者，大率掇科第以去。固属地方宁静，户习诵弦，抑亦冥漠有灵，其式凭之者，匪一朝夕也。但历年久远，丹青剥蚀，砖甓飘零，旧址之坏者过半。

适理问刘公汝贤来牧是邦，下车时，见而虑之。非独虑夫斯阁之就圮也，虑夫斯阁既圮，则文因之亦衰。爰集邑中绅士，葺而新之。是役也，捐金者有某某，度地者有某某，鸠工庀材者有某某，经营风雨，不数月而阁成。规模如初，而华焕则异于畴昔。

余自通籍后，足迹半名山大川，见有往时盛迹，一再过，而颓垣断瓦，荡然无复存者。盖地不得人，地不足恃；不得呵护其地之人，则地尤不足恃。於虖！邑侯此举，可谓盛矣。

天子有诏，命各邑建仓圣专祠。祠成，余撰骈文，以刊之金石。

城隍庙 此在海安镇。光绪十七年，袁教骅改二门为审事厅。徐信《审事厅碑记》：闻之：城隍之有神庙，犹郡州之有守牧。吏职明，神职幽。先圣王设教之义，至微矣。考城隍神，古无祀典。吴越风俗，水旱疾疫，必祷焉。有唐乾兴元年秋七月，不雨，缙云县令李阳冰躬祷于神，与神约以五日，至期果雨，合境告足。乃与耆老、群吏自西谷迁庙于巅，以答神庥。是知城隍神，自唐以来已庙食矣。

海安古县治，有城隍神庙，在邑之东。前明天启间，孝子李公移建镇中，为正殿，为仪门，为戏台，为后宫妆楼，为两庑司仪，为东、西房楼，远有规模，时加修葺。惟仪门三楹，岁久将圮。羽士袁教骅筹之，欲仿州治改建前厅，亦犹守牧之有大堂公产。捐募未几，刻期告竣。有志竟成，不其然乎？因书一言，以记岁月，且为之祝曰：

厅事之前，台阁峻严。厅事之后，宫殿深黝。厅事左右，廊庑对偶。维厅之中，法座尊崇。既伐我鼓，爰考我钟。再拜稽首，瞻仰圣容。保尔人寿，赐尔年丰。永垂百世，大哉厥功。

城隍行宫 在姜堰镇东大街监生黄九河宅，九河施送，改建忠佑侯行宫。《续志稿》，参新采。

火星庙 在安家坊。

斗姥宫 在州治西南，见前志《寺观》。中有吕祖坛，见前志《祠祀》。名吕祖祠，嘉庆年间重修。沈潆《重修斗姥宫吕祖坛碑记》：斗姥宫，本王仙翁诞降之地。晋时在郊外，后周团练使荆罕儒筑罗城，增子城，甫在城内。里人即其地建仙翁祠，洵以仙翁虽栖真姜堰之天目山，而钟灵实在此。五季时，祠为兵燹所毁。宋建隆年间诏重修，祀吕祖，兼祀仙翁。金兵南至，其祠又毁。元泰定间，始改为斗姥宫，于前殿祀吕祖，正殿奉玉皇，后殿奉斗姥，以徐神翁画像祔，而仙翁之祀替焉。自国朝嘉庆十一年，以刺史奉文，春、秋致祭吕祖。敬念我圣朝之重吕祖，封号极崇，祀典优渥，阖邑蒙福，非一日矣。但因阅年既久，宫室荒废，道友韩一鋆有志重修，而未果。

邑人国子监生刘灿周暨同人肩任之，鸠工庀材，朝夕靡懈。四方慕义之士，咸好善乐施，踵门还至。由是，吕祖殿至后殿，高甍翼云，层轩障日。厥工毕举，又于宫之艮方，新建文昌殿，而徐神翁、王仙翁之画像，及袁公木村之栗主，皆于此妥厥神灵焉。又复广以陂塘，缭以周垣，启径开轩，莳花艺竹，以为士人会文之所。落成三日，于隤堧丛薄中，获古井一区，水甘如醴，其甃则苔青石赤，字迹隐然，曰玉丽泉。因思凡物之显晦有时，兴替无定。若非刘君与同人尽心力为之，而岁仅一周，殿宇辉煌，井泉甘冽，何若是之速哉？然非神灵之凭翊，恐观成获福，亦未必若是之速也。用镌石纪其颠末，并镌捐金人姓字，告神灵，质士庶，庶有别于媚神淫祀者。而有司春、秋来祭，亦且肃观瞻，而仰体君心，为民祈福也。

运使乔公有《海陵八景》诗，刻石嵌壁，诗载《艺文》。

三官祠 在海安镇新安会馆内，兼祀宋朱子。

盐宗庙 在天宁桥西小香岩侧，祀夙沙氏、胶鬲、管夷吾。同治元年，盐运使乔松年建。乔松年《新建盐宗庙记》：古圣人开美利之源，以贻万世；后人必有报祀之典，以答其功。下至贩夫佣竖，亦知求其始事之人而奉祀之。若酒，则杜康；若茶，则陆羽。其类甚多，细犹若此，况其大乎！盐之资于人，久矣。江淮间盐利尤饶，上以佐国赋，下以给民用。凡官商、胥吏、士大夫与市井纤夫，仰给于斯者，无虑数万人。顾未尝求始事之人而祠之，无乃礼之缺欤！

按，许叔重《说文》曰："古者，宿沙初作煮海盐。"鲁连子曰："宿沙瞿子善煮盐。"皆未言为何时人。《世本》谓"宿沙作煮盐"，而宋忠注乃目为齐灵时之宿沙卫，此为妄言。卫能煮盐，何《左传》《国语》《史记》无一语及之？即以齐盐而论，当举管夷吾，亦不当举卫。考郑夹漈《通志》引贾执《英贤传》："炎帝时侯国夙沙氏。"罗泌《路史》注谓："夙沙，即宿沙，又作质沙，炎帝之诸侯，煮海为盐。"是《世本》之夙沙，即《说文》之宿沙，固宜从《路史》注，断为炎帝时诸侯无疑。乐史《寰宇记》载："解州安邑县有盐宗庙，祀夙沙。"谓之盐宗者，尊之也。是唐宋以来，固已祀于解池。

咸丰十年冬，予领盐司事，侨治海陵。询之诸曹，知千百年淮司[1]未举斯祀，窃以为疑。古人于农则祀社稷，于蚕则祀西陵，至今由之。道光朝，江苏疆吏以宋元间黄妪教民艺木棉[2]有功，疏请祀为先棉，诏报可。盐之事重于木棉，夙沙之爵与年尊于黄妪，正当与后稷、西陵并隆终古。顾阛

[1] "司"，程抄本作"南"。
[2] "棉"，程抄本作"绵"，下同。

寂[1]无闻，莫为报祀，岂非事之大可憾焉。[2]

仲子祠 在陈家桥西，祀先贤仲子，附祀进士鹤庆暨子振履、振猷。光绪三十二年，裔孙文涛建。

董公祠 见前志，在州治西南，旧为火星祠，后改建潮音寺，西偏祀孝子董永。万历四十五年，盐院谢正蒙建。夏荃《董孝子辨》：紫阳太史撰《董孝子传》，引《汝宁府志》云："汉董永，千乘人。今山东青州府博兴县，古千乘地，博兴亦有永墓。少失母，汉末奉父避兵，寓汝南。家贫佣耕，后徙安陆。董仲，永子也。母天女，生而灵异，数篆符驱邪。尝游京山潼泉，镇毒蛇，篆石尚在京山之阴，后仙去。仙女墓在府西城二十五里，永子仲思母，追葬衣冠处也。永墓在湖广孝感县。"太史遂疑在泰西溪者，乃永父墓，而永墓在孝感。太史又称："余游楚州，其地亦有董永墓云。"康熙末，州牧莱芜魏公，取《崇祯志》重刊之，于《孝子》"董永"下添注云："按《广舆记》，永，山东青州人，徙居湖广德安。父没黄州，卖身以葬，事迹、祠墓俱在德安，碑碣可考。永有子为道士，仙去，亦在楚地。泰州董孝子，想另是一人。年久传讹，附会为永，好事者又为地迹以实之。"考刘大参原《志》无此注，乃重刊时所增，盖狃于太史之说。若余，则必以孝子为泰人也。

太史不云乎？隆、万间，鹾院谢公正蒙自幼为诸生时，梦董公自云泰州人，期他年官泰州，为建坊祠。谢成名，果以鹾院来扬。方公座，仿佛见公，因下令建坊及祠，八字桥所建是也。今孝子祠在丰利桥西潮音寺内，而太史云"今八字桥所建是"，可见谢公建祠，初在八字桥左右。后祠废，遂移其像于潮音寺。此其确然可据者，不得疑，太史误以丰利桥为八字桥也。今《孝子祠碑》载："谢公，粤南人，以侍御巡鹾两淮，梦公与语，因建董公仲舒祠于江都。夜复梦公，乃建祠于此。"其文与太史所记，互有详略。其称谢公初误以为董江都，尤曲尽梦中情事。

太史又云："兴化李文定公，相传为公后身。"夫公，孝子也，其精气历久不敝，理固宜。然使公而产于兖，葬于楚，其精爽当在楚、兖间，何致于二千年后，眷眷于数千公里外未发迹之谢公，自道乡曲姓字，一梦再梦，仿佛见形，必俟建坊祠于泰而后已哉？然则公之为兖、为楚、为泰，不待智者能辨之矣。其后身为李文定也，事近幻。余以理断之，有必然者。兴化，故海陵地，兴犹泰也。公诞降为状元宰相，近在乡曲。天意非若此，不足以待孝子。且使此邦贤智、愚不肖，皆知所观感，此造化之深意也。然则公之为泰人，又何疑哉！又何疑哉！

或难余曰："太史据《汝宁志》《录异记》，魏注所据《广舆记》，非杜撰也。如子言，然则彼皆非

[1] "寂"，程抄本作"然"。
[2] 按原本、程抄本皆未录全。宣统志录有全文，文长不录。

欤？”余曰：“不然。彼所据者，亦方舆志乘耳。均是志乘也，何独于彼而信之，于此而疑之。使公无示梦事，其为兖、为楚、为泰，未敢臆断也。观公一梦再梦，匪仅为坊祠计，殆明明诏我乡人勿兖我、楚我也。今尚忍兖公、楚公哉？”

夫人物者，乡里之光也。凡官斯、寓斯，苟其人可得传，尚思假借焉，矧乡贤乎？泰固滨海僻壤，纪人物者，自番禺侯以上无稽。今又推孝子疑似之间，使末学肤受者，皆得摇唇舌议其后，余甚痛焉。爰发明公所以示梦之故，若预为今日聚讼地者。公而有灵，其许我乎！

宋三先生祠 见前志，在海安镇，祀宋仲淹、胡瑗、文天祥。旧志云“祀张纶、胡令仪、范仲淹”，非是。明王栋《三贤祠祭田记》[1]：泰之东百二十里，迤逦入海安，居民仅数百家，非大都邑比也。然而好义尚贤，崇正黜邪，□□□□□□□□□□□□□□□气所钟然也。故镇北里许，有凤山书院，为祀宋胡安定先生之祠，盖撤玉山禅寺而□□□□□□□□□□□□□□□文文山先生祠。镇之西，则又撤观音教院，为祀文正范先生祠，巍然鼎峙，人□具□□也□□□□□□□□□□□□□□□□□□备，颙然可观。其趋向若是，则三先生之流风遗教，今昔何有异也耶？先是祠成时，订以□□□□□□□□□□□□□□□□粗备，祭祀则乡耆主之，礼若太简然者。继因大夫乐溪黎公均概州□粮时，杨君乔□□□□□□□□□□□□□□□□□西寺隙地十余亩，不升科差，专为三祠祭田似也，然岁渐久，不无更损[2]之弊。住持僧□□□□□□□□□□□□□□□□□□□□□简甚，亦势然耳。兹楚玉君之子轩，旧从余游，学古之道者，慨然有继厥父之志，爰□自□□□□□□□□□□□□□□□□□□十余亩，召佃者岁入其租，以永供三祠祭。而崇报之典礼，至是始备矣。且向称镇为安□□□□□□□□□□□□□□□诸君子因嘱余为记，余因叹诸君子之向慕于三先生者，不介自孚，不鼓自动，性同然也。□□□□□□□□□□□□□百世之下，闻者莫不兴起。非三先生与诸君子，而能若是乎？虽然，文山之气节，遇变而彰，非吾□□□□□□□□□□□□□□□□于海滨，非吾人所可及者。然则今日吾人之所当致力者，其惟安定之学乎？盖先生当□□□崛然□□□□□□□□□□□，以斯文为己任，躬行实践之学、经义治事之教。传之迄今，于学者之治身心，最为切近，而□亦以□□□□□□□□□□□学而学焉，则崇德尚贤之美，立田备祭之典，亦当与先生之德教而并传矣。诸君子□□□□□□先生之祠宇□□□□□□□维扬之志，与名公之所叙述，俱历历可考也，兹余不复赘云。

范公祠 在北门外徐家桥西王草巷，祀宋范文正公。旧为佛隆庵故址，同治五年，州牧桂迓衡改建，今设景范学堂于内。田亩载《学堂》，一在海安

[1] 宣统志作《宋三先生祠碑记》。
[2] “更损”，新抄本作“更捐”。

镇，见前志，碑记载《艺文》。

泰山行宫 在州治西。前志《祠祀》门作“泰山庙”，州人呼为奶奶庙。按《在园杂志》：泰山碧霞元君，则曰顶上奶奶，清口之惠济祠曰奶奶庙。他处凡元君行宫，皆以奶奶称之。俗称有自来矣。

刘猛将军庙 在城东，见前志。知州陈廷栋《刘猛将军新祠碑记》：神治泰于阴，余治泰于阳。阴阳气相表里，咸钦承上帝好生之德，以抚绥天子百姓。余自辛酉七月奉命来牧兹土，虽不敏，然斯民之疾苦，常昼不遑食、夜不遑寐以求之。神聪明正直，英武慈仁，其为民计者，必倍于余。考之《道经》，神讳烈，猛其锡谥也。生为上将，死为明神。历朝以来，崇诸祀典，昭代礼益加隆。凡捍民灾、御民患者不遗力，而功尤莫大于驱蝗。

在今夏，过东城，见祠仅数椽，不蔽风雨，门墙亦多倾圮，春、秋飨祀，仪形不称，非所以妥神灵、答神贶也。瞻拜之下，慨焉太息，谋所以新之。夫食其福者，不忘其本。即如六月六日，早禾遍野，自申至酉，飞蝗遍天，悉向西南而去，四境不伤一粒。昔马棱守广陵，宋均守九江，米芾知无为军，蝗皆过境[1]不扰。余德不逮古人，敢以为功乎？窃思，“蝗，横也”，闻之《埤雅》。食心曰螟，食叶曰螣，食节曰贼，食根曰蟊，名虽四而害则同。今既来，何以即去，当必有神焉以驱之，是非神之大有造于泰哉？余与泰民仰荷神庥，敢不展敬！特捐清俸，州人士亦踊跃从事。爰饬五材，于梓于陶，内绚外巩，十月既望鸠工，迄十二月二十五日，而神祠告成。向仅数椽者，今前后主屋各三间，楹两厢，亦如之。闬闳轮奂，榱桷一新。祭之日，神座巍巍，庭燎赫赫。牲肥酒香，珪虔币洁。官师就位，笙管杂陈。可上克于揖让，下周于步武，庙貌自兹整肃矣。

抑余更有请者。今蝗虽不为害，而遗子满地。来年禾秀时，恐起蜂噬。尝阅《霏雪录》，载老农语曰：“蝗一产八十一子，即钻入地中，待时而出。经大雪，则入地愈深。”坡公《雪后书北台壁》云“遗蝗入地应千尺”，是也。仍祈大奋神武，当冬三之严腊，率滕六以声威，俾遗种尽歼，余孽不作，则余与亿万元元，益戴帡幪之德。兹州人士喜祠之成，佥谓斯举也，不可以忘。用树贞珉，志神之阴相呵护，庇我泰民，与祠改建之岁月并书之，以垂久远。

关帝庙 在海安镇。见前志，张符骧有碑记。道光十五年，里人李襄重建，碑记见《艺文》。

东岳庙 在樊汉镇。

岳武穆祠 见前志，在泰山墩。万历三十四年，钱塘张鸣鹗备兵泰州，于山巅建屋三楹，奉王遗像，以石刻秦桧及桧妻王氏像跪于前。又有武穆

[1] “境”字，程抄本无。

父子画像二帧，主僧守藏，每岁二月望日悬挂，州人争瞻拜之。夏荃《岳像记》：庵旧藏王及小将军画像二帧，王像圆面丰颐，微有须，恂恂然儒者气象，盖王遇害时年仅三十九也。两手捧书，坐而观，史称王通《春秋左氏传》《孙吴兵法》，又称好览经史是也。画像尽纸，仅及腰以下，躯干甚修伟。帧之上方，摹高宗手敕一通，余无题识。嘉庆十一年，州大水，两淮都转曾公燠、扬州守伊公秉绶莅州勘灾，同瞻王像，重付装池。今像右有墨卿先生隶书两行，纪其事。嗣官吾邑者，率循例题名矣。小将军像，视王像杀四之一。将军少年丰貌，冠兜牟，被甲裳而立，交两手于胸，左、右腕各悬铁椎一。腰际右佩椎囊，阔而短，左佩剑并弓衣。英姿飒爽，淋漓纸上。史称将军年十二从张宪战，数立奇功，军中呼曰赢官人。每战，手握两铁椎，重八十斤，为诸军先。平襄汉，平杨么，功皆第一。颍昌之战，出入行阵，身被百创，甲裳尽赤，以功迁防御使。及难，年二十三，洵无愧"国家忠臣，岳家父子"两语矣。像为雍正壬子胶州高公凤翰从西湖岳裔家传遗像摹得。越三年乙卯，公官泰坝盐掣，留贮庵中供奉者也。像首有公题识、赞跋，其称"云弟雷，与兄同日遇害"，足补史乘之阙。公行书、隶书、左手书俱工，行书杂隶体尤工。赞语亦精绝，堪与像并垂不朽矣。

都天庙 在西仓大街。府志云：祀司祲之神。一在姜堰镇观音阁南。

晏公庙 在西仓大街。前志云：在城内经武桥。一在千户所，一在荻柴巷，一在新桥口，今俱废。《檐曝杂记》："晏公庙，昔人以为江中棕绳，许旌阳以法印击之，遂称正神云。又按，《国宪家猷》载猪婆龙事，有老渔问其姓，曰：'晏也。'明太祖曰：'昔救我于覆舟山。'乃封为神霄玉府晏公、都督大元帅，命有司祀之，而不云棕怪。"

文信国祠 见前志。在海安镇，祀宋文天祥。旧为祖师观。明林春《文信国公祠碑记》：昔人谓：宋室养士之效，见于文信国公。以其忠于宋，而甚难于时也。予曰：公之忠，何待于养？生具秉彝，自由未尝不易。由之则生，不由则死，不容毫发爽焉者。间有□□□道，彼时逐势，以生荣为乐、伦理为轻者，虽衣服、饮食相与终身，固谓其罔生者，何足立人纪、关风教、淑后生、化闾里，以风动于无穷？盖其不知道以统人伦，□□□分，顾自外于公。彼知心死，且不安矣；求以速朽，尚未可得，安足来人之神乎？是故统伦之性，通于其心，由古及今，未始湮没。公之在宋，而今之仰公者，亦远且疏矣。何以闻其事而感于心，论其世而闵其厄，诵其诗而[1]绎其忠，生于心而摹之永也。盖精神志虑之感乎，今古兴亡之在念，若挹其神而与之语，悲其生之不辰，而不见其忠愤之有成也。岂以今古而有异哉？

昔公之脱京口，走真州，至扬及泰，伏城下十余日。自是而东也，有"过海陵来到海安"之句，天下诵而思之，海安镇人诵而更思之，凡以重其人而信其忠也。嘉靖丁亥，庠生□□与侄时望、表

[1] "而"，原本无，据上文改。

习，见乡人之重其诗也，因广其志，以纳于道，白于郡守瑶瑚王先生，建祠而祀之。至乘其信且习者，摅发其崇祀之心，而彼怀忠慕义之诚，而导以□其恩□爱也。若谓公于疏如此，于亲可知；于变如此，于常可知。使作奸犯科，渎伦灭义，凌虐乡里，侵侮同类，以便其私，以骋其智者，皆公之罪人也，得不可以深长思乎？

时有诏建文山祠。镇东妙真观高元虚敞，面河居震，若有所统而庇依者也，因改以祀公。是祠也，重修于天顺五年某月，倡义而董其事者，则镇人陆儆也，住持丁道成暨其徒以世守之，镇人刘轩等置祭田以祀之。凡所以祀公者，咸知礼而不侈，为可继焉耳。

或曰："公之祠遍天下，何有于是？"予曰：公当德祐二年丙子过此，迄今嘉靖十八年己亥而始祀之。凡今之祀者，何求于公哉？此心之感于神而通我知公之心，当有不以世异者矣。若人之伦，统于性而不间于人，则质于神而不疑于心也，安往而不神乎？使其所托而寄其私亵，取虚名，不食其实，吾恐神夺心离，阳合阴判，联属表章之机，竞成作伪阴谋之阱矣，何裨于风教哉？今而后，葺其颓，新其旧，妥神而永思者，将观此而省也。故谨记之。

愍义祠 见前志，在州治南。夏荃《愍义祠记》：登仙桥南，有愍义祠，荒落芜秽，无过问者。庚寅夏五，偕式南、价人出南门，访打渔湾诸古迹，过祠门入焉。祠屋三楹，甚卑隘，中供木主六，特书茂才虚白刘君启衷、文波刘君光道、印江李君邦相、如江李君邦翰、凤郊邱君启贤、乾斋方君士元神位。众愕眙，莫审其义。久之，于龛侧得短碑一，陷壁内，拭而读之，始悉其事。

明万历二十三年，泰大水，有司不以闻，六生奔走诣阙下，吁陈疾苦，得旨蠲赈，全活甚众。归舟抵淮上，同溺于水。州人感其德，祠而祭之，颜曰愍义，纪实也。

祠之建，由来旧矣，岁久倾圮。至国朝雍正九年，六生后裔刘大楫等，葺而新之，请记于州牧石公杰。今祠中所勒《重修六生祠碑记》是也。《记》称旧有碑，漶漫不可识。近又百年，旧碑石久亡。

考《州志·祠祀》"愍义祠"注，只载六生溺淮，而未详致溺之由。匪碑文，后之人何所据耶？其告灾原疏，亦有关系文字，惜不与缪嵚、蔡蕙两疏同登《艺文》，为可憾耳。六生裔，刘姓二十一人，李姓十二人，方姓六人，邱姓五人，皆修祠者，得著名于碑。

中悬二榜，一为雍正九年州牧石公立，一为乾隆七年刑部尚书刘公兴隆立，刘邑里未详。其屋之正梁，上书"大明万历二十六年，岁次戊戌春二月吉旦，直隶扬州府泰州署州事判官程先登建立"三十四字。祠尼指示客，谛视尚历历云。

储公祠 见前志。光绪九年，裔孙储治平、储进捐资重建，进子元黼、元黻增屋十余间。

张公祠 在州城内太和坊，祀明乡贤张文。光绪十八年，裔孙凤翔创建。

王公祠 在姜堰镇东后街，祀明乡贤王栋，万历九年建。近溪罗汝芳赞曰："雍雍其容，坦坦其胸。洙泗宗派，桃李春风。千载一日，仰止攸同。"

徐公祠 在海安镇中坝东，祀明乡贤、佥都御史徐耀。

孝友祠 在海安镇东门内，祀陆经、陆纶。

永赖祠 在海安镇牙桥坝，县令秀水李元白、抚台柏乡吕、河台安州房、按台蓟门崔、前盐台历城周、今盐台进贤樊、漕台会稽姚、海道蕲水郭、郡守泰河杨、署泰州事惠来翁、通守西蜀周、海门令归安严，合祀十二位祭酒，李思成有记略，祠寻毁。如皋旧志、《海安考古录》。

列仙祠废 在香岩南，奉吴陵十仙。又旧志称十仙台，在起云山下。虽香岩、起云，前代久废，而十仙之名宜存。十仙，志传内载陈毯皮豆豆、唐先生甘弼、徐神翁守信、乐真人子长、王仙翁治、周处士恪、王鹿女七人，其三为陈悟真、风尚书、戚端公，尚有高存、陈悟真。据此，则十仙堂，即小西湖中之十仙堂。又考嘉靖《志》有皇甫真人，崇祯《志》有白衣二真人及傅仲良事，因附识于此。

忠爱堂 在报德祠左，今废。

安攘堂 在报德祠右，今废。

生荣堂 即今报德祠。

瞻云堂 在凤山上，今废。

以上四堂，均在海安镇凤山麓，属报德祠。《海安考古录》

王公祠 在北门外东大街，祀国朝乡贤王世丰。同治二年，子广业建。

许乃钊《王乡贤祠碑记》：公讳世丰，字沂中，又字筠舫。始祖讳景隆，苏州人，元季迁泰，遂家焉。曾祖讳佳栋，国学生。祖讳三祝，直隶顺义知县，赠文林郎。父讳叔槐，候选布政司经历，历赠朝议大夫。顺义公任南宫县丞，岁疫，囚多死。令去其桎梏，囚感焉，无逸者。大吏奇其才，荐升顺义县。丁母艰，遂不复出。为善于乡，里中[1]称王善人，早卜其后之必昌也。

公生有异禀，髫年即潜心文史。二十一，补学官弟子。二十四，食廪饩。援例得训导，署江宁府学教授。时有方荣升案，总督檄府、县暨公籍其家，得习教名册。讯之，乃荣升欲张大其势，实则俱未尝从逆也，立焚之。上元训导某侵用贫生银与廪粮，诸生诉于学使，将收其孥。公代偿之，事乃

[1] "中"，程抄本无。

解。再任通州学正，有讦告阴私者，公以事关名节，密令入署，反覆开谕，讼者立燔其牒。生员某因事发学，怨者请庭辱之，报以百金。公怒叱之。

嘉庆戊寅中副榜贡生，己卯举于乡，丙戌大挑二等，选金山县学训导。明季，金山兵祸尤烈。公举未经表彰者，倡祠以祀，又祠祀陈卧子、焦此木两先生。暇则与诸生讲学其中，多士感焉。公去任后，设长生禄位以祀之。盖自建学以来，设位者二：一为国初某先儒，一即公也。道光十六年九月，疾终学舍，年五十六，遵例入城治丧。

公为人谨厚，事有裨于阖邑者不辞劳，必期其成而后已。北门外旧有盐坝，泰分司所属场盐必由此达上河，坝上夫恃以糊口者，日数百人。有司谋开东门鲍坝、南门滕坝，设闸通盐，而废北[1]坝。公曰："若是，则失业者多。且州境南高北下，开闸则上河水立涸，下河亦成巨浸，农民均困已。"力阻其议，事遂不行。扬州试院旧在泰州，念与试者无以蔽风雨，公倡捐芦棚而新其号舍。守先人施粥遗规，数十年不倦。其他立义塾，及遗爱祠、节孝祠，见义必为，天性使然也。

尤笃于友谊，执友万孝廉棨，邑之高才生也。孝廉殁，子仅四龄，贫弱不能支，公助其薪水，资其诵读，教如己子，孝廉妻全节以终。其女字毛氏，子七岁，即愿为亡夫守志，先后俱得旌表。孤子举乡荐，皆公之力也。

公生平不以道学自名，植品敦行，不愧昔贤。著有《两庑先贤考略》《毛诗集解》。道光己亥，里人公请崇祀乡贤，得旨允行。配朱恭人，子一：广业，道光癸未进士，兵部车驾司郎中，官至汀漳龙道，赠公中议大夫。孙：贻谷，浙江候补同知；贻燕，庠生，侯选太常寺博士；贻清，庠生，侯选通判；贻璋，庠生；贻鄞，候选同知；贻琨，候选詹事府主簿；贻牟、贻彤、贻玖、贻哲、贻典。

论曰：余家自先祖理猺公以乙科起家，绵延五世，继登甲乙榜者又三十五科。论者皆推本于先人积厚之报，岂不信哉？今观赠公，位不副德，而子姓繁昌，甲科继起，积善余庆之说，更有征矣。余会试出观察师门下，年来避地泰州，知公隐德较详，爰述所闻，为世之乐善者劝焉。

刘公祠　在姜埝镇坝口北银锭桥，祀□□□□，乾隆四十一年，刘氏公建。

宋氏宗祠　咸丰九年，宋维邦创建，在运粮河庄西，并施田二十余亩，为祭祀费。

黄氏宗祠　嘉庆十四年，黄克绍创建，在大埨庄西南。嘉庆十六年，节妇黄田氏、黄王氏姑媳施田一百零一亩为祭祀费。道光十七年，举人黄辂禀请勒石。

[1]"北"，程抄本作"此"。

韩氏宗祠　在海安西铺大街。明万历，韩俶洋等建。

三塘李氏宗祠　在海安中坝后。明万历丙辰，李祐、李社建，刘时雍有[1]《碑记》。江河之东注也，不啻千里，而其源发于昆岷；松木之干霄也，不啻千尺，而其本培诸徕甫。未有源不远而沛然莫御者，亦未有本不深而挺然特立者。是以君子探本源于水木，而吾身所自出，可深念矣。故曾子以追远为厚德，而士庶合族立祠以祀先者，国朝亦无苛禁之条。是圣人以孝风天下，而出治者俾人人得厚其本源也。

顾祠堂之设，江南在在有之，而自江以北则绝无仅有者，岂远易忘而本源未讲乎？抑力不赡而简陋自安乎？然又有专事财产而孝思不遑者，其于为子若孙之义甚无当也。吾乡三塘李君祐者，幼业儒，至性天植。二亲两遘危疾，两刲股以瘳之。抚院嘉其孝，荣以冠服，其本先立矣。近以族繁世远，统绪易淆，因乃父存日所录世系，修辑成谱，用继厥志然。

且以乃父孝先之志未竟也，爰即墓所，创为先祠，正寝三楹，中楹奉其始迁祖神位，东楹则世祀族祖之贤孝者，西楹则世祀族母之贞节者。东阶三楹，用备燕享，以洽一族之和；西阶三楹，特设义塾，以兴一族之行。置田，岁供祀事，以省一族之费；置以义田，时助不给，以赡一族之贫。中堂则仪部何天玉题之曰永思，燕所则吾乡顾如植君题之曰永锡尔类，西塾则淮阴郭正中题之曰保我后生，前垣有门则程君子邈题曰二履处。祠创于乙卯之冬仲，主妥于丙辰之岁。凡所谓洁俎豆，饬典礼，立规约以教敬、教爱者，纤悉皆具。于水木本源，有余思焉，固今人而行古道者也。

君何以得之哉？惟其笃志圣贤，礼隆师友，联会十邑，以倡理学。故其所为，不溺于俗，独立古今，是身行其所学者也。且平居建河梁、置义冢、周穷乏，种种不胜缕指，又能推其孝思者也。君之弟社，克恭厥兄，共成义举，又能广其仁心者也。

君与余侄大成有婚媾之好，故道其祠之规制、与君之素履为甚详，兹托余侄偕徐君邃初，以祠堂碑记为请。余方惜世之封殖财产而先祠阙略者，无以尽追远之义也，遂书其大略，以为李君厚勖。其条目有未尽者，则郭君立款于碑后，以为李氏世守之规。万历丙辰季冬，承德郎、山东济南府通判致仕、海陵刘时雍撰。

徐宗祠　在海安中坝后街。明崇祯丙子，徐耀、徐炯、徐爌建。

陆宗祠　旧在海安西街，上河边。光绪二十五年，裔孙陆炳埏等移建于城隍庙东大街。

孝子祠　在章郭庄南，祀孝子章家欐。光绪二年，奉旨建坊。

高氏节孝总祠　在城内殷家巷，裔孙高清等建。

---

[1]“有”，程抄本无。

游氏宗祠 在西游庄。建年失考，光绪三十年修。

王氏宗祠 在谢王河王家涵子河西，创于清初。十一世孙如台捐入田五十二亩，禀请勒石。道光十八年，十三世孙迪遂、进露捐资重建，呈请立案。

丁氏宗祠 在姜堰东街丁家巷内，道光二十八年建。

孝子祠 在姜堰山巷内。光绪二十三年，奉旨为孝子黄瀛建。三十四年，知州李岳衡给“孝思不匮”额。

徐氏双孝祠 在便民坊西甲蒋家巷内，合祀孝子徐昌龄、孝妇徐宫氏，民国十一年请旌。徐天璋来条。

王氏支祠 在州治正东隅，谢王河乡胡家集西首。乾隆五十四年，由王茂公孙王骐发起，与族人捐资建立茂公本支支祠，于茂公墓内，有茂公乐善好施坊。嗣由族人陆续公置田百余亩，所有田租，为春秋祭祀及修葺祠宇、续修族谱之用。初由族人轮管，自王氏进业义庄成立，改由义庄经理。

附记

胡安定先生祠 在岳墩下，见前志。民国六年，祠宇倾颓，邑人李毓彬、陈熙祖、高炳华请款重建。

徐刚毅公祠 在海安镇徐耀祠右，祀赠内阁学士、福建汀漳龙道徐晓峰。同治八年，奉旨建立。

蔡孝女祠 见前志。旧在南一铺，祀孝女蔡蕙。光绪十年，州牧程遵道移建升仙桥大街。《蔡孝女救父书》：江南扬州府泰州冒死替父伸冤闺女、臣妾蔡蕙奏：为父抱不白之冤，女发替死之愿，泣诉哀情，仰渎宸听事。

痛父蔡孕琦，原系候选学正，今为参革监犯，本一介书生，七岁亡父，有兄异母，附居三十余年，闭户读书，南、北应试七次，迄今年近五旬，尚未有子，生臣女数人。可怜只身独自，竟抱千载之奇冤。臣为生女，能无鸣冤之切志？

祸缘康熙丙寅年，有仇豪缪器，暗砌访单，致奉前抚臣赵士麟，于五月十三日拏究。始则名号不对，继则檄州讨款。查无劣迹可揭，因而出示招告。缪器遂贿买族侄缪德等，假僧海满等捏词夥镟，准批江苏按察司，转发江宁南捕官详解，叠谳七堂，犯仆共夹二十七夹棍，所告一十九词，皆无一实，审看有“旧案翻为新事，张冠李戴，借访耸准”等语。既属无辜，理应释豁。抚臣坚不认错，摘六款于十月初十日入告钦件，例发本处有司承审，独此案越批上元县县丞于述统。岂述统惟知索贿，全无官箴。屡令吏书，至狱关说，口称上官要钱，必须盈千累万。无奈贫不饱欲，遂尔任意定招。

皇上好生如天，重囚每邀仁宥，且屡谕内外衙门，问断务期平允。停刑之诏屡颁，缓狱之条日下，诚视人命至重，不忍伤生之意。未有事关三命，问官不吊一卷，不提一证，而即置人以死，罪至大辟；法司不准一诉，不驳一详，而竞[1]论人以斩。泣思臣父，既无人命奸情，又不为非造恶。霹室坐以光棍，黑冤从何得伸？

即新例最严光棍，原因恶棍无影生风，吓诈内外官民，故定此重例。今如一款，缪德系栟茶场场司衙役，因苛敛不法，被本场灶籍生员缪藩等公呈为官蠹苛敛等事，奉有巡盐御史批，盐运司通详可据。臣父住泰州，相隔二百余里，生平与德绝不识[2]面，屡审原属子虚，而定招忽栽为谋主。如德果然卖房鬻女，何不问明女系何名，鬻与何姓？房坐何地，卖与何人？县臣并不吊卷，任意诬为拷打诈财。如三款，杨玉田系田土交易，彼此契明价足。杨欠众债，卖田清偿，当官交价。扬州知府批有印照，并退出各家契卷可据。如果有投献之，杨振宇何无到案亲供？果然逼写借约，何无执笔原中？县臣并不吊阅，任意诬为逼写借约。如四款，颜氏表家有仆身故，与臣仆阮男绝无瓜葛。倘果冒认死亲，有何呈词？投何衙门？是何经承原差？一询立剖。且款开许尔志过付，并无其人到官。县臣明知是虚，任意诬为图赖取财。以此三款，捏作光棍，诚不可解也。臬臣未驳一详，督臣未经一审，改抹原供，附会成狱。部臣据招阅夺情伪，何从得知？幸荷天恩监候，方得苟延性命。

皇上仁过尧、舜，岂忍狱有冤囚？伏乞睿鉴前情，俯赐矜怜，准敕在京法司，或批直隶巡抚，吊卷提诬，秉公亲鞫。观前后之矛盾，则知轻重之悬殊。

在昔缇萦女为父鸣冤赎罪，汉文帝[3]怜而释之，载在史册，千古传为盛典。臣妾父被仇陷害，拟以大辟。自逮狱以来，妾衣不解带，卧不登床，弃纨绮而不御，捐膏粉以无施，日夜悲号，吁天无路。每月遥望宸阙，礼拜千余。迄今三载，寒暑未辍。惟祝玉辇南巡，妾父盆冤见日。今幸驾临，是诚千载奇逢。妄效缇萦之故事，冒死鸣冤，伏望天鉴。原系辩诉冤枉，未免字多逾格。冒昧无知，涕泣上奏。

夏荃《孝女祠记》：孝女名蕙，父孕琦为仇所陷，狱成，拟大辟。康熙二十八年春，圣祖复幸江南，女上书讼父冤，狱平反，孕琦得释。女以深闺弱息，冒犯不测，出九死一生之计，卒能格天悟主，救父全身。孝女子，抑奇女子哉！张海房太史称："自有书契以来，女子为父上书者，于蕙仅再见，当为吾邑人物之冠，匪特超越巾帼而已。"原疏旧载州志，新志去之，可谓无识矣。

[1] "竞"，程抄本作"即"。
[2] "识"，原本脱，据《〔雍正〕泰州志》卷九《艺文》补。
[3] "汉文帝"，原本作"汉圣帝"，据程抄本改。

孝女有专祠，在南门高桥北、东河沿，祠面河。庚寅夏五，偕式南、价人往访，门首仅存石额，扉楹皆亡。入门，破屋三楹，墙壁倒塌，空洞无寸砖。东一间，栅以破篱废荐，似有人栖止其中。屋四角，以坏木撑拄之。三人愕眙相视，莫敢先入。然欲穷其事，不得已蹑足入，见败甑敝帚，堆满案上，无下手处。搜剔良久，得木主一，上书“皇清旌表建祠崇祀”，下书[1]“救父蔡大姑蕙之神位”。谛视间，屋摇摇欲压，因跄踉出，于草莱芜秽中，寻所谓断碑残碣，不可得。邻某告余曰：“祠旧塑孝女像，为墙所碎矣。自屋圮，官祭久阙。”余闻之怃然。

案，孝女初许字缪浒。当狱事急，浒度孕琦无生理，议迎蕙妇，女不许。及父得释，始归浒。未期年，病卒，盖积劳所致。今仍称为孝女，成女志也。

西桥南有蔡小姐庵，另是一人，非蔡蕙也。

王孝女祠 在北门外东大街，祀乡贤王世丰女敏业。光绪四年，王广业建。

李公祠 在姜堰镇天目山侧，祀创建普、育二堂、雍正丙午岁贡李廷芳，事载州郡志。乾隆八年建，扬州知府高士钥题楹联、匾额。

黄节孝祠 在姜堰镇西烟墩，祀儒童黄城妻刘氏，道光八年建。

王节孝祠 在姜堰镇东后街，祀监生王洛妻黄氏，道光九年建。

程氏宗祠 在北门内水关桥西。光绪元年，程蓉庆继其父祥栋志建，置田五百八十亩五分，又续置田三十六亩，永为祠产，州府立案。

周氏家祠 在石头巷北顾家巷，光绪六年，周彬建。

王氏支祠 在白马庙，光绪十六年，王云梯建。互见“义庄”。

袁氏家祠 在城内太和坊丁家巷，光绪二十年，袁锦建。

乔氏家祠 在南二铺关帝庙巷，祀明明威将军、指挥佥事乔冈。光绪二十六年，裔孙鹤年建。

凌氏家祠 在官庄西。光绪二十七年，武举凌文蔚建，置有旱田三十亩，永为祠产。

魏氏家祠 在南二铺净因寺河南，光绪三十年建。

鲁氏家祠 在西仓街。

王家祠 一名摩诘庵，在海安镇陆家巷。嘉庆乙亥年，王翎修、王继昌倡捐创建。《海安考古录》

[1] “下书”，原本作“上书”，据文义改。

按,《州志》载:海安忠烈祠,祀睢邑教谕王相吕。盖州城相吕自有专祠,海安乃宗祠耳。

谭家祠 在海安镇西门外大街。

附录

石氏宗祠 在城内东南隅松林庵前[1],石张氏[2]建。袁镳《石氏宗祠记》:予尝学《易》矣,"坤,地道也。阴虽有美,含之以从王事,弗敢成也。"然《易》言"无成",而又曰"代有终",是故坤至柔也,而动也刚。柔也,故无成;刚也,故代有终。吾于石氏祠有感焉。

吾乡石氏,著戴也。小泉学博,以文行显,少从明师,讲求经义。其师,固吾师徐仞千先生弟子也。转益多师,后为邱石农先生高弟。游庠食饩,有声黉序。同治甲子,以优行贡成均,则程小芗先生后所仅见者。嗣署海州学正,旋补授江浦训导,以文授诸生有名。长君鸿钧,入邑庠。次和钧,优廪生,尤有声。取江宁张氏,乙酉举人傅仁之胞妹也。幼知书,明大义。生子抱中、守中,俱号神童。惜遭不祥,和钧以四十二而卒,抱中以十五、守中以十六殇,时论胥惜之。和钧曾就刘忠诚之招,客江南节署。未久即归,读书城南毗尼庵。慕吴野人之遗风,作为诗歌,而课子、课徒,有徂徕家范,与里中高星仲、宫式安辈相师友焉。抱中天资极高,出语每惊其长老。年十三,能续祖若父欲立宗祠之志,追述谱系图十余世,兼善写山水,有成人之度。与予侄孙荫中同学,时有"二中"之目。尝过予蒿蔚庐,留诗一首,有"修竹数竿书万卷"句,末云"江左新逢卧雪翁"。予欣然答之。守中,予未识,闻其叔坦之云,亦颖异。

今年秋八月丁祭,越一日祭各祠,则以石氏新祠为先。时陪祭者为鸿钧,述及弟妇,因慨三代之志未遂,爰弃钗饰,罄己产以建宗祠,正殿三间,大门三间,厢屋三间,费钱二千余缗,期年落成,并将祖产旧营田四房公共二十亩,为祠宇常年经费,俾春、秋享祀,永远不忒。

乌[3]呼!地道无成而代有终。张氏之倾财,以成三代之志,不愧为有士行矣。岂惑于异学、不知追远者比哉!时鸿钧年逾六秩,得《兑》生《震》,将来主器有人,小泉其含笑于九京乎!

兹因田君啸轩述其事,乞言以垂不朽,爰载笔而记其缘起云。民国十年冬十月,邑人袁镳撰于旧学正署。

---

[1]"松林庵前",原本脱,据程抄本补。
[2]"石张氏",原本作"石章氏",据程抄本改。
[3]"乌",程抄本作"呜"。

坊表

储文懿公会元坊、解元坊 在坡子街。咸丰九年，毁于火。同治十一年，州牧桂迓衡改建。

善人坊 在姜堰镇天目山东南。道光四年，为曹良儒建，今圮。候选县丞王云梯乐善好施，坊在城东蒋家河南，光绪三十四年建。

儒童李兴宗妻金氏节孝坊 在海安镇玉皇阁东，道光六年建。

儒童叶芹兰妻张氏节孝坊 在萧家巷内，道光七年建。

儒童黄城妻刘氏节孝坊 在姜堰镇西烟墩口，道光八年建。

儒童陆刚中聘妻、孝烈崔贞女坊 在海安镇东湾子口，道光八年建。

儒童徐九锡妻江氏节孝坊 在海安镇徐氏宗祠内，道光八年建。

儒童徐遐箓妻□氏节孝坊 在海安镇徐氏宗祠内，道光八年建。

诸生许位宗继妻文氏节孝坊 在小破桥东，道光九年建。

监生陈明继妻宋氏贞节坊 在聂公庙西，道光十年建。

增生张嘉琦妻刘氏贞节坊 在南门进德坊，道光十七年建。

儒童顾廷瑜妻宋氏节孝坊 在太和宫后，道光十七年建。

诸生朱守正妻汤氏节孝坊 在旗竿巷，道光十八年建。

监生邹燸妻仲氏贞节坊 在董家小桥北，道光二十年建。

儒童沈东山妻周氏节孝坊 在姜堰镇北茅汪侧，道光二十一年建。

附贡生徐全士妻韩氏节孝坊 在海安镇徐氏宗祠，道光二十二年建。

监生汪淮继妻陈氏节孝坊 在南门内进德坊，道光三十年建。

监生陆泰平妻钱氏节孝坊 在姜堰镇西油坊头，同治三年建。

景相妻史氏节孝坊 在海安镇东乡界牌墩，同治九年建。

监生张根未婚妻蔡氏贞女坊 在升仙桥南，同治十三年建。

杨嘉爵妻陈氏节孝坊 在清化桥西，同治十三年建。

监生张思谦妻吴氏节孝坊 在姜堰镇西油坊头，同治十三年建。

武德骑尉徐列升妻梅氏节孝坊 在海安镇徐氏宗祠右，同治十三年建。

王宝卿妻赵氏节孝坊 在曲塘河南田家港东首，同治十年建。

黄长富妻孙氏烈妇坊 在姜堰镇西俞家田河口，光绪四年建。

儒童尤璠妻汪氏节孝坊　在东门大街王家场巷，光绪九年建。

监生王辰妻周氏节孝坊　在姜堰镇东沐家庄南岸，光绪二十五年建。

宋增祜妻朱氏节孝坊　在港口镇河西北桥巷内，光绪二十六年建。

王宝琳继妻黄氏节孝坊　在曲塘河南田家港东首，光绪九年建。

尤荣祖妻王氏节孝坊　在东门大街南。

王孝女贞孝坊　在姜堰镇钟家涵。

贞节坊　在州治清节堂前，道光四年建。

节孝总坊　在海安镇广福寺东，一咸丰元年建，一光绪十年建。

以上三坊所有节妇姓氏，俱见《人物·列女门》。

坊表补遗

进士坊　一在大宁桥大街南，为林正茂建。一在大宁桥，南、北各一，为张文、张巇建。

都宪坊　在大宁桥大街南，为凌儒建。

世荣坊　在文利坊，为李彬中乡试建。

儒童徐芝芳妻薛氏贞节坊　在海安镇中坝东上河边，乾隆二年建。

太学生陈祜妻陆氏节孝坊　在海安镇东岳庙右，乾隆三年建。

诸生陆与龄妻徐氏节孝坊　在海安镇陆家巷南，乾隆七年建。

李克传妻王氏节孝坊　在姜堰镇东甲，乾隆十八年建。

儒童梅相妻韩氏节孝坊　在海安镇中坝街北，乾隆二十年建。

黄成焕妻陈氏节孝坊　在姜堰镇东甲，嘉庆十八年建。

柯维祺未婚妻王氏贞烈坊　在姜堰镇西街，嘉庆二十二年建。

周祥凤未婚妻朱氏　建坊州桥南。

续纂泰州志卷之十二

秩官表上

知州

伍家榕，全州人，举人，道光七年任。

刘铃，怀宁人，举人，七年任。

李宗颖，沧州人，八年任。

王锡蒲，文水人，进士，十年任。

刘文澈，怀远人，十二年任。

冯应渭，海丰人，举人，十三年任。

陈玉成，东莞人，拔贡，十四年任。

龚善思，合肥人，进士，十九年任。

陈玉成，二十一年再任。

朱荣桂，彭泽人，举人，二十二年任。

福禄堪，满洲正白旗人，二十三年任。

李彭龄，汉军旗人，举人，二十三年任。

张之杲，钱塘人，附贡，二十三年任。

胡海平，顺德人，举人，咸丰三年任。

徐瀛，黄陂人，进士，三年任。

唐守道，灵川人，进土，四年任。

许道身，仁和人，五年任。

张肄孟，巴县人，同治三年任。

松亭，汉军正黄旗人，附贡，三年任。

马鸿翔，济宁州人，举人，四年任。《府志》作直隶人，《志》从《高邮志》录入。

朱培深，余姚人，四年任。长康，汉军正黄旗人，增贡，四年任。

桂迓衡，贵池人，进士，七年任。

李春堂，长沙人，十二年任，府志误作李召棠。

桂迓衡，光绪元年再任。

周士銮，嘉善人，附贡，三年任。

刘汝贤，获嘉人，举人，三年任。

程遵道，绩溪人，附贡，六年任。

许之轸，仁和人，十一年任。

章寿麐，长沙人，十二年任。

方臻竣，定远人，增贡，十三年任。

陆元鼎，仁和人，进士，十三年任。

程遵道，十五年再任。

方臻竣，十五年再任。

黄承暄，萍乡人，附贡，十五年任。

张兆鹿，长沙人，十六年任。

王端启，大兴人，十八年任。

赵受璋，祁州人，进士，二十一年任。

翁延年，湘潭人，二十二年任。

陆铣，山阴人，二十三年任。

方臻竣，二十五年再任。

孔祥霦，曲阜人，举人，二十五年任。

罗允猷，丰城人，二十七年任。

侯绍瀛，临桂人，举人，二十八年任。

张淦，武昌人，举人，二十九年任。

方燕谋，定远人，三十二年任。

黄仁黼，善化人，附贡，三十二年任。

胡维藩，巢县人，附贡，三十三年任。

朱枚，湘阴人，附贡，三十四年任。

龙曜枢，寿州人，举人，宣统元年二月任。

赵兴霙，湘乡人，元年十月任。

李岳衡。湘乡人，三年十一月任。

州同

道光六年冯虞伯以后，州卷无考。查《续府志·事略》，仅得周濬一人。咸丰十年，于奉裁河员案内缺裁。

学正

夏文焘，吴县人，举人，道光八年任。

赵彦俞，丹徒人，廪贡，二十五年任。

秦昌煜，金匮人，廪贡，二十六年任。

王至桂，上元人，举人，二十六年任。

黄承祖，无锡人，举人，咸丰四年任。

方其洪，山阳人，举人，四年任。

张璇，武进人，举人，五年任。

陆士元，上元人，岁贡，同治五年任。

俞弼尧，上元人，举人，六年任。

周保元，江宁人，举人，七年任。

姜由轸，六合人，拔贡，七年任。

汪杰，上元人，举人，十年任。

于应图，泰兴人，附贡，十一年任。

任凯，荊溪人，举人，十一年任。

张应曦，崇明人，举人，光绪十二年任。

唐锺琦，阳湖人，岁贡，十五年任。

俞宗海，荊溪人，举人，十五年任。

詹坦，山阳人，拔贡，二十一年任。

管廷祚，嘉定人，举人，二十二年任。

戴光祖，元和人，举人，二十三年任。

王虬，清和人，附贡，二十三年任。

张鋆，清河人，附贡，二十四年任。

吴鉴三，上元人，举人，二十四年任。

俞庆安，海州人，岁贡，宣统元年任。

汪绍基。句容人，廪贡，宣统二年任。

吏目

黄海瑞，咸丰年任，有传。《府志》自道光七年姚廷贤后，历任未详。兹据采访，仅得黄海瑞一人，州卷无考。

王国麒，怀宁人，同治六年任。

丁恩诰，大兴人，六年任。

何名芳，崇善人，附贡，十年任。以上见府志。

朱轮，崇义人，附生，十年任。

周殿魁，会稽人，光绪二年任。

武国铭，光州人，三年任。

程同寿，休宁人，四年任。

邓清麟，郫县人，四年任。

徐保昌，建德人，十一年任。

吴向春，黄陂人，十三年任。

刘盛霖，诸城人，十三年任。

薛正谊，庐江人，十四年代理。

刘盛霖，十四年回任。

陈有源，泾县人，二十九年任。

李冠英，宛平人，二十九年任。

范荣森，乌程人，二十九年任。

孙祖康，山阴人，三十年任。

潘惟善，乌程人，三十年任。
徐恭宪，南昌人，三十一年任。
时滢，慈溪人，附贡，三十三年任。
谢瑞麟，中江人，三十四年任。
吴士杰，大兴人，三十四年任。

巡检

海安司

潘焜耀，兴宁人，道光元年任。
卢堃，鄞县人，八年任。
余源，山阴人，九年任。
赵秉恺，□□人，十五年任。
余源，十六年再任。
刘肇堂，宛平人，二十三年任。
谢琮，宛平人，二十三年任。
沈树功，会稽人，二十四年任。
李长春，太平人，二十七年任。
沈树功，二十八年再任。
江霖，歙县人，二十九年任。
沈树功，二十九年再任。
汪世钺，萧山人，咸丰元年任。
白鹏骞，河内人，元年任。
方士枚，歙县人，二年任。
李维贤，大兴人，三年任。
孙士杰，大兴人，四年任。
张镛，山阴人，四年任。
童毓昌，浙江人，同治四年任。
谢存斌，安徽人，四年任。
孙祥麟，山阴人，五年任。

沈云翔，会稽人，六年任。

孙淦，善化人，七年任。

李大云，武昌人，八年任。

王国麒，怀宁人，九年任。

倪为瓒，仁和人，十年任。

李维贤，十一年再任。

丁子鼇，桐城人，十三年任。

王璋，怀宁人，光绪七年任。

李南松，泾县人，十三年任。

严而安，仁和人，十四年任。

孙凤钧，归安人，十五年任。

邱方赋，诸城人，十六年任。

詹景荣，番禺人，二十年任。

商长庚，贵池人，二十年任。

方义范，镇海人，二十二年任。

汤霖，山阴人，二十八年任。

毛世勋，宛平人，三十年任。

郝芝田，三河人，三十一年任。

张源骥，西安人，三十三年任。

梁世祚，□□人，三十三年任。

邵玮，闽县人，三十四年任。

宁乡司

苏逢春，石埭人，道光十六年任。《府志》、州卷未详。兹从采访录入。

彭克田，大兴人，咸丰十年任。

蓝居中，定海人，同治三年任。

王国麒，怀宁人，五年任。

孙悦兰，会稽人，六年任。

金棠，□□人，九年任。

程桂生，霍山人，十年任。

吴甫田，抚宁人，十二年任。

余天福，休宁人，光绪六年任。

周应龙，大兴人，七年任。

翁炳荣，海盐人，八年任。

陈庆云，大兴人，八年任。

应业钜，合肥人，二十八年任。

续纂泰州志卷之十三

秩官表下

游击

安国樑，满州镶黄旗人，军功，道光十一年任。

王鹏飞，唐县人，进士，三等侍卫，十五年任。

赓英泰，满洲正黄旗人，军功，二十年任。

王继堂，安徽人，军功，二十一年任。

徐化鹏，山西人，军功，二十二年任。

邢维新，广东人，行伍，二十三年任。

陈步鼇，贵州人，军功，二十四年任。

明福，满洲镶黄旗人，军功，二十六年任。

文玉，满洲正白旗人，军功，二十七年任。

袁贵，直隶人，军功，二十八年任。

祥林，满洲镶黄旗人，二十九年任。

奎喜，满洲正红旗人，军功，咸丰元年任。

舒祥，满洲镶红旗人，世袭轻车都尉，三年任。

文裕，满洲正红旗人，笔帖式，八年任。

刘万青，上元人，行伍，同治三年任。

徐世衡，安徽人，世袭云骑尉，九年任。

成天麒，上元人，行伍，十年任。同治十一年，奉议江苏水师事宜案内，泰州营游击成天麒奉调狼山中营游击，即以泰兴营都司鲍瑞麐改驻泰州营都司。泰州营游击缺裁。

改设兼辖都司详见事略

鲍瑞麐，合肥人，武生投效，同治十二年任。

彭楚明，保靖人，军功，光绪九年任。

章宗瀚，石埭人，军功，十三年任。

汤怀仁，本州人，行伍，□□年任。

毕化成，临淄人，世袭骑都尉，十七年任。

李东武，湘阴人，军功，十九年任。

何复胜，长沙人，军功，十九年任。

毕化成，二十四年再任。

何复胜，二十五年再任。

胡胜福，湘潭人，军功，二十六年任。

叶增福，巢县人，进士，三十年任。

张克谟，合肥人，军功，三十二年任。

守备

王廷杰，江西人，军功，道光九年任。

刘世忠，江宁人，行伍，十二年任。

常升，六合人，行伍，十四年任。

黄永清，桃源人，军功，十七年任。

马功奇，上元人，武举投标，十九年任。

严得功，上元人，行伍，二十三年任。

朱正源，上元人，行伍，二十四年任。

常大鹏，六合人，行伍，咸丰三年任。

洪长庆，上元人，行伍，五年任。

郑元龙，丹徒人，军功，九年任。

陆占魁，六合人，军功，同治二年任。

陈荣，如皋人，军功，五年任。

文家银，合肥人，军功，七年任。同治十一年，奉议江苏水师事宜案内，泰州中军守备文家银改驻泰兴营守备。泰州守备缺裁。

把总

吴天弼，本州人，行伍，道光七年任。

顾殿元，本州人，行伍，八年任。

常大鹏，六合人，行伍，十六年任。

吴康，本州人，行伍，咸丰三年任。

常大鹏，四年再任。

张荣庆，本州人，世袭云骑尉，同治年任。

常仁，六合人，行伍，同治年任。

董宝树，本州人，行伍，光绪七年任。

储维城，如皋人，武举投效，二十八年任。

唐润庭，本州人，行伍，二十九年任。

储维城，三十三年再任。

以上关厢汛。

闻廷珍，泰兴人，行伍，咸丰七年任。

郑国清，江宁人，武举，光绪十三年任。

李文焕，通州人，行伍，二十四年任。

以上姜堰汛。

盐官

泰州分司运判

朱沆，大兴人，监生，道光十年任。

陈照，大兴人，监生，二十年任。

侯铸，无为州人，监生，二十年任。

朱沆，二十一年再任。

许敦诗，钱塘人，增贡，二十一年任。

周鸿庆，乌程人，监生，二十二年任。

郑士彦，慈溪人，监生，二十三年任。

陈照，二十五年再任。

陈以敬，萧山人，监生，二十六年任。

范维濬，会稽人，监生，二十七年任。

许敦诗，二十八年再任。

洪国柱，歙县人，监生，咸丰元年任。

郑士彦，六年再任。

杜文澜，秀水人，七年任。

洪国柱，七年再任。

萧凤孙，大兴人，监生，同治元年任。

武祖德，钱塘人，监生，二年任。

萧凤孙，四年再任。

萧彦甫，崇义人，监生，四年任。

张元恺，仁和人，监生，光绪元年任。

萧彦甫，二年再任。

项晋蕃，钱塘人，附贡，三年任。

许宝书，宛平人，监生，五年任。

金兆棨，嘉善人，监生，六年任。

项晋蕃，六年再任。

沈桂，大兴人，监生，八年任。

沈曾棨，嘉兴人，监生，二十一年任。

李以牧，钱塘人，监生，二十三年任。

凌树模，定远人，监生，二十五年任。

宣兆熊，会稽人，监生，二十七年任。

胡光国，涿州人，文童，二十九年任。

毛华，大兴人，监生，三十年任。

陈方铭，海宁州人，附生，三十二年任。

任文澜，旌德人，文童，三十二年任。

陈康，钱塘人，附监，三十三年任。

黎鹍，湘潭人，监生，三十四年任。

泰坝监掣官

伍家榕，全州人，举人，候补运判，道光十三年任。
陈照，大兴人，监生，候补运判，二十二年任。
龚润森，监利人，拔贡，候补直隶州，二十三年任。
陈兆龄，上虞人，候补运判，二十四年任。
宝诒，正红旗人，候补同知，二十五年任。
单諴，萧山人，候补运判，二十六年任。
严士熙，善化人，候补知县，二十六年任。
范维浚，会稽人，候补运判，三十年任。
陆武曾，归安人，举人，候补知县，咸丰元年任。
吴云，钱塘人，附生，候补运判，二年任。
黄纯源，钱塘人，附监，候补运判，四年任。
严其宽，四会人，监生，候补运判，五年任。
许道身，仁和人，监生，知州，七年任。
王廷瑸，大兴人，监生，候补同知，七年任。
杜文澜，秀水人，候补运判，同治元年任。
沈炳，清苑人，监生，候补运判，元年任。
陈荫培，钱塘人，副贡，候补知县，二年任。
武祖德，钱塘人，候补同知，三年任。
于宝之，荣城人，附贡，候选运判，四年任。
荣恩，正黄旗人，举人，候补运判，五年任。
陶守怡，会稽人，监生，候补同知，六年任。
许大鼐，钱塘人，附贡，候补运判，七年任。
崇寿，镶黄旗人，监生，候补盐大使，八年任。
白璧，山西人，候补运判，八年任。
张骏，乌程人，监生，候补运判，十年任。
徐瀛锡，平湖人，举人，候补运判，十一年任。

项晋蕃，钱塘人，附贡，候补运判，十二年任。

魏大均，秀水人，附贡，候补同知，十三年任。

龚家驯，仁和人，监生，候补同知，光绪元年任。

凌树模，定远人，监生，候补运判，二年任。

金兆棨，嘉兴人，监生，候补运判，三年任。

鲁光圻，合肥人，监生，候补运判，四年任。

许大鼐，五年再任。

缪延恩，芜湖人，监生，候补同知，六年任。

万叶松，凤阳人，举人，候补运判，七年任。

陈遐璧，泾县人，监生，候补运判，八年任。

郭福沅，闽县人，副贡，候补运判，九年任。

龙泽钧，湘乡人，监生，候补运判，十年任。

李以牧，钱塘人，监生，候补运判，十一年任。

洪巨，歙县人，监生，候补运判，十二年任。

钱敬曾，钱塘人，附监，候补运判，十三年任。

扎拉芬阿，正黄旗人，候补运判，十四年任。

金耀忠，钱塘人，荫生，十五年任。

李以牧，十五年再任。

郑琦，仁和人，附贡，候补运判，十六年任。

杨永锡，清江人，监生，候补运判，十七年任。

任杰，乌程人，附贡，候补运判，十八年任。

田恩厚，阳曲人，候补运判，十九年任。

林锺崃，鄞县人，举人，候补运判，二十年任。

郑德璇，鄞县人，举人，候补运判，二十一年任。

鲍孝裕，和州人，附贡，候补运判，二十二年任。

杨葆钧，怀宁人，监生，候补运判，二十三年任。

王鹏豫，山阴人，候补运判，二十四年任。

方期，二十五年任。

恽毓昌，大兴人，监生，候补运判，二十六年任。

黎鹍，湘潭人，监生，二十七年任。

胡光国，涿州人，文童，候补运判，二十八年任。

杜际辰，太平人，附贡，候补运判，二十九年任。

夏敏功，蕲州人，候补运判，三十年任。

郑琦，三十一年再任。

毛昌骏，长沙人，监生，候补运判，三十一年任。

丁士年，大兴人，监生，候补运判，三十二年任。

褚德黻，余杭人，附生，候补运判，三十三年任。

戴文僡，嘉善人，附贡，候补运判，三十四年任。

褚德黻，宣统二年再任。

白曾然，大兴人，附贡，候补运判，宣统三年任。

秩官补遗

前志《秩官》，较雍正《志》增补往代人物甚多。兹又于《退庵笔记》中得二十七人，补前志所未备。

唐

王惟祥，为海陵县令，见王维《送从弟惟祥宰海陵序》。

晋

天福五年，侯益徙镇泰州，充西面都部署。益，汾州平遥人。

南唐

保大中，陶敬宣为泰州刺史。敬宣，字文褒，家世浔阳，后因官徙籍为合肥人。八年，卒于任，徐铉有《挽陶使君》诗。时，铉贬泰州司户掾，又为撰墓志铭。敬宣子崇鼎，同时为泰州司仓参军。

保大中，贾潭为泰州刺史，次子穆为司仓参军。

方讷为泰州刺史，充本州屯田监院。前志只载讷为刺史，而不及兼职。

令狐克己，为泰州掾。

宋

太宗时，路冲知泰州，见司马光《涑水纪闻》。

右卫大将军、岳州团练使赵实，可起复旧官泰州防御使，知崇正寺制。见《王临川文集》。

赵师陟[1]，签书泰州军事。同上。

大中祥符间，郓州穆修为泰州司理参军。后以谗构获罪，谪池州。

周旻，字梦臣，衢州江山人，以进士及第，曾为泰州司户参军，卒于嘉祐六年，年五十一。其官泰州时，当在明道后。见曾南丰撰《秘书丞知成都府双流县事周公墓志铭》。

范端，字思道，江州德化人。政和间，通判通州，徙泰州。前志《秩官》"丞倅"中，有两范端：一德化人，至和间任；一政和三年任，里贯未详。考前范端，即曾南丰所撰《库部员外郎、知临江军范君墓志铭》者是也。《志》中叙公官资有云"通判通州，徙泰州"，则公尝判州事矣。公性嗜聚书，强力笃学，任江都、云安、临安，多善政，而官泰治迹惜不传。后范端相距六十年，疑旧志重出，"政和"即"至和"之讹。

宣和四年，刘舜臣以武功大夫，为泰州防御使。见《三朝北盟会编》。

丰渐为海陵簿。渐，丹徒人，绍兴十五年刘章榜进士。见嘉庆《丹徒县志》。

淳熙十二年，孙应时为泰州海陵县丞。应时，字季和，自号烛湖居士，浙之余姚人，少从西江陆象山先生游。登淳熙二年进士，初为台州黄岩尉。十二年，迁泰州海陵县丞。十五年，以忧去。生平官迹，具杨简所撰志。所著《烛湖集》，收入《四库》。

淳熙十四年，司马伋为海陵县令。

淳熙十四年，顾简为海陵教授。

淳熙中，袁章为泰州州学教授。

前志《秩官表·学官》：袁章，淳祐间任，里贯未详。考宋袁燮《絜斋集》所撰《叔父承议郎通判常德府行状》："公讳章，字叔平，庆元鄞人，登乾道

[1] 赵师陟，原本作赵师涉，误。

五年进士第，为泰州州学教授。秩满，教授和州。”按，乾道五年距淳祐六年得七十三年，章即早达，官泰时，当已九十许人矣。况秩满后，又教授和州，又判常德，恐无此理，疑“淳祐”必“淳熙”之讹。

绍熙末，王明清为泰州通判。明清，字仲言，楼大防有《送王仲言添倅海陵》二律。

绍熙末，楼淳为海陵县丞，见《西溪书院禁约》，楼大防有《送子淳尉海陵》诗。

元

至元中，张复亨为泰州同知。复亨，字刚父，号南樵，吴兴人。力学博文，与赵孟頫、牟应龙、萧子中、陈无逸、陈仲信、姚式[1]、钱选辈，皆以能诗名，号“吴中八俊”。

大德四年，白将仕为海陵县丞。

明

宋觐，为泰州同知。觐，济宁州人，洪武戊午举人。见嘉庆《济宁志》。

白鹤，为泰州判官。鹤，太原人，明例贡生。见雍正《太原县志》。

郝进，为泰州吏目。进，平度州人，洪武时贡生。见道光《平度州志》。

又，游击四人，据《江南通志》增入。

魏琨，正白旗人，雍正五年任。

赵茂嗣，归州人，七年任。

赵升，十二年任。

徐怀燕，十三年任。

[1]“姚式”，原本作“姚武”，误。姚式，元代吴兴人，字子敬，号筠庵。

续纂泰州志卷之十四

选举表上

辟荐

朱宜，咸丰九年，举孝廉方正。

袁衔，光绪乙未，由举人举异才，召见，以知县用，有传。

周纮顺，宣统元年，举孝廉方正，庚戌由优廪生应保和殿召试，钦点一等第一，特用安徽直隶州州判。

凌文焕，宣统二年，由监贡生，举孝廉方正，恭应廷试。

凌恩沛，宣统二年，由监贡生、花翎、候补同知，举孝廉方正，恭应廷试。

凌恩湛，宣统二年，举孝廉方正。

进士

王佐业，改名广业，道光丙戌朱昌颐榜，钦点主事，有传。前志作“乙酉”，误。

丁楚玉，顺天籍，道光丙申林鸿年榜，钦点翰林院庶吉士。

俞云锦，道光乙巳萧锦忠榜，钦点知县。

钱桂枝，改名桂森，道光庚戌陆增祥榜，钦点翰林院庶吉士，有传。

戈尚志，云南籍，咸丰丙辰翁同龢榜，钦点主事。

陈文田，咸丰庚申钟骏声榜，钦点主事，有传。

王桐，原名柱，咸丰庚申钟骏声榜，钦点翰林院庶吉士，有传。
王贻清，同治辛未梁耀枢榜，翰林院编修，襄阳府知府，有传。
朱庆镛，同治辛未梁耀枢榜，钦点知县。
朱霈，同治甲戌陆润庠榜，钦点知县。
黄群杰，光绪丙子曹鸿勋榜，翰林院编修，有传。
游镗，光绪丁丑王仁堪榜，钦点主事。
李沛深，光绪庚辰黄思永榜，钦点主事。
黄葆年，光绪癸未陈冕榜，官泗水知县。
陈槐林，光绪癸未陈冕榜，钦点主事。
李承恩，光绪丙戌，钦赐翰林院编修。
王贻典，光绪庚寅吴鲁榜，钦点主事。
钱锡爵，光绪庚寅吴鲁榜，钦点主事。
管得泉，光绪甲午张謇榜，官海丰知县。
陈恩洽，光绪乙未骆成骧榜，钦点主事。
崔保龄，光绪乙未骆成骧榜，官宿松知县。
沈秉乾，改名铸，光绪甲辰刘春霖榜，钦点主事。

举人

程祥鍪，道光戊子科。
黄辂，改名陟瀛，道光戊子科。
陈兆鼇，道光戊子科。
丁楚玉，道光戊子科，顺天中式，见进士。
宫玉华，道光辛卯科。
张家驹，道光辛卯科。
陈金诏，道光辛卯科。
吉如楠，道光壬辰科。
万德基，道光乙未科。
唐焕章，道光乙未科。
黄梯云，道光丁酉科。

程宇光，宛平籍，道光丁酉科，顺天中式，解元，溧水县教谕。

章骥，道光己亥科。

唐震之，道光庚子科，内阁中书侍读衔。

俞云锦，道光癸卯科，见进士。

袁怀仁，道光癸卯科。

丁廷表，顺天籍，道光癸卯科。

陈文田，道光癸卯科，顺天中式，见进士。

戈尚志，云南籍，道光癸卯科，见进士。

李裕泰，道光甲辰科。

史长华，道光己酉科，大挑知县。

钱桂枝，改名桂森，道光己酉科，见进士。

高锡康，道光己酉科，顺天中式，官河南知县，有传。

崔辰，咸丰辛亥科。

储树人，咸丰壬子科，广东知县。

朱葆祺，咸丰乙卯科，顺天中式。

王桐，咸丰戊午科，顺天中式，见进士。

王维翰，咸丰己未科。

陈笃庆，咸丰己未科。

单渭南，咸丰己未科，内阁中书。

钱桂桢，咸丰辛酉科，顺夫中式，官河南知县。

陈文霈，同治壬戌科，顺天中式，内阁中书。

郑康，同治甲子科。

李宝琛，同治甲子科，盐城教谕。

葛沄，同治甲子科。

李沛深，同治甲子科，见进士。

颜驯，同治丁卯科，解元，候选教谕。

王贻清，同治丁卯科，见进士。

顾履祥，同治丁卯科，训导。

王贻璋，同治丁卯科，广东试用同知。

朱霈，同治丁卯科，见进士。

韩兆庚，同治丁卯科。

陈芾，同治庚午科，教谕。

李金台，同治庚午科。

朱庆镛，同治庚午科，见进士。

黄玉振，同治癸酉科。

陈槐林，同治癸酉科，见进士。

黄葆年，同治癸酉科，见进士。

仲福谦，同治癸酉科。

黄群杰，同治癸酉科，见进士。

游镗，同治癸酉科，见进士。

戈静安，同治癸酉科，有传。

徐永炘，光绪乙亥科。

黄樨，光绪乙亥科。

陈彝范，光绪乙亥科。

张文杰，光绪乙亥科。

王敬渊，光绪丙子科，候选教谕。

仲璧，光绪丙子科，大挑知县。

罗星纬，光绪丙子科。

尤锡蕃，光绪丙子科。

缪焜，光绪丙子科。

高彝尊，光绪丙子科，顺天中式。

邹自厚，光绪丙子科，钦赐举人。

陆英，光绪己卯科，官南汇教谕。

陈士毅，光绪己卯科。

韩国钧，光绪己卯科，现任奉天交涉使。

丁慕周，光绪己卯科，钦赐举人。

李恩涵，光绪壬午科。

王贻哲，光绪壬午科，官范县知县。

李承恩，光绪壬午科，钦赐举人，丙戌科，钦赐翰林院编修衔。

崔保龄，光绪乙酉科，见进士。

王贻典，光绪乙酉科，见进士。

管得泉，光绪乙酉科，见进士。

王鲁言，光绪乙酉科。

袁衎，光绪戊子科，见辟荐。

钱锡爵，光绪戊子科，见进士。

刘法曾，光绪戊子科。

宋学贤，光绪己丑科。

单文煜，光绪己丑科。

颜文炳，光绪己丑科。

王烜，光绪癸巳科。

陈恩熙，光绪癸巳科。

陈恩洽，光绪甲午科，见进士。

高炳华，光绪丁酉科。

王湛谋，光绪丁酉科，两浙试用盐大使。

王耀銮，光绪丁酉科。

沈秉乾，改名铸，光绪壬寅补行庚子、辛丑科，见进士。

叶承年，光绪壬寅补行庚子、辛丑科，邮传部录事。

徐俊彰[1]，光绪壬寅补行庚子、辛丑科。

陈玉章，光绪壬寅补行庚子、辛丑科，内阁中书，度支部主事。

袁烺，光绪壬寅补行庚子、辛丑科，浙江试用盐大使。

李炳南，光绪壬寅补行庚子、辛丑科，邮传部录事，浙江试用盐大使。

夏惟默，光绪壬寅补行庚子、辛丑科，浙江试用盐大使。

陈希璧，光绪癸卯科。

副贡

唐汝成，道光辛卯科副贡。

---

[1]“彰”，程抄本作“章”。

潘曜三，道光壬辰科副贡。

葛德基，道光甲午科副贡，见举人。

韩庆魁，道光乙未科副贡。

陈文田，道光丁酉科拔贡，见举人。

王宝禾，道光庚子科副贡。

沈潆，道光己酉科拔贡。

陈文泽，道光己酉科府学拔贡。

王鹤龄，咸丰己未科副贡。

曹余庆，同治壬戌科拔贡。

王国桢，同治丁卯科副贡。

邹炳铸，同治丁卯科副贡。

陈日新，同治丁卯科钦赐副贡。

袁登庸，同治癸酉科副贡。

陆英，改名炳埏，同治癸酉科拔贡，见举人。

丁慕周，同治癸酉科钦赐副贡。

李承恩，同治癸酉科钦赐副贡。

章京，光绪丙子科副贡。

王恩锡，光绪丙子科钦赐副贡。

王荪，光绪壬午科副贡。

陈士杰，光绪壬午科副贡。

储锦江，光绪乙酉科拔贡。

俞焕藻，光绪乙酉科府学拔贡。

顾锡中，光绪乙酉科府学拔贡。

徐承埰，光绪乙酉科钦赐副贡。

李星南，光绪乙酉科拔贡。

许树森，光绪辛卯科钦赐副贡。

单毓同，光绪壬寅并科副贡。

朱庆封，光绪壬寅科钦赐副贡。

凌恩荣、徐藻、王思源，以上宣统己酉科府学拔贡。

朱应昌、马宪章，以上宣统己酉科州学拔贡。

恩、岁、优贡

道光朝

葛春霆、刘楷、朱传棨、张恩禄、张恩树、团承烈、周承弼、恩贡。钱煌、郑之濂、邹鋆。

咸丰朝

陈恩溥、赵瑜、陈文栋、葛增、恩贡。叶焘、邱文田、吴宗冕、恩贡。卢衔、俞宝柱、朱余庭、恩贡。宫士炘、陈作人、章份、叶承恩、章骧、恩贡。李效郢、戈永平。

光绪朝

吉升祺、刘怀礼、蒋文田、张敏、王敬翕、郑树兰、恩贡。王庭、恩贡。李福康、顾问、尤汝楫、沈灼、恩贡。徐邦燮、单肇鼍、滕举傅、钱锡城、储梓。

宣统朝

孙鹤楼、恩贡。徐荫棠、徐荫桐。以上府学，四十六人。

陈晋元、程紃组、韩训、仲炯、沈殿春、许受耆、戈崇礼、朱乘骢、夏莲、陈兰芝、缪锦舒、康发祥、顾鉴澄、吴树兰、顾南江、杜汝楠、张云峰、丁筠、恩贡。朱锡章、恩贡。李柏梁、陆灌森、恩贡。沈炘、丁式洵、王朝庆、钱汝骏、恩贡。莫为霖、葛沄。恩贡，见举人。

同治朝

夏嘉谟、费文彪、恩贡。刘舜年、黄荔、王鋆、章甫、王焱、恩贡。高恩洪。

光绪朝

马丙炎、恩贡。戴卿云、王海、卢福保、恩贡。黄簵、汪达源、恩贡。李书城、张敏、宫柱、宫炳成、许登瀛、恩贡。王贻牟、萧枟、恩贡。陈海珊、程芹、于森、孙业勤、高尔庚、卢长龄、恩贡。程恩洋、李顺观、费楹、陈士鸿、高玉树。

宣统朝

李毓彬、恩贡。徐士济、恩贡。朱钺。以上州学，六十人。石梁、同治甲子科，官江浦训导。陈文铎、光绪丙子科。卢求古、光绪辛卯科，官宁夏知县。单毓元、光绪丙子科。单毓年、光绪丙子科。游昌甲、宣统己酉科。陈埶戣。宣统己酉科。以上优贡。

张康龄、选凤阳临淮镇巡检。陈洽章、选广东归善县平政司巡检。邹春海、选广西宜山县巡检。邹靖海。以上考职一等，以巡检用，光绪丙午。

翟念时、朱士伟、孙敦庞、谢庆荣。以上考职二等，以典史用，光绪丙午。

程嵩龄、陈觐文、卢承汝、陈祖培。以上考职一等，以巡检用，宣统己酉。

邹春宇。考职二等，以典史用，宣统己酉。

续纂泰州志卷之十五

选举表下 学堂毕业表附，新选举表附

武进士

林桂荣，光绪庚寅科，授侍卫。

武举人

刘道成，道光乙未科。

夏寅，道光丁酉科，解元。

王致祥，道光丁酉科。

凌昇，道光癸卯科。

凌国桢，咸丰辛亥科。

夏忠，同治丁卯科。

陈仪章，同治庚午科。

储治平，同治庚午科。

凌深，同治庚午科。

陈殿元，同治庚午科。

冯之绣，同治癸酉科。

李家荣，同治癸酉科。

曹锦标，光绪乙亥科，解元。

储遇吉，光绪乙亥科。

仲文涛，光绪丙子科。

凌文蔚，光绪丙子科。

夏德庆，光绪己卯科。

林桂荣，光绪戊子科，见武进士。

储安吉，光绪辛卯科。

李宝全，光绪丁酉科。

武阶

学堂毕业表专门以上

徐藻，南菁高等学堂预科，光绪三十二年毕业，奖给优贡。

缪文治，南菁高等学堂预科，光绪三十二年毕业，奖给岁贡。

王翌儒，南菁高等学堂预科，光绪三十二年毕业，奖给岁贡。

缪文彬，南菁高等学堂预科，光绪三十二年毕业。

丁牧，南菁高等学堂预科，光绪三十二年毕业。

陈喜麟，南菁高等学堂预科，光绪三十二年毕业。

吴祖森，南菁高等学堂预科，光绪三十二年毕业。

曹学曾，南菁高等学堂预科，光绪三十二年毕业，江苏存古学堂史科，宣统三年毕业。

李焕昌，江北师范学堂本科，宣统元年毕业，奖给拔贡。

金殿林，江北师范学堂本科，宣统元年毕业，奖给优贡。

陈国华，安徽省城官立法政学堂，宣统元年毕业。二年，由皖抚保送庚戌科法官考试，取中，奉旨以正七品推检用，分发安徽。三年，补缺芜湖地方厅刑庭推事。

单毓苏，两江师范学堂，宣统二年毕业，奖给举人。

程树棠，江苏存古学堂史科，宣统三年毕业。

沈沅，江南高等学堂格致科，宣统三年毕业。

陈恩钰，苏州高等学堂文科，宣统三年毕业，奖给举人，考取七品小京官，签分度支部。

高文炳，南京实业学堂农科，宣统三年毕业，附生，奖给举人。[1]

侯镇平，南京实业学堂矿科，宣统三年毕业，奖给举人。[2]

单毓斌，南京实业学堂电机科，宣统元年毕业，奖给举人，浙江即补知县。

蒋宝鸿，南京实业学堂电机科，宣统元年毕业，奖给举人，安徽即补知县。

陈熙良，南京实业学堂电机[3]科，宣统元年毕业，奖给举人，安徽即补知县。

张颉时，江南高等巡警学堂，宣统三年毕业，考取知事，分发奉天，前署西安县知事。

以上国内学堂。

周维椿，光绪中年留学日本，工艺厂毕业，精研造纸术，遭日人忌，乘其由嘉兴急奔父丧时，以计溺毙之。

韩棠，日本东京明治大学经纬学堂普通科，光绪三十二年毕业。长崎高等商业学校，宣统元年毕业。二年，北京覆试，奖给商学士。

王锡光，日本东京明治大学经纬学堂师范科，光绪三十二年毕业，附生，州视学。

韩烺，日本东京明治大学经纬学堂师范科，光绪三十二年毕业。

卢煌，日本东京明治大学经纬学堂师范科，光绪三十二年毕业。

卢卓，日本东京明治大学经纬学堂师范科，光绪三十二年毕业。

严恩荣，日本东京明治大学经纬学堂师范科，光绪三十二年毕业，州附生。

任侠，日本镰仓铁道学堂铁道科，光绪三十二年毕业。

刘武，日本镰仓铁道学堂铁道科，光绪三十二年毕业。

王以铭，日本东京明治大学经纬学堂法警科，光绪三十四年毕业。

单毓华，日本东京法政大学，宣统元年毕业，奖给举人、内阁中书。

---

[1] 新抄本无“奖给举人”。

[2] 新抄本无“奖给举人”。

[3] “电机”，新抄本作“采矿冶金”。

彭琦，日本东京士官学校炮兵科，宣统元年毕业。二年，北京覆试，奖给举人。

周济安，日本东京明治大学经纬学堂，宣统二年毕业。

以上国外学堂。

科举以求得科名为鹄，学堂以求得学业为鹄，所以造士之意同，而制不同。兹际改革之初，犹沿举、贡等名称，为学堂毕业之奖励。临时调剂，自具苦衷。或者谓此项奖励，无异当年科举，则何必废科举而兴学堂也。应别列一门，凡在图内外专门以上学校毕业者，皆载之，不以有奖为限，为学堂毕业表。

新选举表

资政院议员

谘议局议员

周纮顺、凌文渊、王锡光、徐炳华。

自预备立宪之诏下，国政由资政院议员议决，省政由谘议局议员议决。议员以法定投票人选举之，从前选举权操诸君上者，今则畀之下民矣。依现行法暂列二级：一资政院议员，一谘议局议员，为新选举表。

续纂泰州志卷之十六

封　荫

朱元梦，以子东启官思南知府，赠中宪大夫。

宫复基，以子制锦官南宁县，赠文林郎。

宫在旸，以孙庭官江川县，赠奉直大夫。

宫鋆，以子庭官江川县，赠奉直大夫。

陈松，以子燮官邳州学正，赠修职郎。

陈恒忠，以孙锡麟官桂阳知州加一级，赠中宪大夫。

陈尔锦，以子锡麟官桂阳知州加一级，赠中宪大夫。

邹廷枢，以孙元基官赣榆教谕，赠修职郎。

邹烜，以子元基官赣榆教谕，赠修职郎。

高垂藩，以子铭官淇县加三级，封奉直大夫。

陈赓，以孙师庆官呈贡县升用同知，赠奉政大夫。

陈光夏，以子师庆官呈贡县升用同知，赠奉政大夫。

黄枚，以子加禄官怀庆守备，封武德骑尉。

仲邦文，以孙鹤庆官大邑县加三级，赠奉直大夫。

仲素，以孙振履官南海县同知衔，赠朝议大夫。

仲鹤庆，以子振履官南海县同知衔，赠朝议大夫。

黄承震，以孙国瑞官大同都司，赠昭武都尉。

黄秉诚，以子国瑞官大同都司，赠昭武都尉。

尤模，以子炘官拓林千总升用守备，赠武德骑尉。

尤灿，以子金镳官襄阳守备都司加二级，封武功将军。

缪维岳，以子夔官丽水县，赠文林郎。

章家升，以子骥官溧水教谕，赠文林郎。

高日起，以孙簪缨官曹州府同知，赠奉政大夫。

高干侯，以孙翀官浔州知府，赠中宪大夫。

高绳武，以子翀官浔州知府，赠中宪大夫。

王三祝，以曾孙广业官兵备道，重宴恩荣，赏加头品顶戴，赠光禄大夫。

王叔槐，以孙广业官兵备道，重宴恩荣，赏加头品顶戴，赠光禄大夫。

王世丰，以子广业官兵备道，重宴恩荣，赏加头品顶戴，赠光禄大夫。

徐干，以曾孙晓峰官兵备道，赠资政大夫。

徐同初，三膺粟帛，以孙晓峰官兵备道，赠资政大夫。

徐介贤，以子晓峰官兵备道，赠资政大夫。

高荣轼，以孙维翰官赵州直隶州三品衔，赠资政大夫。

高垂庆，以子维翰官赵州直隶州三品衔，赠资政大夫。

高堃，以子锡康累任河南知州补用府，赠通议大夫。

王瑞槐，以子世履官台州知府，赠朝议大夫。

王熙业，以弟庆业官汀彰龙道，赠中宪大夫。

钱家理，以曾孙桂森官内阁学士兼礼部侍郎衔，赠荣禄大夫。

钱家光，以本生曾孙桂森官内阁学士兼礼部侍郎衔，赠荣禄大夫。

钱灏，以孙桂森官内阁学士兼礼部侍郎衔，赠荣禄大夫。

钱秩东，以子桂森官内阁学士兼礼部侍郎衔，赠荣禄大夫。

宫耀侨，以子预基官狄道州吏目，赠登仕郎。

宫鼎基，以子鉴柱官南宁教谕升大宁县，赠文林郎。

宫鉴柱，以孙本昂官范县，赠奉政大夫。

宫汝云，以子本昂官范县，赠奉政大夫。

宫汝霆，以子昱官山东知州四品衔，赠奉政大夫。

宫汝雯，以子怀忠官丰利场盐大使提举衔，赠奉直大夫。

程应锺，以孙祥栋官江津县加道衔，赠通议大夫。

程绍焕，以子祥栋官江津县加道衔，赠通议大夫。

史如林，以孙长华官麻阳县，赠奉政大夫。

史应福，以孙悠赞官凤翔县加道衔，赠通奉大夫。

史长华，以子悠赞官凤翔县加道衔，赠通奉大夫。

唐焕章，以子震之官内阁中书，赠文林郎。

李芳，以孙华国官南昌卫守备，赠武德骑尉。

李克猷，以子华国官南昌卫守备，赠武德骑尉。

潘麟角，以子世球官利州学正，赠修职郎。

潘必达，以子庆龄官祁门教谕，赠修职郎。

陈因夏，以孙文田官刑部郎中加二级，赠中宪大夫。

陈琥，以子文田官刑部郎中加二级，赠中宪大夫。

陈文栋，以弟文田官刑部郎中加二级，赠中宪大夫。

陈商尹，以胞侄文田官刑部郎中加二级，赠中宪大夫。

陈琛，以侄文田官刑部郎中，赠朝议大夫。

王贻燕，以弟贻清官詹事府春坊赞善加二级，赠中宪大夫。

王义渊，以弟贻典官刑部郎中加二级，封中宪大夫。

王静渊，以弟贻清官翰林院编修加三级，封奉直大夫。

王学渊，以弟贻典官刑部郎中加三级，封中宪大夫。

顾鹤园，以子履祥官江浦教谕，赠文林郎。

李骥，以子宝琛官盐城教谕，赠文林郎。

戈善庆，以子静安官咸阳宫教谕，赠文林郎。

顾廷勋，以子蓥官赣榆县教谕，赠修职郎。

黄骏，以孙群杰官翰林院编修加三级，赠奉直大夫。

黄栋，以子群杰官翰林院编修加三级，赠奉直大夫。

黄埠，以孙葆年官临淄县，赠奉政大夫。

黄元佐，以子葆年官临淄县，赠奉政大夫。

崔纶，以孙保龄官宿松县，赠奉政大夫。

崔辰，以子保龄官宿松县，赠奉政大夫。

陈钲，以孙槐林官户部河南司主事加四级，赠中宪大夫。

陈澧，以子槐林官户部河南司主事加四级，赠中宪大夫。

陈沛，廪贡生，以本生子槐林官户部河南司主事加四级，赠中宪大夫。[1]

游凤章，以孙镗官礼部仪制司主事，赠奉直大夫。

游畯田，以子镗官礼部仪制司主事，赠奉直大夫。

李观澜，以孙沛深官礼部祠祭司主事加四级，赠中宪大夫。

李柏林，以子沛深官礼部祠祭司主事加四级，赠中宪大夫。

朱振麒[2]，以孙庆镛官鄞县同知衔，赠奉政大夫。

朱丽彩，以子庆镛官鄞县同知衔，赠奉政大夫。

钱桂彬，以子锡爵官户部山东司主事，赠承德郎。

钱锡恒，以弟锡爵官户部山东司主事，赠承德郎。

朱表正，以孙宝善官长泰县同知衔，赠奉政大夫。

朱芳桂，以子宝善官长泰县同知衔，赠奉政大夫。

管均，以孙得泉官郯城县补用道加二级，赠中宪大夫。

管壎，以孙得泉官郯城县补用道加二级，赠中宪大夫。

管凤仪，以子得泉官郯城县补用道加二级，赠中宪大夫。

管得元，以弟得泉官郯城县补用道加二级，赠中宪大夫。

陈谊，以孙恩洽官户部福建司主事、员外郎衔加四级，赠中宪大夫。

陈宝书，以子恩洽官户部福建司主事、员外郎衔加四级，赠中宪大夫。

陈恩沅，以弟恩洽官户部福建司主事、员外郎衔加四级，赠中宪大夫。

单肇蟾，以子毓华钦点内阁中书加四级，封奉政大夫。

单肇熊，以子毓苏官内阁中书五品衔，赠奉政大夫。

卢晓江，以孙求古官宁夏知县，在任候升知府，赠通议大夫。

卢福保，以子求古官宁夏知县，在任候升知府，赠通议大夫。

陈捷元，以孙金声官分水知县兼桐庐知县，补用直隶州知州，升用道，花翎，三品衔加二级，覃恩二品封典，赠通奉大夫。

陈掄元，以侄孙金声官，貤赠通奉大夫。

[1]“陈沛”条，原本无，据程抄本补。

[2]“麒”，程抄本作“麟”。

陈松林，以子金声官，赠通奉大夫。

林芝田，以曾孙桂荣官御前花翎侍卫，赠武义都尉。

林南魁，以孙桂荣官御前花翎侍卫，赠武义都尉。

林栋，以子桂荣官御前花翎侍卫，赠武义都尉。

林裕魁，以侄孙桂荣官御前花翎侍卫，赠武义都尉。

王洲，以子桐官户部广东司主事，累赠奉政大夫。

陈文传，以弟文霈官内阁侍读，封中宪大夫。

纪观梅，以子芳桀官霍山县上土[1]巡检，赠修职郎。

张联庆，以子康龄官凤阳临淮镇巡检，赠修职郎。

汤启元，以曾孙怀仁官参将，借补淮左营守备协镇衔，赠武功将军。

汤锦魁，以孙怀仁官参将，借补淮左营守备协镇衔，赠武功将军。

汤福星，以子怀仁官参将，借补淮左营守备协镇衔，赠武功将军。

单毓元，以弟毓华钦点内阁中书加四级，貤封奉政大夫。

董毓麟，以孙宝树官泰州营把总五品衔，赠武德骑尉。

董奏勋，以子宝树官泰州营把总五品衔，赠武德骑尉。

石振文，以子梁官江浦教谕五品衔，赠奉政大夫。

叶官葆，以子光国官庆符知县，赠文林郎。

李瀛，以子锦台官兴化县城守把总，赠武略骑尉。

李綖，以子保元官河南知州，赠朝议大夫。

管得奎，以子柏宸试署山东高等审判厅主簿，升补烟台地方厅典簿，封奉直大夫。

沈淙涟，以曾孙秉乾官邮传部员外郎，光绪三十年，貤赠中宪大夫[2]，宣统元年，覃恩貤赠通议大夫。

沈鹤龄，以孙秉乾官邮传部员外郎，光绪三十年，貤赠中宪大夫，宣统元年，覃恩诰赠通议大夫。

沈佩芳，以子秉乾官邮传部员外郎，光绪三十年，诰封中宪大夫，宣统元年，覃恩晋封通议大夫。

[1]“上土”，原本作“上上”，据程抄本改。

[2]“光绪三十年貤赠中宪大夫”，原本脱，据程抄本补。

沈佩芝，以侄秉乾官邮传部员外郎，赠通议大夫。

沈秉南，以弟秉乾官邮传部员外郎，貤封通议大夫。

徐震来，以甥陈宝官翰林院检讨，貤封文林郎。

陆灌津，以子炳埏官南汇县训导，封奉直大夫。

陆绳武，以嗣子炳埏官南汇县训导，封奉直大夫。

韩瑞征，以曾孙国钧官二品顶戴、河南补用道、署奉天交涉使，赠荣禄大夫。

韩雝，以孙国钧官二品顶戴、河南补用道、署奉天交涉使，赠荣禄大夫。

韩凤翔，以孙国钧官二品顶戴、河南补用道、署奉天交涉使，赠荣禄大夫。

韩镂，以子国钧官二品顶戴、河南补用道、署奉天交涉使，赠荣禄大夫。

王树基，以婿国钧官二品顶戴、河南补用道、署奉天交涉使，赠荣禄大夫。

陈介寿，以孙玉章官度支部主事加[1]三级，赠中宪大夫。

陈瑞云，以子玉章官度支部主事加三级，赠中宪大夫。

李翼之，以子承恩官中书，赠文林郎。

荫　生

崔石麟，以祖之四官安普巡道，特旨荫恩骑尉。

徐锡恩，以祖晓峰殉难汀漳龙道任，荫骑都尉，世职三代后，以恩骑尉，世袭罔替。

钱锡彤，以父桂森官内阁学士，光绪十五年大婚，覃恩荫生，考授光禄寺署正、大官署行走。

沈灏，以父镗在扬殉难，荫主簿。

[1]“加”，原本、程抄本无，据新抄本补。

续纂泰州志卷之十七

引　年

此门新增，故自吴以至国初，不入补遗。其编次，历代以时叙，一代之中以年叙。自国初以来，《采访录》载明地址者，以地叙各地，以年叙至如。荷恩赐举乡饮宾及有五世同堂、百年上寿者，均纪以特笔，章人瑞焉。

吴

吕岱，字定公，以功迁上大将军，年九十六。前志《仕绩》。

宋

姜延贵，元丰元年，年九十六，有孙及曾孙，俱登进士科，而元孙亦隶进士业，世所罕见也。《续志稿》。

顾忻，年九十余。前志《孝友》。

明

王虹，字纪芳，艮之父也。朝廷岁给粟帛，年九十三。

朱宗周，官理问，年九十一。以上前志《笃行》。

杜日荣，字春阳，年九十一。前志《孝友》。

陈兰，字子馨，官云南知县，年九十。弟荆，字子和，年八十五。荊子骞，字祥卿，年九十。《陈氏家传》。

钱如一，字尚诚，年八十七。

钱谅，字通山，年八十七。妻时氏，年八十六。《钱氏家传》。

陈珪，以功封泰宁侯，年八十五。前志《仕绩》。

钱西湖，字尚质，年八十五。《钱氏家传》。

陈应文，字化龙，附贡生，妻王氏，年皆八十四。《陈氏家传》。

王应麟，字真如，诸生，年八十二。前志《笃行》。

宫永建，字克昌，年八十二。前志《孝友》。

黄韫，字希然，年八十二，住姜堰镇，累举乡饮大宾。妻陈氏，年八十四，子呈丽、呈理、呈祜均举乡饮宾。父子昆弟，一门寿考，真人瑞也。《续志稿》，参《黄氏家传》。

钱泰，字尚万，年八十二。《钱氏家传》。

黄吉，字六有，年八十二。《黄氏家传》。

钱纲，字辛三，年八十一。妻顾氏，年八十。《钱氏家传》。

田狩龙，字钟宇，年八十。前志《笃行》。

凌儒，字海楼，嘉靖癸丑进士，年八十。前志《仕绩》。

陈相，字子邻，进士，官广州布政使司右参政，年八十。子聪，字德卿，浙江永康县县丞，年八十六。聪子韶，字九成，恩贡生，官教谕，举乡饮宾，年八十三。三代遐龄，世所罕观。《陈氏家传》。

黄乔年，字皃仙，年八十。《黄氏家传》。

国朝

秦定远，字以御，年九十七。前志《孝友》。

沈乔生，字国望，拔贡生，官肃州道，年九十六。前志《仕绩》。

陈王猷，字尔吉，百岁寿官佐之元孙，鸿胪寺序班，乡饮大宾，年九十三。长子允晟，字闇初，岁贡生，官教谕，年九十三。子允昱，字卜曜，年八十一。四子旻，字天耳，诸生。侄允昂，字牧庵，两举乡饮宾。孙静，字瞻云，年皆八十二。孙护，字象岩，年八十三。自佐以来，世次八代，寿考绵绵，诚罕见也。佐，自有传。《陈氏家传》。

戴笠，字云笠，年九十余。前志《艺术》。

宫焕文，字观云，成进士，官通政使，年八十九。前志《仕绩》。

朱树，字侪尹，贡生，年八十九。前志《隐逸》。

陈学宁，字孔璋，与妻宫氏同寿，年八十九。《陈氏家传》。

杨绳祖，字心壶，贡生，官训导，年八十六。

宫柳晟，字西平，举人，官同知，年八十五。以上前志《仕绩》。

程盛修，字风沂，翰林院编修，官顺天府府尹，年八十五。前志《文苑》。

王宗佩，字西亭，年八十五。前志《笃行》。

潘志原，字允平，诸生，年八十四。

高翊，字敬思，贡生，年八十四。以上前志《笃行》。

宫大鹏，字天巢，拔贡生，官知县，年八十三。前志《仕绩》。

戴皇恩，字浩如，诸生，年八十三。前志《文苑》。

缪柼，字海峰，钦赐举人，官知州，年八十二。

宫梦仁，字宗衮，进士，官福建巡抚，年八十三。以上前志《仕绩》。

吴儒度，字复翁，贡生，年八十二。前志《笃行》。

黄云，字仙裳，年八十二。前志《隐逸》。

徐沂，字德藻，年八十二。前志《艺术》。

缪肇祺，字介兹，武进士，官都司，年八十一。前志《仕绩》。

沈成渭，字南谷，进士，官教授，年八十一。前志《文苑》。

曹忠殷，字良儒，年八十一。前志《笃行》。

唐志尹，字相五，年八十余。前志《艺术》。

朱淑熹，字艾人，举人，年八十。前志《笃行》。

徐步云，字蒸远，召试举人，官中书，年九十二。

吴澍，字雨三，年八十九。

团昇，字冠霞，副榜，官广文，年八十八。以上前志《流寓》。

按，《引年》以章耆德，前志所无，故于乡先达之年寿，载在《列传》者，备录之，以志景仰。

国朝

尤瀛，字海山，号德懋，生于雍正三年，卒于嘉庆十九年，年九十三。赴千叟宴，高宗御赐诗一幅，万年籐杖一枝，黄绸紫缎、绿缎、红纱各一匹，大、小荷包各一对，洋磁杯托两副。其事详载于东门万寿宫石碑。其蒙恩赐冠带者，黄荣、王麟禄，寿皆逾九旬。《续志稿》，参新采。

三膺粟帛：陈应锺，授修职郎。袁振芳，《续志稿》。吴寿彭。新采。

两膺粟帛：李宣，诸生。潘纪宗，岁贡生。陈元富，郑化鹏，王官桂，黄承美，戈龙安，陈荣宗，戈耀俊，李增瑞，武举。韩佑轩，监生。李蟠根，监生。王翊，从九。管杰，宋绍惕，监生。林有庆，林芝田，陈衍庆，沈鹤鸣，叶厚廪，附监生。徐聪，监生。萧千乘，宫金门，监生，《续志稿》。陈传泰，钦赐八品。陈国器，钦赐八品。潘凤沂。

一膺粟帛：李寿昌，潘劬生，潘必达，诸生。史如林，黄胜义，监生。唐兴，钱抚，钦赐八品职衔。钱余，钱储，钱永广，唐荣德，单有导，郑巨滨，郑凯庆，郑大贵，葛辂，颜大鹏，诸生。邹廷极、邹照、邹燦灿、朱蕙英佾生。朱廷英、黄继先、王金魁、仲兆庠、仲象南、黄天序、黄承震、黄岳游监生。戈瑜照、井田、戈东湖、戈长瑞、袁桐岗、徐盛源、黄垓、徐景西、袁兴宗、吴柏森、陈逵诸生。陈嘉爵、管燚、管荣斗、宋遵德、林承德、林春魁、陈文玉、陈寿岳、管荣德、陆长治监生。王万茂、周宣会、沈鹤松、叶向瑶、叶厚滋、叶厚泽、叶吟兰、叶汝登、叶汝权、徐轸、徐善福、蒋为锽、蒋澍诸生。萧万青、费侣琴。《续志稿》。

按，《续志稿》于膺粟帛之寿民，皆未纪年，今仍之。而以尤瀛专传冠首，黄荣、王麟禄附之，以章恩赐。

乡饮大宾已见前传者，不复登。

明：陈王谟，附监生，官光禄寺署丞。吴廷彦，诸生。沈晋阳，丁士毅，钱善，戈应荐。[1]

国朝：田毓葵，戈澄，陆九棘，袁一宣，崔士伟。诸生。

介宾

明：戈完。廪生。

国朝：费盈寰。

[1]“钱善、戈应荐”，程抄本均有注“百岁”。

寿官

明：戈光辅，刘莘盛。

国朝：陈万言。

寿享期颐

明：

孙德麟，百有四岁，弘治时人，同邑储巏有诗寿之。《续志稿》。

陈佐，字子辅，两举乡饮宾，寿百岁，特赐冠带，建有百岁坊。继妻丁氏，年八十五。叔父通，字添泰，年九十五。子凤，字文卿、寿官，年八十七。孙淑，字汝嘉，拔贡生，官县丞，年九十五。汶，字汝明，恩贡生，官通判，年八十一。汶妻戈氏，年九十五。曾孙应旂，字文郊，附监生，授光禄寺署正，举乡饮宾，年九十六。世次五代，七逾耄耋，邑人皆艳称之。前志《笃行》，参《陈氏家传》。

国朝：

潘襄，百有七岁。妻柳氏，百有八岁。《续志稿》。

刘兴元，百有二岁，五世同堂，州牧朱赠“寿逾期颐”匾额。住北刘庄。

李承恩，钦赐翰林院编修，百有一岁。住海安镇。

徐金声，百有一岁。妻臧氏，年九十一。夫妇常以渔舟拯人之溺。住水槽头。

诸生陆霖妻韩氏，百有六岁。子联珠，廪生。住翟家岱。

袁璠妻王氏，年百岁。前志《贤妇》

黄文若妻朱氏，年百岁。前志《贤妇》

五世同堂

国朝：

周善安，年九十五。学政杨旌其门曰：“德门衍庆。”住海安镇。

丁振夫，年九十五。住姜堰镇。

陈阡寿，年九十四，三膺粟帛，五世同堂。住大泗庄。

殷福金，年九十三。住沈坞里[1]。

赵广文，年八十九，兄弟同居，五世一堂，州牧某赠以匾额。住石家岱。

周振基，候选府经历，逾八十，亲见七代，五世同堂。妻唐氏，年亦八十余。同治二年，赏给缎匹、银两，并给“七叶衍祥”匾额。住曲塘西湾周庄。

监生钱汝瑞妻翟氏，年九十八，学政李旌以“松茂瓜绵”匾额。子金芳，字春圃，年八十三。媳黄氏，年亦八十。住江村。

李均淮妻解氏，年九十三，学政某旌以“庆衍曾玄”匾额。住海安镇。

孙彭福妻朱氏，年九十三。住屠家桥。

陆彤妻钱氏，年九十。媳黄氏，彤长子玉章妻，年亦至九十。一门姑媳，均亲见五世同堂。住梁徐庄。

丁式权妻孙氏，年九十。住王师庄。

钱裕林妻周氏，年九十。住钱家园。

从九宋俊生妻某氏，年八十四，亲见七代，五世同堂，学政唐奖给“樾辉五世”匾额。

钱汝柏妻缪氏，年八十三。住九枝柿，前志作狗子市。

柳文春妻周氏，年八十一，学政白旌以“松心荻训”匾额。住徐家庄。

候选州同滕植之妻王氏，年八十。住小纪市。

寿科见《选举表》

重游泮水

道光七年：程应韶、有传。江洁。同治二年：叶绣林。八年：凌长庚。十年：韩棨、张茂承。有传。光绪七年：孙连魁、王广业、有传。王万年。八年：邹自厚。九年：周京。十八年：徐承垺。二十年：刘得禄。二十四年：宫清祥、钱桂森。有传。二十八年：邓华章。二十九年：单渭南。有传。三十年：杨维植。三十二年：王义渊。

附录：民国十三年：谭业骐。

重宴鹿鸣

光绪五年，己卯科，按察使衔、福建汀漳龙道王广业，赏给二品顶戴。

[1]“年”，程抄本无。“住沈坞里”，程抄本为“住沈坞里，或云殷家庄”。

重宴鹰扬

道光十九年，已亥科，广东陆路提督刘荣庆。

附录：民国十三年，凌文蔚。

重宴恩荣

光绪九年，癸未科，二品顶戴、按察使衔、福建汀漳龙道王广业，赏给头品顶戴。

寿考

魏鹤松，年九十四。丁厚安；汪光致，字静远，性好施与，三游黄山，屡见征异，年皆九十二。徐承堔，字右卿，钦赐副贡；黄德钦，字锦春；赵乾元，年皆九十一。韩澍，字作霖，两膺粟帛，性直而和，卒之前夕，预戒家人，及期诀别如平时，含笑而逝，年八十四。陆长治，字承平，一膺粟帛，乐善好施，卒年八十四。王义渊，字正甫，廪贡生，年八十四。现存。邹鼎，字新哉，邑增生，年八十三。梅占时，年八十三。现存。宫雯华，年八十二。谢錞，字子和；沈步沄，字履康，年皆八十一。沄妻顾氏，年八十八。储煦，字暄堂，诸生，工书法，年八十。许树森，字蔚卿，光绪□年，钦赐副贡生，年九十余[1]。以上住州城。

宋成玉，字其章，年八十。子惟源，字廷选，年八十五。媳薛氏，惟正继妻。年八十八。杨氏，惟慎妻。年八十三。王氏，惟源妻。年八十五。孙荣祥，惟慎子。年八十一。荣璋，以下皆惟源子。字赤臣，年八十。荣瑞，字子佳，年八十二。荣璠，字子瑜，年八十一。三世遐龄，九跻耄耋，真人瑞也。住运粮河。

曹茂萱，字北堂，年八十。住运粮河。

蒋万松，年八十五。弟万梓，年八十五。万树，年八十四。兄弟寿考，世所罕观。住东南隅野沐庄。

顾俊楷，年八十七。顾绍康，年八十四。顾长发，候选州同，妻沈氏，年皆八十三。顾云鸿，年八十二。顾泰阶，字季平，候选县丞，年八十一。住顾高庄。

---

[1] “许树森”条，原本、程抄本均无，据新抄本补。

钱世伦，字奉萱，年八十九。钱爱予，字仁修，监生，年八十八。钱永昌，字天祥，年八十七。妻王氏，年八十。钱日著，字融辉；钱为鸾，年皆八十三。鸾妻周氏，年八十八。钱境，字元英；妻黄氏，年皆八十二。钱锐，字执夫；钱锜，字于湘，钱日宣，字丽九，年皆八十。宣妻王氏，年八十六。住九枝柿

曹富万，年九十四。住曹家埭。申士和，字道五，诸生，年九十三，州牧许给以“箕福长寿”匾额。妻周氏，年八十九。住申家洋。

陶有、住丁家园。孙宝有，住仲家院。年皆八十九。杨长庆，年八十六。住丁家园。钱惟顺，年八十五。住后时庄。俞宝霞、住乐俞庄。薛学岭、住夏庄。游振华，住北游庄。年八十二。黄志发，年皆八十四。住新河岸。黄志喜，年八十一。住新河岸。周保龄，字寿征，附贡生，年八十一。住赵家庄。李岳恺，年八十一。住双河李家庄。李锦堂，诸生；李泳、李之村，年皆八十。以上住李家庄。

以上皆住邑之东南隅。

钱珊富，年九十四。钱志坚、丁大本，年皆九十。钱永祥，年八十九。黄闻乐，字仲轩；钱履，字坦然；钱世谟，字允文，年皆八十八。钱轶群，字大中，年八十七。妻邓氏，年八十六。钱永茂、钱志岳；黄之灿，字芝瑞；钱志和，字执中，年皆八十六。之灿妻钱氏，年八十八。志和妻郭氏，年八十四。钱为宣，字心明；钱为栋，字玉擎，年皆八十五。为栋妻王氏，年八十。钱文韬，字御臣，年八十四。妻周氏，年八十一。黄必达，字子由；钱自立，年皆八十三。王炎，字炳南，恩贡生；钱凤台，字箫声，诸生；钱德衍，字修丞；钱世盛、钱珊昌、曹尔珍、孙长林，现存。年皆八十二。钱乔林，字莺迁；沈燕南，字玉怀，例贡生；两膺粟帛。黄毓章，字麟书，年[1]八十一。毓章妻江氏，年八十六。曹宗，字引松，同邑陈壶山孝廉为其八十寿序，有“二难四美”之颂。子金钥，孙仁虎、炳奎、炳耀、炳文，曾孙学曾，皆诸生。钱治邦，字伯员；弟平邦，字仲坦；钱家瑞；俞承章，字式壮；沈时泰；陆鞠，字境夫，现存。年皆八十。时泰妻周氏，年九十三。住姜堰镇。

凌海若；凌玉琇，字莩尹，年皆八十六。凌长喜，字雨亭，年八十五。凌柏年、凌文明，年皆八十三。文明妻吴氏，年八十五。凌秀瑄，字瑞圃，年

[1] “年”后，疑脱“皆”字。

八十二。凌云瑞，字兆祥，年八十一。凌有濠，字君甫；凌长庚，字寿斋，年皆八十。住西官庄。

章惟馨，字明德，年九十一。妻陈氏，年八十五。章传仁，字静山，工书法，年八十五[1]。章惟补，字济之，精幼科；章骥，字冀伯，举人；章骧，字左军，恩贡生；章承烈，字功甫，附贡生。年皆八十。住章郭庄。

陈其良，字晴田，年九十。陈洪善，字义门，年八十六。陈国宾，字宝臣，年八十四。妻姚氏，年八十一。陈文魁，字瑞章；陈洪锦，字衣衮，年皆八十三。文魁妻章氏，年九十二。洪锦妻周氏，年八十一。陈协，字三蕃，年八十一。陈世彬，字赞文，年八十。住戚家湾。

王宝璨，浙江县丞，年九十一。谢义声，字振之，附贡生，候选训导，年八十八。王湛，字子厚，年八十六。王洵，字敦仁；妻顾氏，年皆八十四。徐长林，佣于吉氏，历五世而忠义不衰，年八十三。住谢王河。

王林桂，字馨山，年八十四。子仙友，字侣樵，年八十四。媳田氏，年八十五。里人王太史桐，赠以“鸿案相庄”匾额。孙成中，字心传，年八十。三代遐龄，世所罕觏。成中尤好善，尝至徽州买茶，遇胡某之丧，赙以巨金云。住海安镇。

景盛，字曙辉，年八十三。妻萧氏，年八十七。桐[2]，字凤来，年八十八。妻许氏，年八十四[3]。棠，字召南[4]，年八十五。又，怀义妻吴氏，年八十九。友直妻章氏，年九十八。相妻史氏，年八十七。棋妻成氏，年八十二。一家四代，九登寿考，洵盛事也。住海安镇。

解日暖，字东旸[5]，监生，年九十三。孙广滋，字树堂，年八十八。崔霖，字云从，年九十。陆黉，字鸣和，年八十七。韩美，字四宜，监生，年八十五。王华封，字尧民，著有《三塘考古录》；王光烈；陈质，字朴庵，年皆八十四。质妻韩氏，年九十。陈燮，字燮友；崔自壮，字文雄；汤玉霞，年皆八十二。崔密，字士尉，学正张赠“渭滨春永”匾额；吴广山，字云峰，年

[1] 此条原本无，据程抄本补。
[2] “桐”“棠”前，程抄本均有“景”字。
[3] “八十四”，程抄本作“八十七”。
[4] “景棠字召南”，新抄本作“景棠子召南”。
[5] “旸”，程抄本作“阳”。

皆八十一。广山妻江氏，年八十七。崔方中，字景文，年八十。住海安镇。

朱庆封，钦锡举人，年九十四。住苏陈庄。许云署，年九十二。住东石羊庄。刘汉廷，年九十。住北刘庄。张文淦，字芾泉，附贡生，工书法，年八十六。张晴峰，工医济世，年八十六。俱住夏庄。

李海，字洪度，年八十五。住单塘河。贲守斌，年九十二。以下住贲家集。贲世选，年八十六。贲玺，年八十二。贲颖新，年八十。

以上皆住邑正东隅。

丁慕周，字宇斋，钦锡举人，年九十六。住王师庄，邑东北隅。戴荣玺；管钊，字燕郊，年皆八十八。钊妻韩氏，年八十九。住潘王庄。袁长年，字履笺，年八十四。现存，住宁乡镇。管钰，字冶亭，年八十。住潘王庄。

以上皆住邑正东隅。

成濂，字筱溪，精医，年八十六。妻申氏，年九十三，年[1]逾八十时，犹能刺绣。住吉安庄。李世选，字弼臣，性仁厚，好施与，年八十三。住薛家庄。赵寿元现存。年八十一。住张家庄。

以上皆住邑西北隅。

陈泰元，年八十六。现存，住鲍家庄，邑西南隅。陈志仁、陈文德、陈惟治、陈瑞藻、王江寿，年八十四。现存。

陈介寿，住大泗庄，邑正南隅。僧松泉，年九十六。僧庭槐，圆寂火葬，得舍利子三，年八十五。羽士钱清望，年九十六。朱华庆、韩瑞国，年皆九十一岁。姚百龄，年八十四。

贞寿

明

诸生顾天球妻王氏，年九十九。仇科妾袁氏，年九十三。崔希乾妻吴氏，年九十一。沈南迎妻王氏，年九十一。以上前志《节妇》。

诸生王三极继妻陶氏，年九十余。前志《妇贤》。

夏之象妻刘氏，年八十九。张子致妻杜氏，年八十八。葛永芳妻杨氏，年八十七。把总张铠妻章氏，年八十六。宋柱妻朱氏，年八十一。萧荐斋

[1] 程抄本“年”之前衍一“当”字。

妻缪氏，年逾八十。李岩妻陈氏，年八十。韩鹄妻刘氏，年八十。选贡刘际春妻张氏，年八十。以上前志《节妇》。

国朝

华某妻朱氏，年九十九。前志《节妇》。

程云凤妻何氏、府尹盛修母，年九十八。前志《孝妇》。诸生田大有妻王氏，年九十七。前志《节妇》。

秦某妻黄氏、举人定远母，年九十七。前志《贤妇》。陈镜妻俞氏，年九十五。《陈氏家传》。诸生叶雯妻朱氏，逮见五世，年九十四。前志《贤妇》。仲世第妻谢氏，年九十三。日正妻蒋氏，年九十三。诸生唐日章妻陈氏，年九十一。以上前志《节妇》。

陈日琏妻丁氏，年九十一。《陈氏家传》。唐永昱妻韩氏，年九十余。金丽水妻朱氏，年逾九十。朱士楷妻缪氏，年九十。以上前志《节妇》。附贡生陈忠耿继妻周氏，年九十。《陈氏家传》。监生周椝继妻华氏，年八十九。前志《贤妇》。费永昌妻鲁氏，年八十六。训导陈学琦妾何氏，年八十六。俱前志《节妇》。诸生黄德溢妻陈氏，年八十五。前志《节妇》。邑增生陈尧铨妻王氏，年八十五《陈氏家传》。智有经妻翟氏，年八十四。前志《节妇》。从九朱为质妻刘氏，年八十四。前志《贤妇》。黄位中妾沈氏，年八十三。刘允懋妻严氏，年八十三。前志《节妇》。卢丹书妻周氏，年八十三。前志《贤妇》。高炎妻唐氏，年八十二。徐龙津妻汪氏，年八十二。进士张琴妻葛氏，年八十二。徐尚俊妻李氏，年八十二。前志《节妇》。贡生朱王纶妻沈氏，年八十一。前志《贤妇》。崔之四妾杨氏、张氏、郭氏，年皆逾八十。单玉妻许氏，年逾八十。梅锦玉妻周氏，年八十余。以上前志《节妇》。中书俞瀫妾、编修梅生母，年逾八十。监生陈志球妻王氏，年逾八十。葛敬文妻陈氏，年逾八十。以上前志《贤妇》。叶希贵妻王氏，年八十。夏情宇妻林氏，年八十。俱前志《节妇》。州同陈志襄妻缪氏，年八十。邑增生陈忠纯妻王氏、修撰厚耀母，年八十。王轼妻刘氏，年八十。以上前志《贤妇》。

按，前志列女，始自明代，以迄国朝。今从前志之例，始自有明，凡贞寿载在列传者，备录焉。

诸生仇灼妻子丁氏，增生陈濂妻韩氏；李镛妻某氏，子恩涵，举人，年皆九十六。副贡生吴林兰妻叶氏，年九十五。费永昌妻鲁氏；侯云翰妻鲁氏，学正王旌以“贞松永茂”匾额；陈椿妻翟氏，年皆九十三。夏光照妻孙氏；刘树功妻仲氏，子鈴，郡庠生；煦妻袁氏，年皆九十二。徐广生妻吴氏，钦锡黄绢；徐安妻戈氏，学政青赠“松贞柏寿”匾额；从九蒋濂妻团氏，年皆九十一。李长涟妻夏氏，学使给“女师人瑞”匾额，子毓彬，恩贡生，年九十三。储勋銮妻王氏，子进，诸生；李凤翥妻杨氏；佾生沈魁春妻朱氏，子灼，恩贡生；貤封中宪大夫陈文傅妻尤氏，子彝范，举人，年皆九十。黄宅安妻张氏，年八十八。王裕宏妻虞氏、石惟仁妻吴氏、王杏妻徐氏，年皆八十七。赵琴生妻王氏、诸生宫元溱妻石氏，年皆八十六。监生袁德馨妻王氏，子锦，郡增生；徐鸣皋妻周氏；徐世彬妻王氏，州牧宋赠“瑶圃萱荣”匾额；陶镕轩妻康氏，现存。年皆八十五。郜树庆妻刘氏，年八十四。储养亭妻袁氏、沈子孺妻戴氏、监生韩觐元妻张氏、王桥妻萧氏、陶凤钧妻谢氏、贡生高恩洪妻宫氏、张□□妻□氏、徐瑢妻蒋氏，年皆八十三。梅九兴妻朱氏、徐树基妻朱氏、周其直妻严氏、举人官内阁中书陈文霦继妻徐氏现存。颜长清妻王氏，现存。年八十二。武生蒋润妻单氏、蒋金鳌妻田氏，年皆八十一。蒋金诏妻陈氏、姚廷桢妻黎氏，年皆八十。

以上皆住州城。

王文琏妻陈氏，年九十四。宋惟邦妻许氏、宋秉彝妻黄氏，年皆八十八。宋成铎妻臧氏，年八十七。宋兆宣妻王氏，年八十四。王世贤妻宋氏，年八十二。宋惟坤妻周氏，年八十一。住运粮河。

钱邦达妻沈氏，年九十三。学政张旌以匾额。钱国宾妻沈氏、钱汝宽妻陈氏，年皆九十二。钱振宏妻林氏、钱俨妻杜氏，年皆八十九。钱储妻丁氏、钱之濠妻黄氏，年皆八十七。钱钦妻朱氏，年八十六。钱裕盛妻丁氏、附贡生钱世全妻花氏、钱为昆妻马氏，年皆八十四。钱之涟妻郁氏，年八十三。钱永广妻戈氏、钱为榕妻陆氏、钱家益妻徐氏、钱汝成妻黄氏，年皆八十二。钱文权妻黄氏、钱尔福妻吴氏，年皆八十一。钱汝茂妻缪氏，年八十。住九枝柿。

朱元章妻萧氏，年九十六。钱大怀妻李氏、钱汝智妻夏氏，年皆九十二。钱惟勤妻陈氏；钱汝宗妻朱氏，提学李旌以“母寿宜家”匾额，年皆九十一。钱汝和妻华氏，年九十。钱文机妻黄氏，年八十九。钱之湜妻张氏，年八十八。钱德文妻陈氏，年八十六。钱文进妻杨氏，年八十五。钱绵春妻薛氏，年八十三。钱汝熙妻魏氏，年八十二。钱文运妻许氏、钱兆奎妻张氏，年皆八十一。钱玉辅妻包氏，年八十。住江村时庄。

顾嘉文妻宋氏、顾希春妻周氏，年皆八十九。顾云凤妻许氏，年八十七。顾俊豪妻李氏，年八十六。顾逢[1]春妻俞氏，年八十五。顾林兰妻申氏，旌表节孝，年八十四。顾嘉武妻朱氏；顾芗妻翟氏，旌表节孝，年皆八十三。顾绣春妻钱氏、顾云谦妻翟氏、诸生顾文妾彭氏，年皆八十二。住顾高庄。

孟希爵妻申氏，年八十九。住孟家湾。诸生陆鸿宾妻钱氏，年八十八。住翟家庄。监生陆谦妻陈氏，年八十三。住翟家庄。陆联魁妻黄氏，年八十二。现存，住翟家庄。孙廷玉妻汤氏，年八十七。住黄柯庄。孙广香妻凌氏，年八十三。住黄柯庄。窦应宽妻徐氏，旌表节孝，年八十五。许殿成妻缪氏，年八十。现存，俱住东官垛。黄谨轩妻刁氏，年八十五。黄鸣皋妻沈氏，年八十一。俱住华家庄。陈庆和妻丁氏，年八十四。陈洽妻丁氏，年八十一。俱住曹黄庄。黄万林妻戴氏，年八十三。住院子头。杨宏谟妻薛氏、住唐家荡。钱锡安妻丁氏，年皆八十二。现存，住钱家园。鲍某妻杨氏，年八十二。现存，住沙梓桥。监生申兆基妻高氏，年八十一。住申家洋。薛文渊妻王氏，年八十。现存，住西塘。

以上皆住邑东南隅。

钱铨妻陈氏，年九十三。监生钱蘋妻李氏、钱天象妻张氏、钱国兴妻沈氏，年皆九十二。黄闻韶妾林氏，年九十一。监生钱鳌妻黄氏，年八十九。诸生曹金钥妻唐氏、监生钱文迎妾吴氏，年皆八十八。钱文琮妻陈氏、监生钱志乐妻缪氏、黄九成妻钱氏，年皆八十七。翰林院编修余鉴妻俞氏，年八十六。钱永嘉妻周氏、岁贡生钱煌妻丁氏，年皆八十五。钱铙妻陈氏，年八十四。曹本光妻王氏，年八十三。黄志堪妻孙氏，年八十二。黄之烨妻凌氏、钱文僎妻范氏，年皆八十一。黄文德妻叶氏，年皆八十。住姜堰镇。

刘长庆妻唐氏、现存。刘尊之妻崔氏、凌长发妻陈氏，年皆九十。凌宝山妻陈氏，年八十八。凌执中妻丁氏、凌长鉴妻王氏，年皆八十四。郡庠生

[1]“逢”，程抄本作“凤”。

凌长珠妻黄氏、凌金章妻王氏、凌方曙妻黄氏，年八十二。诰封武略骑尉武生凌桂妻张氏，年八十一。凌国栋妻丁氏；武生凌桢妻沈氏，提学劳赠以匾额，年皆八十。现存，住东、西官庄。

陈得昌妻丁氏，年九十三。从九陈鉴妻刘氏、监生陈凯妻李氏、陈得恭妻曹氏，年皆九十一。陈其猷妻曹氏、陈得义妻郭氏，年皆九十。县丞陈洪量妻周氏、陈得兴妻石氏，年皆八十九。陈得新妻徐氏，年八十八。陈得材妻陈氏，年八十二。陈福全妻卢氏，年八十一。住戚家湾。

章家瓒妻崔氏，年九十三。章家恒妻[1]傅氏，年八十九。章传之妻王氏，年八十六。章秀之妻崔氏，年八十五。现存。诸生章驹妻郑氏、章家凤妻王氏，年皆八十四。章福庆妻林氏，现存。年皆八十二。章补之妻黄氏、现存。附贡生章惟和妻陈氏，年八十一。监生章驺妻崔氏、章惟庆妻吉氏，年皆八十。住章郭庄。

徐春山妻赵氏，三膺粟帛，年九十五。葛荣章妻谭氏，年九十四。徐瑰妻陈氏、王某妻吴氏，年皆九十三。崔殿臣妻盛氏，学正张赠以匾额；职员王树绩妻荀氏，年皆八十七。王旌门妻崔氏、韩璧亭妻范氏，年皆八十六。从九王长龄妻韩氏、佾生陈楚南妻朱氏、解福履妻徐氏、韩篬妻汤氏，年皆八十五。

陈隆皋妻季氏、理问刘履之妻王氏、戴洪钺妻潘氏，现存。年皆八十四。从九汪泰妻孙氏，子鋆，廪生；诸生杨克勤妻陈氏，子大垌、大烈，俱诸生；解福庆妻俞氏，现存。年皆八十三。陈隆岳妻姚氏、李继霖聘妻王氏、韩乔岳妻谭氏、监生许景璠妻缪氏、徐伯亿聘妻贲氏，年皆八十二。解骏妻陈氏、诸生解广潢妻夏氏，年皆八十一。韩贞女，年八十。住海安镇。

郭廷桢妻黄氏，年九十三。住张家院。候选州同郭昶妻陈氏，年九十。住张家院。监生王竹峰妻钱氏，年九十三。邓中孚妻张氏，年八十五。王洵之妻顾氏，年八十四。俱住邓夏庄。

贲开麐妻卢氏，年九十二，邑人仲振履赠以“慈心劲节”匾额。贲道明妻陈氏，年八十二。俱住贲家集。

郡增生朱士云妻黄氏，年九十二。住白米镇。郑美昌妻徐氏，年九十一。

[1]“妻”，新抄本作“妾”。

住戴家庄。邓步田妻陈氏，守节抚孤，恩周族戚，州牧胡旌以“孝竹贞松”匾额，年九十。住赵家庄。

王傅妻徐氏，年九十。李兆孚妻□氏，年八十三。俱住娄庄。

监生王宝谦妻周氏，年八十九。住谢王河。谢竹生妻薛氏，年八十八。住谢王河。王庆和妻邹氏，年八十七。刘朝柱妻张氏，年八十六。刘岘芝妻王氏，年八十三。俱住北刘庄。王钦妻谢氏，年八十六。住马家甸。监生袁适泉妻卢氏，年八十四。住曹庄。张敏亭妻周氏，年八十二，学政溥旌以“柏节松龄”匾额。住张夏庄。钱小堂妻张氏，年八十二。住马庄。王墀妻黄氏，年八十二。成昆圃妻沈氏，年八十一。现存，住王楼涵。诸生李洞妻，子文达，亦诸生，年八十。住单塘河。

附贡生周二南妻胡氏，年九十六。周效芳妻章氏，年八十八。浙江布政司理问周效曾妻章氏，年八十三。俱住曲塘镇西湾周庄。王方乐妻印氏，年八十三。王春岩妻陈氏，年八十一。王锡盘妻孟氏，年八十一。王某妻朱氏，年八十。俱住曲塘乡李家舍。

以上皆住邑正东隅。

丁鹤仙妻陈氏，年九十四。丁凤书妻孙氏，年八十三，学政毛旌以“贞心懿训”匾额。王琢之妻刘氏，乐善好施，恩周族戚；咸丰六年旱灾，出资赈济，全活甚众；子焕、章，均诸生，年八十一。丁元德妻倪氏，年八十。住王师庄。

邑东北隅。

李□□妻陈氏，年八十二。现存，住十里铺。

邑正西隅。

吴□□妻沈氏，年九十二。住南坝塘。赵林华妻于氏，年八十六。现存，住龚家庄。

以上皆住邑正南隅。

寿考附录

一、已故

钱汝河，住后时庄。年八十七。妻殷氏，年八十。刘志仁，住丁家园。年八十五。王如煦、住太字庄。薛增贤，住夏庄。年皆八十二。王大年、住运粮河。陈荣春、住薛家舍。刘志贵、丁龙汉、丁永福，年皆八十一。以上住丁家园。

刘永盛，年八十。住田家港。

以上皆住邑东南隅。

陆连登，字庆云，从九职衔，年八十二。住海安镇。刘长禄，重游泮水，邑庠生，捐职千总。住姜堰镇。崔隆宾，住海安镇。年皆八十一。黄仕唐，字陶甫。住姜堰镇。谢坎，住谢王河。年皆八十。

以上皆住邑正东隅。

二、现存

张桂郁，诸生，年八十二。住州治。陈倚山，年八十九。住汤家野。钱增芳住江村。金万美、住夏家岱。黄廷猷，年皆八十八。住院子头。陈美山、住汤家野。潘汝香，年八十六。住薛家舍。钱汝坚，年八十五。住前[1]时庄。黄万选、住野凫岱。蒋祈云、住唐家园。蒋万应，年皆[2]八十四。住野沭庄。常忠礼、住太宇庄。游子荣、住西游庄。黄万仪、住院子头。翟长林、住十五里桥。黄乔发、住新河岸。张文焕、以下住张家岱。袁万国，年皆八十二。黄永德、住院子头。魏秀文，住港西。年皆八十一。赵庆和、住新河岸。殷春富、住院子头。俞石，住夏庄。年皆八十。

以上皆住邑东南隅。

徐启元，年八十九。住谢王河。薛寿泰，字齐南；住薛家庄。熊介眉，字白良，附贡生；以下住海安镇。陈又良，字遂生，监生；孙墀，字玉阶，邑庠生，年皆八十七。住娄庄。朱盛文、住海安镇。马寿山，年皆八十四。住姜堰镇。周宜楠，字思伯，年八十三。住谢王河。严长春；住海安镇。彭长春，字稻香，精外科；妻陈氏，年皆八十二。住姜堰，寓海安。陆瀛，字步洲；住海安镇。黄文政，字邦之，住姜堰镇。年皆八十一。王汝祥，字春海，附贡生，候选训导；住姜堰镇。凌文蔚，字兰武，武举人，住西官庄。年皆八十。

以上皆住邑正东隅。

重游泮水附录

凌文蔚

[1]“前”，程抄本无。
[2]“皆”，程抄本无。

重宴鹰扬附录

中华民国十一年壬戌，凌文蔚。

贞寿附录

一、已故

胡加槭妻虞氏，年八十八。住北花家庄。钱汝安妻翟氏，年八十六。住江村。钱惟慎妻徐氏，年八十五。住江村。钱僖妻孟氏、住九枝柿。刘长禄妻王氏，年皆八十四。住姜堰镇。郭钧培妻黄氏、住张家院。宋督洲妻王氏、住宋家墩。王士永妻柯氏，住孙家庄。年皆八十三。钱惟慎妻沈氏、住后时庄。丁淮川妻柯氏，年皆八十二。住姜堰。张文彬妻沈氏、住黄花港[1]。徐制妻杨氏、住海安镇。黄寿三妻缪氏、住州治。贞女汤氏、住州治。黄申勖妻凌氏，年皆八十一。住姜堰镇。武生刘开泰妻赵氏住孙家庄。张埈妻袁氏，学宪黄旌以匾额，住甸头庄。赵州知州高维翰妻卞氏，年皆八十。住州治。

二、现存

钱汝鉴妻周氏、住前时庄。刘殿爵妻钱氏、住包家岱。梁忠妻钱氏，年皆八十九。住岭家庄。王长山妻梁氏，年八十八。住黄沙沟。王春桂妻姜氏、住黄沙沟。王廷柱妻蒋氏、住校林邓夏庄。许庆华妻陆氏、住许官庄、李鹤炳妻钱氏，年皆八十七。住大岸头。监生王化明妻钱氏、住校林邓夏庄。钱登五妻崔氏，住姜堰镇。年皆八十六。从九孙广业妻徐氏、住屠家桥。钱汝国妻梅氏、住后时庄。韩沛妻徐氏、住海安镇。陈长宽妻林氏，住薛家舍。年皆八十五。胡洪达妻邓氏，住海安镇。申镇妻黄氏，住蒋垛。旌表节孝；王大庆妻陈氏；住黄沙沟。陈长福妻宋氏，住蒋家舍。钱绵达妻柳氏，住江村。杨曙妻凌氏，住岭家庄。王诗德妻薛氏；住梅家垛。韩惠庵妻刘氏；住西查家庄。郑实庵妻董氏，住州治。年皆八十四。监生刘步蟾妻卫氏、住孙家庄。王世贤妻宋氏、住运粮河。贞女黄氏、住□□。钱汝政妻万氏、住时庄。游振华妻何氏、住北游庄。唐志明妻刘氏、住新河岸。钱绵辉妻丁氏、住江村。夏苕书妻郭氏，年皆八十二。黄乔发妻陈氏、住新河岸。常忠礼妻张氏、住太宇。许大用妻茅氏、住许家庄。钱增宏妻陈氏、住江村。王培妻游氏、住□□。钱锡珩妻黄氏、住娄庄。钱汝章妻王氏，年皆八十一。住黄沙沟。王大林

---

[1] “黄花港”，新抄本、程抄本均作“后时庄”。

妻翟氏；住黄沙沟。张贵元妻钱氏；住林家荡。侯文业妻朱氏；住拜官庄。游珍祥妻龚氏；住西游庄。宋人庆妻陈氏；住运粮河。钱绵兴妻李氏；住江村。韩受天妻孙氏；住西查家庄。丁弼臣妻王氏；住姜堰镇。孙际昌妻秦氏，性好施与，子建中，诸生；黄致知[1]妻陈氏；住姜堰镇。吴有福妻阚氏；住南坝塘。丁怀奇妻沈氏，年皆八十。住俞九舍。增贡生章駉妻，年八十。现存，住萧家田。

[1]“知”，程抄本作“和”。

续纂泰州志卷之十八

寺　观

光孝寺　见前志，在州治西。光绪二十年，僧德厚请《藏经》，供奉香雨楼中，改“香雨”额为“藏经楼”。新采。

南山寺　见前志，在州治南。咸、同间，庙宇荒落。光绪间，僧明魁募修。新采。

觉正寺　见前志，在北门外东坝之东。雍正年间，僧云如建普同塔于寺后，捡藏露骨。道光十六年，僧松泉募建文昌阁于寺前，邑人王广业有碑记。同治五年秋，雷火，阁毁。《续志稿》。

北山寺　见前志，在北门外二里。咸丰元年，僧德山募修。光绪四年，僧如松增修。《续志稿》。

万善寺　在城西北，旧名茶庵。光绪二十六年，僧觉宽募修，建立大殿、厢房，二十八年落成，更今名。《续志稿》，参新采。

岱岳寺　见前志，在姜堰镇南。光绪年间，僧严戒重修。光绪末年，僧忍修增修。一在许家庄。

千佛寺　在姜堰镇东南俞家庄。同治七年修，光绪十九年重修。

古岱岳寺　在梁郜庄。建于南梁，一名梁王寺。顺治年间，僧如亮重修。同治五年，僧清池增修。同治七年，里人周佑亭、王雪帆等募建魁星楼六间。寺后有银杏一株，相传为千数百年物。

华严寺　在赵家庄。唐初，僧芥航建。国初，僧见澈重修。道光、同治间，僧性真、澄清增修。寺前、后有沟，名暂止，相传唐征高丽班师，掘井于此，旱岁河涸，井栏见。

回车寺　在赵家庄。相传唐征高丽回军驻此，因名。乾隆间，僧见澈重修。

古唐寺　在回车寺东，唐初建。

广福教寺　在海安镇，一名东寺。康熙年间，僧行湜建东楼。光绪年间，僧香云、广衍、柳塘增修。里人张符骧《募修广福寺序》：自先王之教之不明，浮屠、老子之徒遍天下。佛最晚出，其教弥盛，俨然与先圣争坛坫。生其间者，遂视如三王之不可少一，为与日同亡之事势，盖几十百年于兹矣。然郡邑不过一学，一学不过数椽，常萧然不蔽风雨。而涂膏衅血，黄殿琼宇，与民杂处，比户不休者，大都皆梵王宫也。吾不能人其人而庐其居，而犹张其军而助之帜，复何以为心哉？顾天下以为非此不成福田利益。而吾乡广福寺者，为李唐建国千载以来不祧之香火，又经吾外大父陆比部之整顿，与先大夫之所尝护持，数往过之。窃叹夫成功者退，大厦难支，而不能不动念于主僧之请也。秦汉以前，佛未入中国，乱时少而治时多，其民皆化于其君之德，与束于有国者一定之法，不必求佛，而后可以蒙福。自后世政令烦苛，科条严密，民不聊生，然后求福于佛。佛果足以福人，而世为何世也？嗟乎！圣人不必生，生不必在位，在位不能不恨施之不博、济之不众。而欲佛于冥冥之中，以一手足之烈，为众生厚其美报而薄之罚，此必不得之数。而佛之为教，则不惜顶踵以利天下，至于捐生命以肥无良之鹰虎。不若圣人之从井则不能，被发缨冠则不能，无征诛挞伐则又不能。其兼爱普度，至欲竞胜于圣人之仁，宜人之信从者众，而祈报者夥也。人劳苦则呼天，疾痛则呼父母。圣人之不作，民以佛为天、为父母，而大声疾呼，以冀其援手也，久矣。故居今日而求福于佛，佛即以福报之。此亦感应必然之理，断断无足怪者。独怪以积恶逋诛之人，而区区恃僧祈佛以为忏悔；彼攘斥异端，终不自悔其道以从于邪者，宜为佛之所深弃。则是佛之所谓天堂者，必以待积恶后悔之小人；而佛之所谓地狱者，必以待守正不阿之儒者，其亦难信也。然天下岂有不恕之圣人哉？圣人不责人过，而责人之不改，归斯受之而已矣。度佛之心，亦岂有异于此？故悔之一念，佛惓惓以是望天下，而未尝背于吾圣人之教。人有望广福而乐襄其成，是亦佛之孝子也。寺旧有住持，败梵行而污净土，乡人逐之，佥议举悟大师以为督。大师苦修质行，不事浮露，异于世之杖拂者。初入丛林，慨大雄之倾圮，顾瞻弗称，欲布告多方，而丧败之余，未遑他请。今经营略定，邀灵于佛，将谋鼎新，而丐予言，以募远迩。不为发明其不背于吾圣人之教，而又能补先王之化之所不逮者如此，岂独苏学士闻而乐施哉？虽韩昌黎、欧阳六一，亦无以夺吾言也。

里人徐信《募修大殿疏》：伏以广福禅林名胜，载诸郡志；大雄宝刹，灵基创自唐朝。启白马以藏经，雍门早辟；布黄金而作地，精舍高营。葱茏乔木撑天，有旃檀更饶佳树；馥郁名花隔院，惟薝卜不嗅异香。丹楹画栋，旧称选佛之场；珠幄瑶幢，共羡参禅之域。飞锡凤凰山右，香界参差；担经鸥鹭塘边，梵宫周折。何须鹿苑，翻成欢喜之林；岂必鸡园，乃作真如之室。此固由城及镇，百二十里之大观；又为自古迄今，一千余年之佳话。虽慈云慧日，不无神圣护持；奈苦雨悲风，未免摧残剥蚀。贫衲焚修忏悔，岂容利己损人；佛家金碧庄严，忍见颓垣败宇。曩者大楼改建，又仗各尊檀越，告成厥功；今焉古殿重修，乃祈诸大儒绅，兴斯义举。凡国相，凡宰官，凡居士长者，募化无分夫四众；或银钱，或米谷，或木瓦油漆，恳求不限以一方。广结无遮之会，同归最上之乘。阿耨水深，由渐而至；须弥山大，积小以成。庶几殿角巍峨，仰见三塘[1]形势；亦且檐牙璀璨，遥瞻七星辉光。花放水流，陆学宪钓游之地；茶香饭熟，张翰林弦诵之场。传戒有高僧，塔藏舍利；安单无俗物，珠滑牟尼。敢希八方高台，同征善果；但愿三千宝界，共结良因。设关立誓，就中可以观心；击柝鸣梆，他处并无行脚。恭邀三座之灵，早慰两廊之望。寺名广福，当修广福之缘；殿号大雄，请护大雄之法。从兹千万亿年，功德如金刚之不朽；毕集恒河沙众，姓名随石碣以常存。谨疏。

水陆寺 在樊汉镇，本唐高宗时，赵兵部明远屯兵之所。永徽五年，创建斯寺。乾隆十四年重修。咸丰十年增修。光绪十八年，僧华如与其徒本慈建魁星阁，增屋十余间。《续志稿》。金兆燕《重修水陆寺碑记》：如来以无边身，常乐我净，四大充满，尽虚空际，随应说法。舍卫国祇陀园，皆不足为立足地，况肯三宿桑下哉？顾有学无学，人新发意，熏习四禅，求得须陀洹、阿那含[2]，以至阿耨多罗三藐三菩提果。则非广集善友，勤修白业，尽面壁之功，老老大大，终无住处。故自榆欓经来之后，宝坊初地，遍南赡部洲，而洛阳伽蓝，处处皆堪纪述也。泰州樊川镇水陆寺，创建唐代，历宋、元、明，兴替迭更，不啻千万劫。我朝康熙二年，曾一修葺。然宝殿倾颓，金容剥落；饭僧田亩，为一阐提荡废殆尽。乾隆六年，松真和尚为各镇檀樾延主方丈，乃造东、西两楼，赎归田七十余亩。后其徒乐也老人，又赎归田三十余亩。至是而时节因缘，不期而至二三十年。乐也示寂，传法振正，深观三昧，大振门风。至二十八年，本镇樊氏长者，有子曰某，今佛名某，发心出家，行头陀行，具六波罗蜜，乞贫乞富，日食一麻。所募金钱，积之鲇篅，不数年而寺宇重建。趺光重新，开堂传戒，望幡幢而来集者，百数十[3]人。呜呼！可谓盛矣。从此四方学者，入不二门，证无生忍，得暖法顶法，住不可思议解脱，皆于是乎在，可无一言以记之欤？寺为基若干亩，屋若干间。讲法之堂，香积之厨，湢[4]室、溷轩，井井皆具。塔院、坟茔地若干

[1] “塘”，程抄本作“唐”。
[2] “阿那含”，原本作“阿斯舍”，据金兆燕《棕亭古文抄》卷九改。
[3] “十”，原本作“干”，同上改。
[4] “湢”，原本作“福”，同上改。

亩，高下水田共一百零八亩。后之继者，虽不能增广之，亦当谨护持之。我佛天眼，是证是鉴，勿使罡风，吹堕罗刹。善哉善哉！

移风寺 在坂埨庄西。观音寺，在颜家庄西北。万寿寺，在黄自量。胜因寺，在甸头。永吉寺，在土桥。东岳寺，在杨家庄。以上新采。

临湖禅院 在岳墩下，旧志名放生庵。《续志稿》。

康发祥《雨后入临湖禅院》诗："乌鹊迎人出树飞，爱闲来款树间扉。水深竹径僧能涉，云掩松巢鹤自归。天际帆樯排古堞，城头鼓角响斜晖。同游旧雨今何在？风景依然泪一挥。"

藏经禅院 在东门内大街南。新采。

斋僧禅院 在新桥口。

毗庐禅院 在便民坊大街，光绪三十四年重建。以上《续志稿》。

祖师禅院 在吉家墩，康熙间建。乾隆十年，僧明化出资重修。

三佛禅院 在祖师禅院左。光绪二十七年，僧松月重修。以上新采。

玉山禅院 在海安凤山麓。道光二十一年，僧慧灯重修文昌楼、观音楼、禅堂。二十九年，里人徐淮等重修文昌楼。《续志稿》，参新采。

观音教院 即观音堂，在海安西寺大殿。西寺本观音庵故址，盖不忘旧制也。

十方禅院 在海安镇东铺，明孝子李祜、李社建，今圮。

天宁寺下院 在海安镇草坝后，一名草院。

般若院 在白塘庄。新采。

永盛禅林 在北门外犁山嘴。

祇树禅林 一名西寺，在海安镇西铺后街，初撤观音庵。嘉靖七年，改祀范公祠。国初，因其基而广之。道光七年，僧若水重修。仲振猷《重修西寺记》：予于乾隆六十年至蓉塘，过西寺，有祠曰异姓，绝祀者于以寄木主焉。堂曰"延生"，疲癃残疾、颠连而无告者，于以资衣食焉。以为寺有异人矣，而顾殿宇倾废，楼观欹危，则又何以故？翌日，于寺见披发跣足、鸠形而鹄立者，为寺之三静僧。窃谓异人必是之属。而客曰："异人之徒也，寺有若水，祠与堂皆其建；病者之衣食，殁者之棺衾，皆其所运筹。三静赖以度支者也。"然则何弗新其宇？曰："若之师元悟，元之师明德，皆苦志笃行，为佛门彦。经营创始数十年，而未成其志。若居众僧列，未敢以才智先也。"乃挈客复过西寺，访若师，不遇。越五六日，而若师来，手木柄锸，云："过郊野，有骸骨暴露，辄劚而埋之，故常以随。”其人朴而不文，不冠不衣，不习经咒，盖隐于佛以行其志者也。次岁，余主讲镇之明道书院，往来日益密。适其师死，若师哀毁逾人子。敛葬毕，委寺于三静，而筑室墓侧，足不出户者三载。寺之中祠与堂外，日摇落寖废圮矣。镇人乃议以若师任住持，公吁邑宰旌赐匾额，以庙相属。若师谦让不得，乃与其徒出而营之。估工[1]以二千金，而自鸠工至落成，未三月，而殿宇一新。所以倾众望者，素与？何迟速之异效竟若是也！夫以子孙席先祖之业，非不云谲波诡、鳞次鸟跂。而一再过之，则瓦砾也、丘墟也。其视若师，贤不肖之相去几何？而若师之得以成其志[2]，抑亦兹乡之多善士，足以襄其事、速其效也；抑亦若师之笃志苦行，足以感人深及于远也。夫若师少未读书，身不得志于当时，而托迹空门，以行其扶济斯民之志。使佛氏者流，皆以若师之志为志，其有补世教何如！而弗为佛氏者，皆以若师之志为志，又当何如哉！顾吾考寺之张仙祠，为范公祠遗址。范公为前宋名贤，功业隆于海隅，固宜永祀不朽，不无借于若公师弟之力、诸君众擎之举也，则又区区之心云尔。

狮子林　在海安镇北乡西偏七里，为刘氏家庵，创建年代无考。光绪八年，僧德林重建。以上新采。

庆云庵　在城内，一名尤家庵。

毗庐庵　在城内歌舞巷，前志已载。同治元年，改建同仁堂。一在南山寺西。《续志稿》。

福善庵　在城内，旧名翠竹庵，见常增诗注。一在姜堰镇西甲，邑人王氏某新建财神殿。《续志稿》，参新采。

三元庵　在城内董家小桥街北。

社学庵　在北门外天禄街。

普化庵　见前志，俗名蔡小姐庵，蔡普贞创建。

西方禅庵　在便民坊西甲西浦上河边，乾隆[3]间建。

西方极乐庵　在便民坊西甲上河边，嘉庆二十二年建。

古西莲庵　在便民坊西甲下河边，光绪二十二年重修。

准提庵　在便民坊东甲，道光四年建。一在邑厉坛东。

三茅庵　在便民坊西甲老廒后，光绪二十九年重修。

---

［1］“工”，原本及新抄本皆作“公”。

［2］“志”，原本无，据新抄本补。

［3］“乾隆”，程抄本下有“乙酉”。

古栖贤庵　在大浦西，道光二十七年重建。

大悲庵　在太平坊。一在西游庄。

古慈善庵　在安家坊，嘉庆十九年建。

海龙庵　在安家坊，道光五年建。

得源庵　在东火星庙东，一名林家庵。嘉庆二十二年，里人公建。以上《续志稿》。

观音庵　在东坝坊，旧名普济庵，一在栾家庄，初为尤氏家庵，嘉庆末年更今名。一在姜堰镇南甲。一在马家桥。一在臧家庄，乾隆中，臧德兴施产及屋，披剃住持。一在海安镇东十里。一在马家庄。一在大泗庄。一在秦家庄。

佛隆庵　在清化坊，今改建范公祠，系邑人高福堂施送屋宇。

广荫庵　在北山寺东。

广福庵　在北山寺东。

送子观音庵　在广荫庵南，同治年间重建。以上《续志稿》，参新采。

西林庵　在张甸。

福兴庵　在萧家庄。

兴隆庵　在后黄沙沟。

法华庵　在茆家庄。

青龙庵　在双河李家庄。

双烈庵　在颜家庄。中供偶像二，其缘起无可考。

一指庵　在南薛庄。

北隐庵　在管王庄南。以上新采。

太平庵　在姜堰镇东桥南。一在薛家庄。一在古潮墩头，道光十五年，僧圣言出资重建；光绪十七年，僧道宽增修。

净土庵　在姜堰镇东甲，俗名花尼姑庵。

大圣庵　在姜堰镇南甲。

白衣庵　在姜堰镇南甲，近通属。蔡氏女披剃住持，出资重修大殿。

宝莲庵　在姜堰镇西甲。

积善庵　在姜堰镇北甲。

如来庵 在姜堰镇北甲。一在夏庄。《续志稿》,参新采。

福慧庵 在钱家庄。国初,僧宏远建。光绪初,僧法乘增修,置田数十亩。

青莲庵 在戚家湾。康熙初,陈昇平建。一在樊汉镇。

妙香庵 在邓家庄。元末明初,建于龟尾桥北。明天启六年,迁桥南,更今名。嘉庆间,僧慈济重修。

护国庵 在运粮河。咸丰元年,僧如海重修。一在孔家庄。

十方庵 在胡家集。

佛界庵 在海安镇邑庙北,缪景先妻在此披剃,出资建屋。嘉庆十八年,尼僧心禅重建殿宇。

东福慧庵 在海安司署东巷内。道光二十五年,尼僧长如、长静重修。

西福慧庵 在海安司署西巷内。道光十八年,尼僧一心重建。

佛果庵 在海安镇邑庙后街。

总持庵 在海安司署北。道光五年,尼僧月清重修。

永兴庵 在海安东铺后街、广福寺东。系明孝子李祐祠,后更今名。

观音庵 在海安镇东铺大街。里人谭简《观音庵记》:镇东有崔贞女坊,坊之东有观音庵。戊子夏仲,程子少眉教读于是。余访之,因与之语,曰:“崔贞女,讳师孔者,吾外祖母之妹也。外祖氏陈讳壮履、舅氏讳又黄,余习闻贞女之事于舅氏矣。独坊之建于庵侧也,则未闻其故。”程子曰:“是庵也,贞女奉佛之所也。贞女为吾妇翁之姑,许字冈中陆君,未嫁,而陆于雍正十年作古人。贞女年甫二十,言于父母曰:昔吾高祖卒于滇署,四侧室即所居奉佛为尼,名之曰西莲庵。儿窃慕之。父母以其年甚少也,姑止之曰:守节尚矣,然而实难。且汝尚未为陆氏妇也,汝奚为者?贞女泣而对曰:然则儿谁氏妇也?儿虽幼且愚,不敢贻父母羞。因指所居之穷楼曰:愿终身居此。父母扃其户,使儿得以自明。遂居楼,饮食起居有所需,不启户,自牖而缒焉。父母因其崇佛,乃以宅外东偏之室为庵,奉大士于中,以成厥志。贞女每晨焚香,遥望而拜。乾隆四年,母疾,贞女喟然曰:不侍母则不孝,下楼疑于不信,吾必居一于此矣。虽然,言不必信,惟义所在,吾宁为硁硁然之小人哉?爰以侍母请,许之,遂刲股肉以进。母自以年之迈也,微探之曰:余夫妇老矣,旦夕且死。纵汝昆弟善视汝,与汝父母奚若?余窃虑之,汝其筹之。贞女惧父母之终令其改字也,且痛己之终未见信于父母也,不对而泣。母瘳,复居楼。遗之食,弗受。父母往询之,乃执其食器,对曰:向母之与儿言也,惧含羞九泉耳。儿以母疾,未敢遽也。今母愈矣,儿请与此器绝。遂弃诸楼下,不食而死。乾隆十一年，奉旨建坊，以旌其节。余盖闻诸妇翁诞先公云。”谭子闻而喜曰：“吾向所闻，略于子，且微异。今闻子言，益恍然矣。坊之建于庵侧也，殆冀庵与坊并传不朽与！殆冀崔氏世世子孙，永保此坊与庵与！呜呼！前有四侧室开其先，继又有此绍其后。节妇、烈女，先后辉映。崔氏其世有隐德乎！余与子谊忝葭莩，与有光焉。为崔氏后者，尚其曲体前人之意，毋使倾颓，则吾与子所厚望也。”是为记。

药师庵　在海安镇解家荡。乾隆年间，僧普昇修。光绪年，僧九莲重修。

题鹤庵　在海安镇西街北巷。乾隆年间，崔朋盛、崔霖等建。

圆觉庵　在海安镇吊桥东，即青龙闸官署旧址。

镇宁庵　在海安镇北水关。咸丰三年，尼僧玉成鬻膳产独修。

大慈庵　在海安镇中坝后，今废。

栖云庵　在海安镇中楹桥河南，旧属陈氏家庵，今废。

心慈庵　在海安镇西门城上。道光年间，卢张氏建。

准提庵　在海安镇徐家坝东里许，今废。

祠山庵　在海安镇西铺后街西寺大殿西。西汉张渤，字伯奇，武陵人，因治水有功，祀之。邑人仲振猷《祠山庵碑记》：人必植其本。浮屠，弃其本者也。不弃其本，非浮屠；弃其本，不过浮屠而已。三静，江乘人也，舍其家以贸易于兹镇，可谓轻去其乡者矣。复慕其师若水之为人，髡其首而为之徒。乡人同处于镇者，争阻不得。无其家，遑有乡哉？及入寺，立志苦行，翼其师，力新其宇。土壤瓦砾之粪除，房廊殿宇之经营，丹雘涂茋之采绘，宾客往来之酬接，出入缓急之度，以及延生堂之饘粥，异姓祠之香火，春秋田园之耕获，其师悉委任之，无或懈。夫寺之废二十年矣，而缔造之、修葺之，不数年竣其事。慕其师者，无弗慕三静。远近男妇，咸啧啧称道弗衰。如三静与其师，所谓莫为之前，虽美不彰；莫为之后，虽盛不传耶？志浮屠之志，行浮屠之行，亦能成浮屠之名矣，何多责焉！乃入寺来，与其乡人日往来无间；乡之人亦乐捐资，以助其行。于寺西偏得隙地，构数楹为祠山庵。祠山，横山也，神多灵迹，江乘人虔事之。而三静之为此构，则以其先住持西寺，自中山始，由中山而明德，而元悟，而若水。若水之后，当及三静。人事之变迁，固不可知，抑或于其志也，不乐任其事。传之其人，逍遥于兹，食息于兹，其乡人晤对于兹，盖归宿地也。夫世之为浮屠者，奔竞于豪华富贵之族，征逐于声色货利之场，未尝不若一家人，而于所亲，则曰出家无家。即不然，空山穷谷，枯槁寂灭。人世之不往来，何乡人有？而三静之所祀乡之神也，所共晨夕乡之人也，履其土犹然乡之土，入其室犹然乡之室，则其人犹然乡之人而已矣。以三静之行，推三静之志，其得以浮屠视之耶！其不得以浮屠视之耶？当其落成，属记于余。余嘉其人不弃其本，书之。

普利庵 在海安镇西门外大街。明程山居宅改建，岁久倾圮。光绪末年，僧仿若重建。

地藏庵 在海安镇中坝大街，一名西土地堂。一在镇东孔徐庄，康熙六年，僧本释出资建；光绪二十九年，僧道生重修。一在樊汊镇。

西方庵 在海安镇过街涵洞北河东，今废。一在樊汊镇。

古灵庵 在海安镇西五里。光绪年间，僧玉成重建。新采。

清净庵 在海安镇东贲家集，新丰闸署改建。咸丰九年，僧文彻、明善募修。一在钱家楼，康熙年间，僧事理建。咸、同间，僧金鉴增修。

通济庵 在海安镇东贲家集。顺治三年，镇人贲高建禅堂。乾隆三十六年，高之五世孙玉辉重建。光绪、宣统间，僧晴江、苇丹重修。庵前有古槐一株，数百年物也。

东林庵 在海安镇东贲家集。乾隆二十七年，僧禅安建。咸丰元年，僧慧泉重修。宣统元年，僧法真增修。一在章郭庄，国初建。一在张甸。

永镇庵 在海安镇东北。明天启二年，僧真融建。道光初，僧华封重修。光绪年间，僧杲日增修。以上新采。

报恩庵 在樊汊镇。《续志稿》。

普福庵 在北朱家庄，明万历年建。嘉庆二十年，僧宗衍修。光绪三十年，僧友樵重修。一在塘湾镇。《续志稿》，参新采。

广济庵 在曹家庄。

东来庵 在纪家庙。

水月庵 在纪庙。

胜琳庵 在穆家庄。

隆昌庵 在王家庄。

吉庆庵 在蒋家庄。

延寿庵 在曹于庄。

复兴庵 在范彭庄。以上新采。

风云雷雨庙 在北门外太平坊，亦名东斗宫。咸丰六年，知州许道身督修。

华王庙 在北门外犁山嘴。

聂公庙 在清化坊。乾隆六年，浦水陈氏建立。相传陈氏渡江，船失舵，有大蛇蟠于船后。及达彼岸，是夜，梦伟丈夫立于前曰："我为聂政，蛇即我也。归，其祀我！"陈氏因立庙祀之。以上《续志稿》，参新采。

宋李文靖公庙 在袁后街，前志已载，名小郎庙，祀宋李沆。宣统元年八月，泰坝监掣戴文儁更今额。新采。

谨按，《史记》：秦李冰为蜀守，其地有龙为孽，冰锁之杂堆之下。其子二郎成父之功，故蜀人并祠之。元至顺间，俱追封王爵。《皇朝群祀考》所云亦然。州人感其安澜有功，醵钱祀之。迤西之晏公庙、大王庙、都天庙，皆此类也。

又李文靖沆父名炳，寺僧误以李冰为李炳，冰、炳音转。由李炳推及其子，遂有小郎之讹，不知小郎即二郎也。泰谚本有老郎、小郎之称，老郎指李冰，小郎即指二郎，是不可以不辨。

都土地庙 在赵公桥北。

痘神庙 在姜堰镇北甲，内设字纸炉一座。《续志稿》，参新采。

大王庙 在姜堰镇南街。新采。

龙王庙 在姜堰镇坝口。一在海安西门外上官河。新采。

三里庙 在海安镇西三里，见前志。乾隆年间，僧大润重修。光绪十年，毁于火。《续志稿》。

吴嘉纪《三里庙》：诗此地乌鸢集，当年将士雄。同仇东海上，授命战场中。废戍云犹黑，秋田蓼自红。家家余寡妇，野哭对西风。

大圣庙 在海安镇西街。乾隆年间，僧道宏修。道光年间，僧立成、方渡增修。光绪年间，僧本悟新建大殿、东西两厢屋。

德星庙 在海安镇邑庙北巷。嘉庆二十一年，里人徐德源、田球同建。光绪三十年，改设初等小学校。

五神庙 在海安镇牙桥东。

关帝庙 在海安镇牙桥东，碑记载《艺文》。

都天庙 在海安镇徐家坝东。

东岳庙 在海安镇东门外。明奉国将军陈良建，东偏为陈氏家庵。

刘猛将军庙 在海安镇凤山右翼，少府朱积塑像祀之。

大墩庙 在海安镇东十里。以上《海安考古录》，参新采。

侯王庙 一在宁乡。一在花家庄西，地名神潼关，土人相传明将侯必成防倭驻兵处。以上新采

十帝庙 在樊汉镇。《续志稿》。

奶奶庙 在莲河亭南。

白马庙 在白马庙庄。

百子楼 即古张仙祠，在海安镇东百子桥西。新采。

观音楼 在海安镇凤山坡前。

文昌楼 在海安镇凤山麓。

华严舍 在北门外太平坊。

芙蓉禅舍 在海安西寺大殿西。以上《海安考古录》。

玉皇阁 在海安镇东铺后街。咸丰四年，里人重修，更名弥罗阁。光绪二十六年，僧宝华募修大楼。以上《续志稿》，参新采。

羽化姜公塔 在海安镇凤山坡左。《羽化姜公塔序》：姜日章，字旦童，号全脉子，李家堡人。先世隐于农，皆潜德不耀。日章生有异质，两手握巨黑痣，纹理错纵，皆成字。家贫少孤，鬻草给母旨甘[1]，肩草入市，不计其值，得钱贻母。即入范公堤畔兀坐，无间寒暑。作《寻源论》，三教一理之义，彰微阐幽，文义灿然。又作《天然穷源字韵》，七载书成，人鲜有喻之者。岁壬寅十有二月丁卯，作偈曰："浮沉六十年，落魄无人识。作书欲穷源，源穷人已寂。先天本虚空，后天生枝叶。我令返先天，虚空一轮日。"语毕，端坐而逝。先是，皋城有二白雅集。闻之道书，白雅所集之地下，必有得道者。壬寅春，黄鹤过，诗人皆纪以诗，弟子宋融曰："余前二十年见先生诗，有'盒中黄鹤如飞出，直上蓬莱阆苑洲'，先生其殆将逝乎？"卒如其言。呜呼！白雅集而道成，黄鹤过而化去，先生固非凡人也。

又，康熙间姜日章，李家堡人。少孤孝母，家贫负薪以供甘旨。一日晓起，坐范公堤上，观初日出海，见黄鹤来翔，招之仆地，宛若蒲团。坐其上，豁然心悟。旋有异人呼起，觉以"天得一以清"二语。因于名字下各加一画，更名旦童。母殁后，隐于皋城斗姥宫。尝作《寻源论》《天然穷源字韵》《标射反切等法衍先天神数》一百卷，以天干十字，错综四字，分一万数。岁

[1] "旨甘"，程抄本及新抄本均作"甘旨"。

壬寅，黄鹤复来，口占一偈，飘然坐化。弟子宋融念师一生赤足，敬以朱履殓之，葬于南郊。里有从蜀道归者，路遇姜，出履示之，曰："鄙人遨游山水，毋用此履。"嘱其寄回。比反，询路遇时，即坐化日也。发冢验之，所瘗一竹杖耳。至今奉遗像宫中，多灵验。

按，《如皋志》并无羽化凤山事，故老传闻，云是斯人，姑存以俟考。

禅洞　在海安镇凤山坡右。以上《海安考古录》。

南观　在姜堰镇，内设字纸炉一座。新采。

祖师观　在海安镇东铺上官河，旧名妙贞观，古学宫旧址。明天顺五年，改祀宋文信国公，后更今名。新采。

三官殿　见前志，在州治西南，年久倾圮。光绪三十一年，高邮陈道士本明募修，已成二十一间。一在姜堰镇文昌宫东，内设粥厂。一在海安镇凤山大殿右。新采。

上真殿　见前志，在北门外，近城濠。光绪十五年，道士王蕴卿重修。《续志稿》。

钱家殿　在北门外太平坊。新采。

地藏殿　在海安镇凤山大殿右。

大圣殿　在海安镇凤山右。

三清殿　在海安镇凤山右，今废。

德星殿　在海安镇凤山左。

准提殿　在海安镇凤山左。

送子观音堂　在海安镇东铺后街。

延生堂　在海安镇西寺二殿内，僧若水建，为木主无归者存之。

古张仙祠　在海安镇西寺大殿东，祀宋嘉祐桂宫张仙。

异姓祠　在海安镇西寺二殿外，僧若水建，为残疾失所者栖之。

放生池　在海安镇西寺大殿西，水族丛聚之所，其上左右回廊，垂杨、紫荊并茂。

北园　在海安镇中坝北二里。以上《海安考古录》。

玉皇宫　前志作大隐观。嘉庆七年，游击王福祷雨灵应，更今额。光绪九年，道士朱庆华以祖宅一区，呈请移建中殿之右，颜曰栖隐，以志仙迹；又添建群房三间，砌围墙于殿后。《续志稿》。

仙源万寿宫 见前志，在东门内大街，又名三清殿。大门已圮，惟石柱、石槛犹存。新采。

太清宫 在北门外犁山嘴。

北斗宫 在北门外唐万庄。以上《续志稿》。

文昌宫 在姜堰镇关帝庙东。一在城西南隅北徐庄，光绪初年，纪协华募建，祠宇二十四间，字纸炉一座，又施熟田四十八亩三分五厘，勒石在案，又续置高田四亩六分五厘。一在海安镇北乡，地名十八槐，光绪元年，僧福修、宝莲建。一在西汪，嘉庆十四年，陈宏高建于吉家庄，名夔元宫。咸丰三年，迁西汪，更今名。《续志稿》，参新采。

三茅宫 见前志，在海安镇邑庙北巷内，今为京江会馆。《海安考古录》。

三元宫 在海安镇东铺上官河，旧为学署。明隆庆三年，安徽歙县汪辂建楼三楹。嘉庆七年，里人徐同建前厅大门、前殿，今祀眼光神。新采。

碧霞宫 在白米镇南萧家庄。明景泰元年，僧碧霞创建楼房，内有古砖，载大明景泰所建。砖约长二尺有奇，阔约六寸。采访补遗。

续纂泰州志卷之十九

事 略

咸丰二年十二月，知州张之杲厉行保甲。张之杲《泰州保卫记》。

自粤匪跳梁，窜扰楚北，咸丰二年十二月，叠奉羽檄，饬团练乡勇，以资巡防。之杲以团练与保甲相为表里，遂先行保甲，严督民壮健快，操演技艺，并遴选壮丁，各习器械，分派城内外。一切粗具，闾阎安堵如常。同上。

三年正月，立局练勇。同上。

时楚北警报迭至，江苏戒严，风鹤讹传，人人摇惑。张之杲即立官局，练勇二百。邀集绅董，亲历各乡，劝捐练勇，城内外合计召募九百六十名。各乡团视地方之大小、远近，大者五六百人，中者二三百人，小者百人或数十人。州境肃清，土匪亦颇敛迹。同上。

二月二十三日，扬州府城失守。莠民闻之，将构乱，知州张之杲定之。同上。

二十四，居民闻扬州失守，纷纷迁徙。二十五、六两日，忽有土匪伪称贼兵已至北门外都天庙左近，恐吓居民，乘机抢夺；诸无赖及粮船水手从而附和，势将构乱。之杲飞带健勇，亲往都天庙各地搜查，并无贼踪。随获土匪多名，当街杖毙三人，缚尸通衢。余稍轻者，各予重惩，插耳箭示警，谕商民照常安业。匪徒始知惧法，粮船水手亦安静。同上。赵瑜《惩飞谣》诗："郑人相惊伯有至，狂走如飞身插翅。夫携老妻母挈子，河干更掬舟中指。南关喧，北辟阓。谁倡乱，划子船。役捕送官官切齿，鞭挞不死扼项死，顷刻三人同弃市。口不检，身不免。刑乱国，用重典。"

游击奎喜出城去，邑人纷纷迁徙，穷黎、土匪拦路邀劫。州牧张之杲出城弹压，获首事数人，贯耳示众，地方赖以安静。《宣统志稿》。赵瑜《穿耳箭》诗："游府奎喜出城去不顾，居民迁徙忙无措。东家黑漆箱，西家青布囊。背约手提挈，累累官道旁。前后围饥鹰，左右伺贪狼。势将膏吾刃，富贵乐未央。猛闻吆喝来官府，剑戟森严势威武。贼睛睒睒视无睹，捕虎[1]居然如捕鼠。鼠之蚩蚩殊可怜，尤而效之又甚焉。伸国法，臀飞肉。按军法，耳贯镞。一方安，四境肃。家顶香，户尸祝。"

伶工小引子素无赖，纠合粮船水手数百人，意图抢劫，密约于都天庙同日起事。事觉，会营拿获，讯明治罪。《宣统志稿》。

按，以上二事，疑皆二月间事，因附于此。

王某切面为业，忽其友鲍刺子诱入贼营。贼予宝，令归侦探。宝露[2]，邻报义局。获之，刑讯得实，正法。同上。赵瑜《面王三》诗："面王三，尔何人？尔见伪王黄风帽、伪弁红紫巾。赚尔以珠玉，啖尔以金银。命尔回里查勇数、开富绅，尔应如响信如神。载宝而归惊里邻，里邻见宝动疑忌，立纠义勇搜奸细。朝送信，暮围门，长绳缚贼如缚豚。铜钱炽炭背烙痕，聚而鞫之，一一如前言。官无术，能救尔。营有刀，能杀尔。面王三，尔何人？尔果终身切面无杀理，何来摄魄勾魂鲍刺子。"

三月初八日，知州张之杲亲赴宜陵杀贼。《保卫记》。

先是，扬城逆匪时至江都仙女庙地方抢掠。之杲以该镇距州仅八十里，一水可达，危险万分。泰州营兵额本少，除先后奉调出防外，仅存数十，与无兵同。将危急情形禀陈各上官署，督部批示："该州现值烽火近逼，城内无兵，仅以乡民为固守之计，殊非善策。查有河右营冯游击景尼、管带徐勇寿勇四五千，现驻甘泉山。该州飞即招致，并将本署部堂发给冯游击公文一角，差役转递，毋稍刻延之。"杲以甘泉山在扬州城西，泰州在东，中隔贼营。因选干役，改扮乞丐，赍文绕道前往，请冯游击来州共商堵剿之策。一面先行设计，暗令仙女庙乡民将人字河拦江大坝挖开，使水旁泄入江，复将附近州城之界沟、鲍家坝一并拆通泄放，河水顿消尺许，至深之处不及二尺，贼船难以驶行，因得专力陆路。复思泰州为下河各邑及盐场门户，而仙女庙等镇又为泰州门户，若不于隘口力加捍御，恐贼四窜，滋蔓难图。素

[1] "虎"，原本为"窜"，据《晋砖室诗存》卷一改。下同。
[2] "露"，原本误为"路"，据宣统志改。

谂仙女庙、宜陵镇民气勇敢，可以团集。只因扬州失守，督饬无官，人心不免涣散。之杲不存畛域之见，出示剀切晓谕，并谕各乡董劝令团集乡民，鸣锣为号，齐心杀贼。一庄有警，众庄出援。复悬杀贼赏格，以示激劝。乡民等见邻邑长官肯为督率，勇气百倍。自仙女庙至州境袤延数十庄，刻日团集，几有万人。三月初三日，贼至仙女庙，放火掳劫，被乡民杀毙七名。初四日，在花园沟杀贼三名，又于大桥地方杀贼八名，砖桥地方杀贼十五名，马桥地方杀贼一名。初五日夜，有贼数百，复来仙女庙，见各庄有备而遁。初六日，又杀贼二十五名，先后夺获黄红旗、红布绸巾、枪刀器械、腰牌、衣服，并夺回贼虏牲口、物件。之杲见乡民可用，捐钱接济，发交宜陵局董、监生陈鸿恩，附贡生管春芳、茅瑛远，白塔河局董、职员王璧辉、武举韩成，大桥局董、候选教谕李寅清等，助其经费。初七日，州城布置稍定，闻仙女庙一带逆匪仍来骚扰。是夜，点齐壮健各役，携带钱文，乘舟前往。初八日黎明抵宜陵，正登岸间，突见数十红巾贼，执刀械从西路来。之杲督众勇追赶截杀，一面鸣锣号召。各庄闻警，同来救援。贼见民众，纷纷逃散。经宜陵乡勇杀死长发贼一名，短发贼一名，获有刀枪五件，随赏给乡勇钱文，奖励绅董。其未及亲赴之处，遣人传谕，方行回城。同上。赵瑜《撵钱役》诗："朝送钱大桥镇，暮送钱宜陵镇。白酒黄牛犒两处，传闻杀贼纷无数。为我西南守门户，载输尔载将伯助。将伯之呼何敢辞，饮食醉饱咸嗟咨。江都县事泰州知，不分畛域良有司。"

初十日，张之杲复出堵贼。《保卫记》。

时探闻大兵已到扬州，驻于城西之甘泉山，恐逆匪铤而走险，直窜东路，则仙女庙等处吃紧万分。之杲复驰往，督领乡民堵遏贼匪。贼果于初十窜至仙女庙，经乡民杀死十四名。十一日，宜陵突来三红巾贼，追杀落水。又，桃花营等处杀贼三名。十五日，又有逆匪数十，在宜陵南乡向家伙地方抄掳。经各庄民勇前往救护，杀贼三名，余皆逃逸，落河淹死数人，夺获红巾、刀枪各件。复据数十处乡董先后赴州并东坝禀报，杀贼多名。又，五洲文生杨澍等格杀乘轿伪官一名，逆匪五十一名。泰州弹丸地，先后杀贼良多。自是，贼闻风畏惧，不敢东窥，州境遂保无虞。而招致之河右营冯游击，因另奉札调，未果来州。同上。

按《续扬州府志》，是月，大学士琦善授为钦差大臣，统直隶、河南、陕西、黑龙江马步各兵，由河南信阳援扬州。初九日，陈金绶、胜保营于北路帽儿墩雷塘集。所谓大兵驻于甘泉山者，此也。

劝捐平粜。《保卫记》。

时贼匪搜括仙女庙行铺米石，载赴扬城。泰州有上冬征存米、兑漕米，储于北门外水次漕仓，恐为贼所觊觎，遂运储城内之盐义仓。之杲知贼匪所到，必有土匪为之先导。而本邑贫民，无以资生；扬城逃来难民鸠形鹄面，谋食无力，盗心易启。若不早为之所，难保无勾结之患。曾禀准将此项漕米散给赈济，既而恐将来需用米石处甚多，未可遽动，计惟劝捐平粜为便。之杲首先倡捐稻一千石，绅富亦各捐稻谷，辗磨米石，分设四厂，减价平粜，卖钱买稻，轮转济急，以钱稻两尽为止。凡五十日，贫民赖之，故无内患。同上。赵瑜《平粜厂》诗："岁荒议灾赈，兵荒议平粜。贵值而贱售，荒政此最妙。是役民捐一万石，官捐五百石。未施民一万，先散官五百。官惟实政不惟名，胥役感化廉且贞。兴我役，泽门哲。始输粟，终闭粜。犹之与人出纳吝，善举无端受攻击。"

夏四月十九日夜，州南门外高桥，杀贼三十人。《保卫记》。

是日夜间，南门董事张宝树在城下喊报，有"外来匪徒七八十，突至高桥大街各客寓投宿，不遵盘查，持刀行凶"等语。之杲立带壮健乡勇，前往查拏，一面知会泰州营，并饬东、西、北各门军谨守城门，传谕人民毋得自相惊扰。行至南门，代理泰州营守备、把总常大鹏开城，吏目黄海瑞兼署泰州营游击右额遭伤。高桥附近乡民闻警，各持农器相助。匪见民勇云集，始纷纷逃散。经黄吏目、常把总、勇头张殿英、董事张宝树分路追赶，擒匪三名。余匪投荒僻窜走，有坠河死者。黑夜无从擒获，随提讯三匪，察看头发，均属新薙。匪名徐四、田九、李老虎，初供直隶、山东等处人，是会试报子，结伴南来，与杀死各匪不相识，而收检实无报录。细审，则湖广口音。反复研诘，供极支吾，其为逆匪无疑。当会游击将匪徐四等立时正法，共杀死逆匪三十名，获遗刀枪十八件。随捐钱赏乡勇，受伤者另给医药。所获刀械，分给兵勇。事竣，汇缴具禀，驰报各当事，均批示奖励，仍饬严密查拏。同上。

按，邑人赵瑜《杀人桥》诗，以为二十九人，具似有冤词，事莫能定。赵瑜《杀人桥》诗："此吃饭，彼噉面，二十九人同歇店。先乡团，后义勇，二十九人同土陇。火炎昆冈混玉石，人声鼎沸尸山积。董事面，长一尺。州主靴，存一只。（州主号叫声嘶，卒莫能救；外役背负而回，存靴一只。）高桥鬼哭声啾啾，青磷闪烁红骷髅。”

设义勇局。《保卫记》。

居民自遭高桥之变，咸有戒心。复仿保甲法，各家愿出一壮丁，自备器械、灯烛，门首悬挂“同心剿贼”灯笼。于坊内分设义局共二十九所，每局义勇自数十人至数百人不等，约计有数千人，一呼响应。自此，乡勇之外，复有义勇，协力御侮，州城气象益雄。更蒙星使雷侍郎巡阅东路空虚，奏明保守里下河各州县，分派兵勇，于仙女庙扼要驻守，泰州始有磐石之安矣。同上。

按，雷侍郎，名以諴，时以副都御史擢刑部侍郎，襄办大学士琦善军务。请广延豪俊，捐资招募，自成一军，营于东路之万福桥，详《续府志》。又按，康发祥有《娘子军》诗，为女勇料小作也。料小为陈家桥口某铁工母，有小戎、驷铁之风，附载于此，以见当时敌忾同仇之义焉。诗云：“泰州募[1]义勇，独有娘子军。渠为老寡妇，有众多如云。一声吆喝人皆惊，枪刀旗帜来纷纷。不骑桃花马，不着石榴裙，粗头乱服剽敢真超群。阛阓送钱作资斧，膏油火爆部署多辛勤，绝不干没钱一文。娘子名料小，仗义罕其伦。我诗曷足同书勋，庶几满城须眉男子皆知闻。”

雷营委员钱江率兵船十余艘，至州索饷，民大哗，遂遁。《宣统志稿》。

钱江，字东平，广东人。或云浙江嘉兴府人。本赦回遣犯，恃才傲物，献策以諴军营，大言不惭。以諴冀收为用，创议捐收厘金助饷，即其谋。时奉令往里下河索饷，夜至泰州境，呼开城，将激民变。各坊乡勇、义勇群呼奸细，聚数千人，欲擒之，江乘间遁。以諴察其有异志，置之法。新采，参《续府志》并《宣统志稿》。 赵瑜《黑头来》诗：“红头不来来黑头，目光炯炯无全牛。刀矛森列剑戟利，簇拥官船抵吾州。（钱江，广东人。）彼官此行胡为哉，乃令下五州县，百姓输资财。资财孰与性命重，为我速备刀锯来。州主不怿佯曰哈，百姓闻言咸悲哀。众情一，义旗出。短刃疾，长矛突。一刺左股伤，再刺右肱折。弟子舆尸长子逃，两岸炮声轰欲裂。吁嗟乎，作俑好手段，对镜好头颅。藁街忽悬首，万姓齐欢呼。妖书倡乱理合诛，雷公雷公来其苏。（按，雷公，名以諴，保卫里下河，营扎仙女庙。）”

六月，张之杲督同民勇叠获奸匪，解大营正法。《保卫记》。

时扬城逆匪负固数月，屡遣奸细潜赴下河一带窥探情形，有由下河窜入泰州之谣。其时，瓜洲贼匪屡扰虹桥，而州境下河地系水乡，四通八达，

---

[1] “募”，康发祥《伯山诗钞癸巳集》卷四作“团”。

保无疏虞。随移请州同胡海平往劝乡民，加倍团练，实力防范。之杲在城，督同民勇，昼夜巡察。六月十四、十五日，叠获奸匪李长山等九名，解赴大营，分别办理。又于十六日获杨长贵一名，十七日获王又新一名，二十六日获陈桂林一名，讯明均系贪图贼利，至泰州代为探信。实属甘心从贼，罪不容诛，先后会营正法。由是，奸匪知无隙可乘，后遂无入境者。同上。

秋九月，两淮运使改驻泰州。《续府志》。

两江总督怡良奏请，以运使驻扎泰州，督销引盐。于是，运司郭沛霖来驻节。继其任者，庚常、乔松年、郭嵩焘、许如峻[1]。同上，参《宣统志稿》。

奸僧道正肇祸，伏诛。《宣统志稿》。

城东奸民聚众抗租，集三十里汪，僧道正主其事，曹跛实左右之。知州徐瀛廉得其事，请兵雷营，立杀数人以徇，首从先后伏诛。同上。

按，原稿作“知州张之杲”，考之杲于八月初一日已死，州同胡海平代之，继胡任者徐瀛，今正之。赵瑜《僧道正》诗：“奸民乘乱齐抗租，大兵入境按名诛。髑髅满地膏血涂，咄哉戎首闻风逋。官命捕役为我踪，迹获僧道正罪人。斯得僧遇捕役势麇集，啜其泣矣何嗟及。惟时羽翼有曹生，如夔一足跛著名。小车辚辚载入城，琅珰锁索齐解营。骈戮枭示公案了，田荒庙毁行人少，十三里汪无青草。”

八年，郡城陷，泰州州同周濬死之。

周濬，山东人，奉调守郡城。城陷被执，不屈而死。

十年夏五月，游击薛成良叛，扰邵伯镇，将东下。泰州戒严。同上。

薛成良，绰号老小，本发逆投诚，洊升游击。寄子某喜冶游，与州人寻衅，谗构肇乱，为报复之举。泰州闻警，迁徙一空。同上。赵瑜《鸣铜钲》诗：“仙女庙，鸣铜钲。三江弟兄随我行，我行直入泰州城。天助我民不助逆。忽然马首向邵伯。邵伯王总兵（万清），扣马抵死争。驾舟送入湖心去，浩渺烟波不知处。传闻李帅（世忠）卒斩之，不得其死理固宜。”

在籍候补道徐晓峰督修沿江御潮长堤二百余里，率勇密扎，以固江防。《续府志》。

是年正月，袁端敏甲三奏晓峰回籍督理下河十六州县团防事。晓峰受命，驰传筑圩山、清、高、宝间，城恃以固。叛将薛成良踞湖，窥泰州。晓峰手书致款曲，阴趣水师统兵黄开榜捣平之。湖防既肃，遂举江防。时江南

[1]“许如峻”，程抄本作“许如骏”。

皆贼地，北人无敢渡者。晓峰以南港少于北，易拒，且毋令贼出江夺天险也，亲履江阴、武阳各港相度，下木石。留发之民感激，愿为暗团。抚盗首八艘，隶水军为游弋，水军六总兵以得列汛驻江上，造长龙跨海船。筑长堤江都迤东讫通州，令民团势相接，贼终不能北渡江北，州县得力田服贾，岁供军食，晓峰之力为多。陈宝《小迦陵馆文集》。

六月，都察院副都御史晏端书为江北团练大臣，泰州民团统归节制。《续府志》，并《宣统志稿》。

自咸丰癸丑以后，贼陷金陵、扬、镇，都郡失守，势将东窜泰州。创办团练，富者出资，贫者出力。乡勇之外，又有义勇，用心防御，声势颇盛。贼闻有备，又以里下河汊港纷歧，进退维谷，不敢东下。嗣经晏端书委在籍刑部主事陈文田为泰州乡团总办，分设四区，会同浙江同知王贻穀、举人唐震之、通判张榕、廪生邱文田，联络一气，益臻完备。《宣统志稿》。

同治元年春三月，徐晓峰筑土城。《宣统志稿》。

晓峰奉军令，筑土城于泰州，自西讫东，周围亘十数里。或谓："道多荒冢，宜缓其事。"晓峰曰："势难两全，吾岂忍而为此乎？"畚筑如故，旋废。同上。赵瑜《筑土城》诗："筑土城，何崔巍！袤广七八里，睥睨参差堆。荒冢变沟渠，枕藉纷枯骸。枯骸尔勿戚，生者方衔哀。拮据事畚挶，口鼻飞黄埃。亢旱苦坼裂，霪雨防倾颓。朝被县符迫，暮闻鼛鼓催。高田麦待割，低田秧未栽。役夫重太息，官吏于于来。于于来，重绯徊。筑土城，何崔巍！"

宣统三年秋八月，创立商团。以下新采。

是年八月十九日，武昌事起，长江一带风鹤数惊。时泰州商会因案解散另组，各商董举在籍部郎沈秉乾为总理，秉乾辞不就。总督张人骏批饬劝业道，照会秉乾就任，维持地方秩序。二十八日，秉乾就总理职，宣布商团办法。

九月十八日，泰州城市商团成立。

时公推沈秉乾兼商团总办，张淦清为管带，筹定经费。以城市警捐归并不足，由各商认特捐以补之。

二十日，州监众囚越狱而逃，旋尽获，依法毙之。

是日黎明，外监囚犯三十余名，挖监屋东北隅墙角，越狱而出。拒伤州署小队，由东门而出。旋由署牧李岳衡邀沈秉乾、都司张克谟到署，筹商防务,突闻枪声大作,内监各犯已纷纷反狱而出。适在开漕期内,乡民赴署完漕者众,遭变奔逃,拥塞署门。总办沈秉乾会同州牧下紧急命令,以该狱囚等胆敢白昼破狱而出,扰乱秩序,应即格杀不论。于是,张淦清适自大校场操回,督率商团,协同州署队役,向东尾追,沿途击杀十余犯。各营兵由东城园田一带向北围逼,乃蹙之东北隅城墙内外,悉数歼之。是役也,计毙狱囚三十一名,无一脱者。

二十二日,扬州盐捕盐叛弁刘凤朝,带兵由东台来,将劫城。邑绅士沈秉乾等,联络扬州军讨平之。

邑人有谋与通州营通款者。城市议长徐炳华、总董李毓彬与沈秉乾会商,以为泰州应与扬郡通声息,公推徐炳华、朱甲昌、严恩荣、王心谋四人,与扬州商会周树年、军政分府徐宝山筹商地方事宜,于二十二日回泰。突有盐捕营管带刘凤朝劫运库后,赴东台县淫掠。又率其党杜某等带兵船七八艘,众约百人,携有快枪子弹,于是晚到泰,知会商团,径赴商会,向总理沈秉乾要求带兵入城,驻光孝寺,谋地方光复事。秉乾婉却之,密嘱张淦清邀刘等出城,至蓉芳客栈宴之。刘席间出一单示张,声称典当三家、钱庄两家、绅富两家,有任其饱掠,即离泰等语。张曰:“地方治安是我之责,断难扰动。如贵部下缺饷,可代向沈总理商筹代募。”其时,商团全部彻夜在市巡逻。刘中有所慑,约明日早到自治公所会商而去,遂将停泊草河之兵船退至赵公桥北。次早觅刘不得,沈总理、徐议长入与署牧李岳衡密商,除径电扬州军火速赴援外,又以刘匪外强中干,可先出队以镇慑之。惟枪枝缺乏,只营兵有后膛单响十余支,借用盐栈后腔单响数支,余皆前膛并刀矛之属,深虑刘多快枪,力不敌。秉乾曰:“揣刘意似有所慑,不如趁此出队,责以背约不赴公所,随机应付。”于是,张淦清会同都司张克谟等率队而出,径赴赵公桥。时,刘惊惶无措,请张管带相会,以彼此不欺对天立誓,并力戒部下不准开枪,致惊市廛。复请张入城商借饷事,始则议款多寡,日往返数次,继假现款以缓之。访知监掣白君宦扬久,与刘有旧,公请白与刘接待。此两三日间,商团仍昼夜巡逻。二十五日,扬州徐宝山密饬炮船多艘,由孔家涵入下河,分布新城左右,扼其归路。徐午后亲带大队,由南门上岸,径赴赵公桥北,列队以待之。张淦清在旁大呼曰:“徐统领已来,刘凤朝尔欲何为?尚不前来请罪耶？”于是，刘俯首帖耳，只身赴徐前跪，徐曰：“尔好，目下用人之际，尔材略不可多得。尔速令部下缴械归伍，一律随我回扬。”当将刘交张看管，并押叛兵、枪械等同赴南门。徐乃赴商会，与秉乾筹商，由商布告独立。

二十六日，在光孝寺宣布独立，以张淦清为司令长，以李署牧岳衡暂理泰州事。

时徐宝山面嘱沈秉乾、徐炳华担任地方治安事宜，乃将刘匪禁闭船中，用枪击杀其党、参谋杜姓等于河下。开轮绕道赴东台，以刘匪在东台犯事，获罪甚大，乃召东台绅商，在城隍庙开会议决，遂将刘凤朝在会场处斩。

十一月初一日，泰州公署设六课成立。

以郑杰为总务课长，徐炳华为主计课长，李保元为警务课长，周纮顺为学务课长，储起为实业课长，旧刑幕徐树春为司法课长，商务总理沈秉乾仍综理商团，兼城市警察事宜。

十二月，扬州军政分府徐宝山拥兵索饷而去。

扬军迭电提饷时，江苏都督程德全委员提款洋银三万元，任李岳衡为泰州知州。徐军统宝山闻知大怒，来电诘责，有将李牧军法从事语。沈秉乾乃定计提裕宁钱局欠扬款并州署漕款数万元，先后解扬以缓之。徐复亲带队来泰，到商会，召集商民开会，手执勃郎林二枝，示欲击状。李署牧因病未赴会，六课长咸集。徐抗声而言曰：“尔泰州有乱事，要我来平定。地方款项便解往苏州，是何人主见？如系官厅一人主意，应将李牧枪毙。如地方系属同意，就请地方认我三营兵饷，我立将队伍电调来泰。”一面令旅长申振邦带队到李牧寓所，将伊擒来问话。时枪械林立，在座者数百人均噤不敢声。秉乾乃进曰：“此事不能专咎李牧。苏委以都督军令提饷，何敢不遵？地方人士虽未同意，亦深谅其苦衷。”于是公议罚李牧，力请徐宝山先行回船。秉乾旋赴李牧寓，适申振邦队伍尚未至。秉乾乃请申回营，稍缓复命；入内晤商李牧，将新漕余款尽数筹集解交。于是连夜筹集一万五千元，次早交徐收纳，徐乃开轮而去。

十二月，开南门小宝带桥，抽收船捐，助军饷。

先是，小宝带桥叠奉宪禁开挖涵洞，禁止船只行走，以保水利。至是，以军饷无出，抽收船捐开放，于是泰州始患水。

续纂泰州志卷之二十

古　迹

发繇亭　在州治东海安镇，旧址无考。按，《春秋·哀公十二年》：“秋，公会卫侯、宋皇瑗于郧。”杜注：“发阳也，广陵海陵县东南有发繇亭。”高江村《春秋地名考》：“实今如皋县。亦海陵地，县南十里有会盟原，相传为吴楚会盟处。”今立发桥，疑即其地。

白土埭　《寰宇记》云：“在海陵。顾野王《舆地志》云：‘史宗所居，即蓬莱山寄书者。’”

义井　在城北。明嘉靖己丑年，州人储岩自新桥河北迤曲至西仓，建义井五，曰常丰，曰广济，曰永安，曰通渠，曰义兴，储洵有《五泉记》。

凌都宪园　在崇儒祠南，见《心斋全集》中。

五藉楼　在城西，为陈志纪读书处，今废。

双虹堂　在海安镇城南，陆舜、张幼学读书处，今圮。陆舜《双虹堂记》：“昔李太白《登谢眺北楼》诗：‘两水夹明镜，双桥落彩虹。’张子词臣以‘双虹’名堂，其殆取此乎！顾当之者，惟词臣与余耳。余与词臣生同井闬，为三塘里人。词臣住西头，余住东头，其里仅距三里许。余两人或偶尔一见，寻常拱揖，不相知也。一日，窃于他所互见所为著作，两两窃讶，以为异人，胡为交臂失管鲍耶？他许友人，相为道之。而词臣来，而余往谈，至夜分，不忍释手，遂成莫逆。惟吾两人，意气相属，不可一世。每对酒当歌，有咳唾风云、吞吐虹霓气概，因此颜堂，志期许也。顾词臣以此名堂，而余不名此，其意何居？凡夫今人之情，大非古处。遇同道者则相非，见同心者则相忌。野有社盟之隙，朝多门户之嫌。推而极之，汉之党锢，唐之清流，宋之朋党，明之东林，皆坐此弊，流祸无穷。故双虹之设，吾为隐其意而勿彰，托其文而无迹，所以全名，所以保身，所以笼络同人，所以销镕异类，率此志也。夫今张子奄亡，乃举其名而堂之。乌虖！张子之堂闭，而我之堂斯开；张子之额尘，而我之额方拭。凡为此者，所以志不忘尔。抑且忌者不觉其可忌，非者亦忘其可非。继我友之志，传我友之名，述我友之事，全我友之心。一虹去，而一虹存。存斯堂，所以存一虹也；存一虹，所以存双虹也。或亦不忘所自，善藏其用者乎？余伯兄奠两、季弟山雨，偕余有'河东三凤'之目，亦颜其堂为'三凤堂'，与'双虹'并传。乌虖！一堂也，一额'三凤'，一额'双虹'。余兄弟、朋友之间，亦胡人杰地灵、物华天宝之无尽藏耶！余堂成，而观者以为结构容咫，嵌空玲珑，少少许胜多多许，别有传记，见之他集，此不及也。"

镜虹水阁 在海安镇中楹桥南，陈銮读书处，今圮。

观星楼 在史家巷南，传为陈厚耀观星象之处。今废。按，史家巷，前志名"市巷"，俗名"史巷"，《退庵笔记》曰"史家巷"。

黄孝子巷 在姜堰镇下坝石桥东。旧名油坊巷，因孝子黄瀛，易今名。族人为建石额于巷口，曰黄孝子胡同。

一松园 在税务桥西，古士乡诗人常增宅，今废。

南山寺塔 见前志。光绪十三年毁于火，邑人陈文铎等募修，复如旧制。陈文铎《记》曰："自佛法东来，中土浮图建设甚众，不独布施修造者自种佛因，亦俾诸信善伸崇拜钦仰之忱，植福缘善果之基也。独吾儒或有执持异见、格不相入者，是以兴废之事，罕与闻焉。惟吾州南山寺塔则不然，塔在州东南巽位，适当泮池之右。上方影朝夕见池中，如尖峰然，相传谓之"凤池笔颖"，为一邑文风所系。是以修举废坠，邑人士多乐赞成。按旧志，塔肇自唐、宋，明万历间重建。光绪十三年闰四月十三日夜，毁于火，上层全隳。二十五年四月，由住侍僧明魁率徒法正募修。铎偕州绅士起而襄之，长官倡助，善信解囊。至二十八年，缘施粗集，乃于冬月开工，二十九年岁暮告成。塔顶封完坚整，较旧制上层出檐飞卷者小异，计用银二千八百七十七圆有奇。外塔下，增筑围墙，塑佛像，由法正暨徒证尧续募修建，又四百余元。州人士莫不欣欣然于恢复旧观，而为儒、释两家称庆也。顾铎更有为进一解者，聚沙拈帚之缘，闻法得道之愿，由因得果，昭然可信。而塔之为制，层级之多，崇隆之象，于义何居？岂不以佛法无量，法身高广亦无量，由四果以至菩萨，地位层递而上，修证无尽。隐寓斯旨于塔象，俾大众佛子礼拜瞻仰者，知一得之难自恃、一蹴之不可几，咸发大心，求臻极诣，虽顿渐不同，不至佛地位不止，斯庶有合于如来崇贵浮图之意与？而吾儒基始修身，由士希贤、希圣，日新月异，默化潜移，勿阻于前途，勿封其故步。仰斯塔也，振奋其志气，无间于斯须，道不远人，贤关圣域，岂有终不可几及者乎？儒佛两家，果皆深明斯旨，其成就讵可量？是尤倡修者之深心，所祷祀无穷，岂仅仅俾大众增福田之益，一邑复文风之盛而已哉！塔功成后，记尚缺如。铎不敏，窃补叙其始末，并略述管见，以质诸当世之知言者。募修初，方外发起者，东台朗月师、嘉兴莲舫师，最为恳挚。绅士则高君恩洪、石君梁、顾君履坦、王君学渊、储君人鉴、谭君业骐、储君起、叶君承年等，均有力焉。其他赞助者甚众，而李君毓彬之分尤多，例得并书。”

鸥白草堂　在海安，见前志。学政梦麟《记》：“甲寅夏，余视学吴陵及崇川，舟次古海陵，访古人，溉夫采名胜。询之，城北有鸥鸟、白鹭、芙蓉三塘，而地以名。许君平武性纯洁，雅为气谊，构数椽于鸥鸟、白鹭间，罗植花木，茗碗炉香无虚日。余以王事倥偬，未履其室，而心切向慕焉。他日放舟海上，得与鸥鸟、白鹭为俦侣，并识许君于蒹葭秋水间，固所愿也。因题此，以致意云。”

数鸥亭　在海安鸥鸟塘右，为徐澧别墅。俞福堂《数鸥亭记》曰：“古海陵县，旧有三塘佳景，鸥鸟塘，其一也，今已荡然无存。惟徐公则浚而滌之，爰筑亭于其上，而名之曰“数鸥”。所谓不忘旧者，其在斯人与！按，公讳澧，字爱泉，号听涛。弱冠失怙，奉慈母极孝。其从兄名振川者，没于东皋，遗子五人。公挈之归，毕其婚嫁。此诚孝友之可法可传者矣。如第以其工诗书，精篆刻，娴音律，谋将登斯亭而谋风雅也，亦乌足以知公哉！然而鸥鸟为闲客，又为碧海舍人，则观其亭所由筑，以思其名之所由命，安得谓公之忘机心静，不可与鸥订盟耶？余性傲，不喜谀人，而知公最深，故秉笔而乐为之记。”

景山园　在姜堰镇后陈家岱北。嘉庆末，黄恕堂建，邑人仲振猷为之记，后废。光绪末年，恕堂曾孙尧复葺而新之。

临湖草堂　在姜堰镇东北李家庄。明李氏筑，后归黄氏，名黄家鱼池，于池侧建草亭四楹，名流多觞咏其中。

小有天园　在州治西南斗姥宫侧，道光二十九年建。咸、同年间，盐运使乔松年修葺，有石刻《海陵八景》诗，嵌厅事壁上。诗见《艺文》。

城西草堂　在州治西门内西园旧址。道光初，邑人尤金镳、金城兄弟就地重筑，葺为别业，又曰尤园[1]。赵瑜《草堂十二咏》：《小桥烟柳》曰：“杨柳淡春烟，小桥露空碧。绿溪窈以深，隐居赋衡泌。一帧倪云林，于此得真迹。”《古堞云帆》曰：“古堞列晴空，帆樯自来去。高矗白云飞，苍茫乱指顾。一抹夕阳痕，淡到鸦飞处。”《南陌催耕》曰：“识字耕田夫，依然结茅屋。每届东作兴，扶犁叱黄犊。杏花菖叶间，春雨连宵足。”《西湖放棹》曰：“潋滟小西湖，中有前朝水。风流寖歇绝，溯回云未已。临风发櫂歌，何处采芳芷。”《梅坞春深》曰：“老梅千百株，经

[1] “又曰尤园”，原本脱，据程抄本补。

春花怒发。周遭香雪海，长吟剧清越。为忆十年前，荷锄种明月。”《莲塘雨霁》曰：“方塘水不波，雨过气轩爽。花叶纷离披，低空照瀞漾。濂溪夫何如，悠然动遐想。”《蕉廊调鹤》曰：“鹤兮汝归来，名园与汝共。蕉廊依主人，起舞清影弄。咸兹区区心，岂因恋微俸。”《菊圃吟蛩》曰：“老圃花事闲，隐虫吟切切。空阶阒无人，繁响剧幽咽。欧九赋秋声，灯昏悽欲绝。”《草堂课读》曰：“佳儿读父书，琅琅瓶泻水。纸窗竹屋中，时见阿翁嘉。相期在远大，不以科名止。”《岳阜闻钟》曰：“岳阜高峨峨，自是宋朝土。林木莽萧森，荒凉荫禅宇。忽闻钟声来，当风欲怀古。”《一塔晴曦》曰：“山郭爱晴曦，一塔横空峙。阿育舍利光，终古照山寺。林亭固已佳，点缀更高致。”《平畴积雪》曰：“瑞雪满平畴，荒寒渺无极。一犬吠溪桥，炊烟作暝色。有客策短筇，闲访梅消息。”

水西园 在州治西北老西河。道光初，邑人缪燮筑，拓地十余亩，四面凿长渠环绕，有白莲湾、鹤冢诸胜，今园废，只一松尚存。吴锡麒《题水西园图》：“飘然曳杖竟归田，松竹凉分一角烟。我亦来年初服遂，只愁未办买山钱。”

团维墉诗：“水乡浩淼吴陵北，忽尔亭台云外矗。园林高下石磴空，宦隐缪君之所筑。君从三吴两浙来，胸中丘壑实奇哉。平原绿野聊仿佛，高寄山林钟鼎才。我亦秋风请归省，卧病颓唐人迹屏。平生林壑无不游，名胜喧传况乡井。春秋佳日胜游时，强起曳杖相追随。主人有酒客虽老，把笔犹能一赋之。”

小香岩 在州治西盐宗庙侧，邑人顾坚宅旧址。同治元年，鹾商购为盐务公所，运使乔松林易今名，仪征吴文锡题额并跋。曰：“转运使署，宋、元皆在泰州，署中有亭曰‘香岩’。明中叶，乃徙治扬州。咸丰间，使者复侨居于此。今都转乔公于城北创建盐宗庙，为报本之祀。鹾纲诸君因庙后荒圃，亦葺而治之，作祈报退息之所。乔公命其名曰‘小香岩’，盖亦不忘所自之意云尔。”

有海春堂、春红晚白之轩诸胜，日久荒落，由坝署按引捐资岁修。

且园 在姜堰镇，里人黄佩兰筑。卢福保《游且园记》：“吾乡无山水林木之趣，地多平旷，宜种来牟及黍及稻。村居栉比，触目皆是。欲恣游览，怡性情，豁心胸，如古所称名胜地者，罕有闻焉。间有奥衍之区，天生一丘一壑，必待有丘壑之人，而丘壑之非所谓天作而地藏之，以遗其人乎？无如无力者，不任经营；力能经营者，则又牵于仕宦、功利、邪僻之习而不暇及。以是虽有一丘一壑，而湮没于荒烟蔓草者居多。仆尝北至燕赵，南游闽越，东至齐鲁，西抵巴蜀矣，所过名山大川，纵未能周览，然入吾怀抱者，益人神志不少，今日如或见之。及忤当道归，忽忽二十年，头童齿豁，居尝郁郁。思有同志构数椽，避风雨，莳花种竹，以终余年，而卒不得。戊戌，于役海门，舟次罗塘。舟人谓堰之北有且园，创自黄先生佩兰者，可以观。余欣然命驾舟人，又以风利见阻，以是不果游，然心识未或忘也。辛丑，以事适罗塘。至则命友人介绍，造其门，主人肃而入。列屋数重，折而东，双柏参天苍苍者，殆百年物。四围杂树成阴，有菊田、菜畦相错。南向构屋一楹，中庭砌重台，植鼠姑、婪尾数十本。时则残暑欲退，秋风送凉。东有荷池，池上有桥，花开如碗大。游鱼往来荇藻间，清冽可数。过桥登梅岭，高下百数十株，修竹万竿在其下。其西有回廊，廊下桂树数百株，皆含苞未吐。再西，又屋一楹。启北窗，天目山在望，云影帆痕，一一来至几席。主人瀹茗供客，略道生平不入城市者，三十年矣。夫人自少读书求经济，壮而待用。苟不得志，斯可已矣。而犹低首下心，伈伈睍睍，求合于当道，不知腰凡几折，足凡几刖也而后止。先生于甚壮有为之时，豫知乎时不可为，因故园躬自灌植，隐处山林，不与人间事，至数十寒暑不变，何其见之明而守之确与？《易》曰："遁世不见，知而不悔。"先生之谓矣。向犹以为一丘一壑，聊以欣晨夕，娱暮年，而先生已果决若此。然则先生吟风弄月之年，犹是劳人四方奔走之年也。度量相越，若此其甚。诵先生言，愧滋多矣。虽先生生平，予不及知，第所居、所言若是，可想见为人。因笔记，以赠先生。"

春雨草堂　在岳墩下，见前志。光绪三十四年，知州朱牧重葺。前州牧侯绍瀛，筑二亭于湖滨。近复增三亭，曰憩亭，曰望岳，曰宿影。

遁园　在白米镇杜家庄。同治初，邑人王鸿业筑。程宇光《记》："《遯》之时义，大矣哉！尝考《遯·序卦》：'遯，所以继恒也。遯，退也，避也，去之之谓也。'二阴生于下，阴长将盛，阳消而退，小人渐盛，君子退而避之，故为《遯》也。以其下三爻止于艮，故为不往，为执草，为系遁。上三爻行为乾，故为好遁，为嘉遁，为肥遁。当寇难初作，理宜退避，此遁之说也。久之，否极泰来，大乱将止，又事机之可预卜者。且吾尝闻诸司马之言矣，海上有先人敝庐在，苟得一椽以蔽风雨，于愿已足，况其为好遁，为嘉遁，为肥遁乎！今观斯园，有凉轩，有燠馆，有庖湢、仓廪之属。且酒醴笙簧，宾客送迎无虚日。循名核实，殆合乎古人肥遁之义与，题曰"遁园"，并跋数语以记。"

王学渊《更生藤歌》并序："藤，旧为城西顾介石先生画室中物。乔勤恪公时为都转，购其地筑小香岩，遂为遁园所得。癸丑乱后，先严决计乡居，遂弃城宅，移家于白米镇后之杜家庄。庄西偏多隙地，课童仆莳花种竹，结草为亭，因树为屋。凡一砖一石，无不预储以待。阅三年而园成，有二分竹屋、停琴榭、远风亭、渔庄、渡鹤桥、珍丛馆诸胜，其远景则有西溪帆影、东岳钟声。谭君巽天绘图，乔公鹤侪、庄君中白均有诗。乔公题西溪帆影诗曰：'篙楫畏风波，何如此安坐。'此卷遗失何处，无可踪迹，亦憾事也。予以先大母高太夫人不乐村居，随侍在城，岁时往乡定省，读书于园内之双梧轩。程韬庵、吴藻臣两先生朝夕觞咏其间，小子无知，日奉几杖。今老矣，回溯少日追随之乐，谨附记于此。劫运不幸逢兵戈，脱险幸犹逃网罗。乃知大造不言造，藤乎听我更生歌。藤寿不知几甲子，画师坐老藤阴里。庭前立干如孤松，地下蟠根似仙李。自从移此已两年，江湖遍地摧锋烟。

匪独人心厌离乱，树亦僵立如枯禅。游人诧讶主人惜，未忍芟除付樵客。风霜阅尽骨力遒，留伴荒苔与[1]断石。近闻天运开重华，诸君驱寇如搏沙。江南草木皆含态，老藤亦发垂垂花。园丁惊喜走且叫，化工人工难测料。须知云物抱生机，岂独苍颜能转少。吁嗟乎！避世秦人晋尚存，世间萝葛皆儿孙。缘溪舟引渔郎棹，洞口桃花又一村。”

娱园　在州治东康庄。光绪初，真州卞宝第建作别墅，植梅数十本，种荷一池，杂莳松竹，中有望有亭、莲榭、檀栾书屋诸胜。

水关　在海安镇。旧传水关有三，今只城北镇宁门有北水关之名。

青龙闸　在海安镇牙桥口。明万历时建，上闸在牙桥，中闸在贲家集，下闸在富安西场。明末，闸闭，筑以坝。今圆觉庵，旧为上闸官署。

新丰闸　在海安镇东贲家集，即青龙二道闸。基址现存，官署改为清净庵。

锦绣街　在海安镇花花桥侧，今成义冢，其址不存。

城河　在海安镇，南北有里、外城河。今西草坝东柴坳，吊桥形迹犹存，河势周围可见。

古县署　在海安镇。东、西公廨依然，监狱、仓库，均更为民居。县废，今为巡司衙所。

桃坞　在海安镇，即南城河河畔。数里桃花，足堪游赏，惜乎荣枯无常。嘉庆初，少府朱积补植之，更胜于昔，今又净尽矣。

柳城园　在海安镇东河南。陆合、陆舜、陆澍兄弟读书处。

三凤堂　在海安镇，以陆舜昆弟三人名之。《三凤堂记》：“昔薛氏为河东三凤，余伯兄窃取其义，为余兄弟称之。勿谓今人不逮古人，或亦古人未必尽逮今人尔。余兄弟年次，仲让伯二，季让仲三。同志同学，如友如朋，柔爱友于，大江南北，推为第一稀有。伯子天才敏捷，尤能博闻强记，顾不尚诵读章句之学，每经年不属文。而当试时，辄下笔千言不加点，试辄高等，为同学所慴服。季子不教而自善，不学而能文。后经改革，弃学子业，以生事隐，不事诗书者二十年。卒游成均，亦走笔属文百篇，每篇称善。余较伯、季，才小却，然赋诗不待七步，作赋殊尝倚马，他不缕叙。即游京洛时，作诗悉命题于人，援笔而就，不竢斗酒而已百篇。即督学两浙时，每一试诸生，阄题十余道，未日晡，而主司之程式早先报竣。然读书攻苦，寒暑昕夕无间，又其夙好，乐此不疲。伯子、季子不学而有成者也，余亦可不学而有成，而又学焉者也。故余兄弟三人，一见赏于州牧、檇李

[1]　“荒苔与”，原本脱，据程抄本补。

上仪陈公，再见赏于邑令、齐州子凉王公，三见赏于司李、豫章佐平汤公。其他三人各见赏于名公巨卿者不赘述，述亦不尽也。其共见赏于三公者，咸合口一辞，以为此河东三凤之后身与！不然，何人与才之数之等相若也？余伯兄因以名堂。每晨夕晏处，长枕大被，吟诵不辍。孔怀怡怡，其风肆好。三人而外，朋友虽多，惟张子词臣一人最相友善，差可广三凤而四之。故三凤、双虹，两堂辉映，可一可二，各足千古。乌虖！迄今季子先亡，一凤去；伯子后亡，一凤又去。惟余独存，茕茕一凤，其德衰之时耶？余不自记，百岁而后，谁为记之？伯兄合，字奠两；季弟澍，字山雨；余字元升，别号吴州。薛氏在前，陆氏在后，谁谓古今人不相及哉？”

环翠园　在海安镇，陈梦兆别墅。

依柳堂　在海安镇，张士奇别墅。

护梅草堂　在海安镇，薛方平别墅。

丽泽堂　在海安镇，张符骧文社。以上《海安考古录》。

唐王井　见前志，在曲塘南寺河中，大旱水涸则见。王桐《唐王井》诗：“唐王井在泰州东，南寺以北河当中。上无辘轳下无穴，潜流泉脉通。闻之故老人传说，河枯见底井乃出。其源有三江海湖，三井相生仅咫尺。海者斥卤不可开，开者江湖甘泉来。一方幸免夸父渴，万户不愁旱魃灾。咸丰丙辰百川竭，掘地九仞泉不及。升斗难舒涸辙鱼，涓滴疑尝波罗蜜。乡人相率寻井源，才施春锸泉四溢。我正相如渴茂陵，时分一勺来挈瓶。溉田虽难此甘澍，沁心犹自如中泠。其南将台有遗址，相传南唐兵驻此。南唐建国无远图，不闻饮马隔江水。此或烈祖平淮扬，将兵过此开海疆。军中海水不可饮，亦如耿恭拜井出天浆。尺土已非李氏有，遗德在民终不忘。至今饮水思源者，此井犹复归唐王。吁嗟乎，此井一开众水涸，此井不开禾苗硕。安能此井永不开，五风十雨民安乐。”

鸥鸟塘　在海安东门外，俗名李家池，不通江淮。中有甘泉镇，近海水咸，惟资此塘焉。并芙蓉塘（管家池）、白鸥塘，号称三塘。

三塘十景：东郊文社、南城桃坞、西寺晚钟、北园菊圃、凤山早霞、三里风帆、镜虹水阁、韩阡翠柏、双桥曲径、桂岭秋香。

义牛坟　在海安西门外。陈氏牧童遇虎，牛力斗，与虎俱死，童免。陈銮、陈镔诸名士皆其后，陈氏祀此牛。《依归草》。[1]

[1] “鸥鸟塘”“义牛坟”两条，原本脱，据程抄本补。

冢　墓

诰赠光禄大夫、金山县学训导、崇祀乡贤王世丰墓，在州治东马沟。子广业祔，详下。

谕葬、赠内阁学士、福建汀漳龙道、谥刚毅徐晓峰墓，在海安镇。夫人王氏、女文姑祔。

诰授光禄大夫、头品丁戴、福建汀漳龙道王广业墓，在州治东马沟。广业年七十有六时，预制藏器，成七律五章自题窆石诗，云："恨不漳南革裹尸，昂藏七尺付夔师。尘劳仅有偷闲法，论定何须掩盖时。官罢丹旌铭鬼大，垣坚白蚁笑工痴。泪痕入木谁深浅，他日人心让汝知。""自乞灰钉自树墩，不将遗蜕累儿孙。埋忧日荷刘伶锸，剪纸难招杜甫魂。白骨有缘安北郭，黄胜无分赐东园。将军御葬黔娄里，一载谁分宿草痕。""蚕岁宫花压帽檐，一麾湖海荡风烟。首丘幸遂三弓地，蹄铁空踣四十年。金井踏穿知有日，玉棺不下也凭天。男儿识字终沦落，为嘱兰亭免弃捐。""文章何苦幻梅林，（吾乡储文懿公罐，葬后逾年启櫕棺，四围皆作山色古梅，孤奔告于众，咸谓先生文字之祥，发泄未尽，事见刘志。）多少丰碑没字寻。但得井天拳女手，差无暴露慰儿心。椰犹难买休论石，穴不深藏免摸金。暗数知交遍寰海，待谁白马素车临。""亦是楩楠杞梓才，云台不构构泉台。便为通替知谁忆，倘有情缘或再开。寒食自浇新酒钱，故人齐唱好诗催。（谓夏退庵、程文伯、程韬庵、陈掖庭、陈梅轩、田少泉、常高庵诸同人，先后俱没。）他时松盖成阴茂，认取寥天一鹤来。"

诰授通议大夫、四川江津县知县程祥栋墓，在州治西南袁家墩。王广业《程君墓志铭》："君讳祥栋，字小松，江苏泰州人也。先徽之休宁人，康熙中迁泰，因家焉。高祖讳盛修，雍正庚戌进士，由编修历官顺天府尹，有循声。曾祖讳选青，乾隆癸酉举人。祖讳应锺，安徽铜陵县典史，升亳州州同；父讳绍焕，安徽候补从九品，俱以君贵，赠如其官。母裘太淑人，侍翁姑于亳州丞署。君幼而岐嶷，九岁失母，哀毁如成人。稍长，与叔宇光同塾读书，十行俱下。每一艺出，同辈咸惮之。制艺而外，兼工古文词。嘉庆二十五年，补博士弟子员，旋饩于郡。时以母殁为念，遂往亳州，奉大母及母二榇归。初，君之叔祖应佐，嘉庆丁卯举省试第一人；叔绍芸、弟祥鏊，嘉庆庚午、道光戊子先后领乡荐。道光丁酉，叔宇光复以顺天籍领解。君独屡蹶不售，慨然叹曰：'丈夫当建名异域耳，安能郁郁于乡里间乎？'游淮，大吏争延焉。久之，益郁郁不得志。会琦节相治蜀，招之往，遂入蜀，居节幕者十年。以资为令，历署新繁、乐山知县。时粤西兵警，川省震动。节相奇君才，委守宣威州行营，复檄办温江县防堵。军书旁午，君手指口画无倦容，城赖以保全，奏同知直隶州加知府衔。会云贵凯彻，彭涪肃清，沔山擒获渠魁，复上其功，加道衔以知府用，赏戴花翎，补江津县知县。在邑多惠政，建四废堂以栖流，建东湖草堂以教士，采秦汉以来诗赋为士式。兵燹后，士知学古，自君始也。年七十，有相士谓君曰：'明年且有大厄。'因移疾归。方君之赴亳州也，往返数千里，匍匐无人色，足皲瘃。数月，杖而后起，里人叹其孝。及是归，悯少时之贫窭也，竭囊中装，议田议塾及邑中诸巨工，将次举行。讵未及三日而疾作，一月而殁。殁之日，犹喃喃以赡族建祠为念，语未终而长逝矣。呜呼痛哉！君生于嘉庆五年庚申十一月三十日，殁于同治十年辛未六月二十一日，春秋七十有二。辑有《东湖草堂赋抄》十卷、《洗冤录外编》二卷，已梓行。著有《松承堂诗文》十二卷，藏于家。配纪淑人，有穆行。君初入蜀，贫无以备装。淑人鬻钗环以济，乃克行。君行后，门为雍肃，以此君数十年无内顾忧。后君年余殁。子二：长葆庆，纪淑人出，力学蚤殁。次蓉庆，侧室倪孺人出。君殁三年，蓉庆抱遗状来，泣曰：'日月逝矣，将合葬先人于城南袁家坟之原，请所以先窆石者。'予与小松，世戚也，且同补弟子员，不敢以不文辞。爰述其行如左，而为之铭曰：皖山苍苍，皖水汤汤。中有哲人，长发其祥。三辅家声，两元世胄。笃生我公，明德之后。性推梨枣，慧识风丁。一黉之隽，辟易千人。蓬矢桑弧，布衣皂帽。志在四方，出门一笑。平滇池盗，题剑阁铭。絺章绣豸，孔翠髟缨。凤翔于霄，鸿飞于渚。出也棠甘，归也笋苦。堂开画锦，以翔以翱。我公不禄，巫阳下招。公名在扬，公动在蜀。白马素车，故人一哭。"

诰授光禄大夫、内阁学士兼礼部侍郎钱桂森墓，在州治东姜堰镇三里桥冯家垛。

诰授中宪大夫、詹事府右春坊右中允、湖北襄阳府知府王贻清墓，在州治东姜堰镇蛮子庄。

诰赠光禄大夫、湖南茶陵州知州沈道宽墓，在州治东马家庄。

诰授中宪大夫、刑部郎中、记名知府王贻典墓，在州治东姜堰童家舍。

诰授奉政大夫、翰林院庶吉士、户部主事加三级王桐墓，在州治东白米镇后。汪国凤撰《墓志铭》："君讳桐，字子实，原名柱，后改今名，世居扬州府泰州之胡家集。其地有王家楼，君先人读书处也。曾祖讳承简，祖讳发祥，俱不仕。父洲，候选州同，封资政大夫，母黄太夫人。君生而颖异，十岁能属文。甫及冠，补博士弟子员，旋食廪饩。咸丰癸丑，粤寇陷江宁，省试久停。资政公令赴都，应顺天试。戊午中，北榜举人。己未会试，挑取誊录，遂纳资为工部郎中。庚申春，余以江南己未科借浙闱试中式，公车北上，始识君，文酒往还，踪迹日密。是年，君中会魁，余亦厕同榜。复试日，余苦目短视，堕圆明园墀下伤足，赖君扶掖，蹒跚缓行数匝，始得忍痛完卷。

殿试朝考，君入词馆，余以主事观政礼部。六月间，余奉旨随大理寺卿晏公端书回籍襄办团练，君留京都。及君请假南旋，聘余次女为君第三子妇，时两家子女均在龆龀中也。同治癸亥，君入都，散馆，改户部主事，钩稽综核，条理悉贯。公退之暇，与二三同志，临池赋诗，乐而忘倦。顾性喜挥霍，不善治生。朋友有急，辄倾囊资助无吝色。资政公以长安居大不易，岁寄数百金，补俸米所不足。君到手立尽，往往爨下无烟火，债主立门外作詈怒声，犹与客论文不辍。其旷达如此。癸酉秋，资政公里居弃养。讣至京，君擗踊号呼，星夜奔回，经理丧事，尽诚尽礼。服阕，因黄太夫人年逾七十，洁白之养，不忍以日离，遂不复作出山计矣。海门同知俞君重君品学，聘主讲东瀛书院。未几，以去家远，恐疏定省，辞归。复就知州程君聘，主讲胡公书院。乡里之士，多出其门。后进中凡有质疑请益者，口讲手画，俾之恍然于心而后已。非所循循善诱者与？居家友爱，出于天性。遇难处之境，委曲受之，尤为人所不可及。君体素羸弱，辛巳清明日，自城冒雨回乡祭扫，车中猝病，遂不起。弥留之际，谆嘱家人秘勿使太夫人知。及卒，家人缞绖于旁宅。故太夫人至临终时，尚不知君已先殁数年矣。著有《知悔斋文集》《双藤吟馆诗集》，脍炙人口。尤工书法，直入右军、北海之室。君生于道光四年正月二十八日，卒于光绪七年三月六日。元配张宜人，继配黄宜人。子四人：培芝，候选同知。培茯、培芳，均州学生员，培芳，即吾婿也。培兰，业儒。女四人，俱适世族。皆张宜人所出也。孙男六人。今将卜葬于泰州白米镇灵觉庵之新茔，培芝昆季乞余一言为志，以垂久远。余不获辞，乃为铭曰：海陵之东，灵秀所钟。是生哲人，为风雅宗。如圃擢蕙，如岩挺松。儒林文苑，位置宜崇。”

翰林院编修、掌福建道监察御史黄群杰墓，在州治东塔子里北姜家湾。

赐同进士出身、安徽舒城县知县崔保龄墓，在海安镇东门外校场头。

奉旨建坊立祠孝子黄瀛墓，在姜堰西北单塘河河南兜塘。

顾烈妇墓，在城东。墓前有碣，里人尤子朗等立，诸生金渠撰文。捐资筑茔为章尧文兄弟，捐置石主为谭武城。鼓楼街东，有木坊，为烈妇建。

诗人黄云墓，在州治东任家庄。

诗人康发祥墓，在东山寺东。

钦赐翰林院编修李承恩墓，在海安镇坛子桥北。

诰授中宪大夫、刑部郎中、记名知府陈文田墓，在州治东十里铺。

冢墓补遗

唐

甘弼墓，在响林原。

宋

陈文龙衣冠墓，在海安镇杨家桥河北蓬长口。按，文龙为咸淳戊辰科状元，充闽广宣抚使、知福建兴化军事。元兵入，执文龙，械送杭州，不食死。长子瑾，奉母由莆田原籍徙海安，奉衣冠合葬焉。前志不载，采访增入。

明

泰州州判萧受华墓，在城西北廒仓右。前志不载，今据泰州萧氏家乘采入。按前志《秩官表》，萧受华，益阳人，永乐间泰州判官。

奉国将军陈良墓，在海安镇北门外。

明威将军、指挥佥事乔冈墓，在州治南寺巷口镇东乔家庄。储巏《乔君墓志铭》："君讳冈，字世崇。其先上都人，洪武初归附中国。有为百夫长者，至讳完成者嗣其职，永乐始赐姓曰乔，君之祖也。完成之子讳琳，屡以战多绩，官至明威将军、扬州卫指挥佥事，君之考也。君年甫弱冠，明威公以防秋卒于京师。君闻讣痛绝，即日杖而行。家人请治装，君叱曰：'此何时，尚从容耶？'跋涉数千里，奉柩以归。成化庚寅，乃诣兵部，袭明威公之职，莅官十有余年。逾强仕，即致其事，退休于家，课僮奴，治田亩，先之以勤俭。不数年，财雄里闬。周贫己贷，为乡人所趋。暇则辄延文人名士，谈饮以为乐。精悍之气，犹时见颜面间。盖君本欲以武自豪，承平久，且隶于扬，顾无以发。俯首稼穑，盖非其雅尚也。享年六旬，弘治乙丑五月九日，以疾卒于泰州之旧第。配王氏，子男七人：曰仁，曰侃，曰杰，曰伟，曰伸，曰宜，曰儆。女三人：淑端、淑正，嫁田钦、王�，皆舍人；淑好，在室。孙：男三人，女四人。君之配，巏伯外祖明升之女，先妣恭人之从妹也。王氏望族，勋庸德隐，世有闻人，诸甥、婿文科武级，服金紫者至六七人。郡人论婚姻之门阀，必曰王氏贤且贵。君诸子业儒力田，翘然有立。仁袭君职，尤以才谞自见。今选掌卫事，向用于时。是虽本君之教，然母氏之德善、外家之源流，所成就者多矣。仁昆季以□□年□□月□□日葬君于泰之某乡某原，前以乡进士王敞状，寓书来请铭。巏发书而泣曰：'此巏应铭者，夫复何辞？'铭曰：赐姓于国，以开厥家。累功于代，载振厥华。维君之才，克纂前武。櫜弓缚戈，乃弃不取。海陵之壖，我佃我耘。我食其力，聊乐我员。不究其施，嗣也则显。不昌其年，世也则远。最乔之初，暨君之终。刻铭于墓，用耀无穷。"

深州学正、崇祀乡贤王栋墓，在州治东姜堰镇北单塘河。

崇祀乡贤、诸生吴廷彦墓，在州治西头茔庄[1]仙鹤汪。朱淑熹《吴君墓碑》："公讳廷彦，字君衡，别号际泰。先世苏之阊门人，明初，高祖徙家于泰，四传而至国新公，是为公父。公母为强孺人，生四子，公行四。幼而颖悟，读书通大义。闻里中唐灵台讲良知格物之说，遂欣然谓：'圣人可学而至。'专意孝悌，恂恂如也。及长，补郡庠，习业崇儒祠。遇新安陈光庭先生，授以盱江宗旨，豁然有悟，因北面焉。自是以后，公之年益高，而德日粹，学者多从之游，而公亦乐善不倦。特辟一堂，颜曰'求仁'，中奉承先生木主，月联讲学会，友至如归，风雨无辍。尤好施予，周人之急，悯人之孤。岁旱赈饥，存活者不可胜纪。盖公之学，以天命为宗，以孝悌慈为用。使公得时而驾，则尧舜君民何难亲见之哉？惜也，不飞天而在田，龙德隐矣。一时宦莅海陵者，如兵宪存拙王公、郡牧澹仙陈公、学博心园翟公，咸称公正直道学，荣以绰楔，至两举以乡饮宾，公皆毅辞之弗就。致其礼于家，而高可知矣。呜呼！公生于隆庆壬申十二月二十九日未时，卒于顺治壬辰二月初八日卯时，享年八十有一。生平讲学六十四年，悟道五十有一年，为诸生五十有七年。元配张儒人，先公逝者三十六载，继配纪儒人贤淑，有古人风。生男一，张孺人出，名道一，郡庠生。孙男一，小字重寿。以丙申冬十二月二十八日，葬公城西三里墩新茔，与张孺人合窆，乾山巽向，遵遗嘱也。至今岁，公令子仿古请谥，易康裕先生，而勒石碑于墓，以垂不朽，且丐余题数言于碑阴。余素荷公之教，不敢固辞，敬述公之生平谱系，以示久远。其公行，另有传论，不多赘也。后之过公墓而读公碑者，其亦可闻风兴起也夫！"

崇祀乡贤、诸生田毓芝墓，在州治东苏陈庄东花园头。

佥都御史徐耀墓，见前志，在海安镇北门水关内。吴甡撰《墓志铭》："崇祯十有六年，岁在癸未之季冬，予奉严谴，归自北平，闻吾姻友徐公蓼莪与梅孺人合葬有日矣。先是公之子晋、昭等苴杖，以公及孺人行状请予志。予读未竟，为苏苏賈涕曰：'呜呼，公如不可起九原，则予将安归？'今有滇南之役，又未获为公执绋，于是拊膺大恸，素车絮炙之谊，惭负古人矣。公居乡服官，凡从公游者，皆能志之。惟公正色立朝，荦荦大节，则予与共王事，素以名节道义相规切，所见闻最悉。虽不文，敢不阐扬万一，备异日彤管，使后世有所楷模。志公之墓，予曷忍辞？公讳耀，字韫生，号蓼莪，先世姑苏人。国初，有茂盛公者，徙居海陵之海安，世[2]有隐德。十传至公，始以经术显。公父冕，赠文林郎、礼科都给事中，前母王、母卢赠太孺人，皆以公贵。公，其仲子，出于卢，二岁而孤。卢太孺人抚而教之，有熊丸画荻之风。长为择妇，得梅孺人，孺人最贤，宜其家。追甲子领乡荐，戊辰成进士，而卢太孺人已早逝。公时时痛念太孺人，曰：'士不能报亲，亦安能报君乎？'甫

---

[1]"西头茔庄"，程抄本作"西头营庄"。
[2]"世"，原本作"也"，据程抄本改。

释褐，即上疏，表太孺人节，奉旨建坊旌焉。谒选，授龙溪县令。龙溪，滨海岩邑也，鲸鲵出没。海上诸盗魁，勾结红夷，乌合豕突，间倚豪右为窟。公至，即捕获俘戮之，散其余党，一郡悉平。摄海澄、漳浦诸邑篆，盘根错节，奏刀騞然，咸中理解，所在有异绩。邑人讴咏明德，尸祝之公也。考功课天下廉卓吏，公治行第一，捕寇功尤著，两台使者后先论叙。公独逊谢曰：'捕盗，有司责耳，安敢言功？' 上闻之，下诏嘉与。甲戌冬考选，特授兵科给事中。入垣，首陈卫陵、护漕、弭盗、防边诸大务，贼情军机，俱有深虑，上悉嘉纳焉。公尤留心世道，于流品邪正、否泰消长，洞烛最早，推挽益力。当是时，寇犯凤阳，震惊祖陵。漕抚昧缨冠之义，中书私庇之，且狥其请，曰不必移镇。时议归咎政府，不为祖宗陵园计，御桑土而以贼遗君父忧，然慑其威，无敢倡言者。公独抗疏，纠其误国之罪，其略曰：'枢臣既借辅臣为冰山之倚，辅臣又借枢臣为脱卸之门。朋比误国，罔法欺君，莫此为甚。' 又曰：'司寇某遵奉上传一疏，议及逆案，明知公议不可犯，故为请旨，以杜人言；明知大逆必无赦，故议开钦案，以尝圣意。某遂朦胧拟旨，且功为速之曰："不得挨延滋弊。" 嗟嗟！某以诲盗之身，立翻案之局，反借皇上激发忠义之举，阴图出脱彪虎之遗，是某等之罪，尽某之罪也。' 疏上，未得旨。再疏，力持前议。上既鉴其忠直，仅夺俸三月。当是时，公直声震天下，一时伏奸无不畏惮公者。军饷告匮，奉差督逋赋浙中。公察核精当，独请蠲派二十余万，有加升一级之褒。淮扬旱灾，代里民绘图请命，蒙恩蠲缓。其轸念民瘼，皆此类也。郑藩之役，公以礼科都给事中，偕戚珰往勘。公处戚珰，进退有礼。时方溽暑，驱驰不少缓。至则晓以大义，折其巨憝，余无所问，郡中詟服。朱子元驻车决遣河北数万众，何以异是？上诏优异。庚辰分校礼闱，得隽十八人，皆海内知名士。是秋，晋提督四译馆、太常寺少卿。公病乞归，未果。寻奉廷推，迁都察院左佥都御史，协理院事。上锐意求治，时御平台，咨公以当时得失。公敷奏画然，多称旨。盖公生平诵法程朱，研精性理之学，表彰同郡心斋先生，以其余博览史鉴，无不精通。天性忠孝，与朋友交，披肝吐胆，不轻然诺。取与出处，大义炳然。犹忆平居与余言：'惟有进则矢忠报国，退则谢客悬车。' 至今耿耿，而公遽长逝矣。呜呼！往岁余卧病里门，公强起我，谓：'上恩渥矣，顶踵非所惜。' 予感之。时大奸距脱，皇路清夷，相与戮力时艰，引掖众正。公执简侃侃，不阿权要。群宵侧目，屡思中之。赖上仁明，知公廉重，慰以温纶，晋秩风纪，急向用公。公既负天下苍生之望，益毅然以澄清为己任。识者方为世道加额，何天夺公之速也。嗟乎！砥流支厦，爰藉柱础，匪公胡托？辟门启事，正类盈廷，匪公胡植？外虏内寇，奠安我疆，匪公胡赖？九重侧席，饥渴辅弼。之纲之纪，文武为宪，匪公胡任？而公胡可逝！逝之日，予省之，询以身后，公曰：'某受主知，愧不能报，家事已度外置之。所幸正人连茹以进，太平玉烛，克逢其盛，某不及与也。' 语毕遂瞑，时辛巳十一月初九日也。予经纪其丧，简橐中无长物，惟图书数卷。公曩以邑令待诏金马，湛持文公一见，伟其人，叹曰：'古之名臣，有勋业者，丹青所图，往往类是。' 遂成莫逆，订金石交，公之见重名硕固如此。公配梅孺人，从太孺人之协襄内政，躬恭夙给，咸秩于礼，以孝闻。拮据家计，日操作庖爨、浣濯、补缀，类不惮劳。每夜深，篝灯相夫子，手一编，咿唔坐读。公登第后，守勤俭如始。生五男，教之力学。先公卒，公为文哭之，有‘吾妻事姑尽孝道，事夫尽妇道，教子尽母道，而惓惓以名义相砥，抚字求宽，则又曲尽臣道’。之语，盖孺人实录云。公兄灿，出王太孺人，最相友爱。有男五：曰晋，曰昭，曰咸受，曰履祥，曰谦牧，曰蒙求。晋生恩孙，咸生姬孙，祥生芝孙、兰孙、蕙孙、荫孙，谦生谕孙，蒙生公孙。有女孙三，长晋出，次咸出，次蒙出。公生万历壬辰五月初二日，卒崇祯辛巳十一月初九日。梅孺人生万历己丑四月初四日，卒崇祯壬申八月十一日。孺人先卜葬故显凤埠之西，公以癸未十二月二十四日合葬。公年仅五十，而勋业满朝廷，德誉满乡间，风烈满缙绅，国史家乘，炳照千秋，于公复何憾哉？矧今天子悼念老成，赐祭葬，赠公官左副都御史。如正学宏才，贞心伟天，干语琅琅，幽显同赉，公何愧？铭曰：维岳降神，公亶帝作。幼遭家难，孝友力学。获隽明升，首膺盘错。却扫海氛，如韩驱鳄。五载三绶，皎然琴鹤。铨叙计偕，风生台阁。请剑诛佞，峻采岳岳。藩邸寇虐，单车执缚。伟策定画，密参帷幄。肃贞纪纲，晋司礼乐。平台顾门，率时访落。维帝允赖，升平可卜。何不慭遗，致廑帝吁。孺人贤淑，音徽早烁。鸿光配德，今昔炳灼。克昌厥后，孝秀起鹊。瞻望凤埠，郁葱如昨。千秋俎豆，视此贞碏。”

孝子李祜墓，见前志，在海安镇北门外一里。徐耀撰《墓志铭》：“公姓李，讳祜，字守业，别号成宇。先世居闽之莆田，自彦忠公徙海陵之海安镇，凡五传而为小桥公，生子二：长即吾孝懿公也，其仲为振宇公社，后先辉映，积功累行有年。而公独以孝著。盖公平昔所为，皆先人志所欲为、时所未及为之事，而一一继述之，俾无憾，故孝名不虚而可征也。公生而魁硕，气度亦复宽裕。少业儒未遂，小试曹掾，然非其志也。虑里徭为亲累，愿以身役于公，祈免耳。后辄弃归，惟就养膝下是依。已而小桥公遘痫疾，公斋戒告于神以身代，更念古人子有刲肉而瘳亲者，于是割左乳下一脔烹以进，遂得苏。会王孺人病瘵剧甚，公日夜泣，仍以报父者报母，乃引刀刲左臂一脔以奉，而又立苏。精气所格，公岂博一孝名也哉？当道闻之，荣以冠服，岁给束帛，至今郡志录之。噫！可以风矣。此亦子道中显扬大节也。迨观其祭葬时，哀毁骨立，一俎一豆必躬亲，一封一树必手植，至不寐者数月余，而心血几呕。嗟嗟！公之深于读礼若此，固知公之志有所效也。公素慕心斋先生之学，谓：‘圣贤豪杰，唯所自为。私淑有心，就正恐后。’尝师事思城熊公，而一时昌明理学，如大司空丁公改亭、都侍御史高公景逸、太史澹园焦公、仪部金简曾公、天玉何公，罔不游其门而服教焉。吾里中有讲学风，诚自公始。嗣是建心斋祠，刻性命有益之书公诸世，何好学也！公每日起视事，辄鸡鸣栉沐。向所云夙兴夜寐，非欤？盖闻小桥公庭训之言曰：‘安逸在心，不在事也。’公体之矣。公之孝思，更仆未易数，而修家乘、创宗祠、置祭田，则曰：‘吾完先人业耳。’至义田、义冢，悉出已有。且造梁利涉、煮糜哺饥种种，不倦施与，而又未尝引为己惠。而世之真心向道，即一二善端可传。士之垂誉，岂必在多哉？维时推公者，将饮公于乡，而顾三举三谢，何也？余又稽公之幽行，而想见之矣。公曾携官封金，置旅舍中。有攫其金者遇公返，惶怖无避所，委地泣曰：'唯公所责，切勿令人知。'公曰：'无畏，尔为贫使耳。'举金付之，后终隐其姓名。盖人之恶，不欲称己之善，并不欲扬如此。然则以孝名公，殆亦非公志，可知也。公与振宇公共操家政，思敦九世同居之好，以无伤厥考心。时诲诸子侄，曰：'尔视我与若父相与何状，其尚勖诸！'即此一言，可为公歌《君陈》篇矣。记公殁时，适值振宇公五十初度，宾朋燕集，公方乐意陶陶。暮别去，忽隐几而逝。嗟夫！如公者，乃可谓朝闻夕死耶？公寿五十有三，以万历丁丑年十月二十七日生，崇祯己巳年五月初九日卒。娶子常张公女，而艰于嗣。噫！公而艰于嗣乎？以振宇公季子大年继公前徽，其可续也。大年，太学生，娶山居程公通女，崇祯五年六月初九日早逝。生女二，长许字郡庠生陈君应昌子。将以崇祯五年十二月初十日，为公卜滕城。余吊其往迹而思之，用勒诸铭。铭曰：谷有幽兰兮韵自芳，里有哲人兮俗乃良。泽能及物兮，其流必长。不忘所自兮，厥后斯昌。呜呼！安得世尽仁人孝子兮，当吾世而后见敦庞。"

顺天府府尹袁孟龙墓，在州治北高家庄。

王师墓，在州治东北王思庄，相传王为张士诚师，张败，王遁迹于此，因以名庄，后改王师为王思。

国朝

浙江提学、兵巡道陆舜墓，见前志，在海安镇城河南三里许。张符骧撰《神道碑铭》："康熙三十一年秋七月十一日，浙江提学致仕陆公吴州先生，卒于家。其明年冬十月，公冢孙、明经祖游，克治葬事，奉公及元配向宜人之柩，合窆于某乡。先期述公夫妇事略，并实以许翰林汝霖所为状，请予采次其语，揭诸墓上。予忆丙寅寿公，忽忽六七年，宁意我友，遽至于此！欲辞不获，而为之言。盖挽世文章之士，能雄长于帖括之场者有矣，能卓然为古文之业，以名世而行远乎？能争名号于少贱之日者有矣，能念兹不释于富贵老寿之后乎？天之生才，既有利钝工拙之不同，而人之志气，又为之迎距于其间，是以其所以成就之者尤不易。近古最著者三人，曰李太白、苏子瞻、陈大士。太白斗酒百篇，子瞻笔妙天下，大士汤熟文几首，饭熟文几首，与其嫂相斗为戏，辄不失度。虽研穷精微，三人不必皆其至者，而要以挥洒自如，见者惊犹鬼神，此境不知从古复有几家也，而吾谓公实近之。公文不加点，落笔万言。自其七八岁时，早能为惊人语。吾闻其历童子试也，帖括不具论，于王县令，则有《吴陵赋》及各体诸诗。又上书如昌黎体于韩郡守，则有《冬雪赋》。于曹司成，则有《石鼓》二诗。于陈州守，则有《天下文章莫大乎是论》，又上书如昌黎体。前代暨本朝场屋所重皆在前场，公先后对策，皆卓卓可传。甲辰改策论，公益得用其长，至今尤传《徽号礼成》一表，冠绝今古。廷对已领袖传胪，以极言京察大计，主诠者忌之，抑置二甲七名。其在中秘也，一切制诰机宜文字，多出公手。宰相读公所为则喜，不喜他舍人所为；他舍人或当为，皆阴以属公。公一时名流辇毂。其分考直隶及充粤西总裁，程式序录，动可垂永。至督学越中也，田中丞观风武林，公以执事从，喜心攘臂，无不咋舌。自是每于唱名散卷之后，独坐绛帷，尽括其试场所命题，日未晡，已脱稿如干首。生童旅进请业，公面为甲乙，其尤允者，宠以诗篇。查翰林试童子时，公赐诗曰“他年勉应韩琦谶”，诚佳话也。其归休也，惟以诗文自娱。四方来求者接踵，而公益不厌。又以其余力，作为词曲《一帆》《双鸾》流传名部，皆取办于杯茗立谈之间。他人舐墨捻须，终日不能成，或涂改不存一字，而公为之裕如。遇大小试，他人搔首苦吟，呕心出血，面无人色，而公为之畅然。此当由天纵，非关学也。然吾闻公少与张词臣友善，两家封翁，延武进名宿，为二公师。二公相谓曰：‘江南人，好读半截讲章及摘段时文，为捷得之术。吾不欲从之游也。’张封翁恚曰：‘是名孝廉，不堪为童生师耶？’词臣遂拜，公不得已亦拜。公与词臣虽执弟子礼，日间为俗师之学，而夜则与词臣共灯火，陈箧数十，争砥砺为古作者之辞章。更阑，馆童皆睡去。二公烧废字，爇余酒，踞柳城而饮，饮酣则清歌达旦，率以为常，所谓双虹堂也。遇盛夏，常以双足置瓮中，御蚊啮。虽厕上，手不去卷，其勤苦如此。夫天既笃生公以英敏绝世之才，而公又自力于学，以无负其所授。自信过锐，虽有拙工庸医，无所售其方技而锢蔽其聪明。虽穷苦，不足挠其心；虽纷华，不足易其嗜好。然后知人之才，天与人相参焉。而自弃者，诚不得归其咎于天。使公得从欧阳六一、曾南丰游，与之上下其议论，其为不朽之业，又宜如何也？然太白失节于永王，大士隙末于东乡，儒者以为贬议。至子瞻侮圣人而佞佛老，尤得罪于名教。公在浙时，逆知祖弘勋之邪谋而先去之。与词臣交，如鱼水之合，晚年犹自称“双虹老人”。著书皆发明经义，不堕外道。吾前欲以三人例公，九原有知，恐我友犹然不屑也。而公之事封翁及赠母也，生事尽孝，死事尽思。在中秘时，早慨然有白云之感。处伯仲子姓之间也，友且和。居官，丝粟无染，屏绝请托。其治刑书也，惠爱结于人心，而死者不怨；其督学政也，遴拔及于侧陋，而弃者无后言。致政后，征书屡下，而公还山志切，无复宦情。居乡恂恂，不以贤智先人，而又尽变浇漓凌夺之习，此皆行为世法，可质幽独，无愧圣贤，不得仅以文人杰士称之者也。宜人佐公成名，娴于《内则》，尤善处诸姬，有《螽斯》《樛木》之遗风，非直差贤胜敬通而已。其即世以二十九年十二月二十四日，先公二年卒。公才，难为其后，而长子、诸生与龄慧而早夭，乡论惜之。祖游及其次君、明经钱龄，皆不陨家声者也。祖游母徐，守志抚孤，已二十五年，恩旌有待，真昔人所谓为门户之光者。要之，陆氏虽以提学公高才成进士，有以骏大其家声，亦因宜人与其孀妇，两世淑德贞操，为之增重云。诗曰：江湖散人，生民厥始。毗陵山阴，各有别子。作县于皋，勤官而死。延及竹溪，亦以令止。公也挺生，名誉鹊起，廿载名场，行云流水。不朽者文，何愧魁纪。泚笔直书，突兀自喜。陈思江令，焉足差拟。矧其志行，更臻醇美。名在天下，谁不知汝。彼螳者臂，鬼子敢尔。甲第牛毛，不以此侈。终公之位，不过学使。概公才德，谁与伦比。呜呼陆公，千人之英。我望而呼，凤凰景星。位不称德，中岁投林。一朝骑箕，厌世上宾。宁有芙蓉，往主厥城。厥讳曰舜，厥字元升。学者咸称，吴州先生。"

福建海澄镇总兵董大用墓，在州治城内。江都杨亮《董公墓记》："泰州城南逾濠梁数十武，出市廛，左侧有大坟一冢，下悉锄为畦，无碑碣墓道，而临盐河，有华表二存焉，知者曰董公墓。道光十九年，州人兴城工。与役者贡生夏君荃往识之，告其友杨亮曰：'董公之先辽左人，子之先将军亦世辽左。先将军以偏师下江右，破金声桓，而公亦显于赣。公之镇海澄，有威信，先将军亦恢复海澄。公功成居泰，倾资财，赈饥涝，所活至数十万；而先将军削平闽乱，力活全城数十万口，其功德亦相侔矣。公之墓圮，州人议封之。，子实在泰，能无一言以纪实乎？'亮拜且叹曰：'李兵备昔守阳也，封顾侯之墓。侯家亦以世功三百年，至明亡死国难，与杨氏同。今杨氏之式微，复与董同。殆三世为将，道家所忌欤？公功之在社稷，且德于乡。后人不能守丘墓，则州人守之耳。士君子责，何辞焉？'公名大用，字仰山，官至海澄镇总兵官，事载家乘。"

翰林院庶吉士张符骧墓，在海安镇东贲家集东林庵后，棋竿头。旧志误。

武德将军李沆墓，在州治大寿庄。

刑科给事中陈忠靖墓，在州治南沈坞贾家庄。

孝子章家欐墓，在州治东老孙庄。

翰林院编修陈志纪墓，在州治东苏陈庄。

徐孝子昌龄墓，在南门外汤家桥东，海蜇沟[1]南。《孝子门》有传，光绪十七年旌墓，详徐氏《双孝录》，墓有碑石。

义阡附

一在城西北行头，临河数十丈。光绪二十六年，陈文铎、李焕臣、萧鸿年等捐置，请示勒石，永禁筑堤，并植柳护之。

一在东郊伴孤台西，田九亩。同治七年，夏钊捐置，立案勒石。

一在西郊北。光绪二十七年，周锡恩捐置。

[1] "海蜇沟"，新抄本作"海哲沟"。

一在城西头茔庄西，田二亩。孙德祥捐置，高锡爵等禀请，立案立石。

一在院庄。民国元年，本庄张櫄施杜家沟高田四亩，为本庄义冢，有案。

曹家田义阡，在薛家舍东北，计田六亩，钱新来施送。

界牌墩义阡，在河南，计田十二亩，李绅施送。

钱家楼义阡，计田三十亩，梁郜庄仇堉施送。

章郭庄义阡，一在庄西南，计田三十六亩。一在庄东北，计田二十余亩，施田人无考。

丁家舍义阡，在姜堰镇西，地名园汪塘。计田六亩，武生刘泽倡建。

谢王河义阡，一在雍久庄，计地基十六亩，周思伯、谢希石施送。一在罗家鼎，计地基九亩，谢庆荣施送。

许家庄义阡，地名蠏螯田，计田六亩五分，冒金山施送。

潘王庄义阡，在庄西，计田四亩，朱李氏施送。

姜堰镇义阡，东涵子东，又由官路向东，共十三处。东板桥河南四处，东小桥河北七处，砖桥子河东五处，蒋家岱四处，黄家岱东北小缺口、河南小山子各一处，岱岳寺东、三家庄各二处，黄墅墩、孩儿湾各一处，黄花园河东四处，东官庄前、石桥河南各一处，叶仙舍、小庄各二处，朱家舍三处，高坟头一处，竹园头、丁家舍、吴家舍各二处，沙漠沟一处。由镇人刘鹏程、曹炳文等创设掩埋会，每属清明，周历各处，圮者筑之，坍者培之，下桩植树，禁止樵采，保护之功，有足多焉。

续纂泰州志卷之二十一

人物·名宦[1]

乔松年，字鹤侪，山西徐沟县人。道光十五年进士，改部曹，累迁两淮都转盐运使。时郡城未复，驻节泰州。丁堰向有分局，掣验通属引盐。松年撤之，另委廉干员在泰州南门掣验，商民称便。公暇，与邑中诸名宿唱和，诗篇极多。又以时课诸生，厚给膏奖，多士感焉。创立盐宗庙，奉宿沙氏、胶鬲、管夷吾，以为报本之祀。庙后辟地数亩，多植花木，名之曰“小香岩”，为城西名胜地。同治元年，大兵克复金陵，伏莽尚多，军饷常虞不继。松年督办江南北粮台，飞刍挽粟，措置裕如。穆宗嘉其劳，擢布政使，寻授安徽巡抚，复移陕西，内用仓场侍郎。著有《萝藦亭札记》四卷，卒谥勤恪。《续志稿》。

郭沛霖，字雨三，湖北蕲水人。道光十八年进士，授编修，大考二等，洊升左赞善。文辞博丽，兼工书法。咸丰三年，以河南道员署两淮盐运使。时扬城已陷，驻扎泰州。以江运不通，盐无销路，议就场征税、设厂收税、设栈收盐之策，恤灶便民，沿海得以安集。是年，淮南大旱，提淮北协款，并倡议盐属各官扣捐养廉五成，以便抚恤灾民，全活甚众。倡修泰州学宫尊经阁，并捐钱千缗，增给胡公书院膏火。补淮扬道，督办团练，仍住泰州。六年，扬城再陷。部勒城守事宜，集义勇二万人，营于九里沟、张家堡，声势甚壮。及郡城克复，泰州解严，沛霖保障之力为多。八年，综理扬州善后。贼

[1] 诸本皆作“人物志名宦”，据上下文体统一为“人物·名宦”。

复攻扬州，督众坚守，复出城迎敌，孤军无援，城陷夺职，效力安徽军营，协守定远。城陷，死于难，甚惨烈。奉旨开复原官，赠光禄寺卿。同治二年，州人请祀名宦祠。《续志稿》，据《续府志》兼采访。

张之杲，字东甫，浙江钱塘人，附贡生。道光二十三年任泰州，廉明有政声。州西北隅，旧有斜丰堤，岁久不修，屡遭水患。之杲请于大吏，加意培筑，并浚蚌蜒河，以分水势。嗣后坝水下注，不为灾。试院年久失修，捐廉葺理，丹垩焕然。二十八年，岁大歉。之杲请帑赈济，又捐廉助赈，亲往各乡，逐户清查，灾黎全活甚众。咸丰三年，粤匪陷府城，州之奸民掠于乡。之杲擒渠魁正法，境赖以安。他如保盐务、裕饷源，纠集乡团、联络声气，撄城固守、叠获匪徒，善政不可枚举。以积劳故，卒于官，祀名宦。

黄海瑞，浙江绍兴人。咸丰间，任泰州吏目，性清廉，不受请托。时郡城再陷，人心惊惶。海瑞与历任州牧协力筹防，为时最久。大府鉴其劳，将以知县用，海瑞力辞。卒之日，贫无以殓。知州许道身为经纪其丧，得归葬焉。《续志稿》，据采访。

马鸿翔，字仞千，山东济宁州人。同治四年知泰州，明于听断。有姑与某僧通，而转以诬妇者，鸿翔坐堂皇鞫之，观者如堵墙。适有售烟杆者，厉声呵之，因令出杆二，令姑、妇各执其一，鞭僧。妇得执杆，极力殴扑，而姑则趑趄不前。鸿翔廉得其情，案遂定，人皆服其折狱之明。未久，以忧去。《续志稿》，据采访。

刘汝贤，字德甫，河南获嘉人，举人。光绪三年，以大挑知县署泰州。为治迹尚严，而意实主宽，惩暴安良，一时州境肃然，大府沈文肃公以“苦心为民、绵密无间”列上考。西北乡有斜丰港堤，汝贤倡捐修筑，涓滴归公，以余资为岁修费，附章程十二条，迄今遵行不废。又捐修泮池及文昌楼阁，合邑文风一振。州俗多停柩不葬者，汝贤劝谕严切，俗以之稍稍改。校士胡公书院，礼貌秩然，庠序翕服。泰邑征收银米，积弊甚深，胥吏把持，恣其干没。汝贤至，厘奸剔蠹，创立首、二、三限，令民自赴柜完纳。三限，始准里书截票。输者踊跃，国课充裕，数十年之积弊，为之一清。更创办积谷，以防荒歉。去官后，州人为立去思碑。《续志稿》，据采访。

陆元鼎，字春江，浙江仁和人。光绪甲戌进士，光绪十三年署任。居官廉干，有政声，士民爱戴。西北隅数被水患，捐修斜丰港堤。旋调赴江宁县任，耆老挽留不获。濒行时，送者数千人，元鼎为之泣下。后官至江苏巡抚。新采。

章寿麟，字价人。光绪年间知州事，奖励士类，于官、馆两课外，添设小课，试诗古文词。聘海州拔贡李映庚为山长，评骘精当，词章之学，因以振兴。新采。

詹显荣，字向仁，广东番禺人。光绪二十年，任海安巡检司。海安街道多青石，破碎而滑，行人每倾跌。显荣捐廉督修，虽严寒不避。给发工资，不假他人手。尝有贿黜一隶者，严词拒之。于禁烟、禁赌尤严，然治迹虽严，而宅心宽厚。岁暮微行，见贫无衣食者，辄隐资以钱米，人至今德之。新采。

任凯，字捷三，江苏荆溪县举人。同治十一年任学正，捐廉修乐学堂。品行纯粹，课士勤敏，州人称之。

管廷祚，字琴舫，江苏嘉定县举人。光绪二十二年任学正。质朴端方，取与不苟，足为士林表率。

名宦补遗

宋

牛大年，字隆叟，宋庆元丙辰进士。任州县，以廉敏称。通判真州，权知海陵县。在郡，缮铠甲，增料钱，以优恤郡兵。会郡大水，发帑赈民。及还朝，惟一僮荷橐而行。《康熙府志》。

惠孔时，提举兼提刑。淳祐间，金兵哨至。孔时督修浚之功，竭力为国。《雍正志》。

明

田庆，开州人，洪武三十年任泰州知州。清慎公勤，门无私谒；为政有条，吏不敢欺。后升扬州知府。《雍正志》。

薛均，巴陵县人，洪武三十年任泰州同知，以廉能保升应天府尹。《雍正志》。

杨荣，闽县人，永乐七年任泰州判官。学行俱优，吏事娴熟宽平，郡民称焉。后升刑部主事。《雍正志》。

董仪，德平县人，洪武三十五年知泰州。宽厚公勤，抚爱百姓。后升尚宝司卿。《雍正志》。

金廷瑞，字一亭，钱塘人，正德丁丑进士，知泰州。实心为民，有祷雨之应。《雍正志》。

田龚商，安东人[1]，以孝廉任学正。纯朴无伪，课诸生，详悉讲贯，人才蔚起。升浙江寿昌宰。《雍正志》。

包咸，字俟赓，吴江人。壬子房元，任学正。明敏过人，倡修试院。庚辰，登进士，为直隶房山[2]令。《雍正志》。

以上九人，本《刊谬》，增入。

国朝

沈汝兰，字仲畹，巢县人。顺治辛卯岁贡，选授泰州教职。时，海寇薄城下，汝兰协力守御。尝白诸生之被诬陷者七人。《续志稿》，据《江南通志》。

按，国朝以来，泰州无海寇薄城之事，通志未知何本，俟考。

---

[1] “安东人”，原本作“山阳人”，据《雍正泰州志》卷四《宦迹》、《雍正安东县志》卷十、《康熙江南通志》卷一百三十二改。

[2] “房山”，原本脱“房”字，据《雍正泰州志》卷四《秩官》补。

续纂泰州志卷之二十二

人物·儒林

杨筠，字筱楼，诸生。博通经史，纂有《仪礼聚考》二卷。新采。

陈琥，字绣堂，由副贡中嘉庆十五年举人。性孝友，推财于弟，授徒自给。大挑，授砀山县教谕，改安东训导，均称职。尤留心桑梓事，斜丰港建议修筑，功赖以成。晚益治经，于《易》《春秋》尤邃，《易》宗汉学。卒，年七十有六，著《五经解》十二卷、《易贯》四十卷。子文栋、文田、文泽、文源、文铎、文梁，自有传。文霖，字蕉生，同治元年举人，官至内阁侍读，工书法。《行状》。

常增，字高庵，道光五年拔贡。聪颖过人，嗜学不倦。安化陶澍督两江时，以画梅卷册属题。增运笔如飞，顷刻成三十首，文毅叹为奇才。著《仪礼琐辨》《四书纬》《一松楼文稿》《编年诗抄》《高庵诗话》《竹叶山房外集》若干卷。《芸香诗抄》小传，及《续府志》。

田宝臣，字少泉，诸生。解经确有心得，尤精选学。工诗，派出眉山，加以精练。李侍郎联琇督学江苏，见其文，叹曰："此江南第一人也。"礼致幕府，充襄校。后返里门，以咸丰八年十月卒于家，年六十有七。治许氏《说文》，尽通前儒之说。于文字偏旁、音读，辨证尤覈。即字形，以求字音，以通字义。凡一字歧为二义、二字讹为一义者，俱详考其所由，并以订古籍文字之讹。先是，明宗室朱谋㙔纂《骈雅》二十篇，征引赅博。后龙岩魏茂林得昭文张氏借月山房刊本，兼博引群书，作为《训纂》，成书十六卷，以属之订正。宝臣谓："欲通双声叠韵，必以《骈雅》为权舆。"乃即茂林所未详者，附以考订，得义数十条，迴出魏书右。于参校《骈雅》之余，复取字义之有疑者，详晰其说，成书八卷，曰《小学骈支》,。以其书系于《骈雅》，而《骈雅》则隶小学类也。李侍郎见之，谓其书以《说文》为主，以《尔雅》、《方言》、毛氏、郑氏为根柢，而波澜于孔、贾、郭诸注，旁及《庄》、《荀》、《淮南》、《素问》、《大戴礼》、《史记》三家注、班《书》颜注、范《书》李注、《广雅》、《释名》、《水经注》、《玉篇》、《颜氏家训》、《文选》、《一切经音义》，下逮二徐《说文》、《集韵》、《类编》，以及本朝诸儒，俱采择其说。欲溯其原始，故参互之词多；欲鬯其支流，故引伸之说尽。复自题诗以志感，宝臣更有手批唐赋、唐试律、《庚辰集》、《我法集》，士林传抄，惜无刊本。《墓表》，及《家传》。

高崟，字子山，诸生。肆力于《春秋左传》，著有《左传霸图分纪》。

李兆蓉，字镜芙，廪生。博学能文，邃于《易》，书法得晋人之奥。生平撰述甚富，惜多散佚，其最著者有《周易析义》十卷、《水经注辨证》四卷。《光绪志稿》。

补遗

宋

王俊义，宣和元年，以太学上舍擢第一。时道士林灵素方盛，一日有诏：两学之士，问道于其座下，且遣近侍中贵监临。林升座，诏太学生王俊义，久而不出。既乃昌言曰："昔吾先圣与老聃同德比义，相为师友。岂有抠衣礼黄冠者？"闻者骇然，各逡巡而罢。《崇儒录叙》。

明

王栋，字隆吉，号一庵，嘉靖三十七年岁贡。性至孝，每事几谏，不听则拜，谕亲于道，乃止。尝谓："举业虽出身阶梯，心学实孔、曾正脉。"师事伯兄艮，受格物之旨，躬行实践，得家学之传。初为江西南城教谕，主白鹿洞文会。又掌南昌正学书院，士民兴起。丁母忧去。起，补山东泰安州学正，旋迁江西南丰教谕。泰安士大夫乞留，不可。南丰接壤南城，诸生喜栋复至，信从者益众。隆庆四年，创水东会，建义仓。五年，擢深州学正。致仕归，创裁草堂，主安定书院，与士民朝夕讲学。创谱立祠，以统族众；制祭田，供祀典。年七十九，卒。著《易说》《祠堂记事》《会学十规》《一庵会语》《正续集》等书若干卷行世，配享崇儒祠，重祀[1]乡贤。《江南通志》，参《东台县志》。

王衣，字宗乾，艮长子。会物有本末之旨，以起父格物致知之说。精翰墨，酷肖王守仁体。父殇，率弟襞等游学江浙，立宗会，光大家学。卒，配享崇儒祠。《家传》。

王褆[2]，字宗饬，号东隅，艮三子，与兄襞俱师龙溪王畿。性严介，善诗歌，精翰墨，讲投壶礼，善继父志。初艰于嗣，会岁饥，鬻田捐赈，遂生子之廉。又创义仓，倡宗会。著《先公遗录》及《私绎诗集》传世。《家传》。

王补，字宗完，艮四子。性敏慧，师事镇江朱圌泉，弱冠创制安丰场城池图。请赈救荒，纂修族谱。著《周易觚》《天文星宿图考》及诗歌等书。《家传》。

王裕，字宗化，艮五子。十岁能属文，善为诗。甫成童，注《周易》六卷，年十八而卒。《家传》。

王元鼎，字天真，艮曾孙，诸生。师事新安理学陈履祥，立志向学。遵父遗命，修族谱，建家庙，设义塾。笃于友谊，东崖弟子、闽人林讷老死东淘，元鼎为之葬。著有《大学泄臆》《投壶谱》《内外品演》等书。《家传》。

陈芑，字实夫，以岁贡授河南新乡县训导。尝受业于王艮，深探乐学之源。年六十一，卒于官。著《论孟类聚》，配享崇儒祠。《心斋文集》。

张淳，字济化，号此庵。嘉靖二十五年举人，授湖广松滋县令，左迁河南许州判，寻擢兰阳知县。以伉直忤当轴，复调山东范县知县。居官时，阐明理学，得士民心。乞休归，范人怀其惠，为立去思碑。淳师王艮，安贫嗜学，孝亲庐墓，与弟义让，泣不析居，乡人称之。卒，配享崇儒祠。《心斋文集》。

朱軏，字维实，正德十四年举人。与林春同游于艮之门，谒选，授北隶高阳知县，地瘠民贫。軏至，均徭薄税，高民德之。以丁忧归。服阕，补盐山知县，治如高阳时。巡按御史某，以威焰凌轹守令，其称谓同于皂隶。軏耻之，惟循常礼，无所谄。巡按衔之，欲中以法。会乘舆谒定陵，道出盐山，

[1] “重祀”，原本作“堂祀”，据程抄本改。
[2] “王褆”，原本作“王禔”，据程抄本改。

供亿浩繁，不以厉民。一日，巡按召軏，属治饼万枚，约以时供，迟则科以误饷罪。軏乃召吏民，谕意。盐民仓黄走闾左，遍相告戒，男女合作，一昼夜万饼成，预为囊数十盛之，辇输御史院，巡按竟无以罪。未几，投劾归。卒之日，贫乏不能具棺敛，盐场大使陶悦为之营葬。軏竺嗜学，师弟联榻，寒暑弗辍，故所得尤邃云。《盐法志》。

季宦，字存海。少随父为商，有牙侩某以五百金寄其舍。遇盗入，尽攫其室中资，而寄金在他室，独存。其人至，立还之，其不欺如此。既而曰："谋食不如谋道。"乃师事王艮。后二子补郡庠生，复割产为学田。《中十场志》。

周盘，字崇寿，王艮妹婿也。八岁能诗，受业于艮，悟"良知为性天作用，随处皆可时习之"语，艮喟然叹美之。盘自是以圣贤自期，至老不辍，卒为醇儒。著有《文庄遗集》，藏于家。《周氏族谱》。

李珠，字明祥，以农人子报充州吏。闻王艮讲学海滨，遂弃吏从艮游，勇决嗜学，躬行实践，导人从善，书吏、皂隶闻风迁善者甚众。珠事亲孝，母殁，不能葬。及期数日前，启圹，得天全钱百缗。珠号天泉，适与钱合，人皆以为孝感所至云。配享崇儒祠。《李二曲文集》。

崔殷，字邦实。赋性刚毅，制行朴雅。少闻王艮讲学，即执贽就正，不事口耳，期于力行。键户浩歌诵读，耄而不倦，盐运分司周汝登旌其门曰"笃学真修居士"。著有《渔响集》。《心斋文集》。

梅金，字东斋，为河南周王府审理，以理学见知于王艮。喜为诗，四方荐绅多从之游。《中十场志》。

梅月，字子垣，诸生。清介谨饬，言动合于矩矱。闻王艮《乐学歌》《勉仁》之训，遂大契悟。《心斋文集》。

梅圣，字古渔，师事王襞最久。襞将卒，门人有询后事者，惟令圣雅歌其侧。其见重师门如此。《东崖文集》。

王宏道，字佚。师事王襞，一以冲澹自守，不令子弟违义谋生计。虽一室萧然，讲习雅歌之声不辍。《中十场志》。

周杨，字佚。师事王襞三十余年，深于名理，后进多所奖掖云。《东崖文集》。

徐治，字景文。尝从王襞游，性醇厚，与物无竞。父殁，庐墓三年。《中十场志》。

徐懋勋，字观湖，诸生。事王襞，确守师说，晚年嗜道愈笃。心有所得，恒举隅以诲人。纂有《徐氏族谱》。《东崖文集》。

周思兼，字绍旦，诸生。师事王襞唯谨，取与不苟。辑有《定庵周公遗稿》。卒，配享崇儒祠。《东崖文集》。

季寅，字存威。少日膂力过人，喜骑射搏击。从兄宦劝之向学，乃折节读书，从王襞讲习。尝咏《灶夫苦》数章，以讽鹾政，得风人之恉焉。《行略》。

黄钰，字子元，以孝友著闻。受业于王襞，盐运分司周汝登聘主社学。著有《考槃集》。《考槃集序》。

葛雷，字应龙，诸生。师事王襞，年未五十，即弃举业，闭户暗修。时盐运分司周汝登创泰东书院，聘雷主讲。著有《问心集》。子天民，字田纯，以岁贡荐入太学，授福建县丞，转山东卫经历。致仕归，掌教泰东书院，启迪后进。举乡饮大宾，不就。著有《世德集》，藏于家。《盐法志》。

周瑞，字大祥。幼颖悟，父冕颇爱之。从塾师习章句，喜讲贯忠孝大义。继母卞性急，瑞竭力色养。析产时，悉以腴产让兄。瑞勤约，善居积，中年家渐饶。讲学来海滨者，多主其家。与同里王艮以道谊相切劘，晚闻吉水邹文庄元标贤，乃挈稺子裴，负笈至豫章青原山受业，学乃益进。已而辞归，构数椽于安丰场，颜其堂曰“餐蔗”。卒，门人私谥曰“文毅先生”。著有《餐蔗堂诗集》。子士弘，字正夫，诸生。少承家学，长受业于王襞，与韩贞、朱恕、刘有光等为道义交，四方来学之士甚众。御史孙之益疏荐于朝，士弘辞，不赴。寿百岁而终，乡人私谥“文端”。著有《志学堂诗文稿》，藏于家。《师承表》。

按，陈厚耀，宜遵《国史》入《儒林传》，而《道光志》误入《文苑》，本届续纂无从追改，附记于此。

人物·忠节

国朝

张永松，泰州营额外外委。咸丰三年，调赴江宁，在通济门防剿，阵亡。同治八年，由两江忠义局请恤，奉旨俞允。《续府志》。

沈镗，从九品职衔，寄居扬郡。咸丰三年，粤寇陷扬。镗与次子浤《家传》作灏。及镗妻刘氏、长次媳、俱程氏女。长姑，孙女兰英、翠英、桂英，戚程刘氏，均绝粒死，一门殉难，人哀而敬之。事闻，赠镗运司知事。《续府志》。

何锡恩，以军功累升参将，同治三年七月，随江苏军攻[1]粤匪于湖州尹隆桥，贼于南岸筑坚垒数十，我军筑长围，架炮轰击。贼伏土穴中，不能伤，其另股之贼伏河旁轰击[2]我军。复筑垒李家巷御之。贼由洞子门猝至，锡恩逆战，死于阵，赠总兵衔。《续府志》。

徐晓峰，名旭，以字行，号云溪。少贫困，走京师。袁端敏见而异之，辟为幕府。时端敏方督办江北军务，晓峰随营，常督军剿皖北贼，有马家楼、俞家湾、乌衣镇之。积劳，累官至道员。奉檄驻泰州，防卫桑梓。议筑土城，未竣事，补福建汀漳龙道。漳泉为萑苻窟宅。晓峰下车，擒巨盗陈追，置之法，复严治都司辛敦仁，盗风少戢。以暇，筹修江东桥，筑丹霞书院讲堂，建立历代忠臣祠，挑浚城内外河，次第告成，百废俱举。署本省按察使，同治三年九月，汪海洋窜漳州，值地方会匪余党复炽，内外讧应。晓峰仅有练勇二百五十人守城，粮尽援绝，府城遂陷。伪侍王李世贤诱以伪封，晓峰怒叱之。锢于室，绝粒数日，又使人持参汤伪为鸩进，晓峰挥去之，题壁书曰："壮志未酬，君恩何补？取义成仁，臣心千古。"贼知志不可夺，以火灼其手指至焦堕，骂不绝口。凡十有七日，遇害。妻王、女文姑及佣妇陈，并自经以殉。事闻，有"忠孝节烈，萃于一门"之谕，特赠内阁学士兼礼部侍郎衔，以二品例赐祭葬，予骑都尉世职，谥"刚毅"，入祀京师昭忠祠，漳州府城立专祠。晓峰仕进不由科甲，而秉性忠烈，吐词因之英拔。在贼中时，

[1]"攻"，原本误作"政"，据《〔同治〕续纂扬州府志》卷十本传改。
[2]"轰击"，原本脱，据《〔同治〕续纂扬州府志》卷十本传补。

有《纪事诗》一册，皆身经百战之作。又每喜诵李武愍孟群《绝命诗》：“生无将略酬时望，死有忠魂报主知”“家国艰虞空涕泪，乾坤维系只君亲”，击节悲歌，声泪俱下。其志同，故其死节之烈亦同云。后刚毅甥吴锦江、字蜀泉者，寻获刚毅及文姑骨归葬，邑人多为诗文纪之。《续府志》，及《先正事略续编》，兼采访。

按，《府志》谓晓峰东台人，然徐氏祠墓、后裔均在泰之海安镇，泰学明伦堂有徐忠臣匾额，则其为泰州人较有确证，录以俟考，匪敢蹈争墩之习也。

补遗

明

王允，字天锡。嘉靖中，倭寇告警，观察百川刘公逐寇海安镇，转战至姜堰之西烟墩，允率家人奋勇尾追。倭人利其势孤，回兵接战，力竭遇害。同时死者，叔良新，从子守贞。《家传》。

续纂泰州志卷之二十三

人物·孝友

王苑才，字翰藻，事亲孝，与昆季处，终身无间言。州牧王尚湄颜其室曰："孝友可风。"《续志稿》。

卢彬，字适均，事亲孝。母卒既葬，庐于墓侧，家产悉付两弟，朝夕馈奠如生时。手选《四书》古注经义，丹黄灿然。卒，年七十有五。《续志稿》。

徐瑰，字怀玉，居海安镇。童时，拾遗金于路，招原主还之。母李病痢，瑰躬涤秽衣，刲股和药以进，疾愈。越二年，始殁，著《女则》一卷，瑰锓版行世。家贫，授徒自给。馆谷有余，辄赈孤独。又尝承母命，赎王氏妇，归其夫焉。《续府志》，参采访录。

陈彤，字周伯，廪生。母病三年，亲侍汤药，衣不解带，每夕焚香祝天，为母祈祷。让田与兄，自取其瘠者。《续府志》。

钟河，字清瑞，工书法。亲殁尽哀，庐墓三年。《续府志》。

葛蕙田，字二川，诸生。事母至孝，让产于兄，教授自给，著有《燕贻堂文集》。《续府志》。

陈楚南，采访录作"楚楠"。字湘三，佾生，住海安镇。母得瘵疾，采访录作"病膈"。刲左腕肉和药进，母疾顿减；复刲右腕煎以进，母闻异香，疾顿愈。人称其孝。《续府志》，参采访录。

胡郎，失其名，玉华子，家城隍庙东。早失怙，奉母以居。课童蒙十余人，馆谷所入，悉以供母。每晨起，伺母盥栉，始赴塾。午归，执爨具饭。饭毕，仍赴塾。晚归，又执炊，日以为恒。已而母老病，厌谷食，辄具饴果，置盆盎，罗列母榻前。母身痛痒，按摩爬搔，惟恐不至。又尝病目，胡舐之，复明。采康发祥《胡孝子传》。

王炳业，字梅垞，邑庠生。炳业生而母殁，祖母宫抚养成立；嗣母宫氏，青年守节。炳业先后为祖母及嗣母请旌建祠。子仁渊，兵部郎中；义渊，候选训导。《续志稿》。

乔寿庵，字静山。父庆龄有疾，刲股疗之。生平好善，尝修西山寺及宝带桥，又于南门土神祠内，建字纸炉，为乡里所称。《续志稿》。

章瑾，字予怀，先世由如皋迁泰州，住萧家田。至瑾，始游庠，补郡增生。，性友爱，让产两兄，自馆于外，终身无间言。著有《寂感吟》、《杂字考》、诗文集。子、孙、曾、元辈，科名接踵。五世书香，人谓孝弟之义所感云。《采访录》。

张茂承，字质斋，附贡生，居姜堰镇。性至孝，亲疾，三刲股疗之。历署淮安、江宁教授，士林爱戴。同治辛未，重游泮水，学政彭给“序射重观”匾额。卒，年八十六。

崔永圆，住海安镇北乡崔家庄。性纯笃，事亲孝，事兄悌。家有田数顷，析居时，兄只与以祖产十八亩，圆欣受不校。族戚不平，辄笑谢之。后兄三子皆殇，以圆之孙承祧，识者谓有天道。《采访录》。

王鋆，字陶庵，岁贡生，居姜堰镇。少聪慧，年十五，应郡试，冠其曹。遭乱停试，逾十载，始补诸生，亦冠其曹，旋食饩。性至孝，父龄殁，呕血数升，一恸几绝。友于兄弟，尝出馆谷，代偿宿逋。季弟孤露，护爱尤笃。著有《槐阴书屋课草》《绿天吟社诗抄》。卒，年四十九。子锡畴、锡衡，俱诸生；锡韩，廪贡生。《续志稿》，参《家传》。

李宝琛，字星垣，同治三年，举于乡。少孤家贫，不能自给，而奉母甚谨，羞膳必整洁，出入必扶掖。庚辰大挑，选授盐城教谕，卒于官。《续志稿》。

王贻璋，字黻卿，广业第四子。少失母，及长，每届春、秋扫墓，辄伏地哀痛不忍去，乡人感之。平居教授诸弟，劬恳善诱。贻哲领乡荐，贻典成进士，得其指授之力居多。以同治丁卯举人，补内阁中书。俸满，擢广东同知。年四十七，卒于官。子谌谋，光绪二十三年举人。《续志稿》。

章家欚，字子良，邑东之章郭庄人。少孤，事母至孝。家贫，乏婢媪，凡母之中裙、厕牏、衵服，悉身自澣濯。母病目，家欚以舌吮，复明。州学正任凯上其事于彭学使久余，奖以“庸行克敦”匾额。卒，年九十一，光绪二年旌。《续志稿》，参《采访录》。

徐昌龄，字眉卿。父德贵有疾，昌龄刲肱疗之，疾若失，时年甫十五。及父殁，母何氏病，昌龄与妻宫同侍疾，衣不解带者九十余日。母殁，夫妇哀毁骨立。奉旨旌表。采陆筠《徐孝子传》，参高尔庚《徐孝子暨妻宫合葬墓表》。

黄晋，性纯孝。家贫早孤，终身不娶。尝为母涤器濯足，冬日取母衣自著之，俟温，然后奉母。及母病，亲侍汤药。母殁，哀戚尽礼。光绪九年，奉旨旌表。《续志稿》。

景友直，字益斋，监生，居海安镇。性孝，父病，割股取血和药以进。长兄友礽老而贫，友直迎养于家，而割己田与侄。仲兄友儒居下河，道光六年河决，田庐漂没。友直召孤侄棋至，假田舍以安其居。人称其孝友。卒，年七十六。次于枢，字象辰，亦以孝闻。《采访录》。

朱士炘，字芷庭，邑增生。性诚朴好学，以孝友称。早失怙恃，赖生母方抚育。族某素无行，迫方他适田氏。士炘常往视起居，三十年不倦。方卒，田氏委柩丛薄间。士炘痛之，促之葬，弗听；请自葬，弗许。状其事诉于官，许之，因舁归葬焉。《续志稿》。

宫柱，字石卿，岁贡生，工制艺。父丁辰有目疾，柱焚香祷天，每晨以舌舐之。《续志稿》。

张凤翔，字瑞哉，邑诸生。母汤苦节，凤翔请旌于朝。孝养孺慕，垂五十年。弟凤翰殁，贫无以殓，殡葬皆凤翔任之。著有《论语直解》全部，古近文体，古近诗体《凌云诗抄》若干卷。《采访录》。

陈崇礼，字敬斋，住海安镇。幼慧工文，州府试皆前列。会母遘危疾，崇礼昼夜侍汤药，作疏告天，跽烈日中，请以身代。母病旋愈，而崇礼竟不起。易箦时，喃喃不已，所言皆母病中事，年仅二十七。《采访录》。

崔澄，字北海，居海安镇北乡。性孝，母徐患疽，几殆。澄忧泣祝天，愿以身代，乃刲股和药，跪煎以进，母疾顿愈。贫佃产女多不举，澄召，与之钱，嘱勿害，并告他佃，全活甚众。族有嫠妇程氏，贫甚，澄时资以薪米，卒完其节。乐善好施，盖天性云。《采访录》。

解广汉，字云章，居海安镇。幼纯谨，尝刲股以疗母疾，父病，亦如之。敬事诸兄，笃于戚友，乡人称之。《采访录》。

朱维祺，监生，庆镛长子。少丧母，育于祖母黄。黄病疫綦笃，维祺刲左臂和药进，竟得汗，愈。俄其父任鄞县，病笃，维祺复刲右臂以进，病卒不起。奉柩归，承祖母、继母欢。光绪十四年，祖母患瘧，维祺仍刲臂，且私祷于神，愿捐己年，益祖母寿，迄无救。维祺哀毁逾恒，臂疮日甚，逾年遂殁，年二十一。妻刘氏，仰药以殉。光绪十七年，旌。《续志稿》。

俞焕章，字文甫。幼孤，事母孝。会母病，兄、拔贡生焕藻适就馆外县，焕章侍汤药。顾病久不瘳，焕章潜刲股进，一服而愈。光绪中旌表，并由部奖以"志行卓绝"匾额。《续志稿》。

沈濬，字哲甫，诸生。性至孝，父镠有病，吁天请代，刲股杂汤药进，后以勤学积劳，年仅三十七殁。光绪二十一年，学使龙奖以"锡类垂型"匾额。《续志稿》。

张文泽，字兑生，邑诸生，工画墨梅。性友爱，季弟目盲，不能治生。文泽常以馆谷资之，并抚其二子成立。卒，年五十九。《采访录》。

丁家业，字学斋，住曲塘。事母孝，母疾，亲侍汤药。又尝质己田，代偿兄债累数百金，无吝色[1]。《采访录》。

丁涣，字文伯，诸生，住王师庄。性孝友，迎养孀妹于家。购田六亩，为诸弟谋窀穸。著有《禹贡辑注》《槐西草堂吟稿》。卒，年八十。《采访录》。

丁嗣棻，字少蘅，住王师庄。父病，亲侍汤药。构屋数椽，以居季父湘，并给以廪粟终身。丁珆，字焕彩，亦以悌弟称。《采访录》。

王善爚，字耀亭，住郭家庄。五岁而孤，六岁入塾，见载籍中记古人七岁丧父者，辄痛哭，师询而嘉之。家贫，谋食于外，月必数归省母。母卒，哀毁骨立。《采访录》。

吴廷祚，性至孝，祖益善病风痺，卧床八年，廷祚与兄国祚浣涤中衣，躬亲厕牏，不以为秽。事继母，并以孝称。《续志稿》。

周维椿，字月三，性纯孝。年二十六，游学日本归，浙抚聂聘为工艺所

[1]"吝色"，新抄本作"吝气"。

教员。闻父焕光殁，星夜奔丧，哀恸愈分，赴水死。《续志稿》。

沈夔，字宿苏，诸生。性孝友，刻苦嗜学。学使李调往南菁高等学堂肄业，诣益进。著有《班书地理志沿革考》及《九边图说》。夔在学，闻父疾，蒙犯霜露，兼程归，亲为父尝汤药，滌秽汗，焚香告天，愿以身代。父病愈，而夔疾作矣。卒，年二十四。里人哀之，礼部题旌。《续志稿》。

黄起，字季舞。甫五龄，母钱氏卒。将殓，起号泣曰："吾上有三兄，事父足矣，吾不忍离吾母也。"令家人抱之入棺，若解殉葬者。后继母归，侍奉惟谨，逾于所生。九岁工诗，善属文，里人以神童目之。卒，年十五。《续志稿》。

史文墅，字慕安，前麻城知县长华子。母卞氏，随宦湖南，同卒于陕西。文墅弃产，扶双柩归葬，观者为之泣下。《续志稿》。

陆炳南，居海安镇。性至孝，父永高疾，两刲股疗之。母李病痢，炳南奉药饵，滌秽衣。亲殁既葬，每日必拜其墓，乡人呼为"陆孝子"。宣统二年，旌。《续志稿》，参《采访录》。

储保泰，字子和。天性纯粹，孝友可风。母王氏有病，保泰刲股和药以进，病寻愈。年十九，入行伍，历任海州、江宁、泰州城守营把总，东台千总，迎养焉。《续志稿》。

黄瀛，原名在洲，字瀛仙，居姜堰镇。兄在沚，字佩兰，尝输巨款佐军需，置祭田四十余亩，义阡两处，以葬族姻之贫者。筑且园于黄家埭，延名流觞咏其中。在洲性孝，尝两刲股以愈母疾。光绪二十二年，奉准旌表，立祠建坊。在洲同族有名廷干者，亦尝刲股以愈母疾。《采访录》。

李崇本，字实甫，附贡生，候选训导。髫年遭母丧，哀毁昏厥者再。事继母如母，抚诸弟尽友爱。苦心提倡泰邑农会，赖以成立。尝有《望母茔》句云："儿有一言堪告慰，贴身衣服少芦花。"其孝思可见。新采。

陈怀章，字蕴轩，附贡生。性醇朴，母年逾八旬，常侍侧嬉笑，尤善处家人骨肉。母病，亲侍汤药。居丧，哀毁致疾，葬事甫毕而卒。弥留时，犹哭母不已。远近称焉。新采。

吉信万，住谢王河。性孝，母刘氏老，病跛，信万必扶掖以行。每适市，必购甘旨遗母。母病将卒，嗜肉食，昼夜数十进，无倦容。居母丧，以哀毁卒。《采访录》。

洪裕田，庖人也，住西娄庄。少孤贫，母丁耄而瞽。裕田佣资所入，甘旨必备，膳羞必手烹以进。母年八十七始卒，哀慕如孺子。

吴玉堂，字毓棠，住州西土地庙巷。父藻性刚，数与人迕，玉堂外引慝而内几谏。母许老而瞽，父遇之虐，玉堂委曲调护，克谐二亲。兄恕堂失爱于父，将逐之。玉堂泣跪乞贳其过，怒遂解。有妹孀而贫，玉堂月给薪米，且为其孤授室焉。《采访录》。

汪有富，卖菜佣也，住王家桥。家贫业贱，而性特孝。母年八十余，病在床蓐。有富夜卧其侧，效黄香之温席；昼则洁膳羞，侍汤药，厕腧、中裙均浣濯焉。又有刘正福者，住西北隅野营庄，尝刲股以愈母疾。《采访录》。

王兆祥，薙发匠也，住清化坊。少孤贫，给事浴堂，资以养母。晨兴烹茶，进佐以姜。朝饔毕，入市购肴蔬，备母午餐。归而执爨具饭，饭毕始赴浴堂。母性褊急，有拂意事，辄詈兆祥，甚至箠楚，皆甘受，无怨言。《采访录》。

张荦，佾生，刲股救母，光绪十四年旌。乔玉堂，字子亮，事母孝。光绪六年，州牧刘旌其闾曰“孝友之门”。胡文溶，监生，刲股救母。陈全宗，割肱愈母疾。严锡龄，刲股救母。贲裕昱，字道明；世瑄，字迓珩，住贲家集，均尝刲股以愈父疾。陈怡泉，兄淦病喘，刲股疗之。《续志稿》，参《采访录》。

孝友附记

程恩官，字典六。幼失怙，见父手泽，思慕不已。事母孝，好读书，手不释卷，试辄前列。贵筑周顼、丹徒支恒荣先后延课子侄，多所成就。馆谷自给外，不吝施予。偶拾遗金，虽不值原主，必转施之人而后安。晚喜吟咏，著《藤花阁诗存》一卷。黎大总统旌以“孝慈延庥”匾额。

续纂泰州志卷之二十四

人物·仕绩

陈师庆，字余亭。乾隆五十七年举人，嘉庆十六年进士，选授江西兴安县，调云南呈贡县。甫下车，境大水。师庆倡捐浚河，循故道而疏通之，民赖其利。冬，西村罹火患者数百家。师庆令民用编菅法，后火灾遂鲜。兼摄晋宁知州，滇中多山田，引泉插秧，致水不易。豪强或为曲防，民讼于官。师庆为定上漏下流法，令分时引泉，两造胥服。道光五年，署蒙化县。蒙化地广政繁，汉夷相杂，深洞密菁间，夙为盗薮。师庆饬各村火其菁，设卡巡警，盗为敛迹。赵州有劫夺杀人案，知州某诬为蒙化界，申于上官。上官疏劾师庆推诿，勒限缉盗。滇有白竺山，群盗窟穴也。蒙化人素习强弩，家蓄猎犬。猺男犵女知长官受诬，各携弩若犬从师庆往捕，逸盗皆获。师庆乃请上官勘地，谓人曰："尔时若遽请勘地，是顾己之考课，置民冤于不闻也，奚可哉？"师庆好吟咏，著有《滇行草》《淮阴旅草》各一卷，《鹤樵文集》二卷。《续府志》。

宫庭，字彤九。乾隆六十年恩科举人，大挑一等，授云南江川县。呈请改教，补安徽建平教谕。建平士多失学，庭至，招诸生按月、季督课之，逾年化野而文。卒之日，诸生设位哭之。《光绪志稿》。

王世丰，字沂中，号筠舫。嘉庆二十三年恩科副榜，二十四年举人，官松江府金山县训导。明季，金山兵祸尤烈。世丰举未经表彰者，建祠以祀，又别祀陈际泰、焦袁熹。暇则与诸生讲学，多士感焉。居家，见义必为，修试院，立义塾及遗爱祠、节孝祠，皆倡其事。生平诚以接物，和以与人。承先世志，日设糜粥，以待饿夫。道光辛卯，岁大祲，赖以全活者千余人。又设青箱塾会课，畀以膏奖资，嘉惠后学，成就甚众。著有《两庑先贤考略》及《毛诗集解》若干卷。道光十九年，入祀乡贤。子广业，另有传。《续府志》，参《家传》。

高垂庆，字麓庵。善书，工诗画。官安徽滁州、寿州知州，补广德州，均以贤能著。道光十一年，再官寿州。值岁饥，力筹赈恤，境无流亡，寿民德之。《续府志》。

王世履，字素亭，诸生，援例以运副分发两浙。道光九年，署台州府通判。时武弁余景清缉私，为枭拒伤。世履缉获，重治其罪。是年冬，勘武康县灾，倡捐先散小赈，民困以纾。十二年，檄赴常、镇二府，会查沿江漏私要隘也。世履议于澡港、德胜、孟渎三河之中，酌闭其一，以杜偷贩，大吏韪之。十五年，调绍兴府南塘通判。南塘故多水患，郭外有三江大闸，为二十八洞水总汇之所，岁久失修。世履力兴复之，民赖其利。十七年，署乍浦同知，旋以疾告归，卒于家。《续府志》。

彭寿山，字石夫。嘉庆十二年举人，官安徽颍上县教谕，迁江西鄱阳、都昌、乐平等处知县，皆有政声。与修《颍上县志》，著有《留云阁存稿》，又《观政录》教民歌十二章、保稼防虫十条，尤脍炙人口云。《光绪志稿》。

高维翰，字墨缘，监生。由北河县丞保升知县，累迁赵州直隶州知州。在直隶逾廿稔，所至往往筑城、浚池、兴学、课农。先是令清河，时值岁歉，发仓煮糜赈饥，远近咸来就食。盐枭滋事，募勇缉获渠魁五人，置之法，自是枭不入境。调正定，又调元城，迁冀州。时捻逆猖獗，维翰招流亡，募丁壮，用守望法，使民自为保。教匪王洛据《府志》作“洛月”。兄弟于同治二年由陕窜回，勾结三十余团，将为乱。维翰廉得其情，计擒解营。适匪党宋金诗变作，当事未暇研鞫，洛月等乘间逸僧邸，饬下冀州。维翰不动声色，复诱洛月兄弟至省正法，胁从者百余村概免治。贼复由黄河折回北扰，赵州当其冲。维翰适任赵，誓死固守。贼知有备，乃东窜。维翰天才敏达，判决如流。又精岐黄，军中瘟疫流行，全活甚众。九年冬，以积劳卒于官。《续府志》，兼采访。

李预，字立斋。由武生投效漕标，补领运千总，迁卫守备，历任浙江嘉、湖、台州等处。每遇屯田讼事，皆和平劝谕，不轻笞责人。道光中，英人事起。预适以台州卫守备任满引见，成皇帝传至殿前，询东南军事，奏对称旨，特诏改授处州中营守备。到任后，患痰疾，不能骑射。归里，旋卒。新采。

高锡康，字稚梅，道光二十九年顺天举人，由景山官学教习，历官顺天文安、河间等县知县，通州、景州、磁州知州，题补安州，调任滦州，所至有声。旋以回避，改发河南，历署汜水县、郑州，补裕州，屡膺繁要。同治四年，以年富才长、政勤守谨，列上考。引见，奉旨褒美。光绪三年，晋豫饥，毁家给赈，全活灾民至二十万众。以劳卒于官，入祀裕州名宦祠。《直隶河南通志》。王广业，原名佐业，字子勤。道光三年进士，以户部主事用，迁兵部郎中，补军机章京。善持大体，军门某失机逮治。故事，逮治者非特旨不籍没。吏索贿不遂，检籍没例进。广业斥其妄，某获免。出守湖南衡州，丁父忧归。服阕，改发闽中，迭守诸郡。初任福宁，继任汀州，旋补漳州。汀界粤，食粤盐，鹾纲久滞，课额亏短。富民畏累，无为商者。官强为签派，往往至破家。广业白大府，除其例，而民困以纾。福州会匪周立春踞上海，战败，遣其党李咸池间道赴闽，召徒往援。广业诇知之，夜驰往，裸擒，余悉散，立春穷蹙歼焉。先是漳州有小刀会魁黄泽美，瞰广业去漳，窃为乱，海澄、漳浦等县相次陷。广业在省闻报，请往剿。大府壮之，檄署汀漳龙道。广业兼程至漳，贼闻，悉溃散。广业抚绥安辑，各城次第规复。事闻，擢道员，赏花翎。旋任兴泉永道，驻厦门。番彝有伪为盗掠索偿者。广业向译者宣布朝廷盛德，彝语塞，转德广业，就舟设宴。广业携一弁一仆往饮，淋漓尽醉，极欢散，闻其事者皆咋舌。年五十五，以目疾致仕。归里，惟典籍是娱，足迹不入公府。施粥于门，戚党之贫乏者，皆有周恤。开青箱塾以课士，重刻《余园诗》《恕堂集》及《芸香社稿》。以办团防功，加按察使衔。年八十，重宴鹿鸣。明年，重宴恩荣，叠晋头品顶戴。著有《乡贤世德录》《国朝诗一脔集》《有正味斋骈文笺》《袁文合笺》行世。节采《行述》。

丁楚玉，字子琳。少工制举文，有国初诸老风格。道光十六年进士，官云南知县。咸丰中，遭滇乱，力捍狂寇，积劳病卒。子刚克、柔克，均官道员。新采。

程祥栋，字小松，郡廪生。工文辞赋，笔尤华赡。从军黔中，历著战功，由知县、同知洊升知府，加道衔，赏戴花翎。历官四川新繁、乐山、江津知县，在官廉能，多善政，倡举团练，尤得民心。任新繁时，辟因树园，建复东湖书院以课士，选有《东湖草堂赋抄》。乐山任内，重辑《洗冤录外编》并医书数种，流播川中。年逾七十，告归，思以余俸建宗祠、义庄，未果。殁后，子蓉庆继父志，成之。《续府志》，参采访。

陈文田，字砚芗，晚号晚晴[1]老人。道光十七年拔贡，二十三年顺天举人，援例为内阁中书。咸丰十年成进士，改官刑部主事，奉命回籍襄办江北团练，奖员外郎衔。事竣，赴都供职，补直隶司主事，擢湖广司员外郎，升江西司郎中，总办秋审处，京察一等，记名繁缺知府。性慈惠，治狱平恕。总办秋审时，狱有一线可原，皆拟缓决。居官不事干谒，衙散后，即兀坐寓斋，手一编，竟日浏览。暇即徒步造琉璃厂书肆，见有秘籍，每罄俸入购之，许尚书乃普目为今之钱遵王、季沧苇。所为俪体文，风行京辇。朝鲜贡使尝以其国王生父大院君李昰应画像丐文田作赞，以周公居东为讽。后罡应果肇乱于其国，王师讨之，执昰应羁于保定，其深识远鉴如此。年七十一，卒于官。所著有《晚晴轩诗存》五卷、《俪体文存》四卷行世。子彝简，诸生，工书法。《家传》。

章骥，字冀伯。道光十九年举人，官溧水县教谕。溧俗薄葬，风雨剥蚀，棺多暴露。逾二三年，必拾骨贮之坛。或尸未朽，又割肉以析其骸。骥闻而悯之，与知县某会衔布令，申严禁，并亲诣义阡，督率掩埋，俗为之革云。骥善书法，工诗。《行略》。

钱桂森，字稺庵。少警敏，擅词赋。魏观察茂林见而器之，妻以女孙。年弱冠，应郡试，太守某赠以"五经无双"匾额，旋游庠。道光二十八年举于乡，明年成进士，入翰林。文章雍容典贵，得承平台阁休。累迁内阁学士兼礼部侍郎衔，典试贵州、湖南、广东、浙江，督学安徽，达官名流，多出其门，海内奉为文章宗匠。晚年引疾归里，以诗酒自娱，而于地方大事，必断断力争。军门某雇舟购谷逾数，谷骤贵。乡民阻之，兵弁枪毙其二，即以聚众抢劫白诸大府，将穷治其事。民情汹惧。桂森慨然致书上游，反复数千

[1] "晚晴"，原本误作"晚睛"，据程抄本改，下同。

言，全活甚众。州旧设有坝署，州人赖以资生者无算。当事者议欲改道，以节縻费。州人乞桂森据情电达大府，事遂寝。历主江宁钟山书院、扬州安定书院、泰州胡公书院讲席。年七十三，重游泮水。著有《一松轩诗集》若干卷。弟桂桢，咸丰辛酉举人，官河南知县。子锡恒，字子久，幼颖异，从上元许宗衡学古文。年十七，以疾卒，著有《论史文略》一卷。次子锡彤，荫生，官光禄寺署正。从子锡爵，光绪十五年进士，官工部主事。《光绪志稿》。

刘汉章，字纯甫。咸丰中，官户部主事。时肃顺为尚书，权势薰赫。其甥友凤与汉章同司，欲罗致之入肃党，饵以钱法堂要差，汉章婉拒之。肃败后，获免于祸。在部日，都门钱肆，开闭不常，干没人财以巨万计。汉章白于管部周相国祖培，立五家连坐分赔法，弊始戢。以大学士彭蕴章荐，命为江北团练襄办司员。会漕督吴棠兼巡抚篆，驻节淮上，调充署中文案，总办圩砦局防堵事。汉章专力在局治公，联络各圩遏捻贼。事平叙功，晋员外郎衔。旋丁内外艰，遂不出。年七十三，卒。子法曾，字心白，光绪十四年举人。《家传》。

王赞业，字子襄。监生，官两浙盐运副使。浙省向有商籍学额，例由副使录送，如地方府县试。赞业关防严密，所取多知名士，前列温汝超等十人，先后以科名显。盐运使每三年按部一次，商人供亿，动逾数万。赞业为沥陈困苦状，运使韪之，遂不轻出。乞归后，值咸丰六年旱荒，时寇氛逼近，加以饥馑，四方逃难者踵接，本邑莠民时思蠢动。赞业于北山寺设局赈济，资遣过境难民；复办义团，以资守望，人心乃定。明年，以积劳遘疾，卒。《光绪志稿》。

王鸿业，字雪帆。监生，以通判分发安徽，署颍州府粮捕通判。颍郡民风素悍，界连豫省，捻巢林立。鸿业檄各县，清查保甲，严定功过。会粤寇之乱，鸿业奉督办江北军务大臣雷以諴奏调，留营差遣，驻军万福桥。时江南北遍地皆贼，独里下河为完善区。兵弁来通、泰等处索饷者，恒拥众哗噪。鸿业乘间白其状，始稍稍敛肃。乱定后，告归，移居向米镇，以课子自娱。子五人，长学渊，官南汇县教职；次敬渊，举人。《光绪志稿》。

朱宝善，字樱船。工诗善书，画尤精妙，时有郑虔之目。咸丰初，以县丞需次闽中，管藩库大崙。会匪平，保知县，檄署海澄。甫下车，录死囚一，而释其株连者三十余人。闵中民气素剽悍，习械斗。宝善感之以诚，约之以信。遇有械杀案，民辄争自投首，无匿者，俗遂化。嗣补长泰，浚河道，储仓谷，便于民者，皆勉为之。未几，以前任布库大使时，失察库书抽匿饷票事被议，旋以办理台湾巡防，奏请开复。宝善自被议后，闭户不与外事，研究画理益深。侍郎徐树铭见而叹曰："此画质重气轻，近二百年所罕觏。"其见重如此。卒，年七十一。著有《红粟山庄诗集》行世。《光绪志稿》。

王贻縠，字绮村，广业长子，例授同知。咸丰初，扬郡屡陷，贻縠设乡团卫桑梓，积劳，加知府衔。同治二年，巡抚李文忠鸿章特颁钤记，委办江北粮台。贻縠昕夕焦劳，转饷千里，江南金陵善后乃无匮乏忧。五年，补浙江绍兴府同知。浙东滨太湖，为萑苻薮。贻縠擒巨猾惩治之，盗风以戢。会稽禹陵宫殿颓圮，贻縠请帑修理，未逾年，庙貌焕然。《光绪志稿》。

朱庆镛，字友笙。同治十年进士，官浙江松阳知县。邑俗淫侈，民多溺女。庆镛每朔、望，必趋节孝祠致祭，且捐廉创育婴堂，而民俗一变。以卓异调鄞县，鄞为浙东人文渊薮，旧有鄮山书院，久废。庆镛首倡三千金，与邑之士大夫劝捐筹资，得购基建复，增加膏火。公余暇日，辄与诸生论文。罢归，旋卒。鄞人士为立碑，设像于书院中祀之。《光绪志稿》。

王贻清，字筱岑，广业第三子。同治十年会魁，翰林院编修，充国史馆提调。修《穆宗本纪》成，赏加五品衔，升赞善，迁中允。皇太后万寿，赐慈宁宫宴。京察一等，擢湖北襄阳知府。襄有关，抽落地税。前守皆严罚偷漏，胥吏辄藉端婪诈。贻清弛其罚，商民感戴，为立德政碑于关前，以志不忘。襄渠年久湮塞，郡东膏壤，均成泽国。贻清力请疏浚，凡沾溉者三万余亩，长享其利。襄滨汉水，春、夏恒苦泛溢。有老龙堤，年久渐圮。贻清因势增修，而襄水遂安。属邑襄阳富人谢姓，因夺某村妇，其夫集多人往索，诬以抢劫，已议置重典。贻清亲鞫得实，开释无辜，而下谢于狱。南漳俗素悍，袄教徒偶为民人所杀，教士谒府，欲典大狱。贻清开诚劝谕，罪其起事者数人，民教仍相安无事。教民罗某被逐，乃仇教，肆焚杀，邑令遽以谋变告。贻清会营往捕，诛其首而释其从，凡全活数百人。年六十四，卒于官。《家传》。

陈槐林，字蔚山。光绪九年进士，授户部主事。十一年，顺天乡试，充内收掌。时，内监试遘疾，槐林兼代，场规肃然。寻充督催所乌布兼大清会典馆协修，会常熟翁文端创建京师圆通观粥厂，嘱槐林襄其事。槐林力任不懈，卒于官。《行述》。

王贻典，字石逸，广业第十一子。幼聪颖，读书目数行下，为文操笔立就。林学使天龄奇其文，拔置第一。光绪十一年领乡荐，十六年成进士，授刑部湖广司主事兼江西司主稿。贻典精研律意，判决如流，台司倚如左右手。司寇某新拜命，辞气峻厉，且挟己见。贻典检例进，反复辨难不稍屈，卒从其议。二十五年，总办秋审处，录囚矜慎，多所平反。三十三年，补法部奉天司员外郎，迁编置司郎中，充丞参厅会办，截取记名繁缺知府用。是年冬月，召对温谕，垂询苏杭铁路米谷能否出洋，并泰邑学堂事，均奏对称旨，益感激，勉图报称。俄以疾卒于京，年四十九。著有《笙寒楼诗抄》。《光绪志稿》。

补遗

宋

曹辅，字子方，元丰间为鄜延路经略司句当公事，后提典广西刑狱。时，苏轼在惠，数有往来书帖。元祐党祸，诸贤多在巡内，辅周恤备至，士论与之。苏轼《送曹辅赴闽漕》，施元之注。

查籥，字元章，许国孙。幼承家学，绍兴二十一年进士，廷对中首甲。乾道中，摄贰夏卿，治兵淮壖，出典夔漕而卒。先是秦桧既死，高宗亲政，金将渝盟，起居郎王十朋极言守御之策。桧久塞言路，至是籥与十朋及冯方、胡宪、李浩相继论事，太学生为《五贤诗》以美之。《本传》。

元

缪思恭，字德谦。元末，辟充扬州令史。张士诚陷泰州，明年，陷扬州，丙申复陷平江。思恭随军征讨，所向有功。既而克复常熟州，授万户，同知州事。摄常熟州事，爱民礼士，有政声。士诚以其乡人，欲招为援。思恭乃躬往劝之，以请朝命奉正朔，不失为忠臣。士诚因自戢不为乱者数年，思恭之力也。以功擢嘉兴府同知，累迁至淮扬总管。征为王府参军，疾作，不果行而卒。《元诗选》小传，参《常熟县志》。

蒋辉，字德明，以字行。至正二十三年，官浙江行中书省左丞，分省于吴，命郡庠重刊宋詹事沈枢《通鉴总类》一书，且令都事钱逵求叙于周伯琦。时，吴中丁兵燹之余，日不暇给，而行省犹知崇尚古学，惧古书之失传而表章之，亦可谓贤矣。嘉定钱大昕《通鉴总类·跋》。

明

朱真，随太祖出征有功，授濠梁副千户。旧志。

纪信，从军有功，升遵化卫指挥。旧志。

信子胜，讨贼有功，授陕西行都司指挥佥事。旧志。

张颀，宣德十年举人，官国子监助教，迁山东临邑教授。时，士子祀其像于学宫，学者称茂才先生，兴化高縠表其墓。以子文贵，赠刑部员外郎。子文，字存简，成化二年进士。官刑部时，奉命录囚畿内，多所平反。有焉平儿者，报父仇抵罪。文上疏，谓君父之仇必报，反复累数百言，读者感动，平儿遂得免死。升浙江按察副使，伸雪冤枉，全活甚众。平生自奉俭约如寒士，周人之急，则罄所有，弗吝。尤嗜学不倦，所作诗文，皆有关世教云。《府志》，参旧志。

韩爌，字象云[1]，山西平阳府蒲州籍，本泰州人。万历二十年进士，历除少詹事，充东宫讲官。天启中，进吏部尚书，加太子太傅、建极殿大学士。帝已封乳母客氏，大婚礼成，当出外，仍留之宫中。爌引祖制为言，乃命择日出宫。时爌继叶向高为首辅，及杨涟劾魏忠贤，忠贤惧，求援于爌，爌不应，忠贤深衔之。爌疏有"左右前后，务近端良，重纶綍以重仕途，肃纪网以肃朝宁"，忠贤及其党益恨之，劾爌，削籍除名。庄烈帝即位，复故官，还朝，诏定逆案，言者争击。御史高捷、史𥜥[2]日为翻案计，因兵部尚书袁崇焕杀总兵毛文龙，岛弁失心，遂劾爌主款误国，庶子丁进、工部主事李逢申相继劾之。爌即三疏引疾，诏赐金币，驰驿护归。爌先后作相，老成慎重，引正人，抑邪党，天下称其贤。《明史》。

徐尔贞，字介石，由贡生授文华殿中书兼礼部仪制司主事。崇祯时，

[1]"象云"，原本作"众云"，据《明史·韩爌传》改。
[2]"史𥜥"，原本作"史堃"，据《明史》改。

有《奏免漕粮三分》及《海口扼要》二疏，士民德之。顺治中，卒。著有《医汇》行世。《医汇·叙》。

国朝

陈忠靖，字尔位，号晓堂。顺治四年进士，由中书擢刑科给事中，上经筵、恤刑二疏，皆报可。时，扬郡下河迭罹水患，部议分年带征逋赋，忠靖力请全蠲，情词剀切，得旨俞允。后左迁，归里卒。《府志》，参旧志。

魏泰，明武举，魏元勋子。顺治初从征，平四川蓝寇有功，授知县，祀名官祠。四川《铜梁县志》。

姜颖新，字文庸，如皋籍，本泰州人。雍正元年进士，与修《大清会典》，由翰林改官给事中，出为天津河道。以怡贤亲王奏保，擢直隶按察使。厘积案，办疑狱，捕巨猾刘金刚等数十人，置之法，一时纲纪肃然。又开观善堂于署之西偏，广筑斋舍，俾诸生肄业其中，出廪俸，给膏火。未几，有江宁布政使之命，以乞养归。《盐法志》。

程应钟，字序东，御史盛修孙。幼承家学，工制艺，尤精笔札。乾隆中，补安徽铜陵县典史。铜陵故瘠邑，又屡被水患。应钟奉檄散赈，有蠹役盗用官钱，立发其奸。极贫，不能待大赈者，先捐廉以济。升县丞，未赴铨。归，士民有泣送者。子宇光，另有传。《续府志》。

刘荣庆，字崇弼。乾隆四十七年武进士，殿试一甲一名，授头等侍卫。外擢广东参将，以迭获贼匪功，迁总兵，历任徐州、宣化、京营、兖州、太原等镇。道光元年，擢贵州提督，寻调广东陆路提督。八年，入都召对五次，钦赐克什。其在官，多惠政。如仕黔时，捐廉生息，为办公费，设义学，课兵丁子弟，军民为建生祠于武担山。去之日，焚香遮道者趾相属。十九年己亥，重宴鹰扬。子四：长汝梅，以荫授刑部云南司主事。弟国庆，字沐园，乾隆己酉武会元，亦以一甲一名进士，授头等侍卫。昆弟巍科，江南北艳称之。嘉庆元年，擢福建邵武营参将。时海疆不靖，征剿有功，题升浙江嘉兴协镇，署衢州镇总兵。岁饥，捐廉赈济。旋授贵州安义镇总兵，调署山西大同挂印总兵。道光八年，新疆蠢动，带兵进剿奏捷，记名以提督用。年六十五，卒于大同官署。

续纂泰州志卷之二十五

人物·文苑

缪祖培，字晴岚，见前志。乾隆四十三年会元，天才超卓，与江都俞大鼎、仪征汪龙光、同邑俞圻，并以倚声著名。廷试归班，家居怏怏。未几，遘疾卒。著有《修月楼词》一卷。《四家词选》小传。

潘庆龄，字予亭，嘉庆六年举人。家贫力学，留心水利。大学士松筠、刑部尚书初彭龄曾采庆龄《淮黄济运五议》以导河。当时，法式善、吴锡麒两祭酒皆折节与为友。二十二年，大挑一等，以母年迈，改就教职，历官句容、萧县、祁门教谕，著有《汲绠书屋诗文抄》。堂兄鹤龄，字松崖，名与之齐。常客扬州，交吴山尊、吴兰雪两先生论文称最契。兄维岳，中年病废，鹤龄事之甚谨，垂数十寒暑，无倦容。庆龄子曜三，副贡生，官安东教谕。《续府志》，参《家传》。

张星，字铁桥。少业儒，后精于医，善为诗。同邑俞牧隐、陈崆峒辈为诗会，必与偕，分题斗韵，无役不从。星诗笔敏捷，苍朴入古。工书，善写兰竹。以落拓终，年七十。《穷交十传》。

宫国苞，号霜桥。世胄清才，坎坷不遇，诗如仙乐春云，不愧红椒嫡派。有"人到饥寒方作客，树无风雨不成秋"之句，为随园老人所赏。兼擅兰竹杂卉，著有《半红楼》《北游草》诸集。《芸香诗抄》小传，兼《随园诗话》。

桂天培，字因之，号仙岩，诸生。古文摹仿昌黎，清劲有骨法。诗妍隽，骈文、乐章并丽。仿小米作画，滃染入妙。善弈，尤工铁笔。间为小词，情致凄楚。年二十七，卒，遗稿散佚。《穷交十传》。

程应韶[1]，字星泉，御史盛修孙。生而颖悟，六岁即能作书寄京师，祖见而喜，以诗笺赐之。年十五，祖告养归，凡答友人诗文多口授，应韶手书。由是，诗古文辞深得家学。年十八，补弟子员，旋食廪饩，迭为谢墉、德保、毕沅诸宗匠所识拔，肄业国子监。遇临雍盛典献诗，荷银绢之赐。候选教职，需次二十六年，殁。文水王锡蒲为之传。《家传》。

王辅，字左亭，监生。道光元年，为州牧赵钺[2]荐举孝廉方正，力辞不就。《家传》。[3]工诗，兴化诗人徐鹤峰病殁，为营葬表墓。家有匏尊，其祖、明嘉靖礼部郎中近湾物也，因颜其室曰"匏尊书屋"。博通典籍而不应选试，日与诸老倡和于芸香诗社，时称"匏尊老人"。著有《雪蕉草堂诗存》《经史纪余》《圜钱所见记》若干卷。《续府志》，并采访。

徐升堂，字小隐，道光二年举人。少孤贫，事母孝。邃于经，主讲海安明道书院，以植品行、求实学励多士。宗族师友困厄者，必竭力资助。礼闱报罢，遇母丧，哀毁咯血，遂卒。著有《学耨堂文集》十二卷，《晚香亭诗集》八卷。《续府志》。

汤治昭，字懋斋，岁贡生。品学醇粹，以孝友闻，其诗文多载《香芸诗抄》及《海陵文征》中。著有《清啸堂诗草》。《续府志》。

葛蕙田[4]，字二川，诸生。事母至孝，让产于兄，舌耕自给。著有《燕贻堂文集》。《续府志》。

康发祥，字瑞伯，一字伯山，岁贡生。工诗、古文辞，诗派出眉山，而加以精炼。论诗不拘一格，其《复乔松年都转书》云："譬之天马之脱羁，何似羚羊之挂角。沧浪、后村之诗，固窘于边幅北地；竟陵之作，又多滋流弊。心许心佛，各有渊源。株守一隅，未敢附和。惟学力深厚者，自有渐得。"松年心折。盱眙吴棠谓："海陵固多隐者，前有陋轩，后有伯山，二百年来风

[1] "程应韶"条，程抄本在"王辅"条下。

[2] 赵钺，原本误作"赵越"。赵钺（1778–1849），原名春沂，字星甫，号雩门，浙江仁和人。嘉庆十六年进士，授翰林院庶吉士，历官咸宁、溧水知县、泰州知州等职。著有《唐御史台精舍题名考》。

[3] "道光元年"至"家传"，程抄本无。

[4] "葛蕙田"条，已见卷二十三《孝友》，此重出，文同。

流未沫，非虚誉也。”著有《三国志补义》《伯山诗话》《诗抄》《杂文》《小海山房咏史诗》若干卷。卒，年七十六。《续府志》，兼采访。

顾鸿，字秋江。从康明经发祥游，劬学蚤世。著有《读易堂诗赋文稿》。《伯山诗话》。

徐坎孚，字月楂，诸生。工诗嗜酒，尝芒鞋竹杖，手一壶，就所知，酣吟达旦。数百言，援笔立就。年八十七，卒。遗稿半佚，同邑康发祥搜入《诗话》，方之刘伯伦云。《伯山诗话》。

程祥芝，字小香，道光五年优贡。与叔绍昌、宇光，弟祥栋齐名，州人有“四程”之目。生平研究经史，成就生徒甚众。州牧王锡蒲、赵钺先后延至署，课其子。祥芝于州试前，辄回避，不阅卷。笔耕所入，以周贫迫。道光中修试院，咸丰间办团练，皆勤于任事。董清节堂事，尤因公受累，无怨悔。年七十二，无疾而卒。著有《待问集》。《续府志》，参《家传》。

程宇光，字韬庵，廪贡生。少聪颖力学，累试不售。嗣入籍顺天宛平，领道光十七年解，选授溧水教谕，以疾未赴。晚年主讲海门书院，益肆力于汉魏六朝之文。医经、释典，悉能通贯。著有《因是斋诗文集》《柏影轩词稿》。宇光与兄绍裘，同为应钟子。绍裘，字鹤衫，工诗词。其尤著者，《松林庵古柏诗》二首。咸丰八年，游幕安徽霍山县署，以捻乱道阻不得归，殁于寿州途次。《续府志》，参《家传》。

程绍昌，字文伯，廪贡生。工诗、古文辞，所作多涵濡经史，矩矱汉魏。书法尤精绝，与真州吴熙载齐名。著有《春晖草堂诗集》。《续府志》，参《家传》。

宫焕勋，字竹轩，诸生，伟镠曾孙。博学，工诗文，著有《古希老人集》。冒宫《贴梅册子》，焕勋为之传。冒宫，字常青，焕勋之姑母也。《光绪志稿》。

常廷谔，字检斋。家贫，耽吟咏。中年瘘废，日坐坏墙老屋中，啸咏弗辍。遗稿散佚。子增，另有传。《光绪志稿》。

李观时，字雨村，岁贡生。幼颖悟，异常儿。后从吴先生伊训游，诣益进，试辄冠军。生平纵情诗酒，工书法，为当时“吴门八才子”之一。《光绪志稿》。

刘汝梅，字和羹，号庹峰，荣庆长子，恩荫刑部云南司主事。勾稽庶狱，一无纵枉。刘氏世以武勋显，汝梅独好文，一时知名士皆与游，学业日富。

著有《趋庭集》三卷,《翠柏书屋诗集》二卷。《光绪志稿》。

陈晋元,字少芳,岁贡生。工诗,善倚声,书法仿黄庭经,时鼓琴以自娱。著有《清味斋诗集》。子日新,号春圃。事亲至孝,同治六年钦赐副贡生,年至八十有六,著有《松筠阁文稿》。《光绪志稿》。

叶汝彬,字雨楼,诸生。奉养家居,与妻高拈题分咏。妻亡,刊其诗于扬郡。晚居州城北,常断炊。亲友造之,未尝言贫。殁后,遗稿散佚。《伯山诗话》有汝彬《访徐孝子宅》诗,仅吉光片羽耳。《光绪志稿》。

夏兰,字红舫,诸生。嗜酒耽吟,不治生产。著有《补瓯堂诗集》。新摭。

夏荃,字文若,号退庵,廪贡生。有异才,与伯兄兰、仲兄蓉齐名。生平覃精典籍,考订精审。尤好古碑版字文,断垣残础,罗掘殆遍。历官丰县、桃源县训导。归里后,日事纂述。有《海陵文征》《海陵诗征》《陋轩诗续》《退庵笔记》《梓里旧闻》,皆网罗散佚,有功桑梓之作。著有《亦好集》《晋砖唐石斋诗文存》《退庵钱谱》若干卷。子嘉谟,字子猷,岁贡生。能世其学,为文沉博绝丽,诗赋尤工,李学使联琇极器赏之。著有《春星草堂集》。《光绪志稿》。

仲贻勤,字受之,振履子。髫龄脱口成诗,随父之粤东任,遘疾垂危,犹吟咏不绝口。卒,年十七,著有《蓉滨遗草》。《芸香诗抄》小传。

黄梯云,字振衢,号书五,道光十七年举人,著有《葩经集》。

解子荔,字笛生,岁贡生。工诗,尤精倚声。其《诉衷情》一阕,有"淡碧垂杨、淡黄明月、淡白梨花"之句,时称为"黄三淡"。著有《皱春词汇》三卷,吴县潘尚书祖荫为之序。《光绪志稿》。

陈文泽,字晋纯,道光二十九年拔贡。生有异禀,读书过目不忘,为文援笔立就。未冠游庠,岁、科试,辄冠军,学使毛伯雨、白小山均目为奇才。乡闱屡荐不售,抑郁卒,年甫三十余。著有《红藤山馆诗抄》。弟文源,字叔原,廪生。文辞清隽,类其为人。性喜成就寒畯,游其门者,多知名之士。文梁,字季华,诸生。有文名,潜心经说,于《周易》致力尤深。辑有《嘉言懿行录》二卷,又仿《池上草堂笔记》例,著《三余笔记》百余则。时佥谓陈氏多才云。《家传》。

陈恩溥,字小鹤,师庆子,岁贡生。博学,尤精于《易》。著有《聊免书空集》一卷。《光绪志稿》。

赵瑜，字渔亭，岁贡生。少有隽才，弱冠知名。晚年绝意场屋，值赭寇乱扬郡，诗人多流寓泰州，瑜与诗酒倡和无虚日，诗多忧时悯乱之作。著有《晋砖室诗存》。兄琳，字又璋，诸生。幼读书，目数行下，亦喜以诗酒自娱。著有《琴鹤堂诗文抄》。《光绪志稿》。

林枚生，原名节。字仲和，诸生。咸丰八年顺天乡试，挑取实录馆誊录。性伉直，从兴化刘中允熙载游，专心经算之学，尤擅长章奏。居京师，与仪征卞宝第交最契。卞自郎中、御史[1]洊升顺天府尹，枚生为之部署公牍，前后奏议多出其手。同治五年，广东学政鲍源深聘枚生充襄校，蒇事归。后卞累官至两湖总督，而枚生授经自给，一无所干。卒，年七十三。著有《筹算乘除法》一卷，藏于家。《行略》。

颜鉴澄，字镜夫，岁贡生。喜研究《四子书》，得其精奥。门下士承讲画者，辄取青紫。著有《陋巷书屋文抄》。从子驯，字仁卿，同治六年解元，品学纯粹，诗亦清隽拔俗，著有《蠹余草》一卷。《光绪志稿》。

丁筠，字篁圃，恩贡生。从程教谕宇光游，窥国初诸老实学，经学竺信阎若璩，史学竺信赵翼。工制艺，与颜明经鉴澄、有连交最深。《光绪志稿》。

邱文田，字石农，岁贡生。工制举文，兼擅诗赋。邑中名流，出其门者甚夥。著有《石农文抄》。《光绪志稿》。

王朝庆，字倩山，岁贡生，住姜堰镇。性戆直，工诗，成《五虎吟》，以儆世。著有《醉经室诗草》二卷。《光绪志稿》。

王桐，原名柱，字子实。咸丰八年顺天举人，十年恩科进士。改庶常，散馆授户部主事，充秋审处帮办。官京师，暇日与都人士结社陶然亭，以诗文相酬倡。其《梅花》二十首与《茶园题壁》诸作，尤脍炙人口。工书法，初宗北海，后仿松雪。以丁外艰乞归，历主海门师山书院、本州胡公书院讲席。年五十八，卒。著有《知悔斋文集》《紫藤吟馆诗集》《双桂轩四六文抄》若干卷。子培茯、培莲，另有传。参《光绪志》及《行状》。

陈笃庆，字文卿，咸丰九年举人。性端慤，与物无竞。著有《百尺楼诗抄》。《光绪志稿》。

[1] "御史"，原本脱"御"，据程抄本补。

高岳，字庸庵，诸生。究心经史，年八十三，重游泮水，江都唐侍郎惇培为之传。孙鋆，字子山，诸生。承家学，耽《左氏春秋》。王观察广业延课子弟最久，得其指授，多破壁飞去。著有《左传霸图分纪》六卷。《光绪志稿》。

徐凤翔，字仞千，诸生。为文矩矱先正，屡蹶棘闱。孙学使渊如[1]仅见其文，叹曰："此绝好师资也，惜困于教读耳。"凤翔为泣下。《光绪志稿》。

张云上，原名联庆，字仲逸，诸生。工文辞，诗宗温、李。《秀儿墓》一章，风情旖旎，不减《河阳》诸作。尝偕黄荔聚一松轩，与钱太史桂森相倡和，名藉甚。惜年未中寿而殁，著有《坳堂诗集》若干卷。《光绪志稿》。

田树森，字少农，诸生。工词赋，与同邑黄荔、夏嘉谟齐名，督学、临川李侍郎联琇叹为异才。卒，年甫三十六。《光绪志稿》。

袁锦，字子文，诸生。幼颖异，及长，殚精经学，博极群书。尤工诗，胎息汉魏，不事雕琢，而极于古。晚，佐钱阁学桂森评阅安定书院课卷。卒，年六十八。著有《棣华吟馆诗抄》。弟鋭，字芣庵，工书。《光绪志稿》。

高善树，字友伯，廪贡生。少攻制艺，以桐城、金坛为宗，同里陈文源极器之。书法砖塔铭，性孤傲，耽吟咏。中岁客燕赵，所如不称意，一一皆寄之于诗。著有《听鹂吟馆诗词草》若干卷。晚得癫疾，时比之徐文长云。子炳华，光绪二十三年举人。《光绪志稿》。

章份，字彬甫，岁贡生。性冲澹，工诗赋，体制仿六朝，以笃行称。《光绪志稿》。

李恩涵，字秋江。文思敏捷如涌泉，日成十数艺，光绪壬午举于乡。著有《养庵赋抄》《都门游草》。《光绪志稿》。

高恩洪，字子范，岁贡生。少孤贫劬学，工制举文。教授生徒，成就甚众。晚好义举，与同邑陈文铎倡修邑中文峰塔。《光绪志稿》。

张兆璠，字筱石，廪贡生。擅文辞，尤工画梅。著有《醉墨轩文抄》《三影堂诗稿》。《光绪志稿》。

汪达汝，字桐轩，诸生。文笔磊落有奇气，复究心性理，著有《窥破机关》两卷，以劬学早殁。弟达源，字养泉，恩贡生。性方严，工制举文，亳州

[1]"渊如"，原本脱"渊"字，据文义补。孙星衍（1753—1818），字渊如，号伯渊，阳湖（今江苏常州）人。乾隆五十二年进士，官至山东布政使。嘉庆间，主讲泰州安定书院。

牧某尝聘修州志。归里后，奖掖后进，进士王贻典出其门。《光绪志稿》。

吴鋆，字劲亭，诸生。严于自治，说经有师法，于《学》《庸》两书尤辨析精明。年七十，卒。《光绪志稿》。

朱晋源，字荼舫，诸生。工词赋，尤精篆刻。闭户覃精典籍，不与闻世事。入其室，惟见酒一壶、书数卷，无他物也。与同里江对山、王道源时相酬倡，对山、道源皆工诗。惜早逝，未竟其才。著有《思白堂诗存》。《光绪志稿》。

许爱堂，字蓉裳。善草书，尤工诗。值赭寇乱，隐于贾。著有《补读斋诗集》四卷。《光绪志稿》。

袁衔，字澹生，诸生。历为黄学使体芳、王学使先谦所识拔，光绪十四年乡魁。二十一年诏举异材，廖侍郎寿恒特荐，征至都，召对称旨，以知县用。初选广东开平，因母老不就，改选浙江景宁。景宁僻邑，政清简。衔公余不废吟咏，著有《飘蓬集》[1]。上官器之，拟调青田，旋卒。衔性豪迈，尤工论史，于书无所不读。卑官中寿，未竟其才，士论惜焉。同时朱尔康，字仲舟，廪贡生。工诗，幕游岭南，遗稿佚。《光绪志稿》。

李星南，字极仙，光绪二十三年拔贡。为人重孝悌、励名节，奉孀母及守贞诸姑，爱敬兼至。博贯经史，诸子百家书，皆手加丹黄，覃思研核。著有《二曾堂诗文集》《杂说》若干卷，藏于家。《光绪志稿》。

石和钧，原名如岳，字岱庵，廪生。十岁能诗，弱冠工文辞，精奥似诸子，书法钟王。初从黄武靖公幕游湖湘间，武靖卒，传、志皆其所作。后入刘忠诚幕，宾主甚相洽。乡试屡荐不售。卒，年四十二，遗稿多散佚。《光绪志稿》。

周德基，字凤坡，邑诸生，住曲塘西湾周庄。精制艺，尤工诗赋。受业仲振猷，与康发祥、常增、汤治昭诸名彦相倡和。著有《养拙山房文赋》梓行。新采。

李宸，字枫崖，诸生，山东东阿屯官。制举文得归、胡之秘，不随时趋。兼工诗，与邑中诸名士结芸香诗社于芝山精舍，题其楹曰"僧无酒禁，人尽诗豪"，其风雅可想。著有《粤游草》四卷。新采。

[1] "飘蓬集"，原本作"飘篷集"，据程抄本改。

邹熊，字耳山，监生。性旷达，中年始为诗，芸香社诸前辈争虚左以待。丹徒王豫辑《群雅集》，谓其诗“清峻雄迈，与雉皋谢德泉并称海上作手”云。著有《声玉山斋诗集》五卷。采《声玉山斋诗序》及《群雅集》小传。

李金台，字宝燕。同治庚午举人，大挑教职，署江宁儒学。淡于仕进，归里教授生徒。喜为诗，著有《藏云山房诗抄》。新采。

田溥，字春农，诸生。有至性，家贫嗜学。著有《周易释义》《耕税山房诗稿》若干卷。采访。

徐昫，字鹤孙，诸生。工诗，书法米襄阳。同治初，移居东台之安丰场，遗稿散佚。采访。

章家升，字筱峰，诸生。教授生徒，多所成就。著有《经畬略》《韵学考》《杂考》《退翁吟》。采访。

徐震来，字竹江，诸生。潜心经史，著有《蛾术集文稿》十五卷，《澥翠山房诗稿》一卷。子宝瑄，工词。采访。

黄群杰，字秀升。同治十二年举人，光绪二年进士，选庶常，授编修。不事干谒，键户读书。书法窥唐人秘奥，人争宝之。某年，典试陕西。秦地山径多险巇，群杰下车徒步行，见副使赵驺从过，避之若弗及，人服其谦退。次年，病殁于京师。陕之赴礼闱者，皆抚棺痛哭，复为之经纪其丧云。《家传》。

徐厚桢，原名铮，字小竹。家故丰，好义输财。后虽中落，有以急难告者，必相助。性坦易，与人交，无城府。晚年嗜学不倦，著有《友竹轩诗集》。采访。

宫裕祖，字敦伯，诸生。家贫力学，工词赋。著有《孩山堂集》。采访。

王希圣，字仰山，诸生。有文誉，主讲东台淘水书院。著有《引玉集文稿》一卷。采访。

周作人，字琴仙，诸生。生平著述甚勤，晚年精于《易》，稿多散佚。采访。

程祥禾，字雨笙，绍昌子。工诗赋、小楷，游幕台湾，为疆吏徐宗干所器重，留办奏疏文牍。叙功，保授浙江县丞。著有《典韵溯源》。弟祥杓，字鱼雅，能诗善画，尤工山水。采访。

王敬渊，字简卿，工制艺。少游程宇光之门，诣益进。光绪二年，乡试中式第二。为人磊落豪放，不矜细行。卞制军宝第招至闽，延课子弟，多成名者。邑城育婴堂经费不足，素仰税契项下补助。州牧某不时取给，赖扬守公文饬令全给，全活婴孩甚众，皆敬渊之力也。晚，主讲东台西溪书院。科举罢，归里，卒。新采。

宋学贤，字士雅，光绪十五年举人。善书法，工词赋，究心经世之学。尝建议防下河水害，其后所言辄验。著有《杏雨堂诗文集》。《行略》。

高尔庚，字星仲，号曼孙，光绪二十五年岁贡生。与兄善树，同以孤贫劬学，工诗、古文辞，并究心天文、堪舆、医术，旁及金石、篆刻。书法仿汉魏碑版，晚宗赵松雪。又颇笃好小学，湛深经术，于《毛诗》致力尤邃。性伉直，无亲疏贵贱，皆接以诚。奖掖后进，垂老不倦。殁之日，交游多为流涕。著有《二南释义》《毛诗集解》《尚友录正略》《字略》《井眉居诗存》其嗣子炳华搜遗稿，录其诗数百首，编成之。若干卷，辑有《泰州方言》一卷，《海陵杂录》一卷。《事略》。

仇筠，字竹生，号篛翁，诸生。少孤贫劬学，从同邑黄明经荔游，工诗，风韵超逸。著《琅玕轩诗草》四卷。新采。

陈洽章，字载之，郡廪生。有至性，为制举文，不落凡近。兼娴史事，与同邑石和钧，时以文史相切劘。学使者岁科试，辄冠其曹。抱才不遇，赍志卒。采访。

储玉藻，字小坊，别号[1]信天翁，监生。工古文、诗词，博览经史。有《竹简斋课余草》诗集。

补遗

唐

张怀瑰，有文学，工大小篆、八分，尤善草隶，与兄怀瓘同时著名，官至翰林、集贤两院侍讲侍读学士。陶宗仪《辍耕录》。

南唐

陈觉，擅文辞，以撰《显密圆通成佛心要集叙》得名。《南唐史补》。

[1] “别号”，新抄本作“号号”，据程抄本改。按，此条原本无。

宋

滕兴公，为定武倅，工诗，《宦绩》别有传。苏轼诗注。

按，苏轼《次韵滕大夫三首》，乃咏雪浪、沉香二石，当日兴公必有原唱，惜无考矣。

周季，字德绍。幼从从子煇游，德性敏而静。中年后，文笔加进。尝题《玉川碾茶图》绝句，颇有唐人风致。《宋诗纪事》。

周煇，字昭礼。试宏词，未膺除授。淳熙十四年，张子政为贺金生辰使，挽之同行，司笔劄。其行役之苦，见闻之异，朝会宴飨之仪，详煇所撰《北辕录》《清波》二志，盖成于煇之晚年云。《光绪志稿》。

王禹锡，字畴九，绍兴二十七年进士，累官通直郎、佥书镇江军节度判官厅公事。善属文，尝撰《海陵三仙传》。禹锡与徐神翁、周处士、唐先生世次相近，且同里闬，故撰传极为𫘤缕云。《古今说海》，及《天一阁书目》。

元

周暕，字伯旸，号方山，又号识字耕父，归贞八世裔孙。工诗。至元初，浦江吴清翁延宋遗老谢皋羽辈于家，创月泉吟社，四方吟士投卷者二千余人，入选者二百八十人，赠物有差。暕，其十九人也。

马玉麐，字东皋，居樊川。初为长洲县尹，有政声，累迁参知政事。卒于吴，栝苍郑明德先生有碑，纪其事迹。著有《东皋漫稿》。据《清河书画舫》及《孶经室集》。

明

王之骥，字德仲，诸生，广信知府王陈策子。工韵语，辑有《古今文选》，著有《芙蓉集》《德仲遗稿》若干卷行世。旧志。

沈复曾，字大复，号林公，诸生。工诗，著有《且园诗集》。《诗观》。

按，邓舍人《诗观初集》云："启祯之间，海陵风雅几歇。林公起而聿倡正声，后乃彬彬蔚起。扶衰振雅之功，盖不可没云。"

方苞，字白英，号清涟渔父，诸生。长于骚赋，屡困场屋，抑郁赍志殁。著有《清涟集》，稿散佚。《新柳堂集》。

旧志汇录：周山甫，字阳冈；李嘉宾，字鹿鸣；杜维屏，字殿公；童希舜，字蝉孙；宋催，字广生；夏光彝、夏光弼、易维时，俱诸生，娴古文辞，兼工诗。

国朝

丁日乾，字谦龙，顺治十四年举人。性豪迈，时出家财，应亲朋之缓急。又以亲老不赴公车，于宅畔构渔园，池亭、竹石俱胜。客至，则引与赋诗。所著有《渔园诗集》。《诗观》小传。

仲蜀岩，字天池。为文力追先正，康熙五十年举人。著有《余力集》。旧志。

黄九洛，字姬定。官黄岩县丞，以廉能称。著有《古雪草堂诗集》。《诗观》小传。

周雪山，轶其名。善为诗，同时刘懋勋《出郭访周雪山》诗有“十月衣寒雨雪中”句，盖穷而工诗者。邓舍人汉仪云：“雪山才气纵横，抑郁以殁，此深我山阳闻笛之感。”《光绪志稿》。

罗桂，字碧山，号笠隐，晚号金粟山人。遁迹林泉，与邑人邓汉仪、黄云辈结文酒社，足不入城市三十余年。著有《自娱集》《爱维堂》《北游草》等稿行世。节《芸香诗抄》小传。

黄阳生，字月舫，诸生。父云，见《隐逸传》。阳生事祖母极孝，工诗。著有《月舫》《念祖》《郁李》《吴越》《桐华草阁》诸集。《慎墨堂诗》小传。

黄泰来，字交三，云子，江都宗元鼎婿。年方韶秀，雅娴词赋，兼工隶篆、缋画，与阿兄阳生称“二难”云。《慎墨堂诗》小传。

缪尊，字□□。文章纯粹，生平不谋资产，惟陶情诗酒，所为近体诗尤擅长。著有《逵园稿》。《诗观》小传。

杨瑚琏，字古存，贡生。嗜奇好古，精于诗。居西村，倡为诗会，以竹笺分题，汇集成帙，次第而评骘之。海陵诗学振起，为力居多。著有《破帆吟》《寄余园稿》。《诗观》小传。

按，邓舍人《诗观》云：“古存家居罗浮山麓，闭户读书，不屑奔驰以要时誉。而阙里、桓台、霅水诸君子，乃从薮泽中物色之。诗能自立崖岸，其锤炼入格处，为独进于醇雅。”

朱光岩，字鲁詹，诸生。性恭谨，笃志下帷。为诗、古文辞，独摅性灵，力矫时弊，高健深雅，莫能测其涯涘。著有《古香亭诗草》。《诗观》小传。

朱光峦，字青岳，诸生。时与二三同志，觞咏自如，共事风雅。诗婉丽高超，得汉唐篇法。著有《牧鹤轩近诗抄》。《诗观》小传。

薛芬，字奎生。劬学好古，不事生业，与同邑仲育并称高士。时七邑水灾叠告，居民苦之。芬穷源竟委，画久远无弊之策，发为论议，贡于当事，竟不果行。著有《雉啼集》。《诗最》。

王衷丹，字太丹。幼孤贫，长而耽学，工诗。书法始摹羲、献，后仿怀素，萧疏旷放。著有《朝寻斋诗集》。《府志》。

韩鰊，字似鲤，敏子，雍正元年拔贡。潜心经史，工诗、古文辞，名籍甚，督学使者郑以国士期之，乃年逾三十而殁。著有《响泉文集》行世。旧志。

王家相，字揆席，号蒙斋。龆龀能文，承祖树家学，长益淹贯。中康熙五十六年举人，选安徽建平县教谕。雍正十一年成进士，文思静细而善变，为王已山太史所器重。旧志。

王栻，字茂寒，号敬夫，武庠生。性纯孝，工诗。卒，年八十二。著有《看竹亭诗抄》一卷。《家传》。

李宁，字据峰，一字静川，乾隆十八年乡魁。博洽工诗，与程京兆盛修、宫银台焕文相倡和。筑别墅于宅西偏，取竹溪六逸义，颜其室曰“守逸山房”。著有《守逸山房诗抄》。新采。

李亨衢，字南阿，号云客，岁贡生。善诗，工书，得米南宫法。乾隆五十二年，纯庙南巡，迎銮，赐《全唐诗》集。生平著作最富，诗刻《芸香诗抄》。暮年书法尤劲，有《甓社湖》诗石刻名于时。新采。

宫增祜，字笃周，号洁溪，翼宸子。乾隆十八年顺天副贡生，初从方婺如、王罕皆两太史游，后官安徽东流教谕，学纯品粹，工诗、古文辞。老厌宦途，归掌文坛，为“罗浮七子”之一。著有《节溪诗抄》一卷。新采。

俞圻，字让林，嘉庆六年钦赐副榜。博洽淹雅，尤工诗词。著有《翦春词》一卷。《四家词选》小传。

陈志枢，号柳塘，岁贡生。工诗画，家有松筠阁，为里中俞牧隐、仲鹤庆、张星觞咏之地。钱塘胡西垞、皖北李啸村、丹徒李萝村、於一川、兴化郑板桥辈至，辄下榻其中，诗酒林亭，殆无虚日。著有《消夏录》《松筠阁诗文集》。新采。

储梦熊，字渔溪，附贡生。性慷慨，好施与。阮文达未遇时，尝主于其家。梦熊知为非常人，与订交，人服其卓识。后官浙江运副，有政声。兼工填词，著有《余栖书屋词稿》。《光绪志稿》。

解兆南，字荫棠，号湘浦，嘉庆五年举人。性诚朴，有古君子风。诗文亦如之，士林奉为圭臬。后官安徽灵璧县教谕。新采。

高筠，字紫岚，乾隆六十年举人，官内阁中书。丰于才而啬于遇，为文哀感顽艳，多无懰语。晚年目盲，亦字省存，绘《目翳忏经图》，名流题咏殆遍。著有《红丝砚馆诗抄》。《光绪志稿》。

按高筠传，《续府志》云“本州志”，而前志实无其人。筠殁于道光初年，时州志尚未成也。

高铭，字文子，嘉庆十八年拔贡，补河南淇县。少好学，无书不观。罢官后，兄弟析居，家骤贫。铭不以介意，枕经葄史，一如少时。诗派兼唐宋，著有《曼亭吟草》二卷。子绍淦，字小曼。工诗，精楷书，尤长尺牍。程宇光见其书，自谓弗能及。《家传》，参《伯山诗话》，及采访录。

按，吴嘉纪，宜遵《国史》入《文苑传》，而道光《志》误入《隐逸》。本届续纂，无从追改，附记于此。

附编

陆炳埏，原名英，字子才。同治十二年拔贡，光绪五年举人，授南汇县训导。工诗、古文辞，主讲惠南芸香书院，以病乞休归。卒，年七十五。著有《蝉翳轩文集》四卷，《亦隐轩诗集》二卷，《南沙咏史诗》二卷，《鸿飞集》一卷。新采。

陈文铎，字木天，光绪二年优贡。性友孝，好施与。工诗、古文辞，教授生徒，多所成就。江南解元李结，其尤著也。晚年，佐钱阁学桂森校阅安定书院古学课卷，学者翕然称善云。新采。

韩潮，字漱白。少有隽才，工诗，著有《独乐集》诗一卷。新采。

续纂泰州志卷之二十六

人物·笃行 义仆附

李克猷，字靖飏，居双河村。去塘湾三里，旧名周公铺。萑苻出没，视为畏途。克猷偕侄琪变田产，建屋多间，修道路，造桥梁，徙家于此。久之，居民成市，舟车往来，行旅便之。《府志》，参采访。

刘佩馨，字郑芝，荣庆弟。善射，乾隆丙午武举人，成邸极器之。性伉爽，好施与。五十一年饥，佩馨捐麦五百石，赈本境灾民。弟福庆，字奎壁，附贡生，候选训导。嘉庆乙丑暨道光丙戌、辛卯间大水，皆输巨资拯流亡。戊午省试，见有淮安士子因舟覆，飘泊江岸。福庆停桡问之，倾囊以赠，俾得归。《续志稿》。

李荣国，字月楼，邑庠生。州牧宋公鉴泉延为子师，在塾十五年，无私谒事。尤好施与，道光甲申，塘湾西街普福桥圮，捐资重建，易木为石，至今赖焉。新采。

崔晋，字杰三，住海安镇。性直好善，凡义举，皆捐资行之。每火警，必挈具往救。嘉道间，旱潦迭见，晋倾囊赈灾无吝色，州牧张赠以“乐善好施”匾额。《采访录》。

李承恩，字赞卿，中书科中书。咸丰六年，水、旱、蝗灾，发己谷助赈。出资筑堤防，修余兴桥及太平巷，有“李善人”之称。锡恩，字晋卿，亦好施予，尝脱己所著棉裤，以周途中无衣者。每冬，必施赈米，济贫乏。以婿陈玉章官主事，貤封花翎、四品衔。新采。

储赐锦，字杏坊，诸生。海州牧周维新聘衡文，与试。某持金为寿，赐锦正色拒之。同时朱乘骢，字槐里，岁贡生。性古朴，不趋时，后[1]进式之。《续志稿》。

费履坚，字焱夫，诸生。性孝友，五世同居，无间言。屡客州县幕阅文卷，不受请托。撰有《春晖草堂诗存》六卷。子锡申，字巽斋，诸生。授徒所积脩资，多散贫交。粤逆之乱，金陵谢某逃之泰。锡申捐金租屋居之，并教诲其子侄。精金石校勘之学，尝得古泉千余枚，著有《巽斋钱录》十二卷。费氏多才，又有文彪，字炳章，恩贡生。力学知名，著有《铁珊小草》。樾，字荫棠，廪贡生，亦能文工书。《续志稿》。

王洲，字鹭兮，监生，住谢王河。好施予。咸丰六年旱，饥，出资设厂赈粥，全活甚众。子桐，另有传。宝璨，字璀之。急公好义，凡慈善事，皆躬任之。咸丰初，办乡团，卫闾里，援例授县丞。以筹饷功，保知县同知衔。光绪四年，募晋豫赈捐，州牧刘赠以"仁言利溥"匾额。卒，年九十一。树，字滋山，父玉芙尝纳妾，询已有夫，亟归其母家，并奁具赠之。逾年，生树。树轻财好义，援例得道员，因养亲不仕。尝输资兴学，割腴田百余亩，倡办王氏义庄。《续府志》，参《采访录》。。

王华封，字叶衢，监生，住海安镇。性孝友，工吟咏。尝建宗祠，修家乘。里中善举，知无不为，老而弥笃[2]。著有《海安考古录》《辋川别墅诗抄》。卒，年八十四。子树基，诸生。《续府志》，参《采访录》。

朱宜，字驭时，住白米镇。父为质，通医理，施药济时。宜承父志，为人疗疾，不受馈遗。著有《喉方集解》四卷。尝独建宗祠，创立悯旅堂，施田为义冢。咸丰元年，举孝廉方正。《续府志》。

尤金城，字柳村，贡生。性乐善，于州城建义塾四所，以教贫儿。尝独建尊经阁，州有大兴作，皆与其事。制府汤奏给"优于好善"匾额。与兄金镳友爱，筑城西草堂，极幽胜。宾客觞咏，一时称盛。著有《西园十二景唱酬集》《城西草堂联吟集》《悟藤室诗剩》。子锡蕃，光绪丙子举人。《续府志》，参《采访录》。

[1] "后"，原本脱，据程抄本补。
[2] "笃"，原本脱，据程抄本补。

高铎，字木天，布理问垂藻子。性好善，遇赈粥、修桥诸善举，辄与邑人醵金为之。先后焚负券数十纸，尝以所质田六十亩捐送育婴堂。同治纪元，议举铎孝廉方正，力辞不就。子清，诸生。《续志稿》。

徐承塛，字右卿，性孝友。少失怙，抚弟妹六七人成立。敦品励学，补诸生。后淡于进取，以诗自娱。晚年好游，踪迹遍吴越名胜，题咏甚多。年八十一，光绪乙酉乡试，恩赐副榜。越三年，重游泮水。著有《寂感吟倡和诗抄》。《续志稿》。

单渭南，字啸渔。以孝友闻，行谊端悫。咸丰九年举人，内阁中书。年八十，重游泮水。《续志稿》。

陈士毅，字健庵，光绪己卯举人。好读宋五子书，涵养深纯。虽贫困，处之怡然。家庭中雍睦无间，时尤以为难能。《续志稿》。

黄陟瀛，字升伯，住大埨庄。幼慧，工文。甫冠，以州试第一入邑庠。道光戊子举于乡，计偕留京师，遍交名公卿，与刘司业熙载尤契。馆满洲璧都统昌家，及璧为江督，则辞其聘，其远名利如此。居京师十八年，以亲老南旋。历任安东、赣榆县教谕，有某生以子犯法，将连坐。陟瀛悯其老，请于县，得释。生馈以金，厉声却之。迁徐州教谕，有狂生某，势家拘蜚语，欲中以危法。郡守以询，陟瀛答曰："某生文行俱优，只倔强耳。"事遂解。后某生连捷，咸谓陟瀛有知人鉴。卒，年七十九。《家传》。

梅观成，字云峰，住海安镇。性峭直，垂髫时，有朝贵鸣驺过市。观成神色自若，无歆羡意。父殁，家贫嗜读。既长，通百家学。久困州举，课徒自给。有谭生者，弃儒而贾，观成盛怒责之，谭请卒业，遂为令士。里中诸子弟，皆乐其教而畏其严。讲论，至于义利、是非之际，闻者洒然。年，六十卒。子英，字节斋。少恭谨，承其家学，该洽详赡。经事观成者，往往改事英。为人和易，善言笑，与观成相反，人拟诸赵氏之衰、盾焉。采《鲁通甫类稿》。

凌长庚，字寿斋，住官庄。武庠生，熟精弓马，生徒游武庠、捷武科者甚众。道光癸卯，次子升领乡荐，长庚送之北上。遇同年赵君落拓京邸，不得返，赠以旅资，已则徒步归里。发捻之乱，有仪征王姓者，避地官庄，尽室偕行，逋负山积。长庚令人负米担钱与之，并代偿其积欠。同治七年，长庚重游泮水，学使童题给“序射重观”额。新采。

邰福基，字厚庵，廪贡生，居曹庄。性至孝，有文誉。设帐修脯所余，辄分赡戚族之贫者。为人端愨不苟，乡里有争哄者，见福基，即解散。中岁弃举业，研性理。光绪甲午，倭事起。州郡延办团防，不出。撰《中东十二策》，拟上当事。寻和议成，未果。所著有《春秋考异》《性理外编》若干卷。年六十九，卒，门人私谥之曰“安贞”。子八人，多有声庠序间。《续志稿》。

王嘉令，字布庵，居姜堰镇。积资巨万，力行善事。凡镇中义举经费不足，皆独任之。除夕，袖金坐市门，亲知窘者过，分别赠之，岁以为常。一日行扬州市，有丈夫，仆从甚众，自言尝受嘉令惠，今富，当倍酬以报。嘉令已漫不省记，辞其金。卒，年八十九。子芝龄，号佩仙，监生，候选县丞。孝事父母，恭兄爱弟，赒恤贫乏。经商数十年，身无所私。

王骏，字子发，住娄庄。家贫乐善，尝言：“穷人施财，是真施财。善欲人知，不是真善。”时称名言。《续志稿》，参《采访录》。

陆灌津，字小江，诸生，住海安镇，乡贤舜六世孙。咸丰间，郡城陷。灌津闭户事亲，于近支中贫老无后者，生养死葬，躬亲任之，凡丧葬七丧。六合戴姓将鬻其妹于娼家，灌津严饬戴，召其夫家来而归之。长子蕖，字湘舫。工吟嗜古，精篆刻，结东山诗社。性亦乐善，创义塾，赡贫嫠。仲子炳埏，原名英，以拔贡领乡荐，官南汇教谕。季子燕昌、孙荫桐，均有声庠序间。《续志稿》，参《采访录》。

刘桐，字唐封，住海安镇。工文，以郡试第一入邑庠，候选训导。居乡力行善事，捐资重修凤山书院，倾橐金七百余缗，重建西楹桥。甲子、乙丑间，邑被水灾，桐赞王刺史蠡台赈济，全活甚众。天性孝友，析产时，悉以腴田让弱弟，而自资馆谷以生。善歌诗，著有《琴川诗稿》，郡守朱怡泉序以付梓。子淇，乐善，有父风。孙侃，以军功保五品衔知县，蓝翎。曾孙玢，候选理问，工篆刻；琛，廪生，善属文，丹徒陈克劬孝廉为之传。元孙芹、蔚，皆诸生。《采访录》。

韩凤翔，号桐轩，本名雝，凤翔，其字也，住海安镇。秉父春膏遗训，乐善好施。亲族有急，倾囊佽助。家虽断炊，不少吝。里有关帝庙，岁久倾圮。凤翔募资葺之，工将竣而款罄。自拆其屋，以修其四周之墙。历八十年，至今尚存。道光季年大水，流亡载道。凤翔购米麦，屑之为糜，以赡饥民，全活无算。资不足，更拆其主屋以为之继。以孙国钧贵，赠一品封。《采访录》。

管凤仪，字翼岐，监生。少孤，事嗣母以孝闻。慷慨好义，凡诸善举，皆勇为之，亲族赖以举火者甚众。晚好佛，殁，年七十有三。以子得泉贵，膺二品封。

管得奎，字晋甫。性孝而和，能赒族姻。州牧刘委办积谷、平粜及赈粥、施衣诸务，劳怨不辞。以子柏宸官山东地方审判厅典簿，膺封典。《采访录》。

柯凤喈，字鸣歧，住崔母镇。同治丙寅大水，有浮尸三漂至镇东，见者畏累。凤喈督同约保，捞而殓之，葬于镇西古烟墩上，禀官存案。嗣后，凡有浮尸至镇，均凤喈家独任敛埋。迄今四世，遵行弗替。新采。

高福堂，监生，性好善。道光初，董育婴、普济堂事，尝出己资赡堂用。子嘉谟，亦好善。族人丧葬，必厚赙之。有假贷者，察其力不能偿，辄燔其券。咸丰六年旱，出藏麦若干石，分赒戚里，赖以活者甚众。《续志稿》。

曹寿彭，字木卿，住姜堰镇。父宗，字引松，富而好施，年臻八十。兄金钥，字筱朋，附贡生。道光二十八年水灾，金钥捐资助赈。咸丰三年，镇西十三里汪土匪倡乱，金钥乞师平匪，并练团卫乡里。寿彭承兄后，简材勇，搜奸宄，姜镇遂安。援例授同知，以晋豫灾赈募巨款，保知府衔。又叙建顺义闸在黄村，时涵洞久废。劳，赏花翎。同治五年，清水潭决。筹款赈饥，全活甚众。时拟办落地税及河捐，寿彭挽钱太史桂森转达大府，为民请命，事乃寝。他如督修镇西桥，劝商捐积谷仓，凡姜镇义阡、粥厂、施材局、救火会，皆捐资倡办，州牧刘赠“仁言利溥”匾额。子炳奎、炳文，俱附贡生。《续志稿》，参《家传》。

刘有文，字其章，住姜堰镇。少孤，事孀母以孝闻。轻财好施，流民陈姓病颠，僵卧雪中，收养于家十余年，资遣之。镇北永丰桥圮，倡议捐修，往来称便。《续志稿》。

刘文圃，字秀岩，住姜堰镇。性至孝，曾封股愈母疾。道光二十八年，捐麦数百斛，赈济灾民，全活甚众。咸丰六年旱，复输金助赈，大吏奖以

“惠孚桑梓”匾额。晚修宗祠，置祭田，续家乘，设族学，乡里称之。《续志稿》，参《采访录》。

刘汉臣，字麓樵，住姜堰镇。以弟汉章，貤封四品。性嗜古，精赏鉴，蓄书画、碑版甚富。所得宋椠及传抄秘籍，不下百余种。慷慨好施，尝捐田百余亩入胡公书院。晚精医术，诊疾多效，贫者且施以药。子耀曾[1]，原任太常寺博士。时同邑陈宝晋，字守吾，住贺曹庄。性友爱，尝割己田百余亩赡兄。精医嗜古，与汉臣同。《续志稿》，参《采访录》。

巫桂根，字馨传，住姜堰镇。父瑞五，力学早逝，遗腹生桂根。自以生不见父，每忌日展拜泫然。尝刲股，愈母疾。幼遭家难，族人以孤孀故蹈藉之。桂根成立，不修前隙，敦睦如故，且收养其贫无依者。里有假贷者，不责偿，学政唐景崇旌以“行完德本”匾额。子履坤，优廪生。《续志稿》。

吴廷灿，字醒盦，号绶章，住姜堰镇。好善乐施，设饮芗塾课士，于东岳庙立义学，以教寒畯。里有孤寡与贫不能葬者，皆资助之。闻东淘有董孝子墓，为立石赋诗，纪其事。著有《吟香诗草》。子宝和，字海秋，优廪生，工文辞。《续志稿》，参《采访录》。

黄闻乐，字竹轩，住姜堰镇。好善乐施，知无不为。凡亲朋告贷，蔑弗应者。数十年，负券盈箧。晚年命其子检出，尽焚之。卒，年八十八。子穉，光绪乙亥举人。《续志稿》。

李长涟，字鉴湖，邑廪生。博学精医，慷慨好施与。弟长庆，字善余，乐善不倦。亲族间贫不能丧葬及嫁娶者，周济之。每夏月，辄送诊施医。著有《四书汇解》三卷。子毓彬，岁贡生。《续志稿》。

丁必谦，字牧也，住王师庄。精医好施，为贫人治疡，恒赠药，并佐以滋养品，病人感之。《采访录》。

孙鸿业，字润庭，监生，住军营庄。精医，幼失怙恃，育于伯庆堂家。庆堂后贫，鸿业分己产三十二亩为其膳田，人称其义。《采访录》。

袁庆怀，住宁乡镇。家殷实，乐善好施。咸丰六年旱，同治五年水，均出资赈济。董斜丰港堤工，水不为患，陆州牧元鼎匾奖之。李正维，住高家庄。乐善好施，与庆怀埒。《续志稿》。

[1] “耀曾”，宣统志作“法曾”。

王者访，字锡畴，监生，居王家庄。好施予，有侄幼孤，族人谋分其产者。访卵翼之，乃得保全。乡有败家子，其父谋溺死之者。访苦口劝导，卒救其死。倡修宗祠谱牒，捐置祭田百亩。子先振，廪生。《续志稿》。

冒同庆，字笃初，号朴斋。父琴堂，字侣鹤，并诸生，持躬方正，乐善好施。同庆承父志，益敦行善事。同治五年水灾，出藏谷数十石，赈济乡邻。至春，复贷以籽种、牛具。晚年好道，并喜究杂家言。暇辄讽咏，陶诗自娱。著有《和陶诗抄》及《黄庭直解》《金丹直指》。弟笃庆，字友亭，附贡生。性孝友，工医术，施药济世，活人甚多。《续志稿》。

章惟补，字济村，住章郭庄。家贫乐善。咸丰六年旱，里有韩叟饥且病。惟补瓮只有米二升，竟分其半给之，得不死。恒以兴讼戒人。卒，年八十。子文杰，诸生。同族承烈，字功甫，附贡生。好善息争，亦享高寿。《采访录》。

徐安，字素行。道光中，邑常苦水。安捐资助赈，并贱售麦面以济贫。他若施药、施衣、施米，均力行之。州牧宋赠以"一乡善士"匾额。藜，字扆臣，廪贡生。好济人急，尝步行二百余里，寻族弟归。收养草船孤女，给其叔领回。办保卫团，见某勇寒无衣，解衣与之。《采访录》。

张榕，字舒城，例授州同。慷慨好施，亲朋假贷，率不责偿。每岁暮，赈粥散米，极贫者赒以钱帛。尝与友某合资贸迁，榕独任其亏，弗与较。咸丰中，赭寇乱泰，邑戒严。榕襄办团练，不辞劳瘁。费不足，则解己囊。子士烜，字晓岑，能承父志，尝倡修族谱，并与里人创设自南学堂。《续志稿》。

刘国鉴，字灿周，监生。以团防出力，保六品衔。生平以济物为心，躬自省啬。于善举，无少吝。又有王翊者，字赞成，监生。冬日行道途，见赤贫者，辄解衣衣之。《续志稿》。

夏寅，字虎臣，弱冠登武解元。洪杨之乱，奉檄办团防，筑营城西，训练勤慎。有旧族张应绥者，避乱之泰，逻卒疑为贼谍。寅察其言貌，知为端人，释之。贼谍钱江率舟至，中伏，甲士与守城兵交哄。寅身先士卒，鼓噪而前。江遁去，搜其箧，得书，多邑人通贼者，悉焚之。扬城虽陷，泰邑独完，寅力居多。《采访录》。

缪增，字阶堂，住海安镇。尝助修镇中武庙。牙桥圮，同治二年，增倡议捐修，出己资足成之。工竣勒石，增令仍镌旧名，仅识重修年月。其好善不近名如此。《续志稿》。

韩文，字蔚其，住海安镇。大鹏之子，能继父志，尝拨田助明道书院膏火。他善举，皆赓续力行。次子训、五子金，以文武同案游庠，时人荣之。《采访录》。

陈家亮，字步同，邑增生，住海安镇。工制艺，游其门者，多能文士。陈孝廉希璧、李茂才炳勋、吴茂才希璘、王茂才寿昌，其尤也。生平乐善慕义，海安善举，多所提倡。又尝佐同镇崔大令保龄幕，历舒城、宿松两任。归里后，囊橐萧然。著有《课余吟草》。弟家循，邑庠生。《采访录》。

陈志源，字养先，住海安镇。性长厚，经商所余，悉以济贫。近族有匮乏者，月给缗钱、薪米。冬令恒施棉衣，兼输巨资助粥厂，行之积二十年。镇西三里涵坍塌，志源鸠工庀材，费数百金，规复旧制。镇北东岳行宫，毗连陈氏祠，久倾圮。志源捐资重建，费累千金。又尝助盐阜灾赈。慷慨好义，乡人称之。《采访录》。

普兴旺，住海安镇北乡。任侠好义，喜赒人急。己或乏资，则称贷以给之。力不能偿，则尽售其田偿债家。晚岁贫困，未尝有悔，人以为难。采访录。

戴洪钺，字仪廷，居海安镇北戴家楼。性谨厚，族戚有贫乏者，无不佽助。友陈某读书课徒，膺疾死，老父幼子，贫不能殓。洪钺为市棺，并经纪其家，王太史桐为作《义士行》。《采访录》。

凌桂，字小山，邑庠生，住西官庄，重游泮水长庚长子。幼失恃，孝事继母。继母殁，遗幼弟桢，生甫一期，失乳，桂令妻张乳之。友爱诸弟，慷慨乐施，能急人难。自以祠谱未立，无以敬宗收族。临殁，嘱其子文蔚。文蔚，字子兰，武举人。独建宗祠，创修族谱，卒成桂志。《采访录》。

张宏祖，字荣先，性孝友。尝道拾遗金，候失者至，还之。其人请取其半，却弗受。后有高兰溪，字纫秋，诸生，其行谊与此相类。《续志稿》。

徐槐，字碧堂，贫而介。尝于浴所拾遗裹，内有千余两银券。槐坐候，寻者至，还之。其人愿奉百金为寿，峻辞却之。子震甲，自有传。《续志稿》。

孟进章，字嘉猷，住蒋垛。性慈善，喜解纷。戚某将兴大狱，进章长跽，乞寝其事。咸丰六年旱灾，倡办亩捐，全活无算。同治二年，由姜堰刘立元庄汇钱四千九百五十至泰邑某庄，书票者误为四千九百五十千。进章亟返姜，使立元更正，且为伙友缓颊。其廉惠如此。《采访录》。

周彬，字文涛。以居积致富，资雄一乡。为人刻苦沉毅，遇事甚有担当。邑中有大兴作，如修学宫、尊经阁、北关外吊桥，彬皆独出巨资，身自督役，绝不假手他人，以故工坚费省，蒇事甚速。生平尤喜培植士林，凡会试公车、乡试卷烛、书院膏火，皆慨输巨款，以助经费。其他善举，皆知无不为。慕义好施，始终不倦。子锡恩，江西补用道。《续志稿》。

戈静安，字仁甫。同治十三年举人，考取景山官学教习，供职京师。为常熟翁司农所知，委司南城粥厂。厘剔积弊，涓滴归公。母丧回籍，董清节堂事，经费务归核实。积有余款，增置内外号若干。服阕赴都，卒于京邸。子崇德，附监生，广东试用县丞。《续志稿》。

李茂村，有至行。少失怙恃，诸兄尝索逋负，攒殴其人几毙，惧罹法，甚惶遽。茂村请曰："弟年少，未授室。设有不测，愿代抵。"后被殴者卒无恙，而茂村以寿考终。子燧炎，字采之，诸生。事亲至孝，师吴鋆年迈无子，燧炎事之如父。友王某蚤死，燧炎经纪其丧，后复时恤其家。《续志稿》。

王尚质，字文伯，住姜堰镇。父朝福，俭而能施。同治五年水灾，运麦数百石，遣人至下河，以贷为赈，而尽燔其券。尚质天性纯笃，尝刲股和药，以愈父疾。与弟尚文，友爱无间。轻财乐善，里有义举，率先捐助。光绪某年，丹徒严作霖过镇，倡建保婴局。尚质首输五百金，并施田百[1]亩，局以成立。卒，年四十九。尚文继之，集资益广，育婴至数百。又捐田千亩，禀立义庄。输钱万贯，独建东桥，均有朝福遗风。《续志稿》，参《采访录》。。

高錞，布理问。素工琴，故字琴夫。性纯笃，孝友之称，翕于里党。中年以后，所遭不偶，一一皆声之于诗。著有《亦是轩诗抄》。《续志稿》。

夏亮采，字晴岚。与弟捷三，以郡试第一联翩入邑庠。孝友慈惠，资馆谷养亲。有余，悉以赈贷贫乏者。著有《晚香书屋诗钞》。《采访录》。

顾允厚，字载之。性和厚，工诗，善画梅，与康发祥为总角交。乡里有善举，无不赞助。《采访录》。

储人鉴，字菊农，诸生。性孝，侍父疾，躬亲洗涤，不辞垢污。敬事寡

[1] "百"，原本作"有"，据宣统志改。

嫂，赒恤贫民，惜字施米，皆力行之。《采访录》。

程兆鸾，字友竹。乐善好施，创公善堂于马庄，戒杀放生。著有《莲修起信录》初、二集。《采访录》。

许钧，字汝和，住东官垛。性诚笃，喜好施客。咸丰六年旱荒，钧散粟以给贫民，并为粥赈里之饿人及流亡者，全活甚众。孙庆荣，诸生。采访录。

顾长发，字蓉塘，住顾高庄。慷慨好施，能济人急，而未尝贷金署券，曰："吾不忍乘危以徼利也。"貌温言厉，人皆爱而畏之，故里中三十年无斗嚣。卒，年八十三。《采访录》。

沈隐，字洛亭，世为海安镇里书，有隐德[1]。至隐尤慷慨好施。光绪十七年，邑旱饥，隐以舟运大麦若干石往海安，次春又载荞麦若干石以往，阳使贷麦者署券而阴燔之，不居赈济之名，而并杜冒滥之弊。其用心深厚如此。娴吟咏，与颜驯、高尔庚辈相倡和，所著有《蘅茅诗集》若干卷。《续志稿》。

孙谷，字树滋。生无二色，尝拒奔妇。家贫，为人司会计，主妇守节抚孤，族众觊产兴讼，贿毂以金。毂曰："欺人孤寡，吾不为也。"讼竟得直。子明德，邑庠生。《采访录》。

李鉴，字保三，性诚笃。幼失怙恃，育于诸兄。析产时，悉以家具让之，曰："吾不忍取也。"依外舅高某以居，事之如父，事内兄如兄。养生送死，礼称其情。《采访录》。

王兆咸，字瑞临，住南缪家埭。少孤，托业屠门，而豪侠好义。同治初，岁饥。兆咸捐资粜谷，赈粥于曲塘，全活甚众。军兴助饷，各县学皆增广生员，兆咸援例为泰邑请，详省咨部，先后四载，费至数千金，卒增学额十名。《采访录》。

钱通元，梓人也，住姜堰镇。佣资所入，衣食外，悉以布施。恒典质称贷，以周人急。途遇遗谷坠简，靡不捡拾。晚年与镇人刘鹏程等创扶独会，以恤老而无子者。东后街年久失修，通元拟积资倡修，会疾作，属其子锡道成父志。锡道读书为童子师，其廉孝有足多者。《采访录》。

---

[1] "有隐德"，原本无，据宣统志补。

补遗

明

王之垣，字印心，艮长孙。饩于庠，娶陈氏，年十九，病瘰疬，目双瞽。陈欲为蓄妾，垣力辞，未几生子。陈早卒，垣题其寝室云："松作正人，不妨霜雪；莲为君子，亦自污泥。"遂终身不娶。按院高攀枝高其谊，请于朝，岁给粟帛。殁后，配享崇儒祠。《家传》。

国朝

陈因夏，字豫九，工医，尤善外科。施药济人，全活甚众。尝读书厅事，贼入庖厨窃釜去，因夏弗声。及家人觉，诘之，曰："人必贫极，乃为偷儿。且戴釜于首，安知非素识者？斥之，将愧死矣。"其朴厚如此。子五，次子琪、五子琛，皆诸生。季子琥，嘉庆庚午举人，安东县训导，另有传。孙十人，文栋，岁贡生；文光、文梁，皆诸生；文田、文泽、文霦、文源、文铎，均自有传。《陈氏家乘》，兼《采访录》。

曹忠殷，字良儒，监生，住姜堰镇。父日元，诚朴好施。忠殷承父志，中年家业裕，以周济为念。凡慈善诸举，行之数十年不少懈。嘉庆乙丑水灾，饥民集永丰桥，势汹汹。见忠殷至，欢呼曰："曹善人来，吾辈可无忧矣。"遂相率去。于是，忠殷首输五百金助赈，民赖以安，州牧王题额奖之。丙寅水灾，忠殷复捐资赈饥，藩司许旌以"惠乎桑梓"额。著有《善事集》，王刺史有庆为之序。卒，年八十一。旧志，兼《采访录》。

王栻[1]，号敬夫，武庠生，住姜堰镇。三岁而孤，鞠于母氏。比长，请旌建坊。舅氏某老而贫，栻顺母心，给薪米以养其生，备棺衾以送其死，人称其孝。屡蹶乡闱，绝意进取。家居奉母，弹琴赋诗，尝自慨曰："壮怀纵减犹能射，老眼虽花不弃书。"其襟抱可想。子志勋，邑庠生；煌，附贡生，青绶，武庠生。孙化行、聚五，皆邑庠生。曾孙朝庆，恩贡生。元孙焱，恩贡生；汝洋，附贡生；先甲，邑庠生。来孙梦榴、秉玉，皆增生。五世书香，蔚为姜堰望族。采《王氏家乘》。

李湒，字思椿，住海安镇。以孝弟闻于乡。明天启间，捐资修凤山，葺

[1]"王栻"条，已见卷二十五《文苑》，此重出而文异。

安定祠，劳瘁不辞。《采访录》。

李祖遐，字林表，号霁堂，住海安镇。少孤，事孀母孝。笃于亲族，为之殡葬者十五人，祀其无后者二十九人，且岁修其墓。镇之新河久淤，倡捐疏浚。并设恤嫠所，岁荒，助赈、施棺，置救火具。商贾苦征落地税，请之官，勒石永禁。修砖桥及城隍庙，学使者题额奖之。子襄、衮，并诸生。曾孙緝，字梓卿，振兴水利，有祖遐风。凡浚官运河、串场河、老东河、焦港、杨港、稽儿港、田家港、秀才港八处，重建凤山、西楹等桥，里中善举，皆捐资倡办。其督修街道，七阅寒暑，尤为乡人所称。尝佐丹徒严善士作霖赈山东、皖北灾荒，饥民咸沾实惠。晚，与从子保元创因利局，令子保龄办水龙局，皆克继其志。人谓李氏有隐德，故能世济其美云。旧志，参王世丰《李林表传》，及《采访录》。

王理藩，住海安镇。凡地方善举及邻省灾赈，率先捐资，为乡里倡。嘉庆丁卯，郡守伊秉绶旌其门，曰“尚义可风”。采访。

陈蔚霞，住西汪庄。性俭而好施，赈饥荒，惠贫寒，修观宇，建桥梁，置义阡，累千百金，无吝色。施学宫、邑庙田，皆以百计。碑志犹有存者。《采访录》。

张弼承，字荩堂，富而好施。其最著者如创建励材堂，为士子卷烛费。咸丰军兴，捐钱一万一千贯助饷。六年旱灾，又捐银七百两赈饥，大吏匾奖之。卒，年七十二。《采访录》。

储进，字述先，邑增生。居平，急公好义。光绪壬午，因事往东台。适贫民待赈，进首先倡助，邑人闻风兴起，民无菜色。五世祖文懿公解、会两坊，遭回禄，坊圮。进与族人治平出资重建。文懿公祠宇湫隘，进将祠东隙地建房数楹，族人感之。

附录

储起，字凤楼，生有至行。兄弟三人分爨后，母王氏愿就养于起，起及妻孙氏笃事之。生平律己以俭，接物以和。乡邻有斗者，片言解纷。莠民可造者，悉令择业，或为营弁，或为工贾以去。初仕江西，旋告养归。辛亥，泰州公署六课成立。起以实业课长赞画庶政，闾里赖以治安。子鸿吉，以山东推事，胪陈父母行谊，请于政府，同邀崇典，起得褒题“众善俱备”匾。

李沛恩，字公溥，一字宾虞，事母蔡及兼祧母蔡，同尽孝。兼祧青年守节，光绪三年为请旌，并出资为建坊于蒋家河南。沛恩终身律己以礼，刚正不阿，宵小多敬惮之。妻陈氏以慈孝著。民国七年，政府褒题“生有至行”匾，加奖褒辞，给佩褒章。是年秋，卒。子毓泰、毓昌、毓英、毓庠，均奕奕有声。

义仆

安，泰前州牧于听涛之内丁也。乙丑三月初五夜，盗劫州署，从藕花洲入上房，大声索主人。时安已就寝，闻警，裸体持械出，格斗良久。一盗乘间刺安，洞胁死，主人得免。赵瑜有诗纪其事，见《艺文》。

附录

王铃谋，寓东邑严莫庄。仆王贵，事主甚谨。一夕遇盗，铃谋率眷属避邻舍。时有盗目，夜行失道，自溺死。余党疑为事主所擒，适获王贵，问主人挟其目何往，答云：“不知。”盗怒，发枪洞其胸，旋毙。此民国乙卯年事。

续纂泰州志卷之二十七

人物·艺术

夏姓者，逸其名，康熙时人，以拳勇闻。少尝学技于少林寺，寺僧出巨球一，编麻为之，千万结，坚硬如铁石，属日第解此。夏穷力解之，十指尽肿。阅三年，昼夜爬剔，球始解而技成。因思母，归。嗣后凡与人扑，手爪一著，人辄仆十步外。人以其善用爪，群以“老鼠”呼之。有拳师某造门访焉，夏乃诡为应门仆，置茶炉门左，坐其旁。拳师问夏某何在，夏以手捻巨竹烹茶，竹应手碎，且捻且应曰：“我主他往，客何为者？”拳师心讶曰：“仆如此，主可知。”逡巡去。尝练铁布衫法，运气至两耳轮，坚如铁石。有力者撼之，不少动。裸其身，使人以铁器械击之。所击处，辄聚一核，与械相抵。又以掌贴墙上，砖随掌出，如磁石之引针然。

戚著，字白云。蓑衣箬笠，任其所之。尝为宗定九绘《新柳堂图》。

李善树，字若木，亦号夜识山人。善草隶，尤工山水，秀洁明净，时称逸品。周鼎，工梅花。

方钧，字搏斋，樊汉人。善丹青，尤工画鱼。吹花唼絮，各极其妙。

以上《退庵笔记》。

王步瀛，字竹屋。屡试有司，不售。去之京师，供事三通局，书法为名贵人所称。会万寿节，刘文清公请步瀛金书全部《金刚经》以进，书成，见者称妙。后以累劳，授山西高平县典吏。未赴官，卒。新采。

钟尔敬，字竹椽。工诗，善画山水，得三王秘奥。新采。

袁振华，字冶山，诸生。性洒脱，工诗，善作擘窠书。孙宝璆，字后山，诸生，亦工书善画。尝得其祖遗砚，为之绘图征诗。《伯山诗话》。

朱鹤年，字野云，幼工书画。九岁，为寺僧作山水小幅，州牧见之，曰：“此子当以画传。”及壮，贫无以养，遂徒步北上，入都鬻画。后画理益精，名噪一时。画有《破被图》，海内名流题咏殆遍。鹤年外和内介，喜行善事，提掖寒素，曾救人于死，人皆乐与之游。朝鲜人喜鹤年画，且重其人品，有悬鹤年像而拜之者。《府志》。

金广裕，故农家子。贫苦，好读书。善疡医，应手辄效，踵门乞刀圭者，日以百计。性廉洁，施药济世，贫约如故，人赖以活者甚众。《府志》。

陆儋辰，字筦泉，廪生，居海安镇。善书法，精医理。道光元年，镇中民多病霍乱。儋辰疏方济人，全活甚众。著有《医学证治赋》，并《运气》《痧病辨》。《府志》。

王纯嘏，字松樵，沈家庄人。工制砚，芸香社诗人。俞蔚村有《夏日过松樵郊居》诗，其风趣可想。《退庵笔记》。

孙兆璧，字二泉。工书，师事宫制锦，得窥其奥。制锦没后，称替人焉。同时谭熙纯，字蚷庵；朱芳桂，字蟾客，皆工书。新采。

王翼鹏，字凌青。善丹青，师宋元诸家，于米芾最近。绘《万竿烟雨图》，尤称精妙。卒年八十五，时目为画隐。《府志》。

卢绾，字蕙圃。善草隶，有晋人风格。隐居城北罗浮山侧，里人王辅有《过卢蕙圃村居》诗。新采。

顾坚，字介石。祖涛、父言，皆工画。坚承家学，人物、山水，无不精妙。同时以画著者，有黄石，字顽玉，工诗，擅兰竹。姜浤，字若泉，工山水、花鸟。储震昌，字晓岚，工山水。邹钟灵，字隽生，善作拳石小品。又有胡英，字铁仙，一号跛道人，善写墨菊，芥子园征其画入《画谱》。赵九鼎，字兰隐，工画兰，昭文蒋宝龄称其深得板桥笔妙。《扬州画苑录》，及《墨林今话》，并采访。

徐信，字小园。工画，诗笔雅近徐文长。性疏放，嗜酒，行吟得句，每借市人笔砚记之，否则醉卧辄忘。著有《青藤馆诗草》。

韩发荣，字杏村，布衣。工八分书，兼善吟咏，曾作《野马行》以自况。

没后，遗稿散失。刘庆山，字少石。初习举子业，工四体书，尤善画，以金石著名。以上《伯山诗话》，及采访。

马呈图，字墨初，号陶庵居士。少肄武事，跃马弯弧，有幽、并侠气。老不得志，隐于丹青。邑人朱宝善出其门，又于芦洲上构矮屋数椽，作画其中，翛然自乐。间为诗歌，亦臻逸品。

储煦，字暄堂。工书，得欧、褚遗法。《采访录》。

徐振，字荔香，工画。尝客游京师，不遇。归，以课读自给。性疏简，不耐烦扰。间一寄情翰墨，故流传绝少。零编断幅，人甚珍之。新采。

陈祖武，字绣孙，号石耘，文霈子。以诸生历游大府幕，司章奏，闽督卞公宝第、边公宝泉均倚重之。承父家学，书法绝精，兼工篆刻。间作仕女，亦工致。累保知县，需次闽垣，卒。《行略》，兼采访。

江镇，字丽春。通医理，志在济时。为人疗疾，不责馈谢，贫者辄施药济之。其学术一本东垣，著有《仁术肩墙录》十卷。新采。

徐震甲，字东园。少工画，中年所诣益进，笔意雅近十三峰，盖能提空而不滞者。咸丰中，粤贼猖獗。大江南北，郡县沦陷。文人墨客、达官名流，多避乱侨泰。耳震甲名，皆慕，与之交。文酒过从，殆无虚日。卒，年六十九。《画苑录》，参采访。

徐阆卿，字莲甫。工画，与徐震甲齐名，人称“二徐”。性旷逸，颜所居曰“画水楼”。日惟键户作画，不事家人生产，乡里高之。新采。

黄延年，字尔常，住黄家埭。世传拳法，朝夕拊一石，重五十斤，润滑如玉，手印深寸许。咸丰三年，十三里汪奸匪肇乱，兵弁畏不前。延年倡义，率众先驱。甫至而匪平，盖怵其威也。生平善用长枪，所向无前，及试窗纸，弗穿。其力能伸缩如此。著有《拳诀》一卷，藏于家。卒，年八十一。孙堞，字守之，能传其法。新采。

戴雪舫，字芝盘。世业幼科，至雪舫尤善治痘疹。他医所不能治者，雪舫治之，应手辄效。有不可治者，预决其死期，百不失一。其后有荣诏者，亦业幼科，名与雪舫埒。著有《杂症绳墨》一卷。尝改沈虚明《痘疹书》，多所发明。新采。

郭景翰，字干臣，住张家院，以勇侠闻。日夕，与二友饮于姜堰市。酒酣，闻盗劫某质铺，奋然曰："吾当往援，子其从我。"二友曰："诺。"至巷口，树栅甚固，二盗守之，不得入。景翰毁栅入，二友从之入，刃盗一，其一跳而免。闻枪声，二友曰："我无火器，曷归诸？"景翰夜行十八里抵家，弛其衣裤，血涔涔然。盖枪弹已入胯骨，当时不之觉耳。遂病废，不出。新采。

朱余庭，字筑轩，恩贡生。善篆刻，晓音律，尤工书画。尝客游崇川，作《狼山图》。彭少司马见之，击节称妙。弟丙炎，字仲仙，诸生。亦工书，善画梅，时人两称之。新采。

邹瀛，字伯海，诗人应庚子。少工画。应庚为诗得佳句，即付瀛图之。今所传瀛画不多，惟武庙及岳墩围屏是其手笔。同时有邹康者，字济之，住姜堰镇，亦以画武庙围屏著名。康幼有残疾，十指脱落八指。即以左二指写真，颇称精妙，时尤异之。又，沈桯，字小庵，工人物。

张逸，字逸君，美须髯，自号髯翁。性疏放，不拘小节。夏一葛，冬一裘，曳芒屦，拄竹杖，行吟城市，闻见者以为狂。善草书，嗜饮酒。醉后纵笔为之，淋漓挥洒，自谓得颠素意。所为诗有《瓢斋诗抄》《霜匏诗集》若干卷。弟士炘，字熙亭，善画墨蟹。著有《蟹谱》。《家传》，参采访。

戈颂平，字直哉。研精医理，学有本原，古今医籍皆流览，尤服膺仲景《伤寒》。尝谓："庸医杀人，不必方症相反。即药不及病，已足毙人命。"故生平为人疗疾，率用重剂猛攻，他医为之咋舌。而厉疾沉疴，往往一药而愈。所著有《神农本草经指归》五卷，《黄帝素问指归》八十一篇，《仲景伤寒指归》六卷，《金匮指归》十卷。新采。

黄惠瞻，字石泉，隐于邑之樊汊镇。咸丰、同治间，常来城为人治疾，阴用古方而变其面目。如治外感证，教人服药后，啜鲜鱼汤或稠米饮少许，以助发汗，用仲景桂枝汤啜粥法也。治内伤证，不轻投凉润，恒以姜枣、饴糖为主方，用仲景调以甘药法也。然亦往往出奇制胜。尝有乡人小溲，日出虫数条，甚苦之，予以重剂大小蓟三服而获瘥。或请其故，曰："乡人涉水，寒湿袭入足太阳经，化生是物。非温通膀胱，不能效。"顾性兀傲，时达官贵人多寓泰，招延每不肯以时往。而于贫困者，必尽力速诊，且却其谢，时人以是多敬之。新采。

潘淮湘，字子兰，历官浙江余姚[1]、萧山、永康等处县丞。家世精青乌术，父曜三，尝亲与周项相讨论，兄淮源辈皆通其学。淮湘承其后，益加研究。宦游所至，为人相地，经验尤多。著有《地理辨正》数卷刊行。新采。

孙筱庄，孙二泉族侄，居邑之孙家庄。家藏铁笛一支，吹之声若云璈。时人以绝技目之，比之杨铁崖。新采。

宫佐臣，字瑟庵，邑诸生。学行醇雅，工行草书，饶有晋唐风格。新采。

王培茯，字仲琥，邑诸生，试用训导。精书法画，入张赐宁十三峰草堂之室，为吾邑徐震甲高弟。弟名培莲，原名培兰，字季征。书名震一时，与其父桐有羲、献之目。培茯、培莲昆弟均不慕荣利，无宦情，故诗格于渊明、韦、孟为近，篇咏尤极多云。新采。

杨涧，字小泉。善写真，尤工画马，晚年授其艺于叶择。择，字竞舞，亦以画名，旋病瘵，养疴于岳墩下临湖禅院。院藏宋写忠武王肖像，择抚之，甫成而卒。会宋像为盗窃去，仅存摹本，与原像无毫发差，观者叹服。新采。

黄元章，字慕林，以其师为兴化王维翰，维翰字墨林故也[2]，家邑之大冯甸。雅善花卉、翎毛、草虫、水果，大幅通景尤长。弟宪章，字式周，亦工画。新采。

丁煌，字耀庭，清道光朝人。出海陵名画家李小柏门下，山水、人物、花草、虫鱼，无不擅长，尤精写真。子晓亭，得家法之真诠，花卉、人物，亦无不工。

徐樾，字桂堂，邑之海安镇人。善画，精草虫、花卉，笔法工致，著色妍秀，络纬、蛱蝶尤栩栩欲活。闭户种花，不交俗客，足不履城市者三十年，其高致如此。海安又有陈惟馨者，字秬香，亦善花卉、翎毛，工写真，神致妙肖。顾性孤介，富翁某尝以巨金丐其画，力却之。或知己、贫士为亲求画者，辄挥毫无吝色。终年作客，岁暮始一归，或竟有时不归云。新采。

李郊郢，字楚臣，岁贡生。善书，得颜平原笔意。新采。

李觐唐，字薇阶，廪贡生。工行草书，能取法右军、南宫，而运以己意。新采。

[1] “余姚”，程抄本作“余杭”。
[2] 程抄本此处为小注，“师兴化王维翰字墨林”。

刘振强，字石君，居姜堰。少习骑射，游庠后，雅工吟咏，尤留心金石文字。自三代讫秦汉而下，钟、鼎、尊、彝、碑文、石刻之属，靡不悉心搜考。久之，技擅雕镌篆文，不乖古意，刀法更极遒媚。遇有佳石、美玉、精牙、奇竹，往往刻为螭、虎、虫、鱼印纽，象形微妙，然此不过其余事也。生平所作，惜多散失，惟《阴骘文》图印，聚成一箧。好事者或摹作屏幅，珍如拱璧。淮扬道某公慕之，赠以石章文，曰“铁笔江南第一支”，至今传为佳话。新采。

袁辅治[1]，字筱园，号济安。幼受医学于桂小山。及长，专精吴鞠通《温病条辨》，推阐治法，甚为详备。同治五年，瘟疫盛行，就诊者盈门，罔不效。邑孝廉黄熹病几殆，群医束手，饮辅治药获痊。弟子朱柏林辈甚众，江墉字少庭者尤著，撰有《温病阐微》，待梓。

陈洪范，字禹书，邑之戚家湾人。攻医术，有心得，设半济堂药肆于苏，远近驰名。道光二十二年，疫疠流行。洪范游历七省，施丸济世，随治随效，活人无算。新采。

孙桂山，字馨谷，住邑东莫家庄。家世精歧，至桂山愈臻纯粹，能以平和剂愈疾，有起死回生之功。尤好施予，历办惜字会，施药、施槥诸善举，虽重资，不吝。邻邑青墩有石桥，圮久矣。桂山倡修，以便交通。著有《医学心传》四卷。子三，长士荣，能传其学，亦著《伤寒辨似》四卷。新采。

严冬荣，字桂岩，邑东严家庄人。世精喉科，传至冬荣，尤邃。尝谓：“医宜审证用药，不可执死方治活病。如近代白喉证，最为危险，世医多宗养阴清肺法，并刊布《白喉忌服药表》，奉为厉禁。不知病有虚实寒热之异，执一例百，收效者鲜。予用汗下温清等法以治白喉，往往多所全活。神而明之，存乎人耳。”按，戈颂平疗白喉，亦不偏主用寒凉，其旨颇与冬荣合。

成濂，字筱溪，居泰邑西北隅吉安庄。少不羁，以樗蒲倾其家。壮而知悔，下帷读书，寝馈于《内》《难》诸经，医学大进。适名医吴某以岁饥望门投止，濂馆之于家，待以师礼。求诊者踵接，吴不暇给，濂恒代之，诊辄有效，医名大噪。逾年，濂名独著，求医者舟车交错，遂以致富。其主方以李中梓、叶香岩为宗，兼采孟河费氏之学，变通不拘，时与古合。遇贫者，辄施

[1]“袁辅治”，程抄本作“朱辅治”。

药饵，活人无算。卒，年八十余。《采访录》。

陈玉德，字光庭，住院庄。精于医，日取《灵素》《伤寒》《金匮》诸书，悉心探讨，踵门求诊者纷然。遇贫者，辄施药焉。著有《医林愿学编》。新采。

补遗

明

李时行，工书，储侍郎巏称其书价高不可得，又曰："余之嗟慕者，又不但如公书法之妙也。"其倾倒可谓至矣。《柴墟集》。

夏厚，号烟林，工山水。宫恒山先生有《和烟林钓竿作画义[1]诗》。同上。

国朝

黄龙士，名虬，以字行，姜堰人，善弈。年十一，号"第二手"。稍长，技益进。其父携至京师，有某将军者，极爱重之。期年，思母，欲南归。将军命工图其形，厚赠之。黄冈杜于皇有《送黄童子序》。康熙初，故犹童子也。龙士撰有《弈括》一卷，别有《演官子式》三百六十有奇。近时谈弈者推施、范、程、梁为四家，施、范所著《弈理指归》《桃花泉》盛行于世，不知皆导源于龙士也。

按，前志所载甚略，兹从《退庵笔记》补录。

叶雯以箸书，邓琬以指书，俱泰州人。琬性迂，人呼为獃子。李斗《扬州画舫录》。

附：宫婉兰，进士伟镠女，归如皋冒无誉褒。曲室唱酬，才情朗畅。伉俪之笃，亚于埙篪已。尤工画，墨梅雪叶，风枝翛然，有偃蹇瑶台之思。陈其年《妇人集》。

缪岚，字青岚。父右川，以画名。青岚世其业，尝作《夏山烟雾图》，滃染空超，备极神妙。新采。

团杏村，诸生。工文嗜酒，放诞不羁。时有萧九公者，拳侠也。杏村从

[1] "义"，原本作"又"，据程抄本改。

之游，尽其技。为场商某赘婿，合卺之夕，醉卧酒船中，漏数下始入，几不能具衣冠。时诸场皆富，曳裾衣锦，僮婢、门客以千计。杏村笑傲其间，翁、媪皆有悔意。会翁从子某与灶豪比，折券数十万贿场吏，将陷翁于法。时诸场正演剧，豪凭楼观。杏村骤入，拔盐帜而舞。帜以狮石萦巨竹为之，重数百斤，众骇散。即捽豪下，数其罪，叱曰："汝首孰与狮坚？"拳狮，碎一角。豪乞哀，尽燔其券，且具状达上官，翁遂释。久之，翁、媪先后卒。杏村为发丧，悉籍翁资，付其从子。率其妻，挈嫁具，奠墓而去。《采访录》。

续纂泰州志卷之二十八

人物·流寓

魏茂林，字笛生，福建莆田人。嘉庆丁卯举人，己巳[1]进士，授内阁中书，改部曹。三为会试同考，一典广东乡试，得士极盛，大学士周祖培、赛尚阿皆出其门。擢直隶通永道，有政声。解官后，寄居泰州，主讲胡公书院，士林奉为山斗。晚年，好蓄书籍，弆藏甚富。时侯官郭侍郎尚先主其家，嗜金石，所藏碑版亦多，与茂林并以博雅为州人士所推。茂林著有《骈雅训纂》《二知轩诗抄》。采访。

周顼，字子瑜，贵州贵筑人。父际华，以进士出宰江苏，曾任泰州监掣，著有《海陵从政录》一卷，以清廉名。顼于嘉庆庚辰联捷成进士，选庶吉士，散馆改官部曹，由员外郎擢御史。两充会试同考官，典湖南乡试。以兵科给事中简放常镇通海兵备道，兼署盐巡道，有治绩。道光中，下河数被水灾。顼请帑兴办高宝湖堰工程，水患以纾。寻以英人内犯，镇江失守罢官。侨居泰州，历主扬、通各书院讲席，而掌教泰州胡公书院最久，州人士尤宗仰之。发逆之乱，筹办皖南捐输，接济军需，为数甚巨。当事拟为奏奖，力辞乃止。光绪己卯，重宴鹿鸣，加二品顶戴。逾年，重宴琼林，加头品顶戴，并赐"弁冕琼筵"匾额。壬午，复以五世同堂，锡袍料银两暨"云礽衍祚"匾额，海内荣之。生平讲学，宗法阳明。通医理，尤精形家言。年九十，卒于泰寓。子印芳，举人，江苏候补知县，世居泰州。孙、曾辈，有著泰籍者。

[1] "己巳"，原本误作"乙巳"，据文义改。嘉庆无乙巳，己巳即嘉庆十四年(1809)。

《行略》。

徐培深，字松泉，贵州石阡人。嘉庆二十二年进士，由翰林官御史，伉直数言事。后乞病，客居扬州，主梅花书院讲席最久，自号“梅花主人”。平日讲学大旨，以敦品力学为宗。工书，得晋唐人宗法，老益遒整。咸丰三年，扬城失陷，移寓泰州，年且八十矣。自以遭时丧乱，贫不能归，遂婴疾死。所著诗文若干卷。《府志》。

吴文锡，字莲芬，仪征人，文节公文镕弟。道光十一年顺天举人，官四川成都府水利同知，升知府，历署嘉定、叙州、成都，擢道员，赏花翎。两署通省盐茶道，因病回籍。奏派随办江北团练，加按察使衔。解官后，寄居泰州。工诗善画，书法出入钟、王。著有《半螺龛诗》六卷，《杂志》四卷。《府志》，参采访。

徐鸣珂，字竹芗，兴化人，世居泰，中书步云子。步云渊雅工诗，著有《松寿阁》文集二卷。鸣珂承家学，以工诗善书名于时，预修《道光泰州志》，著有《砚北花南吟草》十二卷。新采。

李承霖，字雨人，丹徒人。道光己亥举人，逾年，成一甲一名进士，授修撰，典广西试。寻命督学广西，累迁翰林院侍讲学士，入值上书房，授文宗及惇邸读，屡赐上方珍物。宣宗升遐，颁给遗念。文宗御极，赐御书、御门听政诗卷。顾性恬退，遽以终养乞归。解官后，寄寓泰州，杜门却轨。时上眷怀旧学，数垂问承霖近状。朝士多寓书劝驾，承霖坚不复出。性乐善，于桑梓谊尤笃。光绪甲申，重游泮水。年八十五，卒于泰。著有《劫余仅存稿》行世。子慎儒，字子钧，同治甲子举人，官刑部郎中。性高旷，不慕荣利。官京曹时，居津要者多其父同年生，慎儒不一干谒。某邸使人通殷勤，亦谢不往见。以终养归，侍父泰寓。少而劬学，至老不倦，尤精于舆地。泰州牧延主学堂讲席，未就。都转恩忠愍公复聘为仪董学堂总教习，士论翕然。著有《禹贡易知编》《辽史地理志考》《边疆简览》《瀛寰新志》行世，《鸿轩随笔》及诗文集若干卷藏于家。新采。

王章，字雨岚，上元诸生。工书，善画，为文以简秀擅长，诗兼众体，有吐纳万象之势。虽题画之作，亦必苍厚。咸丰十一年，卒于泰寓。新采。

万岚，字神石，盐城人。工山水、花草、人物，尤以写真名。善垒石，嵌空玲珑，离奇突兀，秀韵天然，技盖出张南垣上。咸丰己未，流寓泰州。年七十余，始归盐城，逾年卒。新采。

徐度，字尺楼，江都人。父九，工花鸟、山水。度稍变家法，以朴老擅长，又善度曲。兵燹后，流寓泰州。新采。

黄泾祥，字琴川，江西乐平人。富文学，好古。少即喜聚金石、书画，尤爱邓石如书法，谓为本朝第一。所蓄邓书最多，颜其室曰“邓斋”。咸丰初，粤匪难作，藏书散失几尽。泾祥从事戎旃，积功，累保知府。军事余暇，犹搜访邓书不置。客游泰州最久，与州人赵瑜、寓公吴熙载、姚正镛辈相倡和，著有《还桂山房诗稿》若干卷行世。同时有江西朱履恒，字春舫，亦客泰州。履恒官候补道，淹雅工诗。在泰时，屡与诸文士讌集，《伯山诗话》采其《题课耕图》诗。李冰叔《邓斋记》，参《伯山诗话》。

姚正镛，字仲海，奉天盖平人。入资为户部郎中，精绘事，善各体书，诗文浸淫汉魏，兼长铁笔。性耽风雅，喜结纳文士。咸丰中，客泰州，颜其斋曰“迟云山馆”，与高氏三峰园同为文士讌集之地。主盟风骚，坛坫极盛。同治四年，以供职赴都，分发南河。同治，卒于官。新采。

金长福，字雪舫，高邮人，贡生。博洽经史，尤深《选》学。尝往来泰州，州人士如王广业、赵瑜辈，与长福谈艺论诗，蔑不心折。乡闱屡荐不售，淡于进取。好学，至老不倦。著有《广陵新旧事》《小墨庄诗话》，及骈体文、古近体诗数十卷。咸丰间，以团防功，保奖教谕，加提举衔。卒，年七十五。《高邮志》，参采访。

吴师机，名安荣，字尚先，清钱塘人。始以薄贴，统治各病。值洪杨之乱，与弟官荣奉母避居泰州东北乡俞家垛。因以是术为人施治，颇有效。著《理瀹骈文》，以发明之。

汪鋆，字研山，仪征人，诸生。渊雅工诗，画法三王。咸丰中，避乱客泰州，与康发祥、徐震甲友善，乔勤恪公尤倾重之。尝辑《扬州画苑录》四卷，自国初以迄咸同，甄录靡遗他。著有《十二砚斋金石过眼录》若干卷。新采。

董培基，字云卿，安徽歙人。少负胆略，尝击贼乡里，有功不叙，挈家迁居泰州。为人恢奇自喜，脱然畦封。自儒先语录以及丹经内典，无不涉猎。尤精星相家言，与人谈休咎，多奇中，时称之曰“半仙”。工书法，能作擘窠大字。康发祥尝作《董先生歌》赠之。《伯山诗话》。

汪承德，字琴山，淮安人。陈钟蕃，字蕉石；王嘉树，字赋棠，俱定远人。咸丰间，同时侨寓泰州，与州人袁锦以诗相切劘，拈题分韵，酬唱极多，其诗均采入《伯山诗话》。时侨泰者，又有董锡宏，字子香，仪征诸生。著《爨余草》，诗和雅可诵。《伯山诗话》。

汪瑸，字仲玉，号蓉湖，安徽旌德人。祖承泽，挈家侨居泰州，两赈水灾，沾溉多人。瑸生长于泰，以应试回籍，肄业洋山书院。洪太史亮吉爱其文行，赠诗有"雏凤"之誉。旋饩于庠，试辄高等。道光纪元，当道者欲以瑸应孝廉方正制科。瑄上诗邑宰，以母老辞。晚年，例得恩贡，遂弃举业，究心宋儒之学，凡事纯任自然，自号"信天拙叟"，又号"苦行头陀"。工诗，著有《蓉湖诗抄》四卷行世。又精金石之学，其八分书得程邈、蔡邕古法。年七十七，卒，康发祥志其墓。汪氏侨泰者多才，士瑸兄璨，字筠门；从弟瀛洲，字石亭，并善为诗，年皆不永，诗均采入《伯山诗话》。从子时杰，字梅岑，举人，诗学温、李，亦有名于时。又有汪梓，字响泉，布衣，工书法。《伯山文集》并《诗话》。

苗澍，甘泉布衣，居邵伯埭。家贫好善，有广厦大裘之志。咸丰中，粤寇猖獗。邵埭当要冲，难民麇至，流离琐尾，惨难言状。澍设妪栖所，收养妇女、婴孩，既又分局至泰州，赁北山寺内旷地为厂，煮粥以赈难民，投者益多，日费需二千余缗。澍力不支，则走募邑中，见人必拜。或助以资，必顿首代难民谢。人感其诚恳，多乐助之。事定，始撤局，先后所全活者不下万人。《伯山诗抄》。

吴廷飏，字熙载，号让之。五十后，以字行。仪征诸生。咸丰中，避乱客泰州。少受学于包世臣，邃小学，精金石考证，工诗，善画。书法肆力最深，篆隶行草，皆臻妙品。尤长铁笔，当世无俪。李观察培桢辑其遗刻，成《晋铜鼓斋印存》四卷。《府志》，参《画苑录》。

涂林，字竹居，仪征人，寄居泰州。工画，所作仕女、花草，神似王小某，时人重之。新采。

钱国珍，字子奇，江都人。道光癸卯副贡，己酉顺天举人，会闱屡荐不售。弱冠工诗，往来泰州。乡举后，客都中十五年，诗名播公卿间。就职知县，拣发浙江。假归，值寇乱，挈家寄居曲塘镇。逾年，赴浙，摄瑞安篆，以廉惠称。戊午，襄校浙闱，所得多知名士，钟修撰骏声出其门。著有《峰青馆诗抄》七卷行世。新采。

李肇增，字冰叔，甘泉人，诸生。博学善属文，家贫，客游吴中。邓芗甫司马为梓所著《琴语堂文述》，时以汪容甫《述学》为似。咸丰中，避寇侨居泰州，寻又去，之东台。流离转徙，牢骚不平之气，一寓于文。所著《琴语堂杂体文续稿》中，多沉郁凄厉之作。后入戎幕，以军功保知县，分发浙江。新采。

洪文翰，字筱图，安徽歙人。增贡生，候选训导。先世贾于泰，因家焉。少工诗，中岁即绝意进取，遍游皖浙佳山水，以昌其诗。晚，益芟除俗虑，惟与诸耆宿赋诗饮酒为乐。仿香山故事，为九老会。生平喜读宋五子书，内行纯笃，见义必为。尝倡修同善堂，辑梅溪支谱。其他善举，如施药、赈粥之类甚多。卒，年六十九。著有《海上联吟稿》二卷，《梅溪节烈双褒录》二卷行世。余有《晚香吟馆诗草》十二卷，《海陵杂事诗》二卷，《杂著》二卷，《识小录》《所见录》各二卷，《晚悔笔记》八卷，均藏于家。《事略》。

洪承儒，字纯士，晚号缁翁，安徽歙人，业贾。少学诗于康发祥、泰兴朱征君铭盘、绩溪程太史秉钊，常不远千里以诗筒邮寄。其为诗，得力陶潜，有自然冲融之致。著有《畬经书屋诗抄》若干卷。新采。

车元春，字竹君，仪征人。咸丰甲寅，尝偕甘泉吴世钰游泰州，就居僧舍，与康发祥昕夕过从。工诗，著《荆门游草》，佳构甚多。后司训荆溪，寇乱去官，复侨寓泰州。乱后，有《劫余诗稿》，李肇增为之序。《琴语堂续稿》。

余鉴，字镜湖，安徽婺源人。幼随父振行避兵姜堰，因家焉。咸丰己未，金陵未复，假浙闱省试。鉴以应试，由八里港渡江，遇风，船几覆。幸登彼岸，见他舟满载客商同时漂溺，因急呼曰："有能救一人者，予五十金。"江岸渔子闻之，皆争先泅水，拯活者甚众。鉴揖而言曰："余贫儒也，行箧中仅三十金。前所以悬此重赏者，实出于心之不忍，非给尔也。"因解行囊示之。渔感其义，分金而去。是科，鉴获解，戊辰第进士，入翰林，人皆以为随德之报云。振行精医，著有《痘疹辨证》。鉴工诗，著有《文室天花集》若干卷。新采。

徐继裕，字谷礽，江都人，诸生。侨居泰州，已三世矣。工山水，得耕烟神韵，与邑中徐震甲、徐阆卿齐名，时称“三徐”。卒，年七十二。新采。

段谦，字地山，号云帆，杭州驻防汉军旗籍，流寓泰城。工书法，得二王神韵。时王广业刊刻《有正味斋骈体文笺[1]》，谦为写本，咸称佳绝。无子，卒，葬于泰。新采。

陆费燮，字子豫，浙江桐乡人。官两淮盐场大使，居泰州。家世清华，虽托迹鹾曹，而耻为俗吏。公余，喜吟咏，不失旧家风范，刊有《碧梧红杏山房诗存》六卷。新采。

程朴生，字石州，安徽歙县人，两淮盐运使桓生弟。历官江西州县，解组后，寓泰州。精六壬数，为人占验，不拘拘依《大全》成法，而参以己意。吉凶之应，乃如响焉。偶作篆书，亦饶古秀。新采。

陈廷焯，字亦峰，丹徒人，光绪戊子举人。工倚声，从其戚庄忠棫受学，探原骚雅，不屑屑争南北宋界说。著有《白雨斋词话》六卷。新采。

王荫祜，字鞠龛，直隶正定人。以附贡生候补两淮盐经历，遂寓泰州。著有《觉华庵诗存》。子耕心，字道农，河南候补同知。工诗、古文辞，尤精内典。著有《贾子校正》及《龙苑文稿》。新采。

支方廉，字筠庵，丹徒人。由附贡生投袁端敏公营，屡著战功，历保至花翎、按察使衔、军机处存记道员。咸丰之季，官浙江温处道，威惠甚著。致仕后，于同治十一年侨居泰州，与本邑王广业、贵州周项过从谈燕。年七十六，卒于泰。次孙恒荣，字芰青，由光绪丁丑进士、翰林院编修，五迁至侍讲学士。迭膺同考主试、学政衡文要差，得人称盛。后官浙江提学使，于提倡学术、整饬士风两端，无所偏倚。宣统己酉，解组返泰。值世变，益杜门不出，罕通人事。年六十七而卒。节采《丹徒县志》。

许宝书，字阆仙，浙江钱塘人。许故浙中右族，曾祖乃来、叔祖道身、从叔之轸，三世皆官泰。宝书少襄张忠武戎幕，以军功授运判，历官海、通、泰三分司，于治鹾、治河、治匪三端均注重。在通，擒盐枭花五，尤著称。晚，两摄扬州府事，擢守淮安，积劳卒。宝书侨居泰久，于泰关爱殊深。光绪十四五年，江淮大水。宝书力阻开坝之议，泰获无恙。及摄郡篆，时苦旱

[1] “笺”，原本作“注”，据卷二十四《仕绩》王广业传改。

蝗。宝书按行各邑，徒步行烈日中，是岁蝗不[1]为灾云。新采。

柳荣宗，字翼南，丹徒诸生。目短视，寡言笑，然于书一览辄记。咸丰五年，避乱居海安镇，成《说文引经考异》十六卷。《光绪丹徒志》作"《说文经字异同考》十二卷"，误。书法亦苍古。卒，年六十四。无子。一女，嫁同县陈克劬。新采。

陈克劬，字子勤，丹徒拔贡陈宗起子。宗起故名儒，克劬承家学，又受业于舅氏张明经崇兰及妇翁柳荣宗，故其诗文皆清腴有法度。工医，善绘山水。咸丰初，闻寇警，奉母张孺人静宜，名友书，丹徒才女，《光绪志》有传。迁居海安镇中。同治丁卯举人，时两淮方都转濬颐续修《扬州府志》，聘为采访员，嘱分采泰州事实。旋就安徽学政龚侍郎自闳幕，能识拔汲古之士。后随卞制军宝第入湘，意不乐。居久之，掌教武昌勺庭书院[2]，课士以经术，成就甚众。著有《知悔斋文》二卷，《皖游纪略》二卷，《入湘纪程》《湘中剩笔》各一卷，《晴漪阁诗》六卷，《红豆帘琴意》词一卷，刊于鄂垣。科举既罢，归海安，卒。无子，以弟克常子、庠生时出为嗣。克常与兄同居海安，有《藤华馆诗词》三卷，早卒。新采。

吴嵩泰，字岱云，一字少秋，先世康熙中自高邮寄居泰州。幼颖敏，受业兴化刘融斋先生。先生器之，以女妻焉。嵩泰出嗣伯父潭，早逝。嗣母陈姓，旌表节孝，居泰城内。其本生父赞清，居泰之曲塘镇，率徒步往返两地定省以为常。赞清官陕西汉阴通判，嵩泰往省，留侍岁余。以嗣母陈不能久离，返泰。已而赞清卒于官，嵩泰痛绝，间关扶榇归葬。盖其生平纯孝如此。嵩泰能文章，工书法，精篆刻。自入学食廪饩，试常高等。喜为诗，少作已富。中年游浙江，溯襄汉，得诗益多，有《课余吟稿》《游秦小草》等编。以子同甲贵，累封通奉大夫。卒，葬泰州城东南一里小庄子。节采《家传》。

沈桀，字戟门，江都人。方闻博览，仪征刘寿曾尝师之。避粤寇，寓泰。初为江西黄泾祥太守馆宾，后曾文正延课其次子。历署句容、如皋教官，兼主书院。有《补蹉跎室诗文集》。新采。

[1] "不"，原本下衍"至"字，据程抄本删。
[2] "勺庭书院"，原本作"勺亭书院"，据《〔乾隆〕江夏县志》卷四《书院附》改。

郭福沅，字翰江，福建闽县人。副贡生，官两淮运判。初寓泰之三峰园，继移居俞家园。有诗名，著有《爱石轩诗文集》。新采。

王正，仪征人，贡生。本世族，素封。兵燹后中落，迁泰。耆年硕德，代有闻人。子恩湛、恩潼，皆举人。孙荣椝、荣篯，并诸生。新采。

戴堃，字小舟，安徽休宁人。寓泰，以画为业，传其法者甚众。黄元章、王紫芝及其子度，尤著称焉。新采。

李联桂，字小岩，丹徒举人。咸丰三年，侨居海安，资砚田为生，因材善诱，多所成就。戚族避乱有告贷者，辄典质筹助。同治初，补泰兴教谕，学风丕振。十二年，卒于官。新采。

许颂鼎，字子曼，浙江举人，知山东胶州。寓泰城仲氏西园，筑半舫，与钱桂森、程朴生辈诗酒倡酬。著有《半舫诗抄》。新采。

金镕，字冶青，兴化人。曾寓泰州，工画山水。新采。

崔宝善，字少山，东台富安场人。晚居海安，工诗画。遍游汉皋、沪渎、西湖诸胜。诗情画意，日益高秀。尤熟精唐宋诗派、明清掌故，言之娓娓不倦。著有《寄巢诗抄》。新采。

王卿云，字孟醇，号坡叔，仪征人。丁卯举人，行端学粹。新采。

胡文晖，字辰卿，江都进士，知县文渊兄。精小学。新采。

洪元绂，字述庵。弱冠游歙庠，随侍泰州。工诗，不近名。新采。

张友忠，泰兴人。自幼至老，佣于大埨庄黄氏。勤俭朴诚，积数十年工资，置田二十二亩，施岱岳寺。余尚千金，密窖床下。临殁，请于主曰："大埨庄木桥久圮，渡筏危险。愿将此金建石梁，以济众。"主嘉其义，为成其志。道光三年工竣，勒石桥畔纪事。卒，年八十余，葬黄氏田内，亦树碣为识焉。新采。

俞瑞，字济人，原籍安徽婺源。以避乱故，迁泰之姜堰镇。性勤俭，好施予。衣药粥汤，活人无算。年饥岁暮，周恤尤殷。与朋友交，解推无吝色，乡闾称长者焉。强年丧偶，有劝续娶及赋小星者，喟然曰："铁杵芦花，古今同慨。吾不忍藐诸孤之遭凌躏也。"鳏居三十年，义不再娶，人谓其终身不二色云。长子承章，字式庄，善继父志，寿逾八十。季子熙，字介臣，诸生。孙培庆，字竹书，以诸生筮仕京师，官至陕西候补道。新采。

补遗

元

白珽，字廷玉，钱塘人。八岁能赋诗。宋亡后，客授藏书之家，昼翻夜诵。灯花穴帽，不知也。仕元，累官江浙等处儒学副提举。秩满，署淮东盐食大使，谢事养疴海陵。再迁兰溪州判官，致仕。结庐西湖之金沙滩，有泉自天竺来，及门而汇，榜之曰“湛渊”，因以自号。晚，归老栖霞。以天历元年卒，年八十一。

国朝

计东，字甫草，江南吴江人。顺治丁酉举人，康熙时寓泰州。曾由州南渡江，手执王渔洋诗卷，朗诵于舵尾。人咸异之。今城内有计姓制花为业者，即其族裔也。《渔洋诗话》，兼新采。

徐倬，字方虎，浙江德清人。康熙癸丑翰林，著有《苹村集》。寓州时，居俞氏渔庄园最久。园有流芳阁，方虎与归安孙屺瞻在丰及州人邓孝威汉仪、黄仙裳云、黄交三泰来、俞陈芳楷诸名流，觞咏其中，以倚声相酬唱，殆极一时之盛。《流芳阁唱和词序》，兼新采。

续纂泰州志卷之二十九

释　道

云如，东北乡农民刘氏子。生有慧根，幼即茹素。祝发于曲塘镇某庙，邑人钦其戒行，延主觉正寺。寺故颓败，云如苦募，葺而新之。额其厅事前左偏，曰“东城佛地”。又建普同塔，检暴骨瘗之。雍正间圆寂，三年后火化。启龛视之，跏趺枯坐，颜色如生。远近惊为神，装金祀之，土人称为肉身菩萨云。旧采。

若水，东台富安场崔氏子。幼至孝，尝刲股以愈母疾。母亡，弃家为僧。见人无礼貌，不讽经，不谈禅，发蓬蓬然。著百衲衣，寒暑不易。海安镇旧有祇树寺，寖废圮。若水苦志募修，与工匠杂作。不数月，顿复旧观。三十年未尝著履，尝荷一短锸，见骨骼即埋之。有疾病无归者，筑延生堂栖止之。又立众姓祠，无祀者于此置木主焉。尤重贫士，尝踏雪赠以金。介者或不受，伺隙投其室以去。镇北六里港板桥，毁于急湍，募资重建，易以石。里人名其桥曰“若成”，志其德也。邑人仲振猷为作《若水上人传》，前州牧宋浤有诗纪。其生平行事，载寺碑。参新旧访稿。

定禅，字澄果，莫详其所自来，操浙西音。道光初至泰，寄锡南山寺。邑尤氏，延主庆云庵。定禅躯干丰伟，有拳勇，知兵事，尤熟于海防。游击赓音泰与语，大奇之。询其踪迹，秘不以告。惟自述披缁以后，一瓢一笠，游四明，历闽峤，涉丁零洋，至澎湖。故于沿海形势，粗能道其略云。定禅富于技能，精青乌术，远近挟重金争聘之。慷慨好施，积资悉以充义举。尝助修南山寺，为赎田七十余亩，又尝施送武庙及靖海楼田各数十亩。晚年尤有功学校，捐建试院明瓦棚，并岁修田二十亩，又捐送乡试卷烛费田八十余亩，士林至今称道之。咸丰五年，官绅延主文昌阁。阁列祀典，岁久失修。定禅锐志兴复，拨已田二百余亩为阁产。庀材鸠工，将有所兴作，未及事而病殁。光绪五年，州牧刘汝贤于阁旁创建仓圣祠，所用材料即定禅所购储也。据州案及《南寺碑记》，参采访。

真实，字雪斋，泰州僧，寄锡焦山。善书法，耽吟咏，至废寝食。后游五岳归，诗益超悟，全椒吴鼒、仪征阮亨均与倡和。时方外以诗名者，有芝山精舍僧庆延、字沛野。光孝寺僧雪幢、号语庵。定莲，号焕然。并采入《海陵诗汇》。旧采，据《海陵诗汇》。

雪笠，道、咸间诗僧。所为古近体诗，无蔬笋气。丹徒赵彦俞题其诗稿，有“得句撞钟似有神”之句。著有《白莲集》《怡云稿》若干卷。同时有武庙僧琴楼者，亦风雅，善画兰竹。《伯山诗抄》，兼采访。

德厚，字释明，光孝寺住持。有戒行，于光绪中往京师，请《藏经》归，藏香雨楼中。泰僧之知有《藏经》全部，自德厚始。其师法成、字少云。徒谷鸣，字东溪。均善画花草。同时净因寺僧原谷，亦以善画兰竹得名。新采。

德贤，邑俞氏子。年十七出家，潜心内典。后主西山寺，居白云深处，自号“白云头陀”，不与世俗往还者三十余年。诗多禅意。殁，年七十五。新采。

任持，本海州产。咸丰初避荒来许家庄，适其亲殁，葬于岱岳寺旁，不忍舍去，遂佣于寺，得值供祭扫。寺僧璧云怜其孝，令祝发为弟子，后遂主该寺。寺故贫，任持早夜力作，至老不倦。积资修葺殿宇，购买田亩。有余，则施之贫乏。居恒喜谈因果，尤乐为人排难解纷。尝解囊以息争，甚或泥首以求。然性刚直，能面斥人非，是以人咸敬而惮之。新采。

邹阳熙，字晴岚。少出家为黄冠，性耽风雅，工吟诗，通琴律。闻兴化僧少逸善琴，往受学焉，由是琴理益深。新采。

单来景，字小湖。同、光间主姜堰都天庙，有道行。能书画，精音律，尤嗜吟咏。曾修葺都天庙成，自书一联榜于门，曰：“当门月影依林入；隔岸钟声渡水来。”至今脍炙人口。時有北斗宫道士洪复礽，字紫筠。亦善画兰竹。

刘道人，名万福，咸、同间州署前之担水佣也。日以拾字纸、拾遗谷为事。谷则储之，以济贫乏，数十年不倦。初不甚识字，后竟能为断句，并为人疗疾病、决休咎有验，人咸以半仙目之。龙川李先生曾为题其小像，像藏姜堰闻氏。后不知所终。新采。

续纂泰州志卷之三十

人物·列女表上

周氏，沈东山妻，道光八年旌。

丁氏，黄登峻妻，道光十年旌。

王氏，严贵礼妻，道光十二年旌。

陈氏，王修庭妻，道光十四年旌。

丁氏，巫耆山妻，道光十六年旌。

张氏，程绍安妻，道光十七年旌。

萧氏，郭长佐妻，道光十八年旌。

王氏，丁颖昌妻，道光十八年旌。

储氏，曹启堂妻，道光十九年旌。

周氏，管墀妻，道光二十年旌。

宫氏，诸生王世晋妻，事实详前志，道光二十四年旌。

郭氏，监生王锋妻，道光三十年旌。

郭氏，王宝璠妻，守节四十九年，咸丰二年旌。

郭氏，年二十二寡，守节五十一年，同治二年旌。新采。

史氏，监生刘必盛妻。年二十五寡，抚嗣孙入庠食饩，守节五十五年。同治元年旌。

赵氏，王宝卿妻。夫亡守节，上事翁姑，抚兼祧子成立。同治十年旌。互见《坊表》。

丁氏，孙岫之妻。抚遗腹子成立，同治八年旌。

栗氏，宫存之妻。年二十九寡，抚孤子本旭，蚤卒。复抚嗣子昱成立，守节三十三年。同治九年旌。

彭氏，宫本旭妻。年二十三寡，侍霜姑尽孝，守节三十五年，同治九年旌。

凌氏，王德玉妻。守节三十二年，同治十一年旌。

高氏，举人程祥鳌妻。年二十七寡，守节三十六年，同治十一年旌。

解氏，陆袍妻。

丁氏，陆寅妻，旌。

陈氏，丁有章妻，旌。

陆氏，徐学浩妻。守节四十五年，旌。

凌氏，王蔚亭妻，苦节五十五年。第三子泽妻陈氏，亦守节。

冯氏，举人丁廷表妻。

杨氏，监生王灏妻。

袁氏，蒙化同知陈师庆妾。师庆没，自滇扶榇归，守节四十九年。

黄氏，王学羲妻。夫亡，抚子殁，与寡媳共抚孤孙。

刘氏，诸生王祯妻。

王氏，冯师庆妻，守节四十一年。

乔氏，许潢妻。

程氏，陈廷善妻，守节五十七年。

黄氏，谭熙的妻，守节四十七年。

许氏，监生张麟趾妻。

王氏，陈开型妻，守节四十一年。

唐氏，李开疆妻，守节四十七年。

王氏，印应庚妻。

陈氏，监生姜兆星妻。

任氏，钱任裕妻。

张氏，印同庚妻。

史氏，印树枫妻。

孙氏，王慕儒妻。

宋氏，沈长龄妻。

马氏，诸生王应甲妻，守节四十年。

江氏，方鹤鸣妻，守节四十三年。

汪氏，许步蟾妻，守节四十九年。

宫氏，陈美堂妻，守节四十八年。

宫氏，陈易泰妻。

周氏，诸生葛奎璧[1]妻。

王氏，朱注妻。

李氏，任盛春妻。

徐氏，梅毓楹妻。

韩氏，解英妻，守节五十四年。

徐氏，陈遐联妻。

许氏，解永诒妻。

陈氏，郑篁妻。

张氏，陆正元妻。年二十五寡，守节五十年。

施氏，程沅妻。劝翁纳妾延嗣，守节四十四年。

刘氏，王鲁珍妻。劝翁纳妾延嗣。

陈氏，谭开佐妻，守节四十一年。

陆氏，韩宜直妻。

朱氏，张大儒继妻。

黄氏，田祝春妻。年二十五寡，守节十六年，光绪元年旌。

韩氏，刘淦泉妻。子婚复殁，与寡媳抚孙，守节四十三年。

陈氏，李统妻。

王氏，陈芳妻。子恬复殁，与寡媳抚孙。

陈氏，毕仁妻。

吴氏，董长庆妻，孤苦守节。

颜氏，戈绮龄妻。

[1] "葛奎璧"，原本作"葛奎壁"，按《〔光绪〕泰州志》改。

马氏，卞桂庆继妻。抚孙成立，光绪四年旌。

唐氏，胡长龄妻，守节四十八年。

刘氏，赵金奎妻。

黄氏，王昌妻。

裴氏，房彭龄妻，刲股疗夫。

任氏，监生丁廷瑞妻。翁病刲股，夫殁守节。

田氏，任厚增妻。

文氏，王浩妻，守节五十一年。

吴氏，刘共武妻，守节四十一年。

王氏，曹荣妻。

王氏，杨灼妻，守节尽孝。

李氏，钱永福妻，守节尽孝。

叶氏，朱六皆妾，守节六十七年。

印氏，黄胜友妻，守节四十年。

王氏，陈鸿俊妻，守节四十五年。

陈氏，钱遇圣妻，守节五十七年。

岳氏，诸生邰鹤群妻。

章氏，王嵩妻。

王氏，丁华年妻。

章氏，徐宣妻。

刘氏，徐文圃妻，守节四十七年。

某氏，胡开山妻，守节四十二年。

陈氏，王泰元妻，守节四十九年。

李氏，监生邹约斋妻，守节五十六年。

朱氏，贡生俞国均妻，守节四十七年。

韩氏，诸生宫荣锦妻。

朱氏，王铁山妻，守节四十二年。

李氏，印学淦妻。

王氏，孙射垣妻。

韩氏，解永铭继妻。

申氏，陈征灵妻。遗腹子伯山复殁，与媳申氏两代守节。

徐氏，江啸泉妻，守节五十一年。按，《府志》作“啸东”。

钱氏，诸生解燮妻。

徐氏，王桂馨妻，贫苦守节五十一年。《府志》作“树馨”。

沈氏，李希邻妻。子璋，补武生，复殁，与寡媳抚孙。

王氏，袁世泰妻，苦节四十七年。

陈氏，从九贲世勇妻。夫病刲股，守节四十一年。

岳氏，陆志仁妻。

杨氏，陆琚妻。

周氏，陈恩宠妻。遗腹子传诗复殁，与寡媳两代守节。

张氏，监生陆兆麟妻，守节四十九年。

潘氏，吴春芳妻。

张氏，戈秉诚妻。

刘氏，王怀春妻。

季氏，刘承宠妻。

沈氏，陈庆华妻。

韩氏，徐瑗妻。

何氏，诸生徐瓒妻。

陈氏，丁如松妻，守节五十八年。

严氏，吉和妻。

郜氏，举人黄梯云继妻。

汪氏，增生戈兑妻，抚子治源入州庠。

叶氏，监生吴煌妻，守节四十九年。

李氏，监生乔寿祺妻，守节四十年。

李氏，马汝荣妻。

潘氏，高步阶妻。

仲氏，滕以文妻。截指藏夫棺自誓，守节五十一年。

丁氏，顾惟寅妻，守节四十五年。

魏氏，顾营东妻，守节四十四年。

刘氏，俞宫柱妻。

钱氏，张芳妻。

卞氏，戴某妻。抚子复殁，与媳叶氏两代守节。

黄氏，王志杰妻。夫出不归，贫苦守节五十五年。

张氏，袁某妻。

窦氏，张某妻。

王氏，周某妻。

张氏，宋奎章妻。

黄氏，诸生王宝琳继妻。守节尽孝，光绪九年旌。互见《坊表》。

颜氏，戈长庆妻。

王氏，佾生田以耕妻。夫殁，贫苦养姑。

王氏，鲁印川妻。

陈氏，邵大祥妻。

高氏，常某妻。

唐氏，张鹤庆妻。

钱氏，李捷三妻，守节四十五年。

陈氏，诸生戴潆妻。

刘氏，吴瑞之妻。

蒋氏，孙士福妻。

戴氏，花敦源妻，守节四十九年。

张氏，花殿元妻，守节五十年。

张氏，周瑞华妻。

花氏，周长茂妻。

丁氏，孙小山妻。

陈氏，万荣庆妻。

顾氏，万銮妻。姑病封股，夫殁守节。

叶氏，易履祥妻，守节四十三年。

易氏，王德扬妻。

康氏，郑坦妻。

孙氏，监生李文杰妻，守节五十年。

蒋氏，刘献廷妻。

柴氏，马凤林妻。

滕氏，马学涛妻。

徐氏，尹寿康妻。

仲氏，张汝珍妻。

周氏，武生宫连标妻。

钱氏，杨庆和妻。

黄氏，张庆寿妻。

蒋氏，叶佩之妻，家贫守节。

孙氏，田重九妻，守节四十年。

许氏，监生张笃庆妻。

钱氏，孙士禄妻。

程氏，监生张俊德妻，守节四十年。

以上《续志稿》据《续府志》。

黄氏，顾云妻。

郭氏，仲焕彩妻。

陈氏，梅茵妻。

韩氏，徐余士妻。

马氏，许派雾妻。

邵氏，张元醇妻。

徐氏，方鹤鸣妻。

姜氏，朱沂妻。

戈氏，顾承坚妻。

刘氏，吴兆熊妻。

王氏，董炎妻。

朱氏，王杰妻。

沈氏，袁云路妻。

韩氏，陈景路妻。

刘氏，张调羹妻。

王氏，顾宏远妻。

孙氏，王宝忠妻。

刘氏，陈谦吉妻。

孔氏，鲍熙尧妻。

钱氏，周辑五妻。

黄氏，缪骐妻。

姜氏，谢宗瀛妻。

张氏，田佩宸妻。

周氏，章承焘妻。

谭氏，施炳南妻。

邵氏，秦志瑞妻。

景氏，夏星臣妻。

华氏，邓大庚妻。

何氏，陆振禹妻。

周氏，张宝树妻。

陈氏，蓝宝臣妻。

顾氏，陈如金妻。

周氏，王春林妻。

王氏，莫莹妻。

团氏，宋遵宽妻。

陈氏，张日富妻。

周氏，任兆元妻。

李氏，储振镛妻。

徐氏，桂馨山妻。

卢氏，袁保兹妻。

韩氏，宫增培妻。

袁氏，陈赓虞妻。

周氏，武开第妻。

钱氏，杨寿谦妻。

宗氏，王铭妻。

江氏，陈其彦妻。

童氏，宋鹤林妻。

胡氏，董钰妻。

朱氏，胡友林妻。

郑氏，康平妻。

丁氏，黄稳山妻。

费氏，张辅仁妻。

徐氏，胡兆麟妻。

吴氏，洪承协妻。

严氏，仇定基妻。

王氏，黄瑞霖妻。

袁氏，丁增益妻。

高氏，杨根山妻。

王氏，石佐岩妻。

方氏，包寿康妻。

沈氏，俞珊园妻。

钱氏，张凤琪妻。

滕氏，卫步彭妻。

丁氏，杨锦龄妻。

宋氏，储兆椿妻。

高氏，印云江妻。

王氏，戴鸿钧妻。

段氏，陈如山妻。

陈氏，卫振鹏妻。

卞氏，夏鹤鸣妻。

滕氏，马芳波妻。

王氏，夏文林妻。

徐氏，张积山妻。

张氏，凌必成妻。

袁氏，易占六妻。

许氏，王锦元妻。

卢氏，张道三妻。

田氏，王善述妻。

王氏，朱深妻。

顾氏，陈芳妻。

周氏，莫瑄妻。

丁氏，吴大裕妻。

石氏，陈恺妻。

朱氏，郁盛周妻。

高氏，黄根立妻。

陈氏，孔广琪妻。

王氏，汪时书妻。

夏氏，翟应鹄妻。

刘氏，韩永康妻。

苏氏，宋秉衡妻。

顾氏，高棣妻。

张氏，马荣妻。

章氏，丁贞祥妻。

周氏，萧万茂妻。

滕氏，储诏祥妻。

岳氏，吴元恺妻。

杨氏，康复祥妻。

周氏，汪涛妻。

黄氏，吴庆寿妻。

陈氏，李福庆妻。

李氏，孙彭寿妻。

李氏，鲁长松妻。

蒋氏，李正国妻。

步氏，汪兰轩妻。

唐氏，朱鹤群妻。

沈氏，王鹤年妻。

葛氏，刘魁德妻。

卢氏，刘琬妻。

卢氏，黄壁人妻。

滕氏，宗南山妻。

邹氏，朱福广妻。

周氏，刘正福妻。

席氏，王开锐妻。

汤氏，刘三德妻。

周氏，马余山妻。

王氏，缪裕廷妻。

宋氏，刘大宾妻。

黄氏，王连庆妻。

黄氏，钱诚深妻。

某氏，黄廷瑞妻。

王氏，莫秀亭妻。

孙氏，练懋仁妻。

练氏，金恒山妻。

孙氏，钱曰奉妻。

某氏，陈应瑞妻。

赵氏，陈长龄妻。

黄氏，王培妻。

曹氏，薛长贵妻。

蒋氏，胡永庆妻。

周氏，张廷樑妻。

陈氏，顾鹤珠妻。

吴氏，刘绳祖妻。

陈氏，李颂南妻。

蔡氏，陈澧妻。

徐氏，储镇南妻。年二十七寡，守节五十三年。

唐氏，张天培妻。

罗氏，刘炳章妻。

钱氏，葛锡昌妻。

刘氏，郑拔萃妻。

黄氏，丁厚民妻。

王氏，于步蟾妻。

林氏，李宗璜妻。

吴氏，李锦霞妻。

吴氏，王茅楷妻。

冯氏，万兆福妻。

孙氏，姜其玉妻。

黄氏，曹子升妻。

程氏，陈保泰妻。

曹氏，刁海峰妻。

殷氏，周士豪妻。

王氏，陈忠贤妻。

殷氏，姚有才妻。

严氏，顾琴之妻。

唐氏，王占魁妻。

唐氏，王盖妻。

钱氏，屈新之妻。

顾氏，黄受之妻。

黄氏，丁士余妻。

黄氏，陈麓山妻。

杨氏，仲续容妻。

石氏，李金鉴妻。

黄氏，王郷煦妻。

王氏，卞履祚妻。

朱氏，王九锡妻。

王氏，池锦妻。

乔氏，萧瀛洲妻。

陈氏，王宏庆妻。

茅氏，庄忠垣妻。

季氏，陈安邦妻。

潘氏，陈祝庆妻。

孙氏，陈福龄妻。

叶氏，王连升妻。

陈氏，邹利宾妻。

张氏，王殿远妻。

黄氏，娄兆林妻。

潘氏，贾廷佐妻。

刘氏，王榲妻。

吴氏，方学城妻。

竺氏，成鹤仁妻。

乔氏，陈修龄妻。

杨氏，姜瀚妻。

程氏，刘长富妻。

黄氏，钱万春妻。

严氏，徐天章妻。

张氏，傅凤彩妻。

刘氏，翁柏林妻。

方氏，洪本顺妻。

徐氏，葛家瑜妻。

袁氏，李肇鼀妻。

王氏，宫廷璜妻。

王氏，丁朝文妻。

沙氏，杨万里妻。

滕氏，俞霖澍妻。

于氏，王朝贵妻。

王氏，孙学智妻。

冒氏，殷万里妻。

陈氏，刘庆元妻。

李氏，郑德亮妻。

陈氏，吴树藩妻。

包氏，蔡洞廷妻。

周氏，黄暲妻。

丁氏，严嵩山妻。

姚氏，刘文田妻。

高氏，严长山妻。

周氏，李瑞珠妻。

王氏，孙玉亭妻。

李氏，王凤喈妻。

钱氏，嵇文治妻。

王氏，蔡揆度妻。

朱氏，袁庆林妻。

宫氏，印汝嬴妻。

刘氏，吴泽昌妻。

蔡氏，张志友妻。

王氏，孙佩妻。

胡氏，葛长连妻。

周氏，萧步宸妻。

陈氏，刘顺章妻。

张氏，树万巧妻。

黄氏，宋秉蘅妻。

王氏，钱永发妻。

樊氏，嵇治发妻。

孙氏，印周南妻。

李氏，吴树人妻。

张氏，刘大兴妻。

吴氏，洪本澂妻。

张氏，王自厚妻。

徐氏，许汝弼妻。

陆氏，顾慕周妻。

蒋氏，刘增瀛妻。

蔡氏，刘凤池妻。

蒋氏，刘开庆妻。

李氏，孙杞妻。

刘氏，袁世煦妻。

朱氏，张敏德妻。

王氏，李世庆妻。

陆氏，袁邦安妻。

华氏，张国珍妻。

刘氏，陆文蔚妻。

唐氏，胡珏妻。

张氏，王成德妻。

王氏，顾鸿妻。

严氏，曹礼妻。

袁氏，姜德礼妻。

徐氏，贲西崇妻。

陈氏，沈克昌妻。

王氏，田丹成妻。
胡氏，姜国栋妻。
萧氏，吴鼎妻。
宋氏，周杰妻。
费氏，萧瑞生妻。
叶氏，戴龙恺妻。
蔡氏，茅万和妻。
孙氏，石惟熙妻。
林氏，程云路妻。
吴氏，钱瀚妻。
唐氏，许承治妻。
钱氏，吴芗林妻。
翟氏，陈岁千妻。
王氏，董炳章妻。
徐氏，段必林妻。
刘氏，朱连城妻。
王氏，章维宝妻。
孙氏，丁起度妻。
周氏，谢昌庆妻。
周氏，陈佑妻。
朱氏，谭业骅妻。
张氏，宋殿章妻。
廉氏，孙德华妻。
以上据节孝祠《节妇姓氏录》。
刘氏，职员周之藩妻。
吴氏，监生王仁山妻。
刘氏，监生谢福增妻。
纪氏，仇焯继妻。
王氏，韩行健妻。

孙氏，王宝岚妻。

顾氏，陈舜扬妻。

李氏，王鲲妻。

申氏，陈宜男妻。

谭氏，胡震孙妻。

黄氏，胡泰临妻。

王氏，朱保升妻。

方氏，景启发妻。

朱氏，洪景韩妻。

韩氏，李佩玉妻。

徐氏，贲世荣妻。

卢氏，黄珙妻。

刘氏，杨于疆妻。

周氏，陈士桢妻。

卢氏，陈静旅妻。

陈氏，韩士荣妻。

曹氏，卢维藩妻。

许氏，解琇妻。

吉氏，刘伦妻。

徐氏，谢铭妻。

徐氏，韩康泰妻。

卢氏，刘忠箓妻。

蒋氏，罗学富妻。

姜氏，谢宗瀛妻。

谭氏，王也泉妻。

沈氏，顾镛妻。

徐氏，阚金华妻。

林氏，杨士怀妻。

梁氏，徐乔寿妻。

吴氏，生德泰妻。

凌氏，许庚元妻。

陆氏，徐盈章妻。

杨氏，徐学锦妻。

田氏，周长年妻。

陆氏，胡昌友妻。

陆氏，监生梅春元妻。

谭氏，儒童沈士章妻。

陆氏，儒童黄标妻。

常氏，儒童谭荃妻。

胡氏，儒童张锦瑞妻。

谭氏，儒童李向宸妻。

吴氏，儒童王者泰妻。

徐氏，儒童陆渊妻。

刘氏，儒童陆明德妻。

解氏，儒童陆宗姜妻。

许氏，儒童岳嶙继妻。

陆氏，儒童谭灌妻。

韩氏，儒童张澄源妻。

苍氏，陆绣绅妻。

胡氏，儒童顾学群妻。

陈氏，儒童章传义妻。

钟氏，儒童陈文翊妻。

沈氏，儒童陈庆华妻。

以上均已旌，据海安总坊编录。凡前见者，不复入。

王陈氏、王朱氏、王黄氏、李袁氏、陈季氏、贾潘氏、萧乔氏、仲杨氏、杨桂氏、陈乔氏、孙钱氏、孙蒋氏、邹陈氏、王袁氏、王刘氏、陈潘氏、宋朱氏、尹徐氏、刘程氏、张仲氏、马柴氏、刘董氏、刘蔡氏、钱黄氏、刘仲氏、陈孙氏、宫王氏、杨沙氏、王张氏、侯鲁氏、王朱氏、王陈氏、徐严氏、丁王氏、周严氏、方吴氏、俞滕氏、池王氏、傅张氏、洪方氏寄籍、庄茅氏、洪吴氏。

以上据州案，于光绪十六年旌。惟案卷不全，只有姓名，而无夫名，重复无可稽考，故并录之，另列一类。

郭氏，朱夔妻，住朱家厦。年十七寡，抚遗腹子瑞成立，守节三十八年。道光十二年旌。《续志稿》，参新采。

张氏，黄宅安妻。年十九寡，卒年八十八，守节六十九年。道光十四年旌。《续志稿》，参新采。

孟氏，李桂五妻。年十七寡，守节五十七年。道光二十五年旌。

于氏，诸生尤焕勋妻。年二十七寡，守节五十四年。道光二十八年旌。

严氏，袁邦兴妻。年二十四寡，道光三十年学政青奖以匾额，并具题请旌。住王师庄。

樊氏，李悦仁妻。年二十一寡，守节四十年。咸丰四年旌。

杨氏，钱鲤妻。年二十五寡，守节五十年，抚嗣子汝骧入邑庠，卒年七十五。咸丰年旌。住六家池。

张氏，巫瑞五妻。守节，事姑尽孝，抚遗腹子桂根成立。同治元年旌。

李氏，邹侣衡妻，卒年八十二。同治元年旌。

钱氏，监生陆彤妻。年二十九寡，卒年九十，守节六十一年。同治二年旌。《续志稿》，参新采。

钱氏，丁溥妻。守节四十二年，卒年七十二。学正林奖以匾额，同治二年旌。住姜堰。《续志稿》，参新采。

朱氏，梅九兴妻。年二十一寡，抚子发祥成立，卒年八十二。同治二年旌。住黄沙沟。

刁氏，黄谨轩妻。年二十四寡，孝事翁姑，抚子女成立，守节六十一年，八十五岁卒。同治三年旌。住姜堰东官庄。

谢氏，王宝经妻。年二十二寡，卒年六十六。同治六年旌。住王家楼。《续府志》。

史氏，景相妻。年二十三寡，奉姑章氏以孝闻，抚子惟忠成立。惟忠殁，又抚嗣孙。守节六十四年，卒年八十七。同治六年旌。《续志稿》，参新采。

孙氏，武庠生刘树藩妻。年二十四寡，守节抚孤，卒年七十一。同治七年旌。

蒋氏，申均妻。年二十八寡，事翁姑，抚孤子，守节四十八年，卒年七十六。同治九年旌。《续志稿》，据《续府志》，参新采。

张氏，职员陆绳武妻。年二十二寡，抚嗣子举人英后更名炳埏成立，官南汇县学训导，守节五十四年。同治十年旌。《续志稿》，据《续府志》，参新采。

杨氏，监生陈厚荣继妻。以侄隆岳嗣，复殁，与寡媳抚孙。同治十年旌。住海安镇。

黄氏，刘锡恩妻。年十九寡，守节二十九年。同治十一年旌。

王氏，提督刘荣庆妾。青年守节，孝事翁姑。同治十一年旌。

王氏，陈宝箴妻。年二十六寡，守节四十余年。同治十一年旌。

杨氏，陈东仪妻。年二十五寡，抚侄凌鲁为嗣，守节五十二年。同治十一年旌。

俞氏，解福庆妻。年二十九寡，子传复殁，与寡媳抚孙，守节五十二年，卒年八十一。同治十二年旌。《续志稿》，参新采，传妻另有传。

刘氏，仇文蔚妻，。年十八寡。同治十三年旌。

梅氏，徐烈升妻。同治十三年旌。

邓氏，从九杨振远妻，矢志守节。同治十三年旌。

田氏，陈崇礼妻。年二十七寡，家贫，藉针黹度活。孝事翁姑，抚子女均成立。卒年六十，守节三十三年。同治十三年旌。《续志稿》，参新采。

周氏，柳文春妻。年二十二寡，孝事翁姑，抚孤子成立，亲见五世同堂。学政白奖以匾额，同治十三年旌。

钱氏，陆赓飏妻。年三十寡，抚遗孤玉章、琴章、成章成立。姑病，刲股疗之。翰林院编修张丙炎汇题请旌，同治二年建坊张家田，卒年九十。

陈氏，仲克明妻。夫殁，孝事翁姑，抚子成立，子殁抚孙，卒年九十一。同治年旌。

吴氏，监生张思谦妻。年二十寡，守节抚孤。同治中，广东学政刘熙载专折请旌建坊。

刘氏，詹事左春坊左中允、兴化刘融斋次女。幼刲肱愈母疾，后适监生唐恩祥。恩祥劬学成疾，氏刲肱和药进，卒不起。氏年二十四守节，事姑尽孝，抚嗣子德生如己出。德生病，复刲肱疗之，愈。光绪元年旌，建坊西夏庄。德生任州城守，有能声。

卞氏，李辅臣妻。年十八寡，守节四十年。光绪元年旌。

徐氏，王柯妻。柯死，孝事翁姑，守节四十年。学政林匾奖之，光绪元年旌。

孙氏，王晴峰妻。年二十四寡，守节五十年，卒年七十二。光绪元年旌。

钱氏，许松珍妻。年二十九寡，家贫，苦守数十年，卒年六十一。光绪二年旌。

常氏，佾生陈祖庚妻。年二十三寡，孝事翁姑，足不出户。见族中子弟，必以孝弟相勖。嗣子芾领乡荐，以纺绩资佐公车费，卒年五十七。光绪二年旌。

宋氏，吴谦吉妻。夫亡，抚子益浦，复殁，与媳莫氏两代守节。光绪二年，学政林奖"永节双清"匾额，并具题请旌。《续志稿》，参新采。

陈氏，王文涟妻。年二十九寡，事姑尽孝。子二：长，世镛；遗腹子世辅。娣妇孟氏寡，自伤无子，爱世辅，遂命为之后。氏抚二子俱成立，卒年九十四。光绪三年旌。住运粮河。

许氏，张文彬妻。年二十四寡，生子仅数月，矢志事姑抚子。逾年姑殁，族党欲夺其志。氏剪发自誓，守节六十余年。光绪三年旌。

杨氏，黄铠妾。年二十二寡，事嫡如母，抚子颐成立。家故贫，氏崇节俭，由约而丰，卒年六十三。光绪三年旌。住大堬庄。

蔡氏，李锦辉妻。年二十二寡，守节四十七年。光绪三年旌。住双河李家庄。

朱氏，王俊臣妻，年二十四寡。光绪四年旌。

孙氏，职员王福源妻，年二十八寡。光绪五年，翰林院检讨杨际春具题请旌。

朱氏，宋增祐妻，守节抚孤。光绪五年旌建坊。

何氏，附贡生张淦妾，守节六十年。光绪五年旌。

俞氏，郡庠生宫镇邦妻，夫殁守节。光绪五年旌。

吴氏，儒童石维仁妻。年三十寡，事翁抚孤，勤劳倍至。性和厚，从未怒形于色，乡里称之。卒，年九十。光绪六年旌。

黄氏，马文江妻。年二十六寡，遗孤焕章。氏欲殉，以呱呱难活，恐斩夫嗣，抚之入邑庠，卒年七十六，苦节四十八年。光绪六年旌。

唐氏，郭昶之妾。年二十四寡，数十年足不出户，卒年七十五。学政黄匾奖之，光绪六年旌。节孝祠匾作妻。

谭氏，刘力堂妻，年二十六寡。光绪六年，总督刘、巡抚吴、学政黄具题请旌。

徐氏，窦应宽妻。年二十四寡，无子。劝舅纳妾，未几生子，抚之如己出。迄今窦氏子孙繁衍，皆氏之功也。守节六十一年。光绪六年旌。

张氏，印述庵妻，守节五十五年。光绪七年旌。

桂氏，监生杨沂继妻。年二十寡，家贫苦节，事迈姑尽孝，抚子增、贡生培基及培深成立，守节二十八年。光绪七年旌。

缪氏，王松年妻。年二十一寡，无子，以侄日昌兼祧。日昌殁，氏以田四十余亩赡族，复以田十余亩为建立宗祠基础。立堂侄孙长栋为嗣，孙复殁，又抚嗣曾孙。卒年七十四，守节五十四年。光绪七年旌。

贾氏，姜堰汛把总储金桂妻。金桂以捕盗受伤，殁于汛，氏时年二十八，守节三十九年。光绪七年旌。

申氏，儒童顾林兰妻。年二十七寡，事孀姑，抚嗣子成立，卒年八十四。光绪七年旌。

申氏，孟希爵妻。年二十二寡，抚幼子学超成立，守节六十七年。光绪七年旌。

汪氏，尤璠妻。年二十二寡，抚子恩培成立。光绪七年旌。《续志稿》。

石氏，李春藻妻。年二十九寡，守节三十二年。光绪七年旌。住双河李家庄。

何氏，儒童徐兆品妻。青年守节，家贫，针黹度日，养姑抚子，常作诗以明志，守节三十余年。光绪八年旌。

凌氏，监生刘廷璋妻。年二十二寡，孝事翁姑，抚遗孤，孙曾入胶庠，守节六十二年。光绪八年旌。《续府志》。

卢氏，唐钰妻，年二十九寡，光绪八年旌。

翟氏，顾芗妻，年二十八寡，力贫守节五十五年。光绪八年旌。

汤氏，职员张宏祖妻，幼刲臂愈父疾。既嫁，事翁姑尽孝，年二十九寡。咸丰三年，赭寇逼州境，氏负姑逃避。姑殁，贫无以殓，典质钗珥，以蒇其事。抚子附贡生凤翔及凤翰成立，守节五十四年，卒年八十二。学政溥匾奖之，光绪八年旌。《续志稿》，参新采。

黄氏，郭钧培妻。夫殁，守节五十七年。光绪八年旌。住张家院。

袁氏，刘文渊妾。年二十四寡，无子，以侄邑增生锡纯嗣。锡纯授徒，氏孙永成与孙婿沈秉乾同塾读书，黎明即令之入塾，晚间督课尤严。沈成进士，永成饩于庠。论者以为微氏之教，不及此。氏守节二十二年。光绪八年旌。

刘氏，沈素正妻，年二十七寡，守节五十一年。光绪九年旌。

周氏，候选卫千总黄晖继妻，年二十九寡。光绪九年旌。

袁氏，从九王香海妻。年二十八寡，家贫甚，抚子辅卿，复殁，与寡媳抚孙，守节四十六年。光绪九年旌。《续志稿》。

黄氏，张同方妻，守节四十二年，卒年六十二。光绪九年旌。

吴氏，王连寿妻。夫殁无子，以侄准为嗣，守节三十八年，卒年六十八。光绪九年旌。

卢氏，季德昶妻。年二十七寡，卒年七十六，守节五十一年。光绪九年旌。

胡氏，黄岗妻，夫亡守节。光绪九年旌。住樊汊镇。

钱氏，季德普妻。年二十一寡，事翁尽孝，训子有方，与姒妇卢氏，同守苦节。光绪九年旌。

丁氏，郃福培妻。年二十一寡，秉性贤淑，敬事翁姑。无子，以侄炳忠为嗣。光绪九年旌。

徐氏，叶景素妻。年二十七寡，守节五十年。光绪九年旌。

章氏，王嵩妻。年二十寡，孝舅姑，抚嗣子，四十三卒，守节二十三年。光绪九年旌。学政龙给“孝竹贞松”额，建坊海安镇。

徐氏，叶锦妻，年二十七寡。光绪十年旌。

笪氏，监生郑鸿复妻。光绪十年旌。

唐氏，儒童郑植葵妻。光绪十年旌。

许氏，韩景源妻。年二十六寡，已守节三十三年。光绪十年旌。《续志稿》。

曹氏，王善根妻，年二十九寡，卒年七十二。光绪十年旌。

王氏，武庠生凌椿妻。年二十八寡，抚三子成立，守节三十七年。光绪十一年旌。新采。

韩氏，李廷诏妻。年三十寡，抚子德馨、舜臣游庠。学政黄匾奖之，光绪十一年旌。住双河李家庄。

王氏，刘安邦妻，年二十七寡。光绪十二年旌。

练氏，樊义广妻。夫殁家贫，抚孤成立，绘《冰霜图》以自励。光绪十二年旌。

赵氏，陈与九妻。光绪十二年旌。住渔行庄。

吉氏，监生李景莲妻。年十九寡，抚遗腹子、拔贡生星南成立。翁病笃，氏刲股和药疗之。光绪十二年旌。

宫氏，诸生田树森妻。年二十九寡，卒年七十六。光绪十二年旌。建坊西官庄之南湖。

黄氏，监生丁禹门妻。年二十四寡，家贫，以针黹度日。事翁姑，抚嗣子，守苦节四十二年。光绪十三年旌。

李氏，刘伶妻。年二十一寡，卒年七十，守节四十九年。光绪十三年旌。

凌氏，张宏治妻。年二十四寡，守节二十七年。光绪十四年旌。

鲁氏，侯云翰妻。早寡，清贫苦守，抚子如山、如松成立，卒年九十三。光绪十四年，学政王具题请旌，并奖以匾额。

黄氏，丁传绪妻，守节四十一年。光绪十四年旌。

柯氏，黄芝山妻。年十八适黄，九阅月寡，抚嗣子鸾守节，卒年六十七。光绪十四年旌，学政溥复匾奖之。

叶氏，钱志仁妻。年二十九寡，守节四十八年。光绪十五年旌。

袁氏，林广富妻。年二十八寡，守节三十二年。光绪十五年旌。

储氏，佾生张荦妻，年二十八寡。光绪十五年旌。

黄氏，凌林成妻。年二十一寡，守节五十二年。光绪十五年旌。

刘氏，陈文沂继妻。年二十六寡，抚子彝簵成立，守节五十年。光绪十五年旌。

吴氏，从九刘武廷妻。守节四十二年，同治七年殁。光绪十五年旌。

许氏，袁发魁妻，年三十寡。光绪十六年旌。

严氏，周楷妻。年二十六寡，子一，早夭，抚嗣孙汝霖入邑庠。卒年八十二，守节五十六年。光绪十六年旌。

潘氏，王芝奇妻。年二十四寡，抚子占魁，复殁，与媳唐氏两代守节，均光绪十七年旌。

李氏，崔昌业妻。年二十七寡，守节三十三年。光绪十七年旌。

章氏，监生李云渠妾。年二十四寡，守节四十八年。光绪十七年旌。

凌氏，监生黄申勖妻。年二十一寡，无子，抚侄以廉为嗣，复殁，抚以宽为嗣，守节五十四年。光绪十七年旌。《续志稿》，参新采。

谢氏，职员黄在汝妻。新采作“继妻”。年二十一寡，事两代孀姑尽孝。无子，抚嗣子、嗣孙、嗣曾孙成立，守节三十二年。新采作“五十余年”。光绪十七年旌，新采作“十年旌”。学使陈复匾奖之。

吉氏，陈世椿妻。年二十七寡，卒年六十八。光绪十八年旌。

金氏，陈国泰妻。年二十九寡，守节四十七年。光绪十八年旌。

张氏，姜荣妾。年二十八寡，守节四十二年。光绪十八年旌。

薛氏，郜溱妻。年二十寡，守节五十八年。光绪十八年旌。

卢氏，从九袁泌妻。年二十七寡，卒年八十八，守节六十一年。光绪十八年旌。

倪氏，丁元德妻。年二十五寡，孝事翁姑，卒年八十。光绪十八年旌。

黄氏，凌桂成妻。年二十二寡，子文铎生未弥月。氏孝事翁姑，抚孤子成立。后子与媳相继殁，复抚孙庆元成立，卒年七十九。光绪十八年旌。

汪氏，监生徐兆鳌妻，年二十六寡。姑陈氏未婚守志，抚兆鳌为后。兆鳌殁，氏事孀姑尽孝，抚嗣子廪生炳华成立。光绪十九年旌。

戴氏，儒童顾麟征妻。年十九寡，矢志守节抚孤，卒年六十五。光绪十九年旌。住顾高庄。

金氏，监生王辅卿妻。年二十七寡，家贫，侍孀姑袁氏尽孝，抚子灏成立。光绪十九年旌。

杨氏，州同衔王缘庆妻。年二十二寡，抚孤殇，复抚嗣子成立。光绪十九年旌。

缪氏，黄寿三妻。年二十三寡，生子仅七日，矢志守节，抚孤成立，卒年八十一。光绪十九年旌。

吴氏，文生黄检妻。年二十九寡，抚孤成立，未几卒。复抚嗣子，以所蓄禀请建立支祠，以安九代先灵。光绪二十年旌。

蒋氏，诸生储藻鉴妻。年二十七寡，守节四十七年。光绪二十年旌。

王氏，袁德馨妻。光绪二十年旌。

王氏，监生钱炳妻。年二十九寡，抚子毓珩、锡坤并入庠。光绪二十年旌。住海安。

陈氏，顾煌妻。年二十七寡，抚子廷燮，守节四十二年。光绪二十年旌。

徐氏，文生熊介清妻。年二十七寡，家贫无子。勤针黹以事迈姑，姑殁，丧葬惟氏是赖。卒年六十三，守节三十七年。光绪二十年旌。

徐氏，从九孙广业妻。年二十七寡，事姑尽孝，抚遗腹子兆耆成立。新采“抚子敦兴成立”。氏性好施，置田三亩为义冢。卒年八十五，守节五十余年。光绪二十年旌。《续志稿》，参新采。

陈氏，职员朱望玉妻。年二十一寡，孝事翁姑，性好施与，里党贤之。守节五十七年，无子，以侄崇官兼继为嗣。光绪二十一年旌。《续志稿》，参新采。

张氏，魏厚培妻。年二十寡，守节二十八年。光绪二十一年旌。

丁氏，周彭寿妻。嫁七日，彭寿以心疾死，缢以殉，救复苏。痛夫成羸疾，年三十九卒。光绪二十一年旌，宣统元年建坊。

徐氏，乔步高妻。年二十六寡，守节三十四年。光绪二十一年旌。

管氏，沈步墀妻。年二十九寡，卒年五十八，守节二十九年。光绪二十一年旌。

沈氏，监生丁怀奇继妻，年十八寡。子一，殇。姑钱氏病卧不能起，赖氏朝夕维持，寿臻百岁。氏守节五十余年。光绪二十一年旌。

朱氏，监生赵佑之妻，朱宝善次女。年二十二寡，家贫，以针黹所入事姑。为夫弟婚娶，生子立为嗣，赵氏宗祧得以不绝。守节五十一年。光绪二十一年旌。新采。

周氏，黄永恭妻，光绪二十一年旌。

夏氏，廪生王维植妻。年二十五寡，抚子廪生廷琥成立，守节三十五年。光绪二十二年旌。

浦氏，张贵燕妻，光绪二十二年旌。

姜氏，从九施椿林妾。年二十八寡，抚孤成立，守节五十四年。光绪二十二年旌。

郑氏，丁吉庆妻。年十九寡，事孀姑尽孝。光绪二十二年旌。

张氏，诸生陆光三继妻。幼失怙，事寡母以孝闻。适陆后，克尽妇道。夫殁，遗子一女一，以姑年迈，弗忍殉。姑病痢，恒取中裙，躬亲浣濯。姑殁，丧葬如礼。抚子女，均成立。光绪二十二年旌。

周氏，从九刘忠巨妻。年二十九寡，抚前子暨所生子女俱成立，卒年六十九。学政王匾奖之，光绪二十二年旌。

仲氏，刘树功妻，年二十三寡。工诗，事父母尽孝。适刘后，孝事翁姑，刲股疗夫病。夫殁，抚子铃入邑庠，子与孙相继殁，复抚遗腹曾孙成立，学政龙奖以匾额。卒年九十二。光绪二十三年旌。

朱氏，翟传义妻。年二十三寡，孝事孀姑。光绪二十四年旌。

沈氏，许桂堂妻。年二十一寡，抚嗣子成立，守节三十余年。光绪二十四年旌。

李氏，黄祝妻。年二十一寡，事姑尽孝。家贫，针黹度日，卒年五十。光绪二十四年旌，建坊夏家堡。

吕氏，监生徐廷铨妻。年二十四寡，守节三十三年卒。光绪二十四年旌。

陆氏，郑宗武妻。年二十，归郑。夫殁，遗子甫二百日，氏抚而泣曰："吾不与汝父同死者，以汝有大母孀且迈耳。"由是事之益谨。姑殁，遂殉焉，年仅三十。学政龙、瞿均匾奖之，以上新采。光绪二十五年旌。

袁氏，儒童翁嘉德妻。年二十四寡，守节二十八年。光绪二十五年旌。

周氏，监生王辰妻。年二十寡，事姑抚子，苦节五十年。光绪二十五年旌。

李氏，监生韩培妻。年二十五寡，守节四十二年。光绪二十五年旌。

高氏，黄长寿妻，光绪二十五年旌。

韩氏，解骐妻，早寡，守节四十三年。光绪二十五年旌。

金氏，王履中妻，年三十寡，抚孤成立。光绪二十六年旌。

许氏，监生韩城妻，年三十寡，守节三十二年。光绪二十六年旌。

秦氏，郑祖洛妻，年二十九寡，守节抚孤。光绪二十六年旌。

张氏，顾燕妾。年二十五寡，子镇藩甫弥月，矢志抚孤，事嫡尽礼，学政李匾奖之。守节四十八年，光绪二十七年旌。《续志稿》，参新采。

王氏，冯璋妻，年二十五寡，抚子魁元成立。光绪二十七年 旌。

王氏，候选中书科中书曹纯庵妻。年二十四寡，仅遗一女，甫八月，誓以身殉，因姑力劝乃止。氏孝事迈姑，抚嗣子占魁成立。光绪二十七年旌。

黄氏，申镇妻。年三十寡，矢志守节抚孤。光绪二十七年旌。

王氏，吉义近妻。年二十三寡，矢志抚孤，已守节三十八年。光绪二十七年旌。

萧氏，职员王星源妻，年二十三寡。光绪二十八年旌。

黎氏，姚廷桢妻。夫殁，子乃铨甫三岁，氏一意抚孤。时乱年荒，备尝艰苦，守节五十三年。光绪二十八年旌。

王氏，监生宫俊生妻。年二十一寡，抚遗腹子士廉成立，守节四十二年。光绪二十九年旌。

张氏，叶志旺妻。年二十六寡，家贫，耕种度日，抚子春元、春奎成立，守节数十年。光绪二十九年旌。建坊。

杨氏，童曦妻，尝刲股愈母病。既嫁，事姑尽孝，年二十九寡，守节四十年。光绪二十九年旌。

于氏，谢受之妻，光绪二十九年旌。

汪氏，儒童邹茂龄妻，守节三十七年。光绪二十九年旌。

王氏，凌裕和妻。年二十四寡，事翁姑，抚嗣子，清贫守节四十二年。

光绪二十九年旌。

夏氏，文童王度妻。年二十一寡，守节四十三年。光绪三十年旌。

陈氏，监生姜致祥妻，守节四十年。光绪三十年旌。

金氏，马攀龙妻。年二十四寡，事迈姑，抚孤子，守节五十四年。光绪三十年旌。

章氏，陈德观妻。年三十寡，无子，抚侄忠良为嗣，守节二十四年。光绪三十年旌。

杭氏，陆灌勋妻。年二十五寡，事翁姑以孝闻，守节三十八年。光绪三十年旌。

程氏，汪兴锐妻。夫殁，守节三十三年。光绪三十年旌。

杭氏，米慕英妻。年二十四寡，守节二十三年。光绪三十一年旌。

薛氏，吉义为妻。年二十五寡，事孀姑，抚幼子，卒年六十一。光绪三十一年旌。

游氏，文童王培妻。年二十六寡，抚周晬子鋆成立。氏明大义，尝以银币数百，为建祠创谱之资，更周济族党中贫乏者，守节四十五年。光绪三十一年旌。

王氏，诸生李春元妻，年二十九寡。幼聪颖，读《列女传》，往往为之感泣。年二十五，归春元，以读书敦品相励。春元殁，子又殇，抚侄文玉为嗣，孝事翁姑，年四十六卒，守节十七年。光绪三十二年旌。

王氏，戈吟笙妻。夫殁，抚子祖培成立，守节数十年。光绪三十二年旌。

丁氏，儒童顾采芹妻。年十九寡，事姑敬嫡，抚子成立。学政李匾奖之，光绪三十二年旌。

王氏，周瑞卿妻。年二十五寡，事姑尽孝，抚嗣子桂增成立。光绪三十二年旌。

华氏，监生吉义辅妻。年二十五寡，上事孀姑，下抚幼子和敬、秉桢成立，守节三十三年。光绪三十三年旌。

钱氏，诸生李赓唐妻。年二十六寡，守节三十八年。光绪三十三年旌。

郭氏，诸生李树棠继妻。年二十五寡，守节四十四年，光绪三十三年旌。

丁氏，监生王云祥妻，年二十六寡。学政唐给以匾额，光绪三十三年旌。

王氏，许培兰妻。夫殁，族人利其产，觊觎之。逾二月，生遗腹子谱仁，家难以息。氏守苦节三十三年。光绪三十四年旌。

费氏，诸生马焕章妻。年二十五寡，无子，以侄藻华为嗣，教养无异所生，已守节三十余年。光绪三十四年旌。《续志稿》，参新采。

陈氏，监生韩濯江妻，守节十四年。光绪年旌。

杨氏，李鹤群妻，守节四十八年。光绪年旌。

郭氏，李荣祖妻，守节四十三年。光绪年旌。

陈氏，储硕德妻，守节三十年。光绪年旌。

张氏，监生汪墅妻。年二十四寡，无子，抚从侄为嗣，守节十四年，殁。光绪年旌。

沈氏，监生卢宝臣妻。年二十九寡，抚孤守节四十八年。光绪年旌。

俞氏，卢鸿妻。年二十三寡，抚孤守节四十六年，卒年六十九。光绪年旌。

任氏，高彝尊妾。夫殁于京邸，氏年二十五，矢志殉节。亲戚劝以助嫡抚嗣子为重，乃扶榇归里。母族以氏年少，劝之改适。氏断发自誓，终身不入任氏门。光绪年间，学政李汇题请旌。以嗣子裕瑞官山东知县，封宜人。

周氏，汪铸堂妻，年二十五寡。光绪年旌。

姜氏，曹学妻。夫殁守节，孝事翁姑，抚遗孤。光绪年旌。

吴氏，监生余昌潮妻。年二十六寡，守节四十年。光绪年旌。

陈氏，柯童龄妻。年二十五寡，抚子鹏万成立，卒年六十二。光绪年间，学政瞿具题请旌。

郭氏，潘淮清妻，守节三十余年。光绪年旌。建坊。

徐氏，从九王杏妻。年三十寡，抚子诸生赞尧成立，守节五十七年，卒年八十七。宣统元年旌。《续志稿》，参新采。

李氏，解传妻。年三十寡，抚孤成立，守节四十四年，卒年七十二。宣统元年旌。《续志稿》，参新采。

石氏，监生刘汉书妻。守节三十三年，光绪十六年殁。宣统元年旌。

王氏，解宗原妻。年二十二寡，以针黹抚孤成立，守节三十三年。宣统元年旌。

黄氏，童生汪蔼若妻。年二十八寡，守节四十余年。宣统元年旌。

李氏，从九汪艺林妻。年二十八寡，抚子成立。宣统元年旌。

石氏，监生汪文林妻，年二十四寡。宣统元年旌。

缪氏，钱汝柏妻。年二十八寡，抚子倬成立。子殁，与妇游氏抚孙嵩龄。游贤淑孝姑，一门双节，人咸称之。并于宣统元年旌。

赵氏，增生陈士琦妻。年二十九寡，性孝，善书工诗，通算术。抚长子增生晋初、次子附生长元成立，守节三十七年，卒年六十六。宣统二年旌。新采。

沈氏，职员顾锡森妻。年二十六寡，卒年五十四，守节二十八年。宣统二年旌。同上。

文氏，儒童顾锡堃妻。年十九寡，卒年四十。宣统二年旌。同上。

刘氏，沈寿彭妻。年二十五寡，已守节三十九年。宣统二年旌。

王氏，汪耀庭妻。夫殁，守节三十一年。宣统二年旌。

王氏，尤荣祖妻。年十八寡，守节三十二年。宣统二年旌。

王氏，尤耀庭妻。年二十一寡，抚堂侄桂根为嗣，守节三十年。宣统二年旌。

朱氏，陈汉章妻。年二十九寡，事翁孝，抚幼子成立。宣统二年旌。

刘氏，王千妻。年二十九寡，无子，以针黹度日。宣统二年旌。

顾氏，陈彝籁妻。年二十九寡，抚二子钟騵、钟驈成立，已守节三十三年。宣统三年旌。

何氏，监生缪锽妻，年二十寡。宣统三年旌。

陈氏，栾某妻，年二十五寡。宣统三年旌。

陈氏，丁孝让妾。年十九寡，抚遗腹子根培成立，已守节四十三年。宣统三年旌。

续纂泰州志卷之三十一

人物·列女表下

陈氏,陆信妻。年三十寡,守节二十七年。

李氏,监生刘令妻。年二十二寡,抚兼祧子。复殁,与寡媳抚孙,守节三十三年。

王氏,刘璬妻。年二十八岁寡,守节抚孤。子殇,悲泣成瘰疬,死。

郑氏,丁余庭妻。年十九寡,守节四十八年。

仇氏,丁翰卿妻。年十九寡,守节三十四年。

张氏,吴文庆妻。年三十寡,守节四十八年。

杨氏,吴文与妻。年二十八寡,守节三十四年。

葛氏,儒童韩有年妻。年二十四寡,子殁,守节四十年。

以上续志稿据州案,均光绪二十四年旌。

薛氏,王万春妻。读书知大义,年二十一寡,抚二岁子,贫苦守节五十二年。

李氏,崔敬甫妻。年二十八寡,守节三十三年。

王氏,胡六桂妻,婺源人,寄居海安镇,年二十八寡,守节四十二年。

丁氏,曹修凤继妻。年二十三寡,守节五十三年。

张氏,监生李晓材继妻。年二十五寡,抚子复殁,抚孤孙成立,守节四十二年。

谭氏,岳振奎妻。年二十九寡,事迈翁尽孝,守节二十三年。

徐氏，诸生杨光由继妻。读书知大义，年二十三寡，事姑尽孝，抚孤大章成立。夫妹贫寡，迎归养之。守节三十四年，卒年七十七。光绪十七年旌。

柳氏，监生袁青云妻。年二十五寡，抚子维翰成立，守节三十五年。光绪三十四年旌。

刘氏，吴继善妻。年二十四寡，已守节三十二年。光绪三十四年旌。

以上续志稿据州案，均光绪二十八年至三十四年旌。

黄氏，吴宝臣妻。

翟氏，陈椿妻。年二十八寡，守节六十五年。

王氏，严载文妻。年三十寡，守节五十三年。

朱氏，王应经妻。年十九寡，守节四十一年。

韩氏，乔寿芝妻。年二十八寡，守节三十五年。

张氏，宫碧山妻。年十九寡，守节四十六年。

张氏，陈应诏妻。年二十四寡，守节二十四年。

陈氏，监生张步蟾妻。寡，守节六十四年。

季氏，刘佩妻。年二十一寡，抚嗣子震名若己出，事翁姑以孝闻，守节三十五年。

李氏，邱学澄妻。年二十五寡，守节三十三年。

卢氏，监生傅凤锐妻。年三十寡，守节四十五年。

李氏，监生卢宪书妻。年二十九寡，抚遗腹子克明成立，守节四十年。

刘氏，监生卢克勤妻。年二十五寡，守节二十一年。

卢氏，监生游心法妻。年二十三寡，守节二十一年。

袁氏，从九蒋椿林妻。年三十寡，守节四十二年。

吴氏，王某妻。

吕氏，杨松庆妻。年二十四寡，守节二十九年。

孙氏，刘连文妻。年二十二寡，守节四十五年。

邹氏，王作钧妻。年二十七寡，抚子应元成立，守节二十六年。

吉氏，王汉宝妻。年十八寡，家贫，以针黹度日，事迈翁尽孝，守节十九年。

钱氏，诸生张杞南妻。青年守节，孝事孀姑，抚子艺林成立。光绪三十三年，江宁提学使匾奖之。

江氏，从九卢鸿书妻。年二十六寡，守节二十八年。

夏氏，宫檠妻。守节四十余年，抚孤成立。

李氏，监生康谦宾妻。年二十一寡，抚子诸生荫官成立，守节五十一年。学政匾奖之。

俞氏，监生朱巽妻。年二十三寡，守节四十七年。学政龙匾奖之。

朱氏，武生刘芳模妾。夫殁，嫡相继死，抚周岁孤之汉成立。之汉饩于庠，复殁，抚孙耀宗，有司匾奖之。

张氏，李玉麟妻，年三十守节。

宫氏，佾生任鸿飞妻，守节四十余年。

汪氏，王克和妻。年二十一寡，守节抚孤。

刘氏，郑拔妻。年二十九寡，守节四十余年。

唐氏，监生钱益成妻。年二十四寡，抚子福保、福泰成立，守节三十四年，官司具题请旌。

唐氏，李开江妻。年十九，归李，未及百日，夫殁，守节六十四年。

王氏，顾镗妾。年二十五寡，事嫡尽礼，抚所生子景江、诸生景星成立，守节四十六年。孙权亦入庠。

冯氏，卢维孝继妻。夫亡，抚子成立，守节四十余年。

陈氏，王矩曾妻。年二十一寡，守节六十二年。

吴氏，栾怀龄妻。二十八寡，守节四十八年。

蒋氏，曹仲珠妻。年二十九寡，守节三十三年。

钱氏，仇荫堂妻。年二十五寡，家贫，抚二子成立，守节二十七年。

孙氏，监生戴蔚云妻。年二十三寡，守节十六年。

韩氏，马昌政妻，守节二十五年。

方氏，张瑗妻，东台人。年二十七寡，守节抚孤。

陈氏，袁昌盈妻。

杨氏，刘连富妻，守节四十五年。

马氏，张步阶妻。年二十九寡，守节二十年。

史氏，费棣妻，守节二十一年。

叶氏，马庆官妻。年二十八寡，守节二十五年。

周氏，俞麟书妻。二十四岁寡，守节二十六年。

高氏，常存宽妻。年二十二寡，已守节三十二年。

张氏，蒋如槐继妻。年二十八寡，守节三十年。

萧氏，王桥妻。年二十四寡，已守节四十六年。

马氏，李某妻。年二十七寡，已守节三十年。

华氏，乔盛鸿妻。年二十九寡，守节三十余年。

颜氏，马世杰妻。年三十寡，守节二十八年。

俞氏，王世霖妻。年二十九寡，守节三十三年。

何氏，缪锽妻。年二十一寡，守节三十年。

叶氏，武生颜殿元妻。年三十寡，守节四十九年。

陈氏，监生张养和妻。年二十四寡，守节三十六年。

金氏，廪生陈书妻，守节四十年。

刘氏，房焕新妻。年二十七寡，守节三十年。

宋氏，李毓楠妻，年二十四寡。尝刲股疗夫病，夫殁，孝事衰翁，抚子焕奎成立，守节二十七年。

周氏，宋铭章妻。年三十寡，守节五十四年。

王氏，袁春山妻，年二十四寡，守节四十年。

高氏，诸生房吉戊妻。年二十四寡，守节三十二年。

邹氏，周魁麟妻。年二十五寡，守节三十年。

彭氏，卢克纯妻。年二十四寡，守节三十余年。

夷氏，曹某妻。

戴氏，王槐林妻。年二十三寡，已守节四十四年。

陈氏，都司杨万和妻。年二十九寡，守节十四年。

翟氏，许建扬妻，守节四十四年。

徐氏，朱华妻。年二十八寡，守节三十一年，学政王匾奖之。

姜氏，郑国林妻。与媳程氏郑祖培妻，两代守节。

李氏，翟培妻。

汤氏，翟连庆妻。

金氏，陈芝田妻。

田氏，儒童陈汇泉妻。学政杨奖“清节芳型”匾额，有司具提请旌。

以上据续志稿，均已旌，旌年未详。

潘氏，吴炎妻。

刘氏，部树庆妻。年二十三寡，卒年八十四，守节六十一年。

王氏，丁弼臣妻。年二十二寡，守节四十二年。

黄氏，王木卿妻。年二十六寡，守节三十余年。

刘氏，陆炳然妻。年十八寡，守节近六十年。

周氏，马厚堂妻。年二十六寡，守节三十一年。

李氏，高邮国学生吴震猷妻，寄居泰州。年十七寡，守节数十年。

袁氏，从九储既安妻。

王氏，监生袁德馨妻，子郡增生锦建祠奉祀。

张氏，吴菊圃妻，年二十三寡。

以上据新采，均已旌。

王氏，朱德顺妻。年二十四寡，已守节十七年。

高氏，宫兆甲妻。年二十七寡，守节四十年。

马氏，诸生李梃妻。年二十七寡，已守节二十二年。

蒋氏，候选同知夏钊妾，守节三十九年。

何氏，从九单沂楠妻。抚孤子肇蟾、肇鼇成立，守节三十年。

曹氏，诸生江对山妻。年二十五寡，守节三十八年。

秦氏，童荫裘妻。

陈氏，诸生顾恩泽妻。年二十九寡，抚子福保成立，守节三十五年，卒年六十四。

何氏，王济霖妻，年二十六寡。

陈氏，宫俊轩妻。年二十五寡，守节四十四年。

俞氏，姚鹤鸣妻。年二十九寡，守节四十一年。

卢氏，陈君彦妻，守节三十余年。

徐氏，沈云庄妻。年二十四寡，抚嗣子国柱成立，守节二十六年。

俞氏，刘武曾妻。年二十二寡，曾刲股疗亲疾，守节二十四年。

杨氏，薛茂松妻，守节三十四年。

董氏，丁鹤芹妻。年二十四寡，守节三十二年。

徐氏，袁万林妻。

汪氏，佾生方以增妻。年二十五寡，抚幼子守节，病殁。

韩氏，缪广洪妻。年二十二寡，守节三十九年。

葛氏，诸生张煦妻。年二十寡，守节七年，病殁。

刘氏，张兆松妻，守节三十年。

葛氏，童儒夏笃庆妻。年三十寡，守节十六年。

李氏，王怀仁妻。抚子诸生佩成立，守节四十余年。

张氏，吴林妻。抚孤成立，守节四十一年。

庄氏，江子山妻。

王氏，监生黄垌妻，守节三十一年。

顾氏，吴怀信妻。年三十寡，抚遗腹子则祜成立，守节三十三年。

李氏，栾木天妻。年二十四寡，抚孤成立。

程氏，易某妻，守节四十七年，抚孤成立。

陈氏，张食采妻。

钱氏，监生黄任尧妻。

陆氏，诸生武人杰妻。夫殁守节，抚孤国良成立。

鲁氏，候选巡检黄汝惠妻。年二十二寡，守节四十九年。

萧氏，监生王有桥妻。年二十一寡，守节五十年。

萧氏，诸生陈文粱妻。年二十九寡，抚子祖培入庠，已守节三十一年。

宫氏，诸生孙建中妻，年三十寡，孝事孀姑，抚子树猷、树森成立。

叶氏，夏增永妻。年十九寡，已守节三十一年。

李氏，纪观沂妻。年二十二寡，已守节三十七年。

朱氏，从九邵元章妻。

储氏，宫士林妻。年二十二寡，孝事孀姑，以针凿度日，抚幼女成立。

吴氏，储德泰妻。年二十二寡，事孀姑，以针凿度日，已守苦节三十三年。

朱氏，从九汪近思妻。年二十六寡，孝事姑翁，抚嗣子鸿寿成立。

杨氏，王广达妻。

以上据续志稿，俱待旌。

李氏，邑庠生陈其证妻。年二十九寡，卒年七十八，守节四十九年。

俞氏，国学生曹儒妻。夫殁，抚孤，守节四十年。道光二十六年，学政张匾奖之。

张兰，字素香，汉阳人程绍康妻。早寡，柏舟矢志，著有《余生阁诗略》，见江都王柳村《群雅集》。

吕氏，陈其训妻。年二十七寡，卒年七十一，守节四十四年。

陈氏，梅早发妻。年二十四寡，无子，抚侄永庆为嗣，守节数十年。

刘氏，徐璘妻。年三十寡，抚子长庚成立，守节四十六年。学政童匾奖之。

茅氏，钱应鳌妻。年二十八寡，孝事翁姑，抚孤成立，卒年七十，守节四十二年。

范氏，郡庠生李庆国继妻。年三十寡，抚子廪生效郢成立。学政宜奖以匾额，守节三十七年。

谢氏，王宝祚妻。年二十三寡，卒年八十八，守节六十五年。

袁氏，张埈妻。年二十四寡，卒年八十，学政黄匾奖之。

周氏，柏元庆妻。年二十八寡，卒年七十一，守节四十三年。

王氏，儒童凌文藻妻。年二十七寡，守节三十四年。

卢氏，袁适泉妻。年二十二寡，守节六十一年。

钱氏，李鹤炳妻。年二十二寡，抚遗腹子廷栋成立，守节四十五年。

刘氏，吉长龙妻。年二十三寡，家贫，抚遗腹子信万成立，守苦节五十七年。

董氏，高锡康妾。锡康卒于官，氏年二十九，抚所生子，复殁，抚孙成立，守节三十四年。

沈氏，赠安州知州高维嵩妾。年二十九寡，无嫡子，所生子恺尊甫七龄，妾曹氏助沈抚之如己出。后子官皖省，封恭人，已同守节四十五年。

王氏，太学生黄南山妻。事姑尽孝，年二十六寡，抚嗣子，殁，复抚嗣孙，悲愤成乳痈，卒。

凌氏，李景福妻。咸丰间，景福贸迁于外，遭赭寇乱，被戕。氏欲殉，翁姑泣止之。抚族侄为嗣，时年二十五。事翁姑尽孝，守节四十九年。

虞氏，王裕宏妻。年十八寡，矢志守节，抚嗣子。卒年八十七，守节六十九年。

姜氏，孟裕初妻。夫殁守节，继承夫志，施三亩余地为祠基，又施屋十楹、田二十五亩为家祠祭费。州牧匾奖之。

许氏，田芳藻妻。年二十三寡，以针黹事孀姑，抚遗腹子文炘成立。卒年六十三，守节三十余年。

王氏，刘商贤妻，年三十寡。学政黄匾奖之。

萧氏，王桥妻。家贫，以纺织所入，抚子鸿庆成立，守节五十九年。

虞氏，胡加一作“家”械妻。事孀姑尽孝，年三十寡，茹苦含辛，抚二子秉桐、秉道成立，守节五十余年。秉桐殁，妇周氏年二十八，亦守节数十年。一门双节，里党称之。

缪氏，许殿成妻。年二十一寡，抚幼子成立。事姑尽孝，姑钱氏亦柏舟矢志，人以“两世节孝”称之，氏守节五十六年。

蒋氏，顾有椿妻。年二十八寡，家贫甚，以纺织、针黹度日，守节五十年。

杨氏，徐制妻。年二十七寡，家贫，无子，以侄进思兼祧，抚之如己出，年八十一卒。

韩氏，陈德武妻。年二十九寡，事翁姑，抚孤子。咸丰间，岁洊饥，氏每煮粥以赈。年九十四，终。

唐氏，附贡生曹金钥妻。夫亡守节，孝事翁姑。

马氏，景惟林妻。年二十八寡，孝事翁姑，抚三岁子河成立。卒年六十七，守节三十九年。

萧氏，朱元章妻。年二十五寡，家极贫，佣工抚孤长友。后长友亦以佣工养母，贫不能娶。氏老病，为涤溺器者二十年，里人称其孝。氏年九十六卒，守节七十一年。

章氏，夏悦涂妻，年二十一寡。夫病，刲股疗之无效。氏欲殉，翁姑谕以大义，乃止。抚犹子为嗣，守节五十余年。

郭氏，王宝礼妻。事姑尽孝，年二十七寡，抚孤善爚成立，爚以孝闻于乡。氏年五十七卒，守节三十年。

张氏，潘锦玉妻。年二十寡，以纺绩所入抚孤，守节二十八年。

许氏，景宝骥妻。年三十寡，守节三十余年。

戈氏，顾某妻。年二十八寡，守节。

俞氏，刘某妻，俞焕彩女。幼事母孝，尝刲股疗母疾。既嫁，年二十三寡，无子，抚侄无异所生，守节数十余年。

刘氏，章维锦妻。年二十四寡，守节三十余年。

卞氏，赵州知州高维翰妾。夫卒于任，氏年二十九，与次妾张氏约同殉。众以氏方有娠相劝，乃止。后生不育，氏以未获知张氏殉夫为憾，终身不服纨绮以自忏焉。守节数十年，卒。

韩氏，监生田万荣妻。年二十寡，守节三十五年。

黄氏，佾生钱作翰妻。年二十三寡，守节三十七年。

程氏，监生王荫渊妻。年二十四寡，守节三十四年。

翟氏，王大林妻。年三十寡，抚子同山、桂山，守苦节五十一年。

黄氏，李廷聘妻。年二十九寡，事姑尽妇道，抚子荣珍成立，守节三十年。

钱氏，蒋惟俊妻。年二十九寡，抚孤茹素，济急周贫，里人称之，守节三十七年。

刘氏，王克让妻。年二十一寡，抚周晬孤永如，以针黹自给，安贫茹素，守节三十七年。

孟氏，钱惟起妻。年二十五寡，抚孤汝贞、汝祥成立，守节五十年。

翟氏，王照妻。年二十五寡，无子，悲愤伤明，守节三十八年。

王氏，卢云梯妻。年二十八寡，守节四十二年。

范氏，董竹庵妻，守节四十四年。

吴氏，陆维耕妻。年二十五寡，守节数十年。

马氏，职员王曾炎妻。年二十五寡，孝事翁姑，抚嗣子汝贤成立。卒，年六十九，守节三十四年。

程氏，韩任恺妻。年二十九寡，卒年七十三，守节四十四年。

谭氏，韩乔岳妻。年三十，夫殁，守节五十年，卒年八十。

王氏，韩广宽妻。年三十寡，守节三十一年。

唐氏，韩元泰妻。年二十四寡，守节四十年。

瞿氏，韩广仁妻。年三十寡，守节三十八年。

曹氏，韩昆妻。年二十六寡，守节三十八年。

谢氏，韩应琨妻。年三十寡，守节数十年。待考。

许氏，韩琮妻。年二十五寡，守节四十二年。按，《续府志》作"四十年"。

陈氏，韩四一作"士"荣妻。年二十四寡，守节四十四年。

陈氏，韩铜妻。年二十九寡，卒年八十，守节五十三年。

陈氏，韩如山妻。年二十四寡，守节四十三年。

田氏，韩银妻。早寡，守节四十四年。

徐氏，韩彬妻。早寡，守节三十八年。

杨氏，韩应珂妻。年二十九寡，守节十六年殁。

周氏，韩国沄妻。早寡，守节四十五年。

程氏，韩如侨妻。年二十二寡，守节三十四年。

刘氏，韩国鋆妻。早寡，守节三十八年。

王氏，韩日升妻。年二十九寡，守节四十七年。

孙氏，韩宝鸿妻。年二十五寡，抚遗腹子成立，守节三十年。

邱氏，张汝纯妻。年二十二寡，守节五十七年。

储氏，顾韶宾妻。夫亡守节，事翁姑，抚幼子。翁姑弃世后，入清节堂。光绪三十四年，病殁。

金氏，黄闾妻。夫殁守节，孝事翁姑，抚嗣子宗憝成立，守节四十余年。

宋氏，文童王世贤妻。年二十五寡，无子，以侄槐礼嗣，家贫苦守。与节妇王缪氏为闺中友，见缪氏旌，叹曰："吾家贫，敢望此耶？"守节五十七年殁。

朱氏，蒋柏龄妻。二十八寡，守苦节三十三年。

王氏，郑芹章妻。芹章业医客江南，值粤寇乱，不知所终。氏抚子恩贡生树兰成立。学政龙匾奖之。

夏氏，胡秉恒妻。事翁姑以孝闻，年三十寡。翌年，遇水灾，田庐漂没，寄居尼庵，勤针凿以为活。氏生三子，俱不育。自伤命薄，茹素终身，卒年七十六，守节四十五年。学政龙匾奖之。

阚氏，吴有福妻。住南坝塘，守节四十二年。

姜氏，郑子芳妻。年二十一寡，守节五十一年。

卫氏，儒童陆佩珩妻。年二十四寡，事姑尽孝，抚子成立，守节五十年。学政瞿匾奖之。

宋氏，吕大勤妻。年二十九寡，抚子怀贤成立，守节五十年。

曹氏，戴国泰妻。夫亡，守节三十三年。

葛氏，刘延璜妻。年三十寡，守节三十三年。

秦氏，太学生许宝善妻。年二十九寡，精医，抚子恒立，自课之。恒立殁，妇张氏亦年二十九守节。氏与媳独创宗祠，施田二十亩，又施田四亩为义冢，守节已三十三年。

刘氏，崔昌怀妻。年二十九寡，抚嗣子宗仁成立。

张氏，崔昌珩妻。年二十七寡，孝事翁姑，抚嗣子宗祜成立，守节四十余年。

许氏，宫寿卿妻。年二十二寡，事翁姑尽孝，抚嗣子金培成立，守节四十四年。

程氏，易荣泰妻。年十九寡，抚子桂山成立。子与长孙相继殁，复抚次孙及曾孙，守节数十年。

沈氏，儒童黄鼎元妻。年二十二寡，无子，以侄金官为嗣，守节十九年殁。

乔氏，陈修龄妻。年二十一寡，守节四十五年殁。

孙氏，陈锡五妻。年二十八寡，守节二十九年殁。

陈氏，文童贲坦妻，年二十三寡，事姑至孝，无子，守节四十年殁。

朱氏，贲世福妻。年二十六寡，家贫，以针凿度日，守节五十二年。

张氏，彭观华妻。年二十九寡，守节四十六年。

张氏，陈如华妻。年二十一寡，抚遗腹子成立，守节三十三年。

贲氏，张文景妻。年二十九寡，守节三十四年。

黄氏，李实茂妻。夫亡，寡，守节三十九年。

严氏，周文郁妻。年三十寡，卒年七十二，守节四十二年。

王氏，儒童朱葆升妻。年二十寡，卒年三十六。

黄氏，儒童朱葆晋妻。年二十三寡，卒年五十七。

陈氏，儒童黄致知妻。年二十六寡，已守节四十四年。

胡氏，高邮太学生张天然妻，寄居泰州。年二十九寡，守节二十一年卒。

黄氏，监生凌裕和妻。夫亡，抚侄为嗣，守节四十二年。

李氏，儒童黄长寿妻。年二十寡，已守节三十年。

曹氏，儒童钱子敬妻。年二十三寡，已守节三十年。

胡氏，儒童宫梓林妻。年二十七寡，奉侍迈姑，抚子诸生立及次子珠成立，已守节三十一年。

陆氏，章玉藩妻。年二十二寡，已守节三十年。

钱氏，黄瑞妻。年二十九寡，卒年六十，守节三十一年。

王氏，诸生陈德宜妻。年二十五寡，孝事祖姑及翁姑。祖姑常病，氏刲股疗治获痊。无子，以侄启骧嗣，已守节三十二年。

吕氏，时又樵妻。年十九寡，家贫，以针黹度日，抚嗣孙叔雍成立，已守节三十一年。

刘氏，儒童王鲁珍妻。夫殁，抚子厚昆。学政孙匾奖之，守节十八年卒。

刘氏，谢肇申妻。年二十四寡，已守节三十一年。

姜氏，监生储登邦妾。年二十一寡，抚遗孤，以针黹度日，子殁，复抚孙，已守节三十一年。

郑氏，万理妻。年二十一寡，立志抚孤，已守节三十年。

戴氏，孙殿诏妻。住南坝塘，守节已三十年。

顾氏，陈焕明妻。年十九寡，家贫，勤针黹，抚数月遗孤德培成立，以军功保知县。氏好行其德，族某死，贫而无子，氏殡殓之，并命次孙为其后。已守节三十年。

程氏，郑裕昆妻。早寡，守节已三十二年。

茅氏，王在中妻。早寡，守节已三十年。

秦氏，姚彭寿妻。年二十八寡，已守节三十年。

陈氏，刘碗林妻，早寡，已守节三十年。

田氏，诸生郭子坚妻，已守节三十年。

王氏，黄玉林妻。刲股疗姑病，夫殁，守节已三十一年。

徐氏，刑部湖广司七品小京官曹余庆继妻。年二十八寡，抚前子女如己出。媳殁，复抚孙桢成立，已守节三十二年。

王氏，顾宜春继妻。年二十八寡，抚前妻子成立，已守节数十年。

丁氏，太学生顾临之妻。年二十一寡，生子仅七日，氏抚之成立。子殁，又抚孤孙。

王氏，周辉光妻。年二十五寡，奉事翁姑，抚嗣子宏文成立，已守节三十年。

张氏，汪白莲妻。夫殁，家贫，针黹度日，抚子成立。事迈姑，以孝闻。已守节三十一年。

陈氏，鲍熙纯妻。年二十四寡，抚二子成立，守节四十年。

梁氏，汪明甫妻。夫殁，守节三十七年。

李氏，太学生张如松妻。夫亡守节，卒年七十四。

李氏，监生丁荣诰妻。年二十四寡，已守节三十年。

魏氏，李兆鑫妻。年十九寡，于归甫七月。氏欲殉，众劝以抚嗣子续宗支为重，乃止。家贫甚，以针黹糊口，积劳成疾。守节十八年，卒。

李氏，候选直隶州知州金毓庆妻，刲股愈母疾。年二十九寡，守节三十四年。

卢氏，贲后润妻。年二十四寡，孝事迈姑。性好善，命子昆镇设因利局，复修海安镇新丰桥。经费支绌，鬻产以偿。守节已三十年。

李氏，陈晋忠妻。年二十五寡，守节已三十年。

钱氏，黄锡麟妻。夫亡，守节二十七年卒。

胡氏，周世镐妻。年二十五寡，守节二十五年，年五十卒。

邰氏，范李妻。年二十九寡，守节。

邰氏，童生柯海南妻。年二十八寡，守节。

王氏，杨仁铭妻。年二十寡，翁姑衰迈，二子幼穉。其姊劝之改适，誓死守里。有无赖子欲强娶之，氏坚决不从。夫弟负债，逃毙江南。遣人往殓之，运柩回里，且代偿金。守节三十一年。

李氏，张格厚继妻。年二十六寡，上事孀姑，下抚前子锡纯暨所生子锡恩、锡畴成立，待前子逾己出。性好施与，光绪二十八年，沿江居民罹水灾，命子泛麦舟往赈。三十二年，邑洊饥，首捐钱二千缗办平粜。州牧胡具闻，旌奖。宣统三年，以银币一万二千，置田二百四十亩，为开办粥厂永久经费，兼有施药、恤嫠诸善举，乡里称之。

张氏，夏仁业妻。夫殁，守节抚孤。

陈氏，王书华妻。年二十一寡，抚嗣子永祥若己出，守节已三十年。

李氏，吏书杨筱山妻。年二十四，夫殁，欲以身殉，亲戚责以抚孤大义，乃止。家贫，以针黹度日，抚子女成立，已守节三十年。

钱氏，臧学成妻。年二十七寡，抚子永才成立。

宋氏，钱鹤林妻。年二十五寡，抚三岁遗孤振润成立。振润殁，与媳俞氏同守苦节。

朱氏，钱锡成妻。年二十五寡，孝事翁姑，昼耘夜绩，抚子振声、振衡成立。

郑氏，坝书王善之妻。夫殁守节，抚孤成立。

田氏，监生戴颖昌妻。年二十九寡，守节。

孙氏，张兆华妻。年二十五寡，孝事年迈翁姑。夫病危，焚香吁天，愿以身代，卒不效。抚幼子宝萱复殁，又抚嗣孙。

刘氏，儒童谭香麟妻。年二十四寡，孝事翁姑，抚子守模成立。

王氏，陆贻庚妻。年二十五寡，抚子福官成立。

吉氏，熊怀仁妻。年十九寡，敬事翁姑，以针黹度日。姑亡，夫弟怀谦年幼，嫂兼母职，抚之成立。嗣子一，德明。氏守节三十年。

李氏，范葆元妻。年二十一寡，事重闱，以孝闻，抚子有庆成立。

马氏，崔懋之妻。年二十五，夫殁守节。

沈氏，王树棠妻。年十八寡，无子，抚侄顺官为嗣。

韩氏，王培蓂妻。年二十，夫殁守节。

王氏，黄在庆妻。年二十七寡，家贫，以针黹抚五岁遗孤余三成立。

袁氏，儒童黄肇元妻。年二十五嫁，七阅月寡，孝事继祖姑。无子，抚嗣子如己出。性好施与，北五省灾，尝出银币二百十一元赈之。已守节数十年。

黄氏，宋履安妻。早寡，子锦鑫复殁，抚嗣子锦成成立。

徐氏，王培湰妻。年二十七，夫殁守节。

王氏，武庠生孟士伟妻。年二十七，夫殁守节。

刘氏，陈桂生妻。早寡，孝事翁姑，三年不出闱闼，抚子祥麟成立，守节数十年。

田氏，潘长松妻，年二十九寡。长松商于苏，氏妇兼子职，孝事翁姑。夫殁，以针黹度日，抚嗣子成立。

浩氏，许宗少妻，夫亡守节。

李氏，儒童沈士杰妻。年二十一寡，抚七日遗孤成立。

王氏，戈大镛妻，夫亡守节。

葛氏，夏炳森妻。夫殁守节，抚子惟煦成立。

李氏，葛炳尧妻。年二十六寡，抚子文彬成立。

陈氏，刘寿山妻，已守节三十九年。

姜氏，儒童陈铭武妻。年二十九寡，抚遗腹子兆春成立。

周氏，顾学根妻。年十九，夫殁守节。

花氏，太学生吉善夫妻。年二十九，夫殁守节。

朱氏，刘汉臣妻。年二十七，夫殁守节。

郝氏，袁锦春妻。年二十四寡，抚遗腹女。

某氏，国学生陈国模妻。年二十寡，抚嗣子恩洋成立，复殁，与媳刘氏两代孀居。住穆家庄。

游氏，章如楫妻。年二十九寡，守节。

景氏，章澍臣妻。年二十八寡，守节。

谢氏，柯鹏仁妻。年二十九寡，事翁姑，抚孤子成立。

任氏，丁钥妻。年二十九寡，抚子成立。子殁，孙又殇，与媳两代孀居。

徐氏，解崇业妻。年二十六寡，家贫，以针黹度活。

王氏，解崇恩妻。年二十三寡，善事孀姑，抚嗣子及五龄夫弟成立。

米氏，曹列三妻。夫殁，敬事翁姑，抚嗣子心田成立。性慈惠，常周济贫乏。

朱氏，东台庠生傅庆桢妻，世居白米镇。年二十八寡，施送住宅九楹、地基数亩，兴立学校。提学使陈、江督端均奖以匾额。

李氏，刘永详妻。夫殁，年二十五，孝事迈姑，矢志守节。

王氏，陆连枝妻，生子二、女一。夫殁，生遗腹子一。氏青年守节，抚子女均成立。

李氏，高邮张福均妻。居泰州，曾刲股愈母病。适张后，年二十五寡，事孀姑，抚嗣子，守节。

陈氏，监生杨骏声妻。年二十四寡，事姑尽孝，抚嗣子濂成立。

陈氏，马领宗妻。年二十八寡，已守节四十年。

夏氏，高蔚丈妻，曾刲股愈母疾。适高后，十九日而夫亡，氏年二十，欲以身殉，翁姑力劝乃止。事翁姑尽孝，守节十一年殁。

陈氏，李仁渊妻。年二十六寡，守节二十二年殁。住塘湾镇。

陈氏，李仁静妻。年二十六寡，守节。住塘湾镇。

王氏，诸生于世澄妻。年二十五寡，事翁姑尽孝，抚子诸生绍贤成立。

某氏，陈汝霖妻。年二十五寡，抚幼子成立。

余氏，刘武翼妻，夫亡守节。

胡氏，王懋官妻。年二十六寡，无子，以堂侄嗣。夫有堂姑，贫乏不能自存，迎归养之。

王氏，张余庆妻。年二十五寡，孝事迈翁，性好施与，抚子占魁成立，守节逾三十年。

徐氏，谢焱妻。年二十四寡，事孀姑，抚嗣子，守节二十一年殁。

陈氏，包同善妻。二十一寡，守节。

臧氏，黄宝升妻。年二十九寡，孝事重闱，抚数月遗孤成立。

蒋氏，丹徒周德广妻，流离泰州。年二十五寡，事姑尽孝，抚二子成立。

沈氏，袁维翰妻，夫殁守节。

丁氏，胡立亭妻。陈氏，张兆兰妻。袁氏，张熙台妻。李氏，俞亦奎妻。马氏，刘璨之妻。李氏，周锦壁妻。董氏，丁长庆妻。陈氏，郝元珍妻。俞氏，张贻谟妻。李氏，陈天培妻。吴氏，宋允万妻。赵氏，尤增基妻。蒋氏，刘宪亭妻。仇氏，许连魁妻。宋氏，田泽妻。邱氏，廪生王世浩妻。戈氏，廪生刘增瀛妻。方氏，廪生张敬若妻。朱氏，诸生沈宝春妻。王氏，诸生蒋调元妻。臧氏，诸生沈桐之妻。佘氏，邱树荣妻。程氏，宋其相妻。宫氏，陈栖峰妻。缪氏，刘珠浦妻。周氏，赵珠芝妻。袁氏，宋宜春妻。周氏，管乐亭妻。陈氏，吴凤芝妻。纪氏，刘文学妻。祝氏，郑有贵妻。沈氏，叶会轩妻。刘氏，沈天衢妻。翁氏，季桂森妻。邱氏，孙承祖妻。高氏，萧载福妻。穆氏，戈怀昌妻。刘氏，林自荣妻。陈氏，宫佐亭妻。沈氏，陈坤元妻。沈氏，陈祝衢妻。乔氏，周春和妻。王氏，陈士沄妻。田氏，袁筱香妻。宫氏，韩春生妻。陆氏，邵玉魁妻。钱氏，吴起务妻。程氏，郎荫槐妻。宫氏，赵某妻。姜氏，沈大安妻。刘氏，李茂松妻。汤氏，陈景川妻。程氏，赵立开妻。徐氏，刘垂纯妻。魏氏，吴天如妻。卞氏，虞永寿妻。王氏，许邦泰妻。储氏，宫庆云妻。杨氏，薛永松妻。谢氏，方有元妻。徐氏，王永茂妻。何氏，王子严妻。储氏，顾诏滨妻。黄氏，张桂林妻。萧氏，温仲山妻。王氏，杨恩臣妻。袁氏，程炳南妻。朱氏，邵廷选妻。储氏，孙少堂妻。常氏，栾秀臣妻。袁氏，沈怀之妻。

以上清节堂已故节妇，凡已见，不复录。

王氏，袁恺之妻。周氏，许成泰妻。刘氏，曹日强妻。缪氏，徐嘉树妻。蔡氏，陈联璧妻。俞氏，陈赞之妻。王氏，茅天楷妻。宦氏，康兆基妻。曹氏，陆维楠妻。刘氏，张桂来妻。王氏，康庄之妻。杨氏，刘友华妻。高氏，李德庆妻。朱氏，陈春波妻。曹氏，顾春熙妻。胡氏，李作庚妻。尤氏，戚秋江妻。吴氏，鲁遐义妻。高氏，王廷之妻。胡氏，钱骥妻。常氏，徐登宏妻。李氏，韩少泉妻。穆氏，戴文学妻。吕氏，王文治妻。周氏，范同元妻。韩氏，陈汉廷妻。马氏，陈佑庭妻。丁氏，马学涛妻。张氏，杜文元妻。栾氏，姚天南妻。陈氏，杜文涛妻。储氏，陈汝霖妻。陈氏，张宝德妻。刘氏，李淦生妻。张氏，叶承年妻。施氏，曹俊之妻。萧氏，顾瑞卿妻。秦氏，陈春怀妻。张氏，陆林鼎妻。刘氏，高子卿妻。王氏，唐植之妻。张氏，田稼云妻。马氏，颜光甫妻。李氏，顾子石妻。宫氏，邓西斋妻。沈氏，周云卿妻。颜氏，卞仲和妻。张氏，吴宝鉴妻。

以上清节堂节妇。

节妇补遗

元

刘节妇，坂埨人。至正丙申春，随父渡江，居吴门，适张士诚部将曹某。方数月，夫阵亡。刘不避凶险，躬至死所，求得其尸，归葬。欲以身殉，父不许。既而权贵闻刘美而贤，欲委禽焉。刘誓死不二，遂削发为尼。夫刘本一间阎女子，其操行乃尔，谓非其天性然与？据《辍耕录》。

明

刘氏，韩天翼妻。年二十二，夫卒，翁无子，娶侧室万氏，生子未弥月，万氏与翁相继殁。家贫，无力雇乳母，赖氏抚养成立，始得绵一线之宗祧。守节六十三年，卒年八十四。

国朝

陆氏，吴自明妻。自明殁，陆年二十五，家奇穷。忍饥寒，抚一子二女自襁褓以至婚嫁，里人称之。七十九岁，卒。《道光志》无事实，据《雍正志》补入。

吴氏，周正冕妻。正冕殁，阅三月，始举遗腹子日升。家无升斗之储，饔飧皆资纴绩，昼夜不稍息。积劳成疾，三载卧不能起。孀居十三年，其兄嘉纪作歌哀之。《道光志》无事实，据《雍正志》补入。

文氏，程钦若妻。氏嫁六年而孀，事翁姑，养葬如礼，抚子颐年成立。守节三十八载，州牧奖之。《道光志》略，据《雍正志》补入。

黄氏，姜堰黄东畬女，朱天开妻。襁褓中，许字天开。天开幼得痫疾，长遂昏騃，不复知人道。两家咸欲退婚，氏坚拒不从，卒归天开，不以夫病失齐眉礼。未数年，天开卒。家人劝其改嫁，黄剺面自誓，四十余年，仍处子云。《道光志》略，据《雍正志》及《府志》补入。

葛氏，进士张琴妻。事继姑马，以孝闻，纺绩佐夫，读书成名。夫殁，抚庶出子守节，逮见孙曾四世。年八十二，卒。《道光志》无事实，据《雍正志》补入。

李氏，徐尚优妻，幼以孝称。夫亡，年二十五，抚四子守节，郑学使匾奖之。雍正三年，恩赐束帛，年八十二。《雍正志》《道光志》有徐尚俊，疑是一人，未知孰误。

陆氏，陈之亹妻。年二十七，夫殁，其子缙又早逝。媳徐氏随侍孀姑，抚幼子成立。守节三十三年，乾隆二十一年，学政梦奖以匾额。新采，按《道光志》卷二十九二十九页，有陈亹成妻陆氏，事实同，惟名不同，疑是写讹，未知孰误。

孙氏，李紫峰妻，嘉庆十二年旌。《续府志》。

田氏，黄璘妻。年三十寡，抚六岁子阶成立，复殁，与媳王氏两代孀居。施田入祠，为祭费。嘉庆十七年，卒。王氏年二十五寡，抚族侄为嗣，守节五十年，卒年七十二。新采。

胡氏，梅友松妻。年二十六寡，守节二十八年。

章氏，卫千总田霖妻，守节三十一年。道光六年旌。

贞妇

钱氏，曹鲁聘妻。

严氏，文童陈照聘妻。

郭氏，张葆初聘妻，守贞五十二年，旌。

李氏，顾鸿翔聘妻，年二十一，夫殁守贞。

孙氏，王江聘妻，未婚守贞。

王氏，诸生蒋鼎聘妻。

邵氏，王善耕聘妻，过门守贞。

练氏，朱若华聘妻。

张氏，蒋如林聘妻。

陈氏，叶汝璜聘妻，在室守贞四十二年，同治五年殁。新采“璜”作“凰”。

胡氏，王旭喜聘妻。

王氏，唐恺聘妻，守贞四十九年。

孙氏，王人瑞聘妻，守贞四十年。

陈氏，李缜聘妻。

谭氏，许廷笏聘妻。

徐氏，刘训聘妻。

王氏，李继霖聘妻。

韩氏，王传墀聘妻。

仲氏，陈养斋聘妻，过门守贞。

尤氏，宫廷桂聘妻。幼为宫氏养媳，奉翁姑极孝。夫病，刲股不效，矢志守贞。

钱氏，王椿庭聘妻，守节四十年。

陈氏，诸生翟蓉镜聘妻。年十九，守贞。

许氏，高益树聘妻。年二十，夫殁守贞。

仲氏，陈烈增聘妻，过门守贞。

宋氏，邵顺官聘妻。年十八，夫殁，过门守贞，事翁姑尽孝。

史氏，黄某聘妻，在室守贞。

宋氏，李毓柟聘妻。

周氏，姚志才聘妻。年二十一，夫殁，誓不再字，守贞四十二年。

朱氏，李为霖聘妻。过门守贞，抚夫弟桂鸿成立。

林氏，周淦聘妻。年十九，过门守贞。尝刲股愈父病，事翁姑亦以孝闻，已守贞四十年。

万氏，毛某聘妻，举人万棨女。年十二，毛殁，矢志守贞。

以上据《续志稿》。

沈氏，俞某聘妻。

朱氏，许某聘妻。

杨氏，谢德增聘妻。

胡氏，田蓉聘妻。

以上据节孝祠姓氏录。

周陈氏，光绪六年州案。

贲氏，徐伯亿聘妻。夫殁，过门守贞，抚二龄嗣子成立，卒年八十二。同治九年旌。新采。

陈氏，韩如山聘妻。年二十一，夫故，矢志不贰，守贞四十年。同治九年旌。新采。

王氏，文童李雨霖聘妻。李应童试，病殁。过门守贞。孝事祖姑，抚嗣子洪彬成立，卒年七十二。同治十年旌。

蔡氏，张根聘妻，同治十年旌，并建坊。

韩氏，王墀聘妻。夫殁，欲以身殉，弟籛劝阻之，乃止。籛夫妇殁，抚幼侄国钧成立。国钧感恩，事之如母。氏茹素诵经，六十年如一日，寿八十。同治十年旌。

陈氏，徐懋德聘妻。守贞六十年，先抚嗣子兆鳌成立。兆鳌殁，与寡媳汪氏同抚嗣孙炳华。两代苦节，乡里称之。学政彭奖“志坚金石”匾额。同治十一年旌。

张氏，金灏聘妻。刲股疗父母疾。灏殁，在室守贞。嗣子成立，乃迎归。同治十二年旌。

翁氏，张兰轩聘妻。夫殁，过门守贞。事翁姑，抚嗣子继华，复殁，与寡媳抚孙。年七十四卒，同治十三年旌。

姜氏，儒童朱沂聘妻。守节六十四年，光绪三年旌。

邵氏，张元纯聘妻。年二十五，夫殁，过门守贞。尝刲臂疗父疾，一生乐善好施。光绪四年旌。

张氏，附生张澍妹，韩某聘妻，光绪七年旌。

郭氏，张伯森聘妻。夫殁，过门守贞四十六年，卒。光绪三年旌。

仲氏，监生宋涛继聘妻。年二十八，过门守贞，抚侄为嗣。守贞四十四年，卒。光绪八年旌。

钱氏，监生王又旦聘妻，年十九，过门守贞。光绪九年旌。新采有钱氏，监生王又旦聘妻，年十九，在室守贞。家有女佣王蓌妇，朝夕相伴。氏殁，哭之哀，为述其生异室、死同穴之遗命，扶榇往夫家合葬焉。光绪二十五年旌，学政龙并奖以匾额。旌年不同，不知是否一人。

陆氏，屈槿聘妻。年二十二，过门守贞。时姑已殁，劝翁纳妾，生子宝林。氏嫂兼母职，并孝养衰翁及嗣[1]姑。光绪十年旌。

姜氏，从九朱雩门聘妻，过门守贞数十年。光绪十年旌。

黎氏，王继昌聘妻。年十九，过门守贞，垂六十年。孝事翁姑，抚夫弟及嗣子思曾成立。七十二岁，卒。光绪十五年旌。《续志稿》，参新采。

乔氏，蒋祥龄聘妻。夫故，守贞二十一年。光绪十五年旌。

李氏，某聘妻，李德思女。夫殁，在室守贞。光绪十六年旌。

崔氏，高星桥聘妻。年二十一，过门守贞，历七十年，事姑以孝闻。光绪十八年旌。

[1]“嗣”原本为“事”，据程抄本改。

魏氏，例荫生钱锡恒聘妻，内阁学士钱桂森之冢媳也。锡恒早慧，工诗古文辞，著有《子久遗文略》一卷。同治壬戌，锡恒病瘵死。闻讣哀号，欲自绝。父母许以守志，乃不死。年十五，归钱。氏事翁与继姑极孝，守贞五十余年，抚嗣子慰贞成立，江都李肇增为之传。光绪十九年旌。

黄氏，邵某聘妻。夫故，在室守贞。光绪二十年旌。

黄氏，东台郃福海聘妻。夫殁，在室守贞，孝事父母。光绪二十年旌。

马氏，沈鸣球聘妻。咸丰三年，夫死于兵乱，守贞四十余年。光绪二十二年旌。

史氏，黄禄官聘妻。年二十，夫殁。愿依父母，在室守贞。光绪二十三年旌。

郑氏，诸生翟履坪聘妻，岁贡生郑濂女。履坪故，氏年二十，在室守贞四十余年。光绪二十五年旌。

管氏，陆庄聘妻，进士管得泉之姊。夫殁，氏年十九，矢志守贞。性至孝，父凤仪病，刲股愈之。卒，年六十四。光绪二十九年旌。

储氏，孙鸿庆聘妻。年十六，矢志守贞，以针黹度日，又佐侄媳姜氏抚孤成立。光绪三十年旌。

曹氏，罗学广聘妻。夫故，过门守贞。光绪三十二年旌。

王氏，谥刚毅徐公晓峰子铭勋聘妻。同治元年，刚毅公夫妇殉漳州之难，铭勋失踪。氏闻，遵制成服。次年，翁姑丧归。奔丧于海安徐氏宗祠，并为铭勋招魂，立神主于祠。立嗣子锡恩为后，承袭世职。将刚毅公所立敦谊堂遗产，指定为振恤贫族及诸善举，并设立学校之用。卒，年三十五。经氏父王宝庸与族人等禀请，旌表建坊。

田氏，居小纪镇，文童滕举霞聘妻。滕故，守贞五十余年。学政溥匾额之。

徐氏，顾源深聘妻。年十八，过门守节，孝事翁姑，抚育夫弟，茹素奉佛，已数十年。

凌氏，沈某聘妻。住钟楼坊，守贞三十一年。

时氏，陈宝仁聘妻，夫殁。过门守贞，次年入清节堂。

刘氏，陈有林聘妻。夫亡，誓不他适，已守贞四十二年。

谢氏，太学生王濂聘妻。在室守贞，孝事父母。卒，年七十九。

黄氏，何某聘妻。年十九，夫[1]遘残疾死，在室守贞四十余年。卒，年六十八。

陈氏，监生刘葆清聘妻，夫殁守贞。

郭氏，监生丁福生聘妻。年二十二，过门守节。

翟氏，儒童张开科聘妻。年二十，过门守贞。

徐氏，杨桂耀聘妻。年二十，过门守贞，事迈翁孝，终身贫苦，无怨言。

黄氏，张云程聘妻。年二十，守贞三十五年殁，与夫合葬焉。

陈氏，富安王某聘妻。年十九，在室守贞二十七年卒。

葛氏，诸生缪学古聘妻，年二十二守贞。

仲氏，童生房焕春聘妻。年二十二，过门守贞，事迈姑，抚嗣子，颇著贤声。州牧陆悯其贫苦，奖以金，并送入清节堂，以成其志。光绪二十三年，殁。

胡氏，张瑞麟聘妻，年十九守贞。

唐氏，刘永清聘妻，东台西冯庄唐三省女。光绪五年，过门守贞，已三十余年。

汪氏，蔡厚基继聘妻。过门守贞，抚前子女成立。子复殁，悲痛成疾。卒，年五十八。

周氏，谢培根聘妻。年二十，夫殁守贞，哀毁成疾卒，与夫合葬于苏陈庄。

吴氏，蒋某聘妻。夫殁守贞，偕弟妇勤针黹，抚孤侄，养父与继母，以积劳成疾卒。

王氏，储德发聘妻，守贞五十余年。

王氏，朱恺之聘妻，清节堂。

贞节补遗

张氏，名明贞，周士英聘妻，溱潼张日梓女。七岁，许字周士英。士英饶于财，方议婚，而文达夫妇相继死。文达之弟文望利其资，谋毙士英。明

[1] 原本脱“夫”字，据程抄本补。

贞时年十九，自髡其发，毁容，饰垢衣履，日持牍控诸当事。而与母舅黄太和偕出入，同谋议。当事咸感其节烈，疏请于朝，文望拟罪如律。于是举祖舅、祖姑及舅姑、士英之柩，悉祭以礼而窆之，加封殖焉。葺其庐，祀周氏木主。资其瘠薄数亩，以给晨昏，免冻馁而已。

烈妇

李氏，桑九给妻。张氏，胡某妻。刘氏，朱维祺妻。姜氏，吴某妻。

以上据节孝祠姓氏录。

钱氏，教谕潘曜三妾。夫殁，誓以身殉。光绪十三年旌。

周氏，诸生徐步洲聘妻，湘潭周鸿远女。氏闻夫殁，仰药以殉，遗嘱归葬夫家。父母、翁姑皆义之，为与步洲合窆。邑人刘孝廉法曾为作墓碣，以纪其实。光绪二十二年旌。《续志稿》。

张氏，内阁中书、仪征张凤藻女，监生王嘉谟聘妻。夫殁，矢志守贞事母。母殁，女仰药殉。光绪二十三年旌。同上。

丁氏，东台人，归娄庄李祥发。婚甫三日，夫卒，氏投缳者再。翁姑许以立嗣，乃止。嗣子五岁，以痘殇，遂自缢死。邑人常增为撰《丁烈妇传》。光绪三十一年旌。

孙氏，黄长富妻，住俞家田。青年守节，矢志抚孤。乡间故有抢孀恶俗，无赖某涎氏新寡，乘夜夺门劫之去。氏中途言笑自若，入室即取刀自殊死。州牧刘汝贤廉得其事，置抢孀者于法，为氏请旌，并撰句以表其烈。

刘氏，赋性激烈，不为夫家所容，因之毙命。朱州牧枚悯之，为请旌。

潘氏，李寿朋妻。夫殁，捐躯以殉，年二十一。光绪三十三年旌。新采。

以上，已旌烈妇。

印氏，甫及笄，张氏子聘之，未嫁而张子病殁。父劝改适，女不从，竟奔夫丧。舅姑见之，骇然。居无何，舅姑诡言："汝父病，当归省。"及归，父康健如昔。女曰："予识舅姑之心矣。"遂以利剪自裁。邑人邹熊有诗纪其事。

单氏，钱万国聘妻。年十一，夫故，誓不再字。父潜与王姓联姻。迨父殁，女送父殡归，至故夫坟，哭失声。兄怜其志，向王退婚，不允。女得耗，遂自缢死。续志稿据《府志》。

卢氏，克昌女，住杨家庄。年十七，方绩麻，无赖子犯其乳，女大骂詈。后数调之，女告父母，迁淤溪姨母家以避之。越七年，忽有周妪以他事与女口角，引前事。女忿极，割左乳，血喷溢不止。知州陆奖“以端”二字银牌。州案。

何氏，盐知事钱元增妾。氏仪征人，适嘉兴钱元增为妾，寓泰州。生女甫周岁，元增卒。殓毕三日，母欲诱与归。氏佯诺，其夕服毒以殉。

张氏，赵州知州高维翰妾。年二十八，维翰卒于任，氏誓以死殉。同治庚午十二月二十一日，潜吞金饰而殁，距维翰之卒仅七日耳。

卜氏，李某妻，江都人。夫故无赖，将鬻氏[1]平康中，氏誓死不从。加以鞭挞，愤极，自沉于河。次日，天大风雨，尸浮水面，面如生。氏无戚族，莫为申雪，里人藁葬氏于招贤乡丛家间。

谢氏，王培来妻。夫殁，以身殉，年二十一。

陈氏，长芦盐经历王贻桂妾。夫殁，痛不欲生，呕血数升，逾时气绝。

刘氏，幼为陈棠养媳。棠死，妾与二女无行，诱氏失身。氏不从，因施鞭挞。愤极，投水死，闻者哀之。

烈妇补遗

苗氏，仲敦妻，梁垛苗子贵女。敦遘疾，谓苗曰：“我死，汝少无子，当自为终身计。”苗泣曰：“果至是，惟相随地下耳。”未几，敦卒。苗号泣仆地，几绝者数四。至夜，潜自缢于西园树下，结缡仅四十九日，闻者悲之。《道光志》略，据《雍正志》参《府志》。

朱氏，通州人刘宏基妻，侨居海安。姑早死，事舅极孝。宏基病瘵且死，乃语妇曰：“我旦暮人耳。子年少，宜自为计。”妇悲愤泣下，曰：“君如不起，我不独生。”宏基目瞑，归即自经死。《道光志》略，据张符骧《依归草》增补。

烈女

洪氏女，歙人也，寄居泰州。家贫甚，父受周某欺，鬻女为富家妾。女以为辱，坚决不从。然书券已具，事垂成矣。女知无可挽回，仰药而绝，颜

[1] “氏”，原本为“市”，据程抄本改。

色如平时。翌日大风，拆毁周某堂壁，屋瓦皆飞，什物飘荡，人谓女之灵异云。

鞠烈女，有殊色。姊夫曹先同居，涎诱。不从，投水死。赵瑜有诗纪其事。《艺文》。

烈女补遗

季氏，安丰季宸女。年十六，父亡，勤纺绩，以养嫠母、幼弟。里人有聘之者，辄辞曰："家贫，母老。我适人，母谁养？"时值窘岁，自采草根充腹，而以麦供母、弟。后母丧，里中无赖有侮之者，乃号哭彻夜，自缢死。亲族哀怜，鸣其事于官，擒无赖正法。旌墓曰"贞烈"，岁时致祭。《道光志》略，据《雍正志》增补。

孝妇

任氏，田敬锡妻。梁氏，黄俊章妻。柏氏，徐鸿磐妻。张氏，宫耀侨妻。刘氏，徐邦柱妻。缪氏，宫鼎基妻。鲁氏，宫恕堂妻。缪氏、徐氏，宫柳晟妻、继妻。宫氏，冒褒妻。

以上据节孝祠孝妇姓氏录。

朱氏，广德州知州高垂庆妻。幼，刲臂疗母。既嫁，事姑尽孝。同治六年旌。《续府志》。

宫氏，宫金门女，旌表孝子徐昌龄妻。事翁姑，以孝闻，著有《女训》一卷。宣统二年旌。

以上已旌孝妇。

于氏，事舅姑极孝。舅亡，夫哀毁神丧，姑又抱病，百药罔效。妇夜祷天，刲股和药以进，病遂愈。后，天鉴其衷，生子秋渚，以名贤亢宗。邹熊有诗纪其事。按，秋渚似以字行者，未详何名，录以待考。《声玉山斋诗集》。

周氏，诸生卢殿奎妻。姑久病，刲股疗之，病遂愈。

许氏，江锡周妻。家贫，夫业于外。氏常忍饥，以针黹所得，奉养翁姑。翁迈疾，日夜侍侧，卧起转侧，必维持之。里党以为难。

高氏，韩玉川妻，三次刲股，一愈姑疾，两愈父母疾。

俞氏，翰林院编修余鉴妻，刲股愈母疾。卒，年八十六。

王氏，韩贡辰妻。孝事继姑，姑病缠绵，刲股疗之。侍汤药，十数寒暑不倦。后氏病危，子国庆亦刲股愈母疾，人谓孝姑之报云。河南布政使袁大化为立传。

吉氏，职员陆镶妻。姑病，吉氏刲股和药进，病遂痊。

戴氏，东台副庠生傅道生妻，流寓谢王河，曾刲股愈母病。姑周氏有癫疾，氏左右维持，靡所不至。死之日，姑弟哭之哀，里人称颂者不绝。

丁氏，诸生李洞妻。孝事衰翁，翁病笃，刲股愈之。卒，年八十。

李氏，职员吴文溶妻。六次刲股，愈祖翁疾一，愈翁疾二，愈姑疾一，愈叔翁疾一，愈夫疾一，享高年，殆精诚之所感与。

刘氏，李文达妻，刲股愈姑病。

张氏，监生韩觐元妻，刲股疗姑疾。卒，年八十三。

徐吉氏，住谢王河。翁病，刲股治之愈。

孝妇补遗

卫氏，跛妇卫氏，姑遇之虐，乾隆辛酉秋，大风雨，海沸十余洲，皆殁。卫独负姑，走避水，水及其唇，捧姑于肩，倚槐饮浪而不仆，有榻浮至，乘之不死。卫方受笞，血痕在背未平也。姑有三媳，而宠其二，水至，号二媳，皆不顾，而升于垣，垣崩皆溺死。姑病将死，持跛妇之手，告诸人曰："为姑慎无有偏也，救我乃跛媳乎。"《续志稿》，据《西青文略》。

孝女

储氏，储圣传女，矢志不嫁。母病，断左手指和药进，病遂瘳。咸丰二年旌。建坊立祠。

谭氏，谭以信女。以母孀弟幼，立志不字，助母抚弟成立。同治十年旌。《续志稿》，参新采。

萧氏，教谕潘庆龄妻，幼刲股愈母疾。光绪元年旌。

储氏，诸生储维炳女。侍母三十年，矢志守贞。性至孝，母卧疾十余年，朝夕不离。光绪三年旌。建坊陈家桥西，维炳作维灼。《续志稿》，参新采。

李氏，李振芳女。七岁父殁，矢志不嫁。母病笃，刲股和药进，疾顿瘥。母殁，抚侄希白，又殁，抚遗腹侄孙星南成名。女受两世重托，辅翼孤孀。当怨谤疑毁之交，坚忍不夺其志。李氏一脉，不绝如缕，继继绳绳，赖以勿替。光绪十二年，官司具题请旌，建孝女坊。

黄氏，黄铣女。守贞不字，孝事父母。父母殁，抚弟成立。光绪二十年旌。《续志稿》，参新采。

徐氏，徐显女。事孀母，抚幼弟。光绪二十二年旌。

于氏，于万年女，住尤家庄。幼失母，父病亟，遗命抚弱弟均、坦。父卒，女矢志守贞，勤俭持家。为弟均成室，生子登瀛，里人称之。光绪二十三年旌。《续志稿》，参新采。

严氏，严兆祥女，三刲股愈母病。父殁，哀毁骨立，矢志不字，事母二十余年。光绪二十四年旌。住俞家垛。

王氏，监生王宝图女，奉亲不字。光绪二十五年旌。

夏氏，名鹏真，夏建寅女。家贫，事亲极孝。父病，刲股和药疗之。母病，女亲尝汤药，拜斗九十余日，疾遂瘳。光绪二十八年旌。

程氏，从九程绍元女。侍母二十余年，矢志守贞。光绪二十九年旌。

傅氏，从九傅凤仪女。侍母疾四十余年，立志守贞。母殁，哀毁尽礼。光绪二十九年旌。

李氏，名月禅，西娄庄人李兆孚女。兄殁，父悲痛成疾，女祷于神，疾果瘳。无何，母丧明，女誓不嫁，以事母，茹素终其身。光绪三十一年旌。新采，参《续志稿》。

罗氏，罗昆山女，在室守贞，事母尽孝，学政李匾奖之。光绪十八年旌。

刘氏，湖北典史李鹤金女，守贞不字，孝事父母。提学使陈匾奖之，宣统二年旌。

储氏，储执中女，以母迈，立志不嫁。旌。

卢氏，附贡生卢金镛女，幼字辰溪县史长华子。长华被议遣戍，其子随父不归，女依父母以居。父病，刲股不愈，尝粪。复截指和药，并沥血书疏，祷于神，乞以身代，父病遂痊。次年，女卒。官司具题请旌。

以上已旌。

谢氏，谢津梁女，刲股愈母疾，守贞不字。

吴氏，吴其琛女。母患疾体羸，女侍奉不嫁。嗣值时疫，母病垂危，女焚香祷神，愿以身代。母梦神示医者姓名，病遂获痊。

陈氏，陈炳如女。年十五，母病剧，女刲臂肉寸许，和药进，病遂痊。

曹氏，曹殿传女，奉亲不字。

宫氏，宫学锦女，奉母不字。

王氏，奉母不字。

张氏，张舜年女，奉母不字。

陈氏，陈金南女。十三岁，刲股愈母病。

邵氏，邵汝铎女。以父瞽，矢志不嫁。

张氏，张品琮女。因父母多疾，立志不字。兄贾于外，嫂亡，抚兄子成立。

陆氏，陆普女，奉亲不字。弟殁，抚弟儿成立。

吉氏，吉延昌女。以母病弟幼，立志不字。

以上《续志稿》，据《续府志》。

沈氏，沈友材妹。萧氏，萧鍼女。韩氏，韩起凤姑。石氏，石安鉴、安信姑。

以上据节孝祠《孝女姓氏录》。

郑氏；严氏。

以上光绪六年州案。

曹氏，陆维楠妻。夫殁，父母又乏嗣。父病剧，氏尝截左手小指和药进，病遂痊。逾年，母病剧，氏又断左手无名指和药进。当断时，氏不觉痛，疮亦旋愈。里人哀而敬之。

魏氏，魏壬成女。奉亲不字，曾刲股愈父疾。弟病，亦刲股疗之。

曹氏，名湘浦，字楚卿，廪生曹倬女。性至孝，工诗。年二十一，殁。里人采其孝行，并梓其《绣余吟草》一卷。

谢氏，谢志林女。

杨氏，杨杏雨女。

刘氏，刘景文女，奉亲不字。

张氏，张鹤龄女，刲股愈母病。州牧匾奖之。

乔氏，乔庆龄女。继母病，刲股疗之。

徐氏，徐灿德女。家贫，以针黹养亲。亲殁，哀毁逾恒，卒。

张氏，张某女，奉亲不字。

蒋氏，名如龄，奉亲不字。

吴氏，监生吴寿康女。事亲孝，刲股疗弟疾。

徐氏，刲股愈继母疾。

徐氏，徐志林女。

徐氏，二女：长名淑云，次名淑文。父阆卿病，二女刲股和药进，受创甚剧，卒无效。邑人袁锦为作《徐氏二孝女歌》。

卞氏，卞长喜女，沙村人。事亲孝，抚弟成立。

刘氏，提督刘荣庆女。事病父，抚幼弟，里人贤之。

葛氏，监生葛崇女，奉亲不字。

以上《续志稿》。

汤氏，汤日旺女，奉亲不字。父殁，助母抚幼弟。

陈氏，陈范第三女。母殁，守贞不字，事父极孝。

王氏，王其章女。矢志不嫁，孝事父母，抚育弟妹。

王氏，王光德女。父殁，哀逾恒，矢志不嫁以事母。

王氏，王贯女。在室守贞，以针黹所入养母。

朱氏，朱盛文女，在室守贞。

韩氏，韩贡祥女，守贞不嫁。

周氏，周文焕女，守贞不字。

王氏，王秀生女。幼读书，能文章，守贞不嫁，著有诗文稿。

张氏，张某女，在室守贞。学政杨匾奖之。

赵氏，赵桂年女。矢志不字，以事孀母，抚弟成室。年五十，恐衰老以衣食累人，溺水死。

汪氏，恩贡生汪达源第三女，适礼部主事沛深子祖芬。两次刲肱愈父疾。归李，事翁姑孝。卒，年二十六。两家皆悼惜之。

马氏，名素贞，马和泰女。在室守贞，奉养父母。

谢氏，谢希石女，王赞卿妻。父病，刲股治之。

王蕙，监生王鉴渊女。刲股愈母病，因劳致疾卒。

王氏，监生王士渊女，奉亲不字。嫂殁，抚育幼侄。

李氏，监生李锡恩次女。三岁，为张从母所钟爱。张无子女，字而女之。张患病，刲股和药进，疾果瘳。后适度支部主事陈玉章，事翁姑称贤孝。宣统纪元，恩诏赠淑人。

叶氏，监生叶琪次女。以亲老弟幼，矢志不嫁。弟殇，勤针黹以养父母。父殁，母多病，忧劳成疾卒。

程氏，名撷秀，诸生程恩植次女，工诗。性孝，父病，祷于神，愿以身代。父病痊，誓不字。后为许聘，女不顾，抑郁而死。

吉氏，海安镇西北乡吉黄第六女。父殁，誓不嫁，孝事继母，助母抚诸弟成立。

钱氏，钱汝业女。父母殁，誓不嫁，孝养七旬祖母，抚弟妹成立。弟亡，复与弟妇抚侄。

韩氏，韩菌长女，在室守贞。

沈氏，沈质斋女。侍母病，守贞不字。

周氏，徐鸣皋妻。年二十一，刲左臂愈父疾。

黄氏，黄颐女。在室守贞，孝事父母。性慈惠，好施与。

王氏，王志宽女，住邓家庄西雁沟头。父殁，奉母不字。

李氏，监生李际唐女。亲老家贫，守贞不字。勤针黹，以奉晨昏。

马氏，名善贞，马昶女，奉亲不字。

徐氏，清节堂。

贤妇

王氏，礼部主事游镗继妻。夫病笃，焚香吁天，祈以身代，割臂肉和药进，病获痊。氏以积劳成疾，寻卒。光绪二十三年旌。

俞氏，安东县训导陈琥妻。相夫治家，秩然井井。事姑尤至孝，姑病亟，以第五子年幼家贫为虑。氏谋诸琥，与以母家女，分田数十亩。姑闻其言，含笑而逝。继谢氏，亦以贤淑称。

袁氏，储养亭继妻。姑与前妻子女皆患痫，氏祷于神，愿以身代姑，所生子女代前子女。更刺左臂血，和药奉姑，并疗诸子女，次日皆愈。

仲氏，理问高铎妻，广文振猷次女，名贻钿，字芳华。幼承家学，擅丹青，工诗词，博洽史事。于归，不逮事姑嫜。御下以宽，终身无急言戾色。每遇善举，质钗珥以任，里党贤之。

王氏，监生郜淳妻，住郜家庄。施田三十二亩为本邑义产，州牧刘匾奖之。

蔡氏，优贡生程祥芝继妻。夫殁家贫，三子皆幼。氏茹苦撑持门户，抚子恩官、恩洋、恩植成立，书香赖以不坠。

刘氏，福建汀漳龙道王广业妾。夫病目，长斋，持《大悲咒》。后卧病三年，躬亲浣濯。妾郑氏殁，抚其子女如己出。性好善，族有孀妇携其二女改适者，取回教养之，且出资遣嫁。王氏自三祝始，散粥以食饿者。氏质簪珥，增粥一担。卒，年七十四。子贻哲，举人，官山东知县。孙斯谋，诸生，亦官山东邹平知县，候补知府。

顾氏，周彭龄妻，事母孝。既嫁，夫羸疾，刲股疗之，不效。夫殁，遗弱孤。族众瞰氏孤孀，数侵辱之。氏撑持门户，教子读书成立，乡里称贤。子纮顺，郡庠生。

石氏，监生顾生琥妻。夫病笃，刲股疗之。预怀毒药，誓不效即以身殉，夫病遂瘳。氏娴吟咏，刲股时，自为七律一章，词甚悱恻。

张氏，诰封武略骑尉、邑庠生凌桂妻。继姑殁，氏抚遗孤，嫂兼母职。夫殁，抚子文蔚捷武闱，封宜人。学政匾奖之。

王氏，韩国济妻。以针黹所入，孝事两代孀姑，事父亦至孝。无子，抚嗣子宝缙。女一，适庠生陆燕昌。

潘氏，庠生汪莹元配妻。莹病疸，氏刲右臂以疗之。光绪二十三年，以产难殁，年二十九。

戴氏，职员王传铭妻。夫病笃，氏刲股以进，病遂瘳。

徐氏，崔澄妻，孝事迈姑。氏殁，澄悲之，誓不再娶。氏弥留时，以子弱多病为虑，劝夫续配延嗣。后其子果夭，澄娶张氏，生子四。

张氏，泰州监掣王怀礼妻。乐善好施，事姑尽孝，里人立碑以铭之。

郁氏，宋友根妻。事嗣翁姑尽孝，嗣翁殁，鬻产治丧事。

丁氏，明经黄家杰继妻，幼刲股愈母病。兄殁，抚侄。嫁杰后，孝事衰翁，视前子祥元若己出，抚之入邑庠。

李氏，武举人凌文蔚妻。文蔚习弓马，时值发逆倡乱，李勉以大义，有削平大难之志。氏孝事重闱，乐施好善。苏、皖水灾，各出银币百元以赈。知事胡匾奖之。

倪氏，丁嗣棻妻。性贤淑，孝事迈翁，甘旨靡缺。

梁氏，丁招妻。事翁尽孝，持家勤俭。

汪氏，宫清祥妻。性慈爱，邻人有生子乏乳者，为乞诸人以与之。

王氏，监生赵琴生妻。事姑尽礼，抚二子成立。次子宝年，入邑庠。

丁氏，甘泉人，优贡生单毓元妻。幼慧，工诗。孝事父母，两刲股治母病。既嫁，事舅姑至孝。年，四十二卒。著有《国朝闺秀诗集注》四卷，《鹤立顾偶录》一卷，《鞠盘文剩》二卷，《鞠盘诗剩》二卷。

薛氏，诸生张文焕妻。夫殁，家贫，事翁姑尽孝。

李氏，海安李祖遐女，徐澧妻，孝子徐瑰之母也。著有《女则》一篇以垂世。氏患病，瑰刲股愈之，人谓之孝，得诸母氏之教云。

谢氏，崔昌廪妻，氏知昌廪昏騃，誓不他适。既嫁，饮食便溺，均氏任之。昌廪殁，氏哀毁逾恒，事翁姑尽孝，无子，抚侄为嗣。

徐氏，东台邑庠生徐伯升女。年二十，归成杰。姑殁，哀毁成心痛疾。杰病且笃，祷于神，疾果痊，矢志毕生茹素。

崔氏，葛克仁妻。孝事翁姑，年二十八寡。姑殁，典妆奁，营丧葬。勤针黹，以事迈翁，里党贤之。

徐氏，解福履妻。善丹青，工写景。夫殁家贫，设馆授女弟子书，抚二女成立。性好施与，常积数百金，助施药局费。勒碑海安司署。

黄氏，监生宋善庆妻。每岁暮，劝夫周济贫乏。夫殁，命子施材，立义冢，创社仓。子尹东，入邑庠。

傅氏，王树功妻。以田三十亩，施送王氏义庄，充恤贫经费。

王氏，太学生吉蔚章继妻。于归后，抚前子如已出。性好施，恒周恤贫乏。夫病，刲右臂和药进，病遂瘥。夫殁，抚所生子宪曾入庠。

姚氏，钱邦达妻。夫故，无子。罄所有地基二亩、草屋四楹，施送学校。知事李奖以匾额。

吉氏，监生陆洲妻。孝事舅姑，多病不育，劝夫纳妾延嗣。遇善举，慷慨任之。

王氏，诸生李冠唐妻。幼读书，知大体。冠唐好施与，家无余资，氏每脱簪珥以助。

郭氏，监生王秉衡妻。性纯孝，父母殁，抚弟妹成立。适王后，不逮事姑嫜，祭祀必诚必敬。慈惠，好施与。

陈氏，李沛恩妻。孝事翁姑，乐施好善。

贤妇补遗

李氏，许光震妻，继姑因产陨命，翁遂不欲生其子，以巨石压之，几毙。氏闻，急救之，置于卧内，乳哺如己出。后长成婚娶，皆氏力也。光震成进士。《雍正志》，参《康熙府志》《江南通志》。

按《江南通志》，贞孝类有传，载明李氏江都人，故《府志》入江都，然据府、州志《选举表》，皆以光震为泰州进士，则其妻李氏当入《州志·列女》中。《雍正志·列女》内虽无传，而事实载其夫许光震传中，兹特补入。

义仆附

章黄氏，山东济南府人，幼鬻于乡先达刘总镇荣庆署内为佣。及刘解官归，为配白米镇民人章泰为妻。氏虽有所归，而刘值中落。氏仍依旧主，抚其幼无父母之曾孙女如己出。教育成人，皆氏之力。尝自誓曰："吾不见此女嫁，死不瞑目，亦无以见吾幼主于地下。"后卒如其言，乃殁。光绪二十二年旌。

节妇附录

刘氏，韩天翼妻，明正德时人，事实见前。程氏，韩任恺妻，事实见前。谭氏，韩乔岳妻，事实见前。王氏，韩广宽妻，事实见前。唐氏，韩元泰妻，事实见前。瞿氏，韩广仁妻，事实见前。曹氏，韩昆妻，事实见前。谢氏，韩应琨妻，事实见前。许氏，韩琮妻，事实见前。陈氏，韩四荣妻，事实见前。陈氏，韩铜妻，事实见前。田氏，韩银妻，事实见前。徐氏，韩彬妻，事实见前。陈氏，韩如山妻，事实见前。杨氏，韩应珂妻，事实见前。周氏，韩国沄妻，事实见前。程氏，韩如侨妻，事实见前。许氏，韩成妻，事实见前。刘氏，韩国鋆妻，事实见前。王氏，韩日升妻，事实见前。孙氏。韩宝鸿妻，事实见前。

以上据采访，均民国二十年褒。

瞿氏，韩长仁妻。年二十九寡，抚子霞凤成立，守节三十七年，民国三年褒。已见《道光志》二十九卷三十八页，惟守节三十八年，与新采不同。李氏，光禄寺署正纪观沂妾，事实见前，民国四年褒。萧氏，诸生陈文梁妻，事实见前。民国六年，褒以"节励松筠"匾额，已守节四十二年。田氏，诸生郭子坚妻，事实见前，民国六年，褒以"节励松筠"匾额。俞氏，刘武曾妻，事实见前，民国七年褒，知事郑匾奖之。俞氏，刘武翼妻，事实见前，民国八年褒。李氏，张裕厚继妻，事实见前，民国八年褒以"怀清台峻"匾额。印氏，张汝纯妻，事实见前，民国九年褒。胡氏，王懋官妻，事实见前，民国十年褒。王氏，张余庆妻，事实见前，民国十年褒。徐氏，谢焱妻，事实见前，民国年间褒。张氏，顾燕妻，事实见前，民国年间褒。董氏，高锡康妾，事实见前，民国年间[1]褒。

沙氏，葛寿春妻。夫殁，欲以身殉，抑郁成疾，未逾月亡。

朱氏，故宝应名族，嫁王深谋为妻。深谋早殁，朱守节抚嗣子光预，教养兼施。民国十年患乳岩卒，盖痛夫抑郁所致。

贞妇

汪氏。蔡厚基继聘妻，事实见前。民国年间，褒以"白首完贞"匾额。

贤妇

王氏，太学生吉蔚章继妻，四川任用知事吉宪曾之生母，事实见前。民国八年褒。王氏，附贡生单凤藻妻，孝事衰翁。夫殁，抚子毓衡成立。亲旧贫困者，佽助之。民国十年褒。傅氏，王树功妻，事实见前。民国年间褒。韩氏，韩菡长女，民国三年褒。沈氏。沈质斋女，事实见前。民国七年褒。

王光瑛，年十六，事母孝。母患喉，光瑛焚香告天，愿以身代。母卒，光瑛哭之哀，伏尸不去。婢媪曳之，不从。不数日，亦以喉患卒。民国六年，

[1] 原本脱"年间"，据程抄本补。

黎大总统匾奖之。

泰县采访录存

李氏，王立余妻。储氏，陈翰元妻。刘氏，李焕贤妻。许氏，庄柏臣妻。孙氏，武子香妻。吴氏，王保恒妻。李氏，田法曾妻。李氏，许登莱妻。李氏，韩启文妻。洪氏，郃式臣妻。顾氏，高厚堃妻。郭氏，王宝书妻。宫氏，陈西园妻。顾氏，叶荫森妻。张氏，谭朝臣妻。胡氏，石培森妻。

以上清节堂节妇。

续纂泰州志卷之三十二

艺文志上

宋

《北辕录》《清波二志》，周煇。

元

《东皋漫稿》，马玉麐。

明

《易说》，王栋。

《周易觚》，王补。

《周易注》六卷，王裕。

《大学泄臆》《投壶谱》，王元鼎。

《论孟类聚》，陈芑。

《语录》，王禔。

《会学十规》《一庵会语》《会语续集》《祠堂纪事》，王栋。

《天文星宿图考》，王补。

《绘事微言》四卷，唐志契。

《徐氏族谱》，徐懋勋。

《先公遗录》《私绎诗集》，王禔。

《芙蓉集》《德仲遗稿》，王之骥。

《旦园诗集》，沈复。

《清涟集》，方苞。

《问心集》，葛雷。

《世德集》，葛天民。

《餐蔗堂诗集》，周瑞。

《志学堂诗文集》，周士弘。

《文庄遗集》，周盘。

《定庵周公遗稿》，周恩兼。

《渔响集》，崔殷。

《考槃集》，黄钰。

国朝

《易贯》四十卷，《五经经解》十二卷，陈琥。

《仪礼聚考》，杨筠。

《仪礼琐辨》《四书纬》，常增。

《小学骈枝》八卷，田宝臣。

《周易释义》，田溥。

《葩经集解》，黄梯云。

《毛诗集解》，王世丰。

《左传霸图分纪》六卷，高崟。

《周易析义》十卷，《水经注辨证》四卷，李兆蓉。

《四书汇解》三卷，李长涟。

《春秋考异》，邰福基。

《论语直解》，张凤翔。

《两庑先贤考略》，王世丰。

《乡贤世德录》，王广业。

《江川邑志》，宫庭。

《淮黄策略》，潘庆龄。

《梓里旧闻》《退庵笔记》《辟蠹山房丛书》十八种，《退庵钱谱》，夏荃。

《巽斋钱录》十二卷，费锡申。

《经史纪余》《圜钱所见记》，王辅。

《三国志补注》，康发祥。

《班书地理志沿革考》《九边图说订讹》，沈夔。

《尚友录考正》《泰州方言》《海陵杂录》，高尔庚。

《卫书轩书目》《经世日纪》，刘汉臣。

《典韵溯源》，程祥禾。

《思诚摘要》，吴宗辅。

《海安考古录》，王华封。

《观政录》，彭寿山。

《消夏录》，陈志枢。

《重辑洗冤录外编》，程祥栋。

《性理外编》，郜福基。

《哀思录》，吴宝和。

《青箱塾丛书》，王广业。

《莲修起信录》初、二集，程兆鸾。

《弈括》一卷，黄龙士。

《唯方集解》四卷，朱宜。

《脉学指掌》《内经揭要》，刘汉臣。

《医学证治赋》《运气辨》《痧病辨》，陆儋辰。

《本草指归》五卷，《素问指归》八十一篇，《金匮指归》十卷，《伤寒指归》六卷，戈颂平。

《仁术肩墙录》十卷，江镇。

《杂证绳墨》一卷，荣诏。

《温病阐微》，江墉。

《医林愿学编》，陈玉德。

《地理辨正》，潘淮湘。

《黄庭直解》《金丹直指》，冒同庆。

《古雪草堂诗集》,黄九洛。

《月舫》《念祖》《郁李》《吴越》《桐花草阁》诸集,黄阳生。

《看竹亭诗抄》,王栻。

《逵园稿》,缪尊。

《余力集》,仲蜀岩。

《响泉文集》,韩鰊。

《渔园诗集》,丁日乾。

《寄余园稿》,杨瑚琏。

《朝寻斋诗集》,王衷丹。

《古香亭诗草》,朱光岩。

《雉啼集》,薛芬。

《剪春词》,俞圻。

《修月词》,缪祖培。

《燕贻堂文集》,万蕙田。

《滇行草》一卷,《淮阴旅草》一卷,《鹤樵文集》二卷,陈师庆。

《西园十二景唱酬集》《城西草堂联吟集》《悟藤室诗剩》,尤金城。

《牧鹤轩诗草》,朱光峦。

《自娱集》《爱维堂稿》《北游草》,罗桂。

《守逸山房诗抄》,李宁。

《节溪诗抄》,宫增祜。

《余栖书屋词稿》,储梦熊。

《红丝砚馆诗抄》,高筠。

《粤游草》[1]四卷,李宸。

《亦好集》《晋砖唐石斋诗文存》,夏荃。

《亦是轩诗草》,高錞。

《汲绠书屋诗文抄》,潘庆龄。

《一松楼文稿》《编年诗抄》《竹叶山房外集》,常增。

《曼吟草》二卷,高铭。

[1] “粤游草”,新抄本作“奥游草”。

《春晖草堂诗集》，程绍昌。

《因是斋诗文集》《柏影轩词集》，程宇光。

《清味斋全集》，陈晋元。

《待问集》，程祥芝。

《伯山诗抄》十五卷，《伯山文集》一卷，康发祥。

《红藤山馆诗抄》，陈文泽。

《晚晴轩俪体文存》四卷，《晚晴轩诗存》五卷，陈文田。

《补瓯堂诗集》，夏兰。

《趋庭集》三卷，《翠柏山房诗集》二卷，刘汝梅。

《紫樱山馆诗集》，袁振华。

《芦洲倡酬集》二卷，马呈图。

《晋砖室诗文集》，赵瑜。

《琴鹤堂诗文抄》，赵琳。

《纪事诗》一卷，徐晓峰。

《缘天吟社诗》一卷，王鋆。

《青藤馆诗草》，徐信。

《辋川别墅诗抄》，王华封。

《春星草堂集》，夏嘉谟。

《清啸堂诗集》，汤治昭。

《聊免书空集》一卷，陈恩溥。

《蓉滨遗草》，仲贻勤。

《松筠阁诗文集》，陈志枢。

《声玉山斋诗集》五卷，邹熊。

《百尺楼诗抄》，陈笃庆。

《醉经室诗抄》二卷，王朝庆。

《红粟山庄诗集》，朱宝善。

《学耨堂文集》十二卷，《晚香亭诗集》八卷，徐升堂。

《春晖草堂诗存》六卷，费履坚。

《补读斋诗集》四卷，许爱堂。

《三影堂诗稿》，张兆璠。

《坳堂诗集》，张云上。

《皱春词稿》三卷，黄荔。

《瓢斋诗抄》，张逸。

《读易堂诗试文稿》，顾鸿。

《耕税山房诗稿》，田溥。

《澣翠山房诗稿》，徐震来。

《友竹轩诗集》，徐厚桢。

《窥破机关》二卷，汪达汝。

《晚香书屋诗抄》，夏亮采。

《一松轩诗集》，钱桂森。

《双桂轩四六文抄》《紫藤馆诗集》，王桐。

《雪蕉草堂诗存》，王辅。

《棣华吟馆诗抄》，袁锦。

《蠹余草》，颜驯。

《还读堂诗稿》，刘汉臣。

《吟香诗草》，吴廷灿，

《日月吟》四卷，朱乘骢。

《听鹂吟馆诗词草》，高善树

《和陶诗抄》一卷，冒同庆。

《论史文略》一卷，钱锡恒。

《思白堂诗存》，江对山。

《孩山堂集》，宫裕祖。

《飘蓬集》，袁衔。

《二曾堂诗文集》，李呈南。

《秋江文稿》《都门游草》，李恩涵。

《笙寒楼诗抄》，王贻典。

《凌云诗抄》，张凤翔。

《蘅茅诗集》，沈隐。

《二南释义》《毛诗集解》《井眉居诗存》，高尔庚。

《寂感吟倡和诗抄》，徐承垛。

《东湖草堂赋抄》，程祥栋。

《海陵文征》二十卷，《海陵诗征》，夏荃。

《高庵诗话》，常增。

《伯山全集》十六卷，康发祥。

《袁文合笺》《有正味斋骈体文笺》十四卷，《国朝诗一脔集》，王广业。

《藤花阁诗存》，程恩官。[1]

《桑田录》一卷，《泰文录》二卷，《吴州四程》《畯僧吟草》，程嵩龄。[2]

《白莲集》《怡云稿》，释雪笠。

《女则》一卷，徐瑰母。

《余生阁诗抄》，程绍安妻张氏。

《绣余吟草》，曹湘浦。

《鞠盘诗剩》，单毓元妻丁氏。

《骈雅训纂》《二知轩诗抄》，流寓魏茂林。

《松寿阁文集》二卷，流寓徐步云。

《劫余仅存稿》，流寓李承霖。

《海陵从政录》一卷，流寓周际华。

《半螺龛诗》六卷，《杂志》四卷，流寓吴文锡。

《砚北花南吟草》十二卷，流寓徐鸣珂。

《晋铜鼓斋印存》四卷，流寓吴熙载、李维之辑。

《畬经书屋诗抄》，流寓洪承儒。

《扬州画苑录》四卷，《十二砚斋金石过眼录》，流寓汪鋆。

《琴语堂文述初续集》，流寓李肇增。

《还桂山房诗稿》，流寓黄泾祥。

《峰青馆诗抄》七卷，流寓钱国珍。

[1]“《藤花阁诗存》”条，原本脱，据程抄本补。

[2]“《桑田录》”条，原本脱，据程抄本补。

《小墨庄诗话》[1]，流寓金长福。

《蓉湖诗抄》四卷，流寓汪瑸。

《爨余草》，流寓董锡宏。

《禹贡易知编》《辽史地理志考》《边疆简览》《瀛寰新志》《鸿轩随笔》《鸿轩诗文集》，流寓李慎儒。

《劫余诗稿》，流寓车元春。

《海上联吟稿》二卷，《梅溪节烈双褒录》二卷，《晚香吟余诗草》十二卷，《海陵杂事诗》一卷，《杂著》二卷，《晚悔笔记》八卷，《识小录》，《所见录》，流寓洪文翰。

《文室天花集》，流寓余振行。

《课余吟稿》《游秦小草》，流寓吴嵩泰。

《补蹉跎室诗文集》，流寓沈桀。

《爱石轩诗文集》，流寓郭福沅。

《碧梧红杏山房诗存》六卷，流寓陆费燮。

《白雨斋词话》六卷，流寓陈廷焯。

《觉华庵诗存》，流寓王荫祜。

《龙苑文稿》，流寓王耕心。

《说文引经考异》十六卷，流寓柳荣宗。

《知悔斋文》二卷，《晴漪阁诗》六卷，《红豆帘琴意词》一卷，《皖游纪略》二卷，《入湘纪程》《湘中剩笔》，流寓陈克劬。

《半舫诗抄》，流寓许颂鼎。

《寄巢诗抄》，流寓崔宝善。

《春秋衷一》，流寓团维墉。

[1]《小墨庄诗话》，新抄本为《小墨诗诗话》。

续纂泰州志卷之三十三

艺文下

碑　记

重修城隍庙碑

明　学正　孙琛　天台人

皇明诞膺天命，抚有方夏，礼备乐和，民安物阜。且崇礼之典，尤惓惓焉。凡天下郡邑，有捍灾御患、泽被生民者，命守土吏立祠以祀之，每岁春、秋仲月，致祭以礼。其所以为民祈福之意，旷古未之有也。

泰州城隍之神，在应祀之列。矧神觇鉴察司民，灵著一郡。凡遇水旱、疾疠，行祷□□□□□于桴鼓影响。按郡志，唐乾兴元年秋七月，久不雨，缙云令李阳冰斋沐躬祷于神，与神约曰："五日不雨，则焚其庙。"及期，大雨霶霈，远迩饶洽。乃与僚吏、耆民自西谷迁庙于山巅，以答神[1]庥。由是知神，唐以来庙食于兹矣。厥后，时世屡易，兴而废者再矣。

正统四年秋，□□郡守骆公士隆、贰守冯公、泰州倅宋公庄、王公思旻、幕宾高公谅拜谒祠下，仰观殿宇□风雨□□之患，庭除缺廊庑翼卫之严，俱曰："盍葺之！苟置而不葺，其何以妥神灵而崇祀事，□□□□？"于是皆割俸金，命居民卫景中、缪文政收贮，为土木费，阖郡寮属、耆民闻之，亦翕然□□□推同寅宋公庄以董其事。公夙夜孜孜，甚于营私。视栋桷之腐者

[1]"答神"，原本脱，据蔡驷壁记补。

易之，瓴甓之缺者补之，□像塑绘，增置大门两庑。其砻石崇阶，而登降有仪；运壤夷亭，而序立□□□围复盖圬□□密坚固，不复有风雨之虞，又植松柏、杂木二百余株于两楹，其庙貌截然，□观者耸异。

正统五年春落成，而卫景中等来请曰："庙之废久矣，前牧民者而莫致意。今吾郡□□□□□资而力为其事，计其功，不下于创始者，欲具坚珉，以纪其实。告吾父母，皆不许。若从其言，□是庙，后之人何以考始末之自？敢谒文以刻之。"予亦善良吏之用心，是为文以记云。

督抚刘公报德祠碑记

明　京兆尹　蒋应奎

海夷入寇，必垂涎淮扬、凤泗之区，而属楗闭于通。己未岁，寇入自利河，与谍曳踵，若风雨然。比官兵集，仅能扼诸白蒲。然通州之险，与贼共之，不足恃矣。人情汹汹，独倚开府克斋李公、海防白川刘公以为命。时二公方驻师重地，实负隐忧。每箸米筹划，独危如皋、海安二冲要，以其南逼黄桥，可以通江，瞰瓜、仪；西邻姜堰，可以越泰而窥淮、扬，为戎马必争之地。匪直鱼肉是虑，而据险扼吭，舍二冲，其无由论定。

乃我白翁请克翁内驻泰为声援，而躬擐甲胄，据如皋城；复陈兵海安，为犄角势，舆人罔测其所以。寇种有黠者，亦颇能窥端倪，谋分一支缀如皋，一支窃出海安，而西一支窃出海安而北。终是天厌夷祸，阴诱贼衷，不令深解我翁之秘，而竟堕玄彀中。计其穷日之力，百里趋利，以至曹堡。方疲劳思息，而翁伏兵四起矣。是时，贼先溃于如皋，然树缀作疑之兵，不以败为意，而注想者出奇以西尔。风声鹤唳，方在恐惧，而翁之节钺忽出诸曹堡伏兵之中，不容不心胆碎裂，角崩首稽，而偷生不暇。翁收一战之功，谕诸将曰："勿谓贼非计。彼若得抵泰州，则如皋、海安在彼囊中，所谓争一而得三，但不虞曹堡有我伏兵尔。今海安既有形兵，贼必不敢东。北去新洲未远，试解南围，听其走江上，入绝地。"果悉如算，尽歼之。未几，复从李公檄，北出庙湾、姚荡，诸倭遂至大定，散遣徒众归农。

八月，复有三沙之役，贼势逾初，诸当事者神色俱变。翁淬砺诸将佐："兵贵精，而不贵多。吾藉屡胜之威，而参之以智计，得算犹多。况如皋、海安、曹堡、新洲之烈在耳也，彼敢正视乎哉？”此固翁之智勇自得，而非人谋所能及者也。而贼果不敢西犯，潜自栟茶，趋富安、安丰以遁。计是时，贼谓翁并力守如皋、海安，则北路必虚，兼邱参戎锅团不利，势遂猖獗。不虞翁率奇兵，由间道先据刘庄以下诸险，以逸待劳。卒之鱼网兔罗，触处皆谷，丑夷竟无一生还者。夫利河得谍时，我淮扬、凤泗之民日夜东顾之忧，惟恐其得通泰之险而越之也。

翁自白蒲之战，与贼同险，遂为海安、如皋负隐忧。然如皋之民有城可依，而翁复躬临之，赖以无恐也。海安野处，距翁四十里，复有陈兵，恶能尽识其所以，而不虞其为战场哉？乃翁之神谋秘计，海安以形守，而曹堡以实战。夷虏胆裂之后，遂指海安之旌旗为雷霆，以故先后三起，或见之而不敢犯，或闻之而不敢近，室庐、耒耜，父母、妻孥，尽获金汤之安，而翁之情犹未已也。

寇去，复命樊学正筑海安城，使与如皋之民同一无畏也。然则生祠以报翁，岂人心之所容已哉？虽然，海安今以我翁得为重地，岂直感海安之民心而已哉？门户既扃，堂奥皆静，淮扬、凤泗得安枕而卧者，尽翁之赐也。

时，天子嘉其功，擢翁督抚。而士民感恩图报，择镇北凤山之墟，前竖报德坊，左为忠爱堂，右为安攘堂，正南为生荣堂，塑翁像于其中。山之上，为瞻云堂，盖翁之亲舍在其下也。

毕之日，庠生屈鸿渐、徐铧等称币请文，以记其事。予处广陵，逭剥床之灾，获胥宇之庆，将后世以逮子孙，咸与海安之民同一感也，不揣僭越，续诸野史云。适盐院芝麓李公收此祠于维扬志者，知翁之功，不可泯焉耳。

巡按江北誓辞

明　巡按御史　蒋春芳

御史之职，首[1]在纪纲。外则澄清海宇，内则绳纠庙堂。焉可以身[2]之污秽，强将公道而主张？

乙未之岁，维月之阳，天子命我，来巡此方。将欲于浊者而是激，将欲

[1]“首”，原本作“守”，据《〔光绪〕盱眙县志稿》卷十五改。
[2]“身”，原本上衍“一”字，据《〔光绪〕盱眙县志稿》卷十五删。

于清者而是扬，鼓嘉生而𢜔遂，群兆庶于用康。简书有赫，小臣悚惶。蚤夜以思，天牖其良。形动生影，声动生响。己则务积，能怪浊者之不滥觞？己家[1]不洁，能令清者之自见其长？回互闪铄，销沮闭藏。永堕小人之行径，终非君子之心肠。敬为誓[2]辞，刻之宫墙。一言一戒，叮咛春芳。

朝夕从事，求靖是邦。及瓜告代，一物毋将。书籍、笔墨亦是。苟违斯誓，苞苴私藏[3]，渡河则殒于河，渡江则殒于江。生还无望，舆榇归乡。神明森列，毫发不爽。行旅维九，书册衣裳。即[4]损之而又损，虽四五亦何伤[5]。虔兹誓之宣布，天威俨其在望。持斧乎吾将行，肃所司以官常。毋谓下民为易虐，毋谓贪小而无伤。

倘有犯乎[6]三尺，剑□借于上方。重则击之以雷霆，轻则加之以风霜。务期肃清一方之吏治，百拜稽首以复命于吾皇。

重修城隍庙碑记

明　户部员外郎　黄鹗　本州人

尝读陈留蔡驷壁记，而知泰之有城隍庙也，自李唐乾兴元年已然，相传至国初，迄于当今。有州治，则有城隍祠庙，盖与州治并建云。昔所称祠宇之制，形胜嵬巨，堂宇深严，重门辽廓，□庑轩□。□□□□□□气，交会于斯；金汤之神灵，涉降于斯，万姓之水旱疾苦，胥仰焉而待命于斯。盖与郡侯并持彰瘅祸福□□于域□，而□□□□□，举无右焉者矣。无何阅历岁久，圮倾漫漶，日复一日，即仰屋窃叹者有之。身任其经营，拮据之劳勚，起□□而□之新者，伊何人□？

乃郡牧张公，山斗巨宗，循良茂异，奉守兹土三载。未期月，轸念苍赤凋𢀖，喁喁焉听命于神，爰多方体恤勖劝，眚灾肆赦，与民休息，□时变革，盖无一念、无一事，不可盟之天日、质之鬼神也者。公之所感，通于冥漠也

[1]“家”，原本作“蒙”，据《〔光绪〕盱眙县志稿》卷十五改。
[2]“敬为誓”，原本脱，据《〔光绪〕盱眙县志稿》卷十五补。
[3]“斯誓苞苴私藏”，原本脱，据《〔光绪〕盱眙县志稿》卷十五补。
[4]“行旅维九，书册衣裳。即”，原本脱，据《〔光绪〕盱眙县志稿》卷十五改补。
[5]“伤”，原本作“乡”，据《〔光绪〕盱眙县志稿》卷十五改。
[6]“倘有犯乎”，原本脱，据《〔光绪〕盱眙县志稿》卷十五改。

素矣。丁酉夏亢旱，公露祷城隍庙，大雨如注。戊戌，以淫雨祷神，旋睹晴霁。昔人所称“天不雨，祷而雨。雨不忧，公出游”，公非其人哉？

公顾不自有其善政格天之鸿烈，而一切归德于明神，谓明神之怕雨怕旸，有祷辄应也如此。非辉煌其庙貌，鼎新其祠祀，其何以光扬肸蠁，而仰昭景贶也乎哉？乃咨谋于众，曰：“徼惠于神，无不报。有之而乏报者，不祥，神吐之矣。是庙之修，可得已哉？顾时诎举赢，国赋将焉用之？而民劳甚矣，又焉得浚其膏血，以为金碧乎？”爰慨然捐俸金若干缗，为一时官师、僚采、都人士倡焉。饬材庀工，子来如云。距经度至落成，曾几何时，而绣栋参横，雕甍璀灿，门宇峻峙。楹角丹垩之坏，百余年废坠之绪，一朝撤而新之。斥卤沮洳之乡，凡山泽之癯，衿佩之士，扶杖摩肩，欢呼载道，佥谓：“不图今日复见庙制之非常尔尔也！”相与为诵三章。其一曰：“城复于隍，宇屋维新。灾禳福注，惠溥斯民。”其二曰：“乐不可支，张君为政。感神格天，栟幪有庆。”其三曰：“幽赞明神，雨旸不愆。报功报德，于千万年。”于是拜手稽首，口讲鞠跽，请为之记。

予曰：“神道恍惚窈冥，未易测识。第民心，则至愚□神也，乃其所以为神者，无乃与神灵相为应和如响乎，明而有当于民之心，即幽而有合于神之心，无二道也。”公之异政，不可偻指。其后乐□建，即召棠[1]之遗，而门制帑藏，百废咸饬，公盖先成民而后致力于神者也。是役也，嘉公之为民而报神，尤证神之为公而庇民。后之视今，察舆人之诵，通神明之德，而究竟于神人合□之交，则甘棠之荫万代[2]如新，而神灵之福庇我海陵者，无疆惟休矣。是为记。

范文正公祠碑记

明　给事中　王纪　本州人

先生德业满家邦，功为满天下，太史传之久矣。百世之下，闻先生之风者，山高水长，莫不有敦朴厚伦之赖。矧于宦游之地，经纶显设，被当时而传后世者，不有甘棠之爱乎？

---

［1］“召棠”，原本作“召裳”，据程抄本改。
［2］“万代”，新抄本作“万民”。

按，西溪，海安之接壤也。有宋天圣初，先生试兹监策吏，适飓风海溢，浸没内田，东西之人，殆为鱼鳖。先生乞玉音，发丁夫，因唐史李承实捍海故堰而增广之，延袤几百里。高下既分，海波无恙。稼穑之民，名为范堤。郡志：西溪皆祀之，百世不忘之德也。

时嘉靖戊子，部使者毁淫祠。有司奉文惟谨，请得撤祠妥祀，以明美报，而友人屈子□以祠堂记千里谒予。时予以拾遗外补，悄然江湖廊庙之忧，恨不得接华盖之清□，与先生上下议论，而分宇宙之仔肩，慰岳阳之浩叹。至于耕食凿饮之乐，均之有怀土之思。

予于屈子之请，有三叹焉。曰：先生之可祠于民，固不止此。而民之于先生，亦以其□切而怀之，不为无意□。自天圣至今，吏兹土者，不知其几也，而重民瘼者几人？系民怀□者几人？生则不愧于乡，没则不愧于官，如先生者又几人哉？海安，郡志南北要冲也。兹土之人暨游宦之士，寻幽觅胜，谒先生于祠下，不有高山景行之想，何□□□□□哉？海安之祠，要亦不无补也。

是祠也，堂宇三间，宫墙一座。撤观音寺益范公祠者，乡民向政、杨桥、向澍、守僧智惠也。万历四十四年勒石，并跋云：“海安之有范公祠者，盖自嘉靖戊子始。”迄今□百[1]余年，垣宇几颓，曾未有纪其事者，则后有废兴，将何取证乎？吾侪讲学其间，暨□□修理矣，尤虑无以垂远，乃询之故老，得本镇向登家尚有碑记原稿在焉。阅之，果详且悉，遂跃然喜曰：“此天所以绵范公也。”复捐资勒石，以垂不朽云。

重建鼓楼碑记

明　浙江参政　刘万春　本州人

海陵，古扬州域，从来远矣。五代南唐，升东都海陵县为泰州。周世宗显德四年，入于周。五年，世宗临幸，授州刺史荆罕儒团练使，赐鼓角、门戟，爰建戟门。宋淳熙十年，州守万钟建谯楼，复东西二挟垛楼以翼之，相传楼基即戟门基云。国朝正统间任州守王思旻，以本州判官保任，重建谯楼。谯楼两见州志，此外无称矣。尝考《广舆图》载：郡邑无分严僻，凡

[1]“迄今□百”，原本均作空缺，据程抄本补。

境内胜概，蔑弗表扬，或藉宠封疆险要，或邀□名贤标题，各得挟其胜，垂久远。夫泰州，扬域大都会也；鼓楼，州治大观也。曩建楼两大夫，皆贤牧，为地方造福创盛。苟不借寒山一片石，增楼重且以重州，仍为地主自重乎？由裕陵至今，百六七十载，楼仅以名存。一楼之系，未闻有留心于斯，与楼以巍峨璀灿之观者即修。

吾李公开府本州，第表楼以声闻四达，而整顿处阙如，因是浸□，以抵于地，□桷中腐，檐阿外剥。翚飞鸟革化为亡是乌有，转以空中楼阁，通日月而纳云雾矣。夫以一楼残落不能办，何况庶务阘茸？解之者，曰："为民惜费也，动支无命也。"不知器玩之置，充闾盈室者，于何受命？计费更有什伯千万是者，惜与，否与？然则楼之待举，亦殷矣哉。非天授我徐公，畴能□之？盖公真为诚实君子□！民戴于凝寒之后，公暄以冬日之温。初来，即谒父老，诸政废坠，□显而可见，孰逾□□□然曰："余睹本州山陵环抱，宫殿参差，俨畿辅名郡。即鼓楼居巽□，与御史台遥对，□□然□出者，颓然而倚，乌在其□壮丽□□整乎！是在不穀矣！"亟纠工集役，会大水，弗遑。

明年，公保留免觐，拮据漕政毕，随召匠作，谕云："□将大启鼓楼，撤朽翻蠹，革故鼎新。楼之万瓦千章，不□□□弗支，请弗扰民，主张捐俸与□赎锾足给。我胸中具有成算，目中已有成楼矣。若怠趋役，毋怠乃公事。"又□计土木之役□破□稽察□毋□□于物，因以为利，我不尔贷。"又敕量役惟慎惟勤，再四拣干力委任之。旋□□盖楼，仅因旧址□皆料理梓材，飞栏复楹，刻桷雕□。视昔之高愈崇，广愈廓，宏厂□峻，风格凛然，益增而□乎。登楼览眺，南挹文峰耸秀，东望□□排空，西迎泰丘爽气飞来，北俯新城龙池献瑞，郡中佳胜，悉以寓目收之。

斯□楼之奇遇也。已前□□举国□□慰举。余为诸生时，□楼倾圮，辄□□。欲为楼吐气而无其力，彼有力者能负之而无其心。□公□□□□□□□整饬，昔之废业□兴之力，孰逾于此者？下车心许楼以□□乃声色不动，左右不谋，□□而楼成□。自此□□□公之□方快睹矣，且前无往古，后无来兹，允称□□大快事哉！前□州父老树碑，□□德政，余弗克揄扬盛美。大约公清心省事，约己□民，宽猛济而恩洽，张弛得而数行。公□欿然自视，兹者楼□□□欢呼踊跃，谋伐石，勒公经始之劳、垂成之绩，以诏不朽，公拱手谢曰："仍旧贯而已。"噫！安所得长者之言而称□？是可湮没乎哉？是可湮没乎哉？余遂不辞而为之记。

公名曰升，字□明，山东长山人，以尚书举东解额第一，文章政事称无两云。

光孝寺僧田碑铭

清　御史　俞铎　本州人

吾泰光孝禅林，创自东晋义熙间。先是为崇宁万寿寺，三易而始存今名，盖海陵一大福地也。其间兴废屡更，历唐宋元明代，有大禅师鼎葺而重新之。迨我大清踵兴，肇造伊始，而此寺尚尘煤断壁，石裂残碑两："雨退佛青""云迷龛碧"。来游者莫不叹法雨之久枯，虑祖庭之将废矣。

会顺治壬辰岁，延玉田大师飞锡此中。师以紫铁心肝，具黄金面孔，仙仙乎真法王长子。吾师□人，时或摇麈尾，弄象鼻，而玉屑河悬，绕龙点石，洵可夺虎丘一席，而有祇林树下风。方之升堂七十、味道三千，当不过是。由是上自郡伯，以至督抚，下自士绅以迄牧竖，莫不悟一指法不法门。故前此圮者葺，而坠者增，佛殿、斋堂、僧寮、禅庑，咸焕然有金碧光。虽今万寿一□□迭维艰然，而宝花香动，不日干□矣。以故捐资输积多乐助，知皈之士，遂施有僧田二庄，以供口蒲。俾寺之中，赤髭坐月，老衲翻经[1]，与[2]夫乘杯问渡、持钵寻宗者，皆得饱香，积以腹果。此田则田之系夫僧也，顾不重与？

然田矣，未有有田而无粮者，则亦未有有粮而无差者。此固朝廷国课军需在所，必问里之中，遂有以粮故而议差于僧者矣。玉师曰："吾僧也而差，是将吾差也而役矣。公门中有僧，恐三宝中无僧。"乃愁然忧之，用告抚军张公老祖台。公曰："昔高僧募地于汉帝，帝许之。僧展具得地五百里，因计亩而并捐其租。今已租矣，而更议差，是不当如古帝开一方便门乎？"爰下其檄于州守邵公，永免议之。盖由张公以菩萨体作宰官身，佛骨

[1]"经"，原本脱，据程抄本改。
[2]"与"，原本脱，据程抄本改。

禅心，为净梵，为图澄，再游人世，故开府淮扬，所辖濠、庐、邗、楚五十余城，其中旌廉警墨，摘伏字氓，伟绩类难更仆。而予泰独亲承绣钺，沐德尤殷。诸如上灾书，免唬船，裁邮夫，禁营债，赈饥造士，汰冗轻刑，约略数大端，俾□风翔于中□，□响厉乎八冥；孟山鲜蜂目之觑，东海绝弩口之蜮。是真以大慈悲力，普渡一切世间人，如唐之房杜诸公，身居宰辅，日惟作菩萨□弘济民艰，则公之免僧差，犹小者耳。

虽然，《楞严》妙义，经房融之笔而始传；云水禅宗，得李翱之问而永著。从来金[1]仙大觉，象教灯传，未有不藉名公巨卿拥护而翊赞之，乃护天人师者。故昔唐裴休有云："人所贵乎？大夫丈者，一在张仁义礼乐，辅天子以扶世导俗；一在运慈悲定慧[2]，佐如来以阐教利生[3]，则奉佛安僧，孰谓非吾辈分内事哉？"此公之所以菩萨体作宰官身，独嘉惠黎暗者如此。此正君家无尽、无垢两大贤，立台垣而扶佛日，□绣衮而作头陀，故能出其戒定慧之理，驾横海之慈航，登群生于彼岸。今而后，光孝禅林得我公而益传矣，则僧田一节，特茎草耳。拈而大之，功自称夫大千，此公之所以不可喧也欤！因思卜商传阙里之教，龙树演迦维之音，其旨也一。敢搦不律，敬寿贞珉，用导遗徽，永志不朽。铭曰：

立水成气，天地乃平。勇震旧乙，万物乃成。中有圣人，辅赞经纶。天地万物，始位姓生。维彼□觉，至理允升。弼空翊性，必得至人。卓哉我公，前身燃灯。瞿昙香体，来自化城。节钺四国，万里澄清。奠兹江海，半□维屏。慈肠悲悯，济众推恩。时游古刹，性属能仁。维泰光孝，自晋迄清。阅千百纪，创守于今。修坠举废，玉师诞兴。爰有菑亩，供佛斋僧。乙巳之岁，计粮而征。更欲禅侣，俾任差民。我公仁只，普覆缁乘。谓以里后，岂混空门。爰赐蠲免，爰定规程。捐差纳税，□而能平。用寿金石，以绝纷更。猗与我公，以惠为心。由迩暨远，推民及僧。福彼四海，德彼八瀛。枢台紫闼，晋陟宸衡。丙魏房杜，一人股肱。至诚参赞，地配天京。千秋百祀，有如斯铭。

[1]"金"，原本作"奎"，据程抄本改。
[2]"定慧"，原本作"知慧"，据裴休《玄秘塔碑》改。
[3]"利生"，原本阙，据裴休《玄秘塔碑》补。

重修心斋先生祠记

清　扬关监督　殷特布

有明心斋王先生，泰州豪杰士也，特立独行，得天地生我之正。阳明先生见而许之，曰："铁汉子。"

吾以为先生同赋此形，同具此性，谓之曰"人"，岂不允当哉？而必曰"铁汉子"者，盖以世人拘于形而迷其性，是蠢然血块，无崚嶒坚卓之骨，少刚直正大之气。先生特立独行，得天地生我之正，故谓之曰"铁汉子"。

愚素仰先生为人，不欲其泯没也。知泰州有先生祠而基址，可令其倾颓榛莽，不与天地共悠久乎？因约同人，谋为修葺，得轮奂一新，将使后之□土者，观感而兴，效法铁汉子为人，以光宇宙，庶不负崇祀之意云尔。

新修崇儒祠碑记

清　陕西按察副使　沈乔生　本州人

王心斋先生崇儒祠，自有明万历初年，督学耿公定向倡议，兵道程公学博特建，其祭田则程公及抚按诸宪所共置也。距今百余年，栋宇倾，门墙圮，祭田半属他姓。余自秦中请老归，诣祠肃拜，慨焉太息，约黄处士云与先生六世孙鸣谦，谋所以新之。因吾乡连岁患涝，议遂寝。又十余年，而倾圮益甚，无以妥先生之灵。守城游戎张君欣然倡修，未几，以还任不果。

辛巳冬杪，富平孙子长阶游邗上，客榷部殷公所。孙子者，二曲李征君高弟也。壬申游泰，礼先生祠，与余族子壮猷之子默熙订交。先是殷公官西安，好问学，师事李征君，及孙子友善。后内擢，旋以铨部视扬州榷关，而孙子以游学适至，因趋泰，重拜祠下，仰视而叹曰："荒落乃至是乎！"后返棹广陵，与其同乡雒子居仁论学，言及先生祠，忧形于色。雒子曰："今榷部殷公，理学干城也，优为之矣。"孙子曰："是吾心也，必力请以报。"殷公素仰先生文，重孙子言，果慨任，曰："此事吾辈不为，更俟诸何人乎？"乃分俸百余金修之。工始于六月，迄八月告成，较初创尤加固焉。殷公复捐拾金，归其祠后祭田之他属者。于是，堂庑巍焕，俎豆丰洁，无复前之荒落矣。州人士过而颂之，谓斯举不可以忘，宜树碑志德，属余记焉。

余谓：昔之建祠也，以道学方盛，诸公渊源之近，其事犹易。今则吾道日微，岁月逾远，士大夫失学久矣，捐甚惜之金，以掷诸就圮之地，有不见为迂阔者哉？殷公一闻孙子言，毅然无所回惑。非天资良而信道笃，实有得于心性者，不能也。而孙子以数言动当事，几废之祠，一旦修举，使见者观感激发，则其裨于人心风俗，岂浅鲜哉？

是役也，督其事者，为汪司训伟业。往来订议者，为殷公友人张子质、陈子策。鸠工者，为诸生俞子之骅、鲍子镕。余族子壮猷、猷之子默熙，及先生之裔孙秉谦，咸敬乃事，尽厥心。助捐者，为巡盐使者满公、副使者□□、盐道梁公、通州分司黄公、如皋令周公，及肥乡令范君大士。若装修像位，则金子镜、朱子绪、徐子乐，而李子国机又增其丹雘者，皆好义之人也，例得附书。是为记。

海安关帝庙碑

清　庶吉士　张符骧　本州人

侯之宜祠也，旧矣。余不敢以世俗荒谬无稽之辞信侯，失其所为侯，而又不敢执形生气尽之说，谓侯绝无与人间祸福事[1]，以重疑侯也。

侯生平大节，光昭史册。村妪牧竖，皆知爱敬其为人。而二氏猥援之，一以为伽蓝，一以为伏魔。夫以侯之气谊，正命而行，岂肯伛偻二氏门下，而使侯蒙伽蓝、伏魔之号于身，后则何辜？且使侯之神灵，深入乎愚妇之心，徒以伽蓝、伏魔能作佛老功臣，侯何不幸！虽庙食百世，不安享矣。盖侯之自足长留于千古者，其正气也。生而为人，没而为神。《诗》曰："文王陟降，在帝左右。"此说之见于经者也。后人持其正气而俨恪，以交于神明，诚有所谓"洋洋乎，如在其上，如在其左右"者。

昔狄梁公巡抚河南，奏毁淫祠一千七百余所，独留夏禹、泰伯、季札、伍员四庙。四君子之气，未能不尽，而神未必有知。后人缅其清风，仰其骏烈，以为不立之庙则无以志景行爱戴之私，故夫土木祷祀，亦后人无穷之意耳！而谓神真在，是岂理也哉？虽然物极于神则灵，而神归于天则实。天

[1]"为侯，而又不敢执形生气尽之说，谓侯绝无与人间祸福事"，原本脱，据张符骧《依归草》卷六补。

无厌吉相凶之理，则神有福善祸淫之权。侯得天之正气以生，全天之正气以死。侯之生死，皆天也。人之失其正气者，天弗福，侯即弗福也。

侯，嘉靖间已追王，思宗又加帝号。窃以为侯当汉末造，一心王家，百折不挫，志歼逆贼。身虽死，而其精爽所结，犹世世为炎汉孤臣。故今庙额宜是仍汉寿亭侯旧号，其服御亦如侯生时，以成侯志节，而不必饰衮冕，称帝称王，以后世之爵位为侯荣。侯而有灵，必然吾言。

而又尝以国家设教，每郡县不过一学。侯所在庙貌稠叠，窃以为侯虽宜血食百世，其功德不宜有加于至圣先师。异时司掌故者，请所在只立专祠一所，而所谓伽蓝、伏魔之号，与一切浮屠、老子之宫，咸废除之，其亦侯在天之神，所乐闻者与！

里旧有侯庙，岁久倾圮。今佥谋鼎新，而属予铭其碑。予为揭其大义如此。若诸父老以佛老之故，而疑予言为不足以重侯者，则非予所知也。

重修试院碑记

清　扬州府知府　吴葆晋

我朝以督学为专使，乘轺巡试，俾士不出州郡，而名贡畿辅，上劳而下逸焉。扬州萃江淮海之秀，胶序蔚然。泰州于扬郡诸属，道里直钧，故试士之廨建于兹。甄才始化，俊恺瞻集，有年所矣。

道光丙午夏，少司空、泾阳张公临试是邦，顾堂宇偪仄，无以舒衿佩绎古之气，议资倡修，八邑感奋。刺史张君莅官久，士心大洽，输费日众，工役不烦。以戊申六月落成，广号屋九楹，增坐号一百有八。重门建新，移置神祠、吏舍十余间，以及焕丹垩、购器具，凡用钱三千四百五十千有奇。监修官，泰州知州、钱塘张之杲，泰州学正、江宁王至桂。董事，前安东教谕陈珖，举人宫玉华，岁贡康发祥，封职文生王郕勋，优贡程祥芝，县丞尤金城，监生傅景照。先是，府学廪生王光云等，以试院号舍隘，捐廪粮请增之。旋以资绌，仅构避雨廊屋，易号桌坐位而止。时道光十三四年也。至是，士愿始慊。

夫过通都大邑者，观其室庐，风会可得。异学胜，则祠宇众；燕衎流览之习尚，则陂池、台榭日以丽。若夫上宣嘉惠，士砥名德，则群萃讲学、饮射、读法之区，规制必有廓于昔。天子孳儒搜雅，持节大江南北者，皆文学受知重臣，章宪德而弼至教，凡我同僚，其与多士共勖之。

修泰州考棚记

清 大学士 阮元 仪征人

士大夫将为根本之计，则必力挽其习俗之陋，而后人文可得而兴焉。扬之俗，相尚以华，宫室园林之盛甲江省，其土性然也。而于考棚独陋，岂其不能计及此与？抑亦无有志之士与贤大夫以振起之，遂亦习而安之也。

考棚故在泰州，堂室、墙垣、桌凳之属略备。顾久不治，日益陋，东西文场尤甚，应试者虞之。会道光十二年，学院廖公莅是郡，郡廪生王光云、仪征廪生张安保等以重修请，且以廪粮助捐。学宪首捐廉为之倡，自扬州府及各州县，以至府属绅士，捐而和者相接也，得银若干两，□殷实谙练、品洁才优者董其事。东西文场堂室、墙垣、桌凳之缺者补之，敝者易之，器用之不齐者增之，不中度者改造之。工兴于道光十四年四月，至本年九月而竣。银两支销外，余钱七百贯，存于商，权子母，为岁科试建防雨公舍，并添修公费，计至周矣。

夫人文之盛衰，视乎人意。向之所在务本者，以培养人才为事，则文风应之。况此棚之下，吾辈谁不橐笔携筐出乎此？今学院以维持根本为吏民倡，诸生乐事劝功，终始不倦，以讫于成。所谓贤大夫作于上，有志之士应于下，岂不幸哉？

余以官于外，不能预乡事，喜乡之人士有志于根本，而又得贤士大夫之导引也。工竣，舍弟亨书寄滇南，属为之记。

重修城隍庙正殿记

清 署州事 徐瀛

皇上御极之三年，余以扬州通守兼权泰州。泽鸿甫集，风鹤犹惊。逾月，而扬城贼退。时则冬旱求雪，春霖祷晴，每至城隍庙设坛，辄应。四年仲夏，偶与州之绅士、耆老谈及，上年二月，贼陷扬州，四出焚掳，连至仙女庙、宜陵白塔河，去泰咫尺。忽闻大兵已到，而遂不敢东下。至今年丰人乐，市廛安堵，相与痛定思痛，而莫解其所由来。余恪然曰：“此神力也。”绅耆亦恍然，曰：“此神力也。”

顾神殿岁久失修，丹漆剥蚀，梁柱朽蠹。每遇大雨，道衲辄以油幕遮护神像。吾侪官绅、士庶皆有堂楹，以蔽风雨，理公事，孰非神之所庇荫者！而神所凭依，废弗修葺，可乎？邑人皆以为然。

正在鸠材兴工，而州东十三里汪匪徒，藉罢租聚众滋事。余请兵并督乡勇往捕之，复祷于神，签卜大吉，各要犯骈首就诛，甫十二日，而地方以定。诸董事以为流贼不至，土匪迅速就擒，皆神力也。余曰：“诚然。”

适土木之工告竣，同请余为文以记之。余奉宪檄调补南掣，行且去任矣，但愿阖州中，团练御贼以忠于君，耕商洗腆以事其亲，父慈子孝，兄友弟恭，夫义妇贞，长惠幼顺。是则州之士庶所以世世永蒙神佑，而邑大夫与绅耆之所厚望于阖邑者也。

是役也，董其事者，为岁贡、候选训导康君发祥，侯选县丞尤君奎城，职监傅君景照。赞襄督工者，为吏目黄君海瑞。劝捐有功者，则库吏杨世耀也。例得备书。

广福教寺碑记

陆舜　本州人

三塘里东广福寺，古刹也。相传自唐迄今，由来旧矣。其寺规模宏远，瞿昙金碧，一仍唐旧，而累代无有更新之者，鞠为茂草，周道兴嗟，于古而兴，于今而废，沧桑陵谷之感，于此寺罔不蠹然伤心焉。

先大父三槐公，同先伯兄起莘、居士刘明宇三人者，奋然起曰：“呜呼！此古刹也，安可听其终废已乎？凡域中之名山大川、古佛道场之所，类必有十方长住，如释氏所谓丛林者，为之橐籥而辅车焉，乃可以后先纲维，而相为今古。为广福寺计，不独修此寺，且将欲鼎建一丛林，为万年不拔之基已。”

有寺僧国玺者，慨然以施地请，于寺后得祇树林焉。复随三居士后，襄举盛事。创起道院，为藏经楼，亦既有堂，有庑，有阁，有楼，有上方，有下院，有方丈，有十方堂。迹其规制，俨然古云门、曹洞，今天童、金粟也。

虽然，佛子有言："千年常住一朝僧。"所谓住持事繁，最难其选。主此院者，数易其人，而后得。所谓大和尚乾乾者，于真州出世，于焦山受具，于天童得法，于吴陵住锡，于广福开堂，与三居士深相得，与予兄弟三人若伯兄蕻两、季弟山雨及予，亦欢然道故，若夙世自三生石上来者。遂大肆创建，百堵俱兴。廿年以来，大有可观。匪独地灵，兼多人杰。岂惟天宝，且备物华。江北广陵而东，丛林常住，不一而足，恐无有盛于此者。是不惟上可以掩映三塘，下亦可以黼黻国朝，千万祀而无替者尔。

寺成，不可以无记；有记，不可以无碑。因相与勒石树碣，以垂久远，俾后之游观于斯所者，识古寺之废兴有自，知道院之起建有由，念国玺之施助有功，称乾大和尚之经营有法，溯三居士之创兴有力，暨予三兄弟之护持有人。呜呼！一藏经院，而众善举行，群力毕集。一朝香火，不易为功；千年道场，又岂易为力哉？

虽然，藏经院之设，以其有藏而立名也。凡顾名者，必思其义。乾大和尚之于此中，可谓措置多方，功德恒河沙数矣，然亦必检藏安禅，竹篦起悟，如昔有礼《大悲忏》，而圣贤辈出；兴一道场，而祖师为之降临焉。则有说法之生公，而点头且及顽石；有付法之神光，而断膊且成红雪者，是又在此中苦行证果之人，而不仅为金碧荧煌、土木涂饰之观而遂已也。特镌石而为之记。

重修光孝寺碑记

团昇　真州人

近泰州城西北隅，负郭面水，丛祠林立。其尤巍然特出者，曰光孝寺。光孝寺者，宋高宗绍兴八年所赐名也。本晋觉禅师义熙时初建，迭兴迭废，至宋崇宁、政和间，叠赐天宁、万寿寺额。至是，以为徽宗建筑道场，乃定今名。因罹兵火，绍熙中，僧德范应转运陈公请，至寺，先建楼百尺，以安钟虡；因建佛殿，颜曰"最吉祥"。又为阁六楹，用"碧云"赐额，通费白金约四十万，宝章阁待制陆游为记，今碑石并文尚存。

自元迄明，复小有兴废。崇祯四年，天竺僧方志，本贯州人，应聘回籍，鸠工重建，焕然改观，遂用为祝釐道场。今地方官司，遇有朝贺、庆祝诸大典，乡未设有专地，皆相沿于此焉行礼，则光孝虽禅栖，□□□也。顾以历年久远，住持僧复更替不时，上雨旁风，屋宇、窗楹，渐多剥蚀；山门、大殿，尤岌岌乎覆压是惧矣。

乾隆甲申年，僧西林从其师炳一，自法华山杖锡而来，开戒于此。讲道日久，因于人所敬识及诸有力者，慨然以兴旧物为己任。乃于乾隆三十九年四月，择吉开工，诸同人或分任楗榷，或合力邪许。自大殿、后楼，若观音、地藏、韦驮、天王等殿，及大二山门，或创或因，按次分年。凡八阅寒暑，不动声色，而大工告竣。

予观山阴陆氏《碑记》谓："天下无不可举之事，亦无不可成之功。惟始以果，终以无倦，事之所以举，而功之所以成也。"有味哉！其言岂荒唐谬悠，若河汉而无极者乎？予乡尝数往来郡城，其地之击柝荷钲，奔走若狂，以蕲布施者，率穷昼夜，不少休。卒之，扑满其名，漏卮其实。甚或盖藏不谨，有力者径负之而趋，岂所托果非人与，抑典守者不免好为骊龙之睡也？

忆前丁酉冬，州伯霞浦林公折简招予，议新学宫、整义学、修辑志书次第，及诸古迹之有关地方公务者。邑绅士已议有成局矣，会公忽擢升直隶海州牧，奉檄敦迫，遂克日俶装去。前议各条，一概未及举行，州人到今以为隐憾。使公得少缓岁月，肇订规模，岂未可先其大者、急者，俾粗完一二，以快人心与？予于是不能不为贤牧守惜也，予于是乃益三复赞叹西林之不可及也。

兴修光孝寺碑记

清　泰坝监掣　张世骏　广宁人

泰州光孝寺，肇自东晋义熙年间，迄今千四百余年矣。江左六朝旧刹，存者盖寡，而此寺独岿然无恙，岂神灵呵护有以使之然与，抑为之住持者，后先代不乏人，力能振宗风，而延坠绪也？唐以前，远不暇考，如宋之德范师、明之方志，皆大有功于兹寺者。然则圣教之所以常兴，道名之所以流废，岂不以其人哉？

西林上人，奉宝华正脉，卓锡兹山，历有年所，高风戒行，远近翕然称之。予以督掣鹾务，适来是邦，访西公于丈室，见其神明简逸，语默不苟，盖浮屠中有道者。因相与纵观廊庑殿壁间，取残碑断碣而读之，叹其灵迹犹存，而零落非旧。《大易》言："剥必有复。"当此际，能兴此寺者，其在师乎？西公慨然曰："某矢此愿久矣，顾兹事重大，须俟有缘者倡之耳。不则，乞施于无益也。"

予感其言有至理，且喜予两人一见如旧，相识殆真有夙缘，遂发私愿，捐廉俸若干，以为之倡；同城诸公暨绅士人等，复随而和之。于是鸠工庀材，首葺正殿。殿之上，相沿为祝釐道场，旧刹宏丽，而岁月久远，风雨剥触，旁穿上漏者有之。工兴自殿始，崇典礼、尊象教也。自是而东、西两堂，洎寮庑、庖湢之属，废者新之，缺者完之，规模粗具矣。若夫重楼复阁，昔之照耀人天者，今且大半为瓦砾之场，思欲寻故址，辟新构。计其工费，不下巨万，予窃有志而未逮焉。

夫事非经始之难，而成终之难。予于是役，虽经其始，而不获睹其成；又以受代，不久当去。予其能无憾于兹耶？然人之欲善，谁不如我？后之君子，安知不有与予同志者？况西公方从容倡道，其诚信足以感人。岁积月累，必能成就无上功德。异日者，予或重游兹土，或归老京师，幸而及见成功与！功虽成，而予不及见，均未可预料。但使千余年古刹，一旦顿复旧观，以满予生平未竟之志，则予与西公香火因缘，庶几其有始有卒乎！兹故，特书其发愿之始，刻诸石，以告来者，俾知斯寺之得人而兴，藉缘而成。姑志予言，以为左契云尔。

乾隆甲午春，广宁张公作此记。其年秋，正殿将讫工，而张公奄然下世矣。西大师不忍没其志，亟命刊石。出其文，属予书，并加润色焉。越二年，后楼成。又五六年，前殿及头殿山门次第告成，真州围冠霞先生为文记之。厥后增修者，碧云方丈，故址建层楼，以为西禅之所；又其西，续构精舍一区，兼有亭馆之胜，戒徒法侣，常集其中。而头殿至前殿，旧为土垣，今易以崇墉，屹然巩固。凡一寺内外，莫不修整完洁，毫无缺憾。楼殿、僧房、长廊、邃宇数百楹，徒众食指千余，四时经声不绝，可谓盛矣。信乎！寺以人兴，功以缘成。非张公，无以倡其始；非吾西公数十年道力，无以观其成。后之主此寺者，尚其念之哉！嘉庆五年，礼华居士跋。

邓孝威过岭诗序

陆舜

《过岭》诗者，邓子孝威从龚芝麓先生游粤东而作也。

先是，先生游吾里，从游倡和，屦满盖阴，而邓子蚤为上客领袖焉。既次广陵，则邓子俱。既次白门，则邓子俱。既次他诸名都大郡，好山佳水，则邓子莫不与俱。刻景檄辞，鞭才赴韵。金罍不夜，蜡屐忘暄。先生可无他人，必不可无邓子。然则邓子之与先生，可谓道合忘年、倾倒不近者邪！

既先生累官京师，则招邓子于别署。委蛇退食之暇，即与邓子吮毫濡墨之会也；忧谗畏讥之日，即与邓子痛哭流涕之时也。先生未几而跻崇秩，复未几而累左迁。一时僚友朝士、门生故吏，趋避聚散之缘，殊有难可道者。邓子萧然，一慷慨布衣耳。论交十年，升沉一致，大雅相成，名溢海内，可以远追王、孟，近方陈、董。邓子有不为先生重，而益以重先生者哉！

丙秋粤东之役，先生奉使而南，遇邓子于江淮之间。既见之，不忍释手，强以从游。而邓子畅然孤往，幞被未遑自随也。往返岭南，不下几千余里，蛮烟瘴雨，海蜃山岚，皇华所驱，车船迭进。先生之兴不浅，而邓子之气益豪。其间山川之盘郁、云物之变幻、鸟兽草木之奇、城郭人民之异，触目者感心，发声者成韵，而有是集也。

题曰“过岭”，匪独纪时、纪事、纪地、纪从游之盛，将以见邓子与先生万里投辖，迥出当时僚友朝士、门生故吏趋避聚散之缘之外也，其亦山中白云，不可持赠者邪？

宫宗衮文序讳梦仁

陆舜

昔司马子长能为文章，峭劲疏宕，而有奇气。其得于山川游览、奇闻壮观者固多，而其出自穷愁抑郁，悲愤无聊，不得志于时者之所为，亦复匪少矣。韩昌黎振兴斯文，起衰济弱，而其当时上宰执诸书，或则借推解，或则假荐援，以希得志而行其道。非彼所遇之困顿而慷慨，此何以称焉？然则子长、昌黎两人者，所推为古今著作之林，而为汉唐士人之冠冕，要其所遭，莫不于忧离患难之中，发愤著书，以成一代之绝业。然则文章一道，岂非以膏粱益拙，而以愁苦益工欤？

宫子武承之为中翰也，力追子长、昌黎之为文，而与余有同年之谊，且先后同官，相友善。今庚戌榜元宗衮宫子，其伯兄也，因与余讲年家世谊。每读平生所著文章，实有难为兄弟者，行将并子长、昌黎而为三焉。溯其家学渊源，箕裘弓冶之喻，则以丁丑鹭邻公为之祖，癸未紫阳公为之父。其三世雄文亮采，辉映当时，则又以子长、昌黎为宫氏过庭诗礼之学。故宗衮于酉、戌之役，为能联捷冠军，弋获大物，为不爽尔。夫宫子出于两世甲科之后，而复为甲科，且冠军焉，然则宫子有子长、昌黎之才，而子长、昌黎未得有宫子宗衮之遇。乃今似之，不亦失其伦欤？不知宫子之与子长、昌黎实有异而同者。

宫子世家吴陵，祖贯瀛海，因其原籍而作瀛海诸生。取功名者，莫不以为北易于南，而不谓宫子之每试辄蹶也。夫宫子之每试辄蹶焉者，以为天乎，人乎？两不可知。而大抵宫子所遇，夫亦可谓穷愁抑郁，悲愤无聊，不得志于时者之司马子长，希得志行道而适得其困顿之韩昌黎已。宫子以燥发入都，迄今年几强仕，入试者，凡六见绌；栖迟都下者，不下廿余年。而其往返道途，雨雪饥渴，仆马痡瘏者，约略几千万余里；而其间之忧谗畏讥、谤兴毁来者，又复数十辈。然则宫子之几遇而不遇，固天之欲老其才而厚其报。而人之从而媒孽其短，谣诼而簧鼓之，以助天之成就吾宫子者，亦复忍尤攘诟，而无所不极其至矣。

夫纯钧之质，淬而益精；丰城之气，埋而益出。积之久而发之暴，抑之深而扬之高。理数所期，间有不容发。故以数十年、六七试而不得志之宫子，而猝于庚戌南宫之役，一旦弋获大物而冠军焉，不其胜任而愉快哉？

夫古今会元，科不乏人，不足为异，而独是吾宫子之抑郁而困顿，觉非此第一人，不足以厌其欲而抒其愤。然则由后观前，临得思失，是何人谋益拙而天意益巧也！然则宫子今日之遇，又岂尽委于天人之数，而于其平生之所为文章，反置之漫无符券而勿讲乎？今其所镌临场制艺具在，有目共睹，千人一见，余无从赞一词。而揆其平日所著时文，理足辞赡，诚丰年之玉而饥年之粟。第其神气洋溢，醇乎其醇，根茂实繁，膏沃光晔，则较新艺为差殊焉。呜呼！此诚积厚流光、水到渠成之谓与！

庄子云："风之积也不厚，则其负大翼也无力；水之积也不厚，则其负大舟也无力。"宫子，则所谓有大舟、大翼之才，而适遇积水、积风之候。然则宫子之悲愤抑郁，而困顿于天乎？何怨于人乎？何尤其败我者，其成我者也；其大败我者，其大成我者也！是即今之司马子长而韩昌黎者与？然则士之负才而不得志，悲愤困顿，而不即出于忧离患难中者，观于宫子，夫亦可以自信也夫。

张词臣诗序

陆舜

文者，性之华；诗者，情之华。顾情藻于外，性澹乎中。晋人绵邈而清遐，唐人庄雅而多风。人曰晋饶性而唐饶情，非也。性情缺一难为诗，知者道之矣。《书》曰："诗言志，歌永言，声依永，律和声。"夫律起于黄钟，而协之为五声。人协律而为诗，而切之以音韵。似乎诗自外来者，曷言乎律在外耳？不知夫律性情之气，而声性情之形也。律起于天地之气，而动于圣人之心，然则圣人有心律焉。律起于圣人之心，而动于诗人之心，然则诗人有心律焉。

余尝谓：人之一心，而律度量衡悉备。宜字之清者，协律而浊者，即以失锱焉；宜字之疾者，协律而徐者，即以爽铢焉。岂非律之从心者乎？以心律发新声，乃于是乎为有诗；而其精微，则又存乎气。诗，有气、有体，体随气而成章者也。语云："诗有别才，非关学也。"则似乎气生而然者也，然亦要有养焉。李供奉，气之自然者也；杜工部[1]，养之自然者也。李则仙而杜且圣，岂非气资于养乎？气为之君，养为之辅。心之所纯，随类而见。气之发于幽寂者，则瘦寒之体以形之；气之发于荣华者，则金相玉质之体以形之；气之发于怪诞而倔曲，则近仙近鬼之体以形之。抑或体联络而气乖离，体殢重而气稠浊，在毫发之间、几微之介，则于养中辨消息焉。又存乎其人之神明其间，而书不尽言、言不尽意者矣。无诗之表，诗理森焉，诗情粲焉。诗景出，诗财贮焉。顾摹切终生而不就，脱颖而有风人之遗者，何也？则天

[1]“杜工部”，原本作“杜水部”，据程抄本改。

人之交，有诗气焉。不得气者容有诗，未有得气而无诗者也。

张子词臣，得乎气者也，养醇也，协心律者也，体乎性、发乎情者也。体乎性，发乎情，吾因张子之能诗，而知张子之能文。

杜来阁记

杜濬

泰州郭东四十五里，为姜堰镇，友人黄子天涛居之。黄氏世有闻人，若天涛尊先子眉房公暨从兄仙裳氏，俱以词学知名当世。而天涛承之，以绝异之材，积学虚己，求友析义，声誉翕然。既于宅后构秋嘉馆，为读书之室，又登高而望，于馆之旁，得异境焉，则筑台结阁，以供吟眺之适，资宾友之娱。

阁成，会予来访，偕仙裳到门，望见天涛立阁上，临视而笑。亟趋下，肃客入，握[1]手欢忭以为奇。越一日，置酒阁上，落其成。

予周视此阁，高可五十尺，广二十尺。凭栏而望，多平畴远水，渔村樵舍。时秋柳未落，翳然夕照中，颇有图画之趣。北望，彷佛见山影如螺髻，即州志所载萧梁时仙翁王冶飞升处也。南望，江帆若点有无，出没于朝烟暮霭之间，亦复旷观。

须臾，宾主酣畅，相与乐其地之萧远，与是阁之为宜。天涛则举酒属予曰："惟先生有以名之。"予方沉吟未出吻，仙裳跃起曰："夫是阁成，而杜先生适至，当名杜来阁耳，又他求乎？"四座咸曰："善！"予即踧踖不敢当其意，而亦不能不以为善也。天涛曰："然则先生盍记之。"

予维此阁之胜概，与阁之所以名既具，是以所欲言者，独吾之期许天涛所以传此阁者，其惟文章乎？夫文章之道，必博极万卷然后深，必矜慎名节然后贵，必审择然后重。此吾之所以为天涛愿，而阁亦赖以传与！彼渊明之东篱，子美之草堂，焦先之蜗庐，袁闳之土室，其文词不少概见，然要为得其意。至于幼安之水北，伯鸾之庑下，其文心益奇，故皆传焉。此不可为俗人道也。

今天涛居是阁也，望古遥集，则慕此阁而来者，尚有当世第一流人。若

[1] "握"，原本脱，据胡维藩《续纂泰州志》卷三十三补。

宣城沈眉生、茂苑徐昭法、娄东王元达，一旦褰裳戾止，为阁中不速之客，天涛其拂席俟之。如余者，混迹糊口，鹿鹿尘沙中，不及三君子远矣。杜之来也，糠秕在前耳，何足以华此阁？因记，并及之。

复费此度问丧礼书

王大经

大经曰：此度足下：闻此度名，藉甚。称此度者，皆谓此度诗、古文辞，直欲颉颃古人。此其自命不小，独恨枯守一隅，未获识此度之面，与此度把臂联床，一快谈天下事耳。顷更留心典制，欲然以丧礼下问。嗟乎！丧礼道废，世之不讲，久矣。非仁孝豪伟，以名教为己任，岂能慕古惩俗，毅然求其礼之正者而守之哉？

来示谓："古礼与《会典》不同，然先辈有一定之称。今《家礼》只有孤子、哀子、孤哀子，而《家礼》所无者，后人妄以己见为称。宜考隆、万间先辈所行以补之。"甚善，甚善！愚谓古人制礼，本缘人情。即起古人于今日，亦不过酌斟捐益于人情之间，故曰：礼非由天降，非从地出，人情而已矣。虽隆、万间先辈所行，亦有合，有不合，未可悉依以为据。至于《礼记》中《丧服小记》《祭义》《祭统》，多出汉儒之杂说。惟《仪礼》，犹然圣经，而情文不备。故后世考古者，无所折衷。今就明问于每条之下，各疏所见，惟此度采焉。

明问："《礼》：父殁，有继母，前母、继母俱有子，古何称？"愚以前母之子，宜避继母之嫌，而去其"哀子"之称。盖继母亦母也，亦宜服三年，亦宜称"哀子"。故当其生存而嫌，不敢不避。惟前母之子，在母丧中，未及终三年而临父丧，则与继母所生之子异称焉，可也。异称者，或兼称曰"孤哀"，或只称曰"孤"。盖各据其见在所遭，而道其实也。

明问："父殁数日后，祖父殁，古何称？祖父殁数日后，父殁，古何称？"愚意，二者均宜称"承重孤子"。丧礼：孙为祖父，正服只期年，父殁则承重。若父殁，祖父存而祖母殁者，厌于祖父礼，不得承重。众孙、庶孙，不得为祖父承重。虽庶孙，当为父后者承重。夫父殁，孙为祖父承重者，以父当为其祖服三年，今以殁在先，则未得尽其情。未得尽其情，则是为父者不得其子之报，而为子者亦遂不报其父，生者、死者均有遗憾于其心，非所以教孝，故令为之孙者代为之服，以申乃父罔极之恩也云尔。《传》曰："夫孝者，善继人之志，善述人之事。"孙为祖承重，则代父报祖，固所以成父之孝；而成父之孝，即所以孝于其父也，故二者均宜称"承重孤子"。但父殁在先者，先除父服，仍服承重，以终祖父之余日。其未除父服也，称"承重孤子"；及乎既除父服，则但称"承重孙"已尔。祖殁在先者，先除承重，仍服父服，以终其余日。其未除承重也，称"承重孤子"；迨乎既除承重，则但称"孤子"已尔。然此其自称于灵座神主之前者为然也。若逾乎三月，而概施于交际，亦只宜如近世一"制"字可耳。盖终丧，王制也；承重，亦王制也，故但一"制"字可概之，又何事过为区别乎？至于祖母殁数日后，父殁，祖父存，孙既厌祖父而不承重，则称之"期服孤子"，夫岂有议焉？若无父之庶子，嫡母存而遇生母之丧，斟量其称，亦曰"不孝子"而已。礼："父妾之有子者，众子为之服缌麻。"言众子，则嫡子亦在其中矣。嫡子且为之服缌麻，则众庶子为有子之庶母服缌麻，固不问其嫡母之存与不存也。称名，于古无可证。即浑称"缌服"，似亦无伤耳。凡丧服之得以其人存亡异制者，独指三年大故有关尊卑名分者设耳，外此则无庸禁矣，所以不必问其嫡母之存否也。

最后乃问及于继续之一事，谓："为人后已生子，而其本生父母无他子，复归宗，所生之子未同归宗，而为所后之人之孙。若所后之人殁，归宗之子见存，而所生之子为人孙，为后之人又无他子，古何称？"愚则直以一言断之，以"当同归其宗"而已矣。是何也？业出继为人后，本生父母无子，而礼得许其归宗者，不忍绝其本生父母而嗣他人也。使此归宗之子而有二子、三子焉，于其所生、所继分嗣，而两传其绪，是诚情礼之允当者矣。若止一子而不挈之同归，则其本生父母仍绝无传也，又何取于归宗哉？然则如其嗣父何？曰：父子同归，而姑留其子，以终所后父母之养。俟其殁，而殡敛葬祭以礼焉。至于服，则一准乎本人亲疏之当然。如绝远无服，则但素服以襄其事。所后之人大率为其祖父行，有服，则称"某服侄孙某"；无服，则直称"侄孙某"。事竣而后返其宗，是亦恩义两全之道也。

来示又问："麻冠衰衣服满，藏何处？及父在，子殁有孙，立主否？主附庙否？”按丧礼，第四日大敛，乃成服。期而小祥，设陈练服。再期大祥，设次陈禫服。服除，断杖，弃之屏处。杖与麻冠、衰衣，固类也。杖可以断而弃之，则服终之麻冠、衰衣，非古人之所重也，明矣。其言杖而不及麻冠、衰衣与练服、禫服者，非略也。言弃则可惜，言藏则贮之无用，非若祭冠、祭服之当致敬而守也，故不若阙之，以听后人之自便已耳。古人既葬，皆题主。使父在而孙不得为子立主，神于何依乎？但只祀于家，而不得祔于庙。庙也者，祖宗之所在。其父四时当祭告，而其子之神主俨然据其上，其谓之何？必俟父殁而后庙焉，亦礼也。

愚所见如此，非敢谓于礼有当，遂深信而不疑，特不欲虚明问。故据臆直抒其管测，以备采择耳。若有好古博学，深悉典礼，更有加详于此者，愚虽不敏，愿伫俟明教，以匡我不逮，幸甚。草复不尽，大经顿首。

翰林院庶吉士侍君权厝铭

姚鼐

君讳朝，字潞川，泰州人也。其先姓侍其，明初去“其”，称侍氏。曾祖讳念祖，祖讳震，考讳卫，皆诸生，而祖、考得赠如君官。

君少孤好学，无师友之助，而于古文辞、诗歌、四六诸体，皆习而能之。始冠，得乡举。初聘泰州沈氏，沈氏女不幸得痼疾，其家愿无嫁，请君他娶。君不可，卒与处，无嫌恶。且十年，沈氏卒，而后娶江宁郑氏，人以为难。

君内行修，外重交游，有死生之谊，而性峭急。闻人一善，称之不容口，惟恐世不及知；及见行有失道理者，亦切齿忿怒，若不可须臾共处世者然。故世亦以此过君[1]。

乾隆二十五年成进士，当就吏部选知县。君曰："吏事，非吾所堪也。"后国子监缺丞，诏大臣于进士中选，得君。君任职，以不阿上为节。有共事不合君者，君不能堪，即日引疾去。

久之，会修《四库全书》。大臣有知君之才，奏为校勘官，既而为总校。君校书，数倍他人，而最精当，乃命为庶吉士。是时，君已得疾，而雠阅不懈。乾隆四十二年，疡生于首。秋七月晦，竟卒，年四十九。无子，女嫁者

[1] “君”，原本脱，据《惜抱轩文集》卷十二补。

一，幼者二。其弟臣，仕浙江，亦未有子。君妻弟郑君厝君甘泉之西山，以待臣生子而后之。

鼒知君最久，故为铭。铭曰：

山璞瑶琨，器则陊[1]也。龙渊太阿，锐则折也。嗟子忼忼，勇言义也。孑以自居，甘与踬也。日暮延登，材未竭也。天生不与之年，死不与之继世也。忽兮以托于兹，吾辞以志也。

海陵左尉四字汉印考

夏荃

南通州冯君云鹏与其弟云鹓合纂《金石索》十二卷，搜罗富，考订覈，摹勒精，剞劂工，四美毕具，为嗜金石家必不可不见之书。辛丑三月，魏笛生先生茂林得此书于如皋，以余有金石癖，先生慨然赠余。《金索》《石索》各六卷，分十二巨帙。

《金索》"玺印"属，有"海陵左尉"汉印一。以今尺量之，径六分强。汉印多白文，此印亦然。考《汉书·地理志》，海陵属临淮郡。《后汉·郡国志》"广陵郡"无海陵，然"东阳故属临淮"句下"有长洲泽"，句上有脱文，必"海陵"字，不得疑后汉海陵入东阳也。按《宋书·州郡志》：广陵太守，今属县四。四县者，广陵、海陵、高邮、江都是也。《志》曰："海陵令，前汉属临淮，后汉、晋属广陵，三国时废，晋武帝太康元年复立。"据此，则后汉广陵郡属有海陵，何疑？益足为"有长洲泽"句上脱去"海陵"二字之确证。应劭曰："自上安下曰尉，武官悉以为称。"汉官以尉名者不一，无号左尉者。

左尉职，只《后汉书·百官志》云："凡县主蛮夷，曰道。按，《汉书·公卿百官表》云："列侯所食县曰国，皇太后、公主所食曰邑，有蛮夷曰道。"文义较明。公主所食汤沐，曰国，县万户以上为令，不满为长；侯国为相，皆秦制也。丞，各一人；尉，大县二人，小县一人。本注曰：丞署文书，典知仓狱，尉主盗贼。"此虽范史《志》文，乃通言汉承秦制，非专指世祖中兴更定官秩之数也。刘昭注引应劭《汉官仪》曰："大县，丞[2]、左右尉，所谓命卿三人。小县，一丞一

[1] "陊"，原本作"侈"，据《惜抱轩文集》卷十二改。
[2] "丞"，原文脱，据殿本《后汉书·百官志五》补。

尉[1]，命卿二人”。海陵在汉初为淮南国属县，吴王濞之太仓在焉，固大县也，得有左、右二尉。终汉之世，未尝改制。《金索》所列，乃汉“海陵左尉”官印。其为前汉、后汉物，则未敢以臆断。

曰命卿者，丞、尉重职，命自朝廷，诸侯王不得署制也。《汉官仪》又云：“雒阳令，秩千石；丞三人，四百石；孝廉左尉，四百石；孝廉右尉，四百石。”丞、尉品秩略同，雒阳如此，可概他县矣。其称左、右尉，必系以“孝廉”者，《志》又云：“每属国，置都尉一人、丞一人。岁尽，遣[2]吏上计，并[3]举孝廉。郡口二十万，举一人，典兵禁，备盗贼。”夫郡口至二十万，大县也；典兵禁备盗贼，尉职也；即以所举孝廉为之，故称孝廉左尉、孝廉右尉也。此皆见于范史，足为汉世大县得有左、右尉之确证。

汉印多后人仿造，往往出于不学者之手，反致疑诘。如此印，足与范史相印证，非□□可知。以其关涉吾邑汉代官司，特为之考定其说，以坚嗜古者之信，且欲补州志秩官之阙也。

诗

仲夏江阴官舍寄裴明府

唐　李嘉祐

万里边江次，孤城对海安。朝霞晴乍雨，湿气晓生寒。苔色侵衣桁，潮痕上井栏。题书招茂宰，思尔欲辞官。

送人赴海陵

刘商[4]

烟波极目已沾襟，路出东塘水更深。看取海头秋草色，一如江上别离心。

---

［1］“一尉”，原文脱，据《后汉书・百官志五》补。
［2］“遣”，原本脱，据《后汉书・百官志五》补。
［3］“并”，原本作“拜”，据《后汉书・百官志五》改。
［4］“刘商”，原本无，据《全唐诗》卷三百〇四补。《全唐诗》诗题作“送豆卢郎赴海陵”。

泰州道中却寄东京故人

宋　徐铉

风紧雨凄凄，川回岸渐低。吴州林外近，隋苑雾中迷。聚散纷如此，悲欢岂易齐。料君残酒醒，还听子规啼。

送客至城西，望圌山，因寄浙西府中

徐铉

枚叟邹生笑语同，莫嗟江上听秋风。君看逐客思乡处，犹在圌山更向东。

陶使君敬宣挽歌

徐铉

始忆花前宴，笙歌醉夕阳。那堪城外送，哀挽逐归艎。铃阁朝犹闭，风亭日已荒。唯余迁客泪，沾洒后池旁。

泰州王学士寄车螯蛤蜊[1]

梅尧臣

车螯与月蛤，寄自海陵郡。谓我抱余醒，江都多美酝。老来饮不满，一醉已关分。甘鲜虽所嗜，易饫亦莫问。娇女巧收壳，燕脂合眉晕。贫奁无金玉，狼藉生恚忿。妻孥喜食之，婢妾[2]困扫拼。行当至京华，耳目饱尘坌。此味爽口难，书为厌者训。

依韵答泰州王道粹学士见寄

梅尧臣

君同黄鹄游海峤，我学白云归帝乡。已爱健翅自鼓舞。谁怜孤影犹飘扬。安得相从在霄汉，于今留滞嗟縈缠。欲随轻风挹君袂，满野春雨生迷茫。

[1] “蛤蜊”，原本脱“蜊”，据《宛陵先生集》四十六卷改。
[2] “婢妾”，原本作“妇妾”，据《宛陵先生集》四十六卷改。

送刘攽倅海陵

苏轼

君不见阮嗣宗，臧否不挂口，莫夸舌在齿牙牢，是中惟可饮醇酒。读书不用多，作诗不须工，海边无事日日醉，梦魂不到蓬莱宫。秋风昨夜入庭树，蓴丝未老君先去。君先去，几时回？刘郎应白发，桃花开不开？

泰州绝句

国朝 杜濬

穷海三秋尽，匾舟百里行。夕阳无近色，偏照远帆明。州西南，多盐艘往来。布帆夕阳，的是真景。

初夏，送王鸿宝之海安镇，向崔朗生乞菊二首

吴嘉纪

蒋生偕二仲，三径思幽哉。我亦归田舍，君应日往来。青春悲已去，黄菊约同栽。发兴求名种，匾舟远溯洄。

斥卤海安镇，清风崔氏林。篱低沙鸟入，菊长草堂深。花待飞霜发，人今冒雨寻。寒芳赠不惜，持抱碧森森。

元旦

张幼学

昨日疑无日，今朝事事宽。轮蹄离恶栈，舟楫过新滩。旭照如初霁，春风似不寒。所欣无剥啄，遮莫酒容丹。

过故中丞徐蓼莪公墓

陆舜

我后公前四十年，嗟公客死我归旋。即今华表楼桑道，输却归来辞一篇。

戊午被召感赋

陆舜

忽被贤良召，迂疏愧老臣。圣明方侧席，古道属何人。吏事从来拙，君恩到处春。敢劳更征辟，历代有遗民。

下河舟中杂诗录五

江苏巡抚　梁章钜　福州人

承明旧侣猛回头，海角天涯一聚沤。樽酒匆匆快谈艺，便将三日抵千秋。

连日欢筵杂醉醒，三人二百十余龄。与杨竹圃观察亲家同游海陵，访魏笛生观察。时竹圃年七十一，余年七十二，笛生七十五。海城童叟齐瓖首，信有天边小聚星。海陵城中，观者啧啧，以为老人星聚。

此间刺史旧同官，助我清游续古欢。爱读剑南碑记好，碧云香雨一庭宽。张东甫州牧招游光孝寺。

圌关形势实巑岏，往事迷离付浩叹。眼底胸中今了了，何人为措泰山安。登泰山墩，见圌山关，即当年英人由海入江之路。山因州为名，山顶有岳忠武庙，盖忠武尝知泰州也。

归海归江路不明，桑麻井里总关情。须知得守贞须守，两害相衡但取轻。近闻运河各坝齐开，所遇下河低田，未免淹没，为之慨然。

海陵八景诗，赠宋羽士阳裕

两淮盐运使　乔松年　徐沟人

斗坛来鹤斗姥宫，为徐神翁栖真之地，有斗坛，有鹤，其境翛然绝尘。

瑶坛法席步虚声，恰有胎禽解送迎。仙客往来云不散，丹光圆满月常明。灵氛向夜占珠纬，清唳凌秋和玉笙。采笔未须干气象，芝田我欲赋归耕。

梵宫花雨光孝寺规模巨丽，僧律严密，有楼曰香雨。

岌嶪丹楼远似霞，神龙常护梵王家。香云如海先成盖，慈雨从天正坠花。真种菩提原有树，众生沾溉已无涯。漫将甘露言禅悦，且拂迦黎叩法华。

城楼眺海望海楼在城南，东睇沧溟，惝恍入目。

茫茫野色收千里，浩浩秋声共一音。东海扬尘真旦暮，南楼啸月此登临。便生驭气排空想，更起伤今望古心。欲借飚轮寻碣石，云帆待挂又沉吟。

古阜斜阳岳鄂王驻师之地，平原落日，辄伤远眺之怀。

升高望远一长嗟，难向苍天问岳家。大将功名悲汗马，乱时风景惨归鸦。愚公可得移山去，壮士空教挽日斜。暮色黯然下平楚，严城秋警动清笳。

长桥烟景赵公桥侧，烟波浩淼，春日经行，偶逢烟[1]雨，如在画中。

细雨疏疏带晚烟，桥头回首觉春妍。最怜泽园呼鸥[2]地，恰是花阴试燕天。一杵凉钟岩树杪，几人轻笠石栏边。诗情何用思风雪，唤作罗浮境已仙。

南濠渔唱南门外濠水深广，时见渔人鸣榔互答，自成天籁。

南濠十里比湖光，多少渔翁打桨忙。晚唱忽闻声欸乃，高踪真在水中央。扣舷一发波光静，弄笛三终月正凉。苇际延缘有人在，灵均慎莫恣清狂。

泮池桃李城中桃李极多，学宫前桃花尤繁盛。

一城桃李总芳菲，独爱宫墙锦作围。地僻最宜回俗驾，香浓暗与点春衣。鱼吹水面从相戏，蝶抱枝头不肯飞。输却名园[3]邀胜赏，等闲夜宴赋诗归。

草堂花竹城西草堂，花竹蓊郁，几无隙地，终日晏坐，不闻人声。

短篱老屋树如鳞，物外田园自隔尘。修竹欲迷三径曲，好花不断四时春。壁蜗横上偏成字，山鸟低飞惯近人。万里桥边相比并，诗家堂室总嶙峋。

---

［1］“烟”，原本脱，据程抄本补。
［2］“鸥”，原本作“沤”，据程抄本改。
［3］“园”，原本脱，据程抄本补。

韩将军宝刀歌

康发祥

将军名光愈，泰州人，中康熙乙丑科武进士，廷试第三人及第，官至参将，枭勇善战，多立战功。有宝刀二，今归陈氏。患疟者，多以此厌胜之。余与同人往观，为作宝刀歌。

匣中留此数尺铁，上有血花团成结。宽于两指薄如叶，斩蛟屠龙不得折。韩将军称盖世雄，提刀上马挥长虹。两条练影飞当空，空中霹雳鏖雷公。杀人如草双眸红，啾啾唧唧啼沙虫。一日杀贼九十九，杀心未快不释手。豺虎潜藏魑魅走，掷刀下饮郫筒酒。咄咄逼人事可怪，将军蚤死刀空在。不作平津化去身，鸊鹈膏溢芙蓉外。头毛直竖目眥出，藏刀之人向我说。每当阴雨天昏黑，刀上人头时出没。吁嗟乎！从来神物贵有主，多少恩仇须托汝。将军之后待谁人，把鼻沉吟几回舞。

憎巫引并序

康发祥

夏秋之交，里闬恶少，醵钱作会，曰"盂兰会"；又设巫觋祈禳，曰"平安会"。时于市廛隙地，岿然筑台，处巫觋其上，香火云蒸，鼓声雨集，夜以申旦，不少息焉。其迎神、送神之曲，类皆卑靡媟嫚之辞，而环听于台下者，莫不耸肩跛足，抵掌点头，唧哝叹息。噫嘻！愚矣。或谓《周官》所建，若翨氏、柞氏、蜇蔟[1]氏、壶涿氏，一草一木、一虫一鸟，莫不[2]各去其非类，以祓濯不祥，而春官之司巫，又其著焉者也。吾儒以为理之所无，欲一切罢去之，岂不隘哉？不知望衍共匰之义，非即诲谣惑众之从，从而附会其说，鲜不为设淫祠而助之攻矣。清夜不眠，喧声聒耳，作诗以憎，当亦采风者所不禁也。

举袂成帷挥汗雨，台上神巫竞歌舞。歌声不息舞不休，观者如堵香烟稠。无病而呻实可耻，以鬼济鬼鬼不止。鬼嗜血食巫滋扰，大肉肥鱼供一

[1]"蜇蔟"，原本作"踅蔟"，据《周官·秋官·司寇》改。
[2]"莫不"，原本作"若不"，据文义改。

饱。尔众若遇臧孙辰，焚之未免害其仁。尔众若[1]遇西门豹，沉之谁复伤其暴。不如放之使出境，或沉或焚亦已甚。吾言何以持两端，必如是焉民平安。

癸未秋日乡举，再逢恩谕，重宴鹿鸣，敬赋七律四章，以志庆幸

王广业

老人星彩接文昌，翔步奎垣百尺光。重睹三秋门锁棘，敢夸一发技穿杨。笋班许附新知录，花样都非旧锦芳。试向月中寻伴侣，嫦娥两鬓也添霜。

频年抛却莫愁湖，浪迹如趋水上凫。九姓生番安外海，一枝秃笔备中枢。人忙岐路尘容悴，寺望长干塔影孤。南北驰驱成底事，输他老马识前途。

蛰处郊扉久不开，惊闻恩宠自天来。秋高鸣鹿思苹藿，春暖扶鸠拜草莱。式燕宾筵添一座，披衣宫锦耀三台。掀髯自认斜阳影，六十年来老秀才。

驹隙光阴甲子周，吾乡屈指几前修。百年耆物珠湖瑞，一代经师学海流。高沙王尚书、真州阮相国两太夫子，皆重宴鹿鸣。姓氏公然随骥尾，老成毕竟属龙头。他时得与琼林宴，也共簪花上苑游。

查官船

赵瑜

通州牧金刺史小庄咸过境，船泊施家湾。义勇哗为奸细，胠箧一空。赖乡团陈玉林负金入州署，得免。运司但公云湖明伦船泊上河，先后数日，祸相埒。

查官船，船言是官不是贼，诬我官人罪莫测。众言是贼不是官，搜查专责吾民团。刀光电闪舱门启，周走而呼贼至矣。鹰鹯逐雀螂捕蝉，搏得官人大欢喜。欲救不能救，绅耆咸束手。蓦地来钟建，大力负而走。金银望气心不良，舸舰迷津货乌有。箧中何珍玩？木难杂珊瑚。笥中何服饰？

[1] 原本疑脱“众若”两字。

绫锦袭貂狐。风声鹤唳恣怪诞，杯弓蛇影终模糊。噫吁嘻！城厢义局资保卫，添一章程滋一弊。

行路难

赵瑜

今日设一卡，明日置一关，江湖客子行路难。今日委一员，明日签一董，市肆居民咸震恐。局呼捐户尔来前，公私正杂皆需钱。如某偷漏某夹带，什百倍蓰罚无赦。吁嗟乎！大营保卫里下河，腋裘接济奚足多，第问大营实得能几何？

小龙船

赵瑜

摐金伐鼓城濠边，旌旗五色排战船。造船防贼贼乌有，孤负健儿好身手。青丝盘发五七觔，罽靴茜袄红腰巾。摩顶受戒具佛性，所难除者惟贪嗔。饥鹰偷眼光碌碌，猛虎磨牙欲逐逐。夜游侠邪朝摊钱，居民惊避恐不速。健儿呼，何不乘宗悫风，何不击祖生楫。生不能建楼橹功，死不能裹鸱夷革。千金一掷少年时，株守吾乡又何益。前日红旗报，李副帅世忠，官军到。天长收复六合降，江北肃清喜相告。昨日羽书来，曾大师，舟师开。轴轳千里蔽空下，头队先收雨花台。嗟尔小龙船，终古城濠边。饱食恣游戏，日费官府钱。官取于民官不苦，只有吾民望安堵。

淘河鸟

赵瑜

有鸟有鸟工淘河，市河淤塞年月多。淘开淤塞波弥弥，满城血脉皆融和。淘河鸟，引吭鸣，玉带河，多坎坑。形家者言苦无术，事能便民为上策。

顿顿粥

赵瑜

五风十雨岁大熟，嫠也何辜顿顿粥。少而记名老入堂，清节堂拘于额例，有挂号数十年不得进堂者。依然槁饿心悲伤。日钱月犒诸无著，寡鹄孤鸾坐相索。客从何来短而髯，一声狮吼捋鬑鬑。风毛雨血鸟兽散，明日堂中开午饭。

埋活人

赵瑜

世事计义则妨利，普济焉得人人济。破絮蒙头寒砭肌，粗粝安能饱我饥。饥寒交迫灾疫作，十数病夫一锅药。死者槁葬生与俱，死而后葬毋乃迂。

马公来

美州牧马公也。公名鸿翔，字仞千，山东举人。署事八十日，旋丁内艰去，士民思之。

公之来兮自天降康，公之去兮民不能忘。权泰州篆八十日，萑蒲敛迹刀笔藏。嫉恶如仇，爱民如子，世上好官那有此？公来又去胡为哉？公母死矣哭之哀。是时士民怪叹，妇孺愕眙，相与咄咄书空，喃喃私语："愿吾公节哀，尚望吾公再来。"

河之水

赵瑜

吊鞠烈女也。女有殊色，姊夫曹先同居，涎诱，不从，投水死。予童年亲见其事，惧久而泯没也，追忆为诗，入吾集中，以俟采风者。

荏苒女贞树，乃傍恶木阴。翦伐苦无力，谁与亮我心。嫌疑介瓜李，熟计不如死。鸡鸣霜满天，对镜永别尔。谁与亮我心，清白河之水。回头白发亲，含悲只在此。

安生行

赵瑜

乙丑三月初五夜，盗劫州署，从藕花洲入上房，大声索主人。时内丁安泰已就寝，闻警，裸体持械出，格斗良久。一盗乘间刺安，洞胁死，主人得免。盗闻人声，亦惊散。越日，首犯蔡升等三人同就擒，讯知因团练撤防，备豫新弛，致有此举。微安生，大势难言矣。夫仆为主死，忠也；食焉不避其难，义也。忠义两尽，不能无诗，为作《安生行》，纪其事焉，曰："生予词也。"州牧于听涛刺史，名松亭，旗人，以孝闻，居官有政声。

冤血不灭苌宏碧，大德不掩董狐笔。忠孝节义无二心，知愚贵贱同一律。君不见，剧盗纷纷劫州署，安生慷慨独救主。曾闻制梃可挞兵，不道空拳难射虎。群从甘为缩项鳊，痴奴惨作拖肠鼠。斩衣三跃仰天号，帷盖余恩来世补。安生乎，嗟尔目不涉经史，胸不藏甲兵。身不被朱紫，名不齿缙绅。沉沦仆隶就厮养，乃能仓卒捐其生。恤典宽大不及汝，金石可寿难留名。大材小用良可惜，志士仁人长太息。海陵土，苌宏碧。老夫诗，董狐笔。

光绪辛卯江南乡试，奉命代办监临，纪事四章

钱桂森

乙榜宏开棘院秋，丁年曾记蕊宫游。江山浩劫经戎马，文字寒芒贯斗牛。蒲柳衰龄叨异数，梓桑佳话佐真州。谓戊子监临仪征陈六舟中丞。朗吟壁上璆琳句，独喜新安甲子周。桐城汪稼门、新安程梓庭两中丞，暨今合肥相国，均有诗勒石壁间，诸公均以皖人抚吴者，故相国诗有"梓桑佳话缘长续"之句。而新安程中丞则道光辛卯年事，与今年甲子重周，尤为巧合。

南关积弊务潜防，诏语森严敢怠荒。覂驾本难容害马，补牢犹及禁亡羊。和衷共藉同舟侣，敬事频参选佛场。丙戌六月朝考，直省选拔贡生，奉命为查察大臣，即乡试之监临也。住院名敬事堂，复试复命阅卷。省识个中甘苦味，相期午夜一炉香。

茅檐蓬岛月光同，别样高寒锁院中。箫管万声和唳鹤，星河两道界飞虹。内有帘门，外有飞虹桥。重关烧尾惭前事，森于道光己酉幸隽南闱。矮屋埋头几巨公。前两场出场净号，均至夜漏四下。而三场，则十五日午前，便有喧呼求出者。迟速大殊，故下联及之。输与出门人一笑，铜琶铁板大江东。

半生宦业寄文衡，一寸冰心水样平。五日敢存京兆想，三年空负学官名。剔除绾蚓纡蛇迹，试卷誊录，最戒潦草。向例，须俟三场誊录告竣，监临方出闱。开拓腾蛟起凤程。贡院东西两门，署此两额。转盼泥金传到日，钧天遥听步虚声。江南故事，监临出闱后，即回本署。揭晓日，不复入闱。

义士行为戴宜廷作

王桐

义士戴君，孰表其微。义士有友，死无所归。上有老父，下有孤儿。寡妻泣血，莫知所为。义士曰：于我殡附。身附棺者，吾独任之。（一解）

为具衣冠，殓以巨棺。不取其值，友父何颜。竟取其值，友家甚寒。故减其值，待儿长乃还。是谓行其心之所安。（二解）

死者已矣，生者谁顾？顾友之父，危如朝露。顾友之儿，呱呱待哺。义士谓友父，孤儿善保护。儿能读书，请就外傅。有不足者，量力而助。（三解）

嗟嗟义士，人笑其愚。憎兹[1]多口，皆贱丈夫。吾谓此举，古有今无。今能行此，圣人之徒。如义士有，乃可将伯呼。议义士者，请为绝交书。（四解）

弄虎儿行

王朝庆

淮西有弄虎者，牵虎行市中，敛钱为衣食计。虎亦驯扰，俯首听指挥。一日，虎饿，方抚摩间，张牙噬之，立毙。夫有利必有害，人自愦愦不觉耳。弄虎，其一端也。作《弄虎儿》，辞曰：

弄虎儿，牵虎项，身著甲衣手铁棒。朝朝弄虎行市中，以虎为生衣食丰，虎利得食贴耳从。有时捋虎须，假窃虎威如妖狐。有时跋虎尾，凭依虎势同伥鬼。出随虎游，归伴虎宿。与虎相依成骨肉，虎纵噬人不我毒。吁嗟乎！狼子野心岂易驯，贪利忘害终杀身。虎到饥来一口贪，不顾当时豢养人，淮西故子胡不闻。

哀哉行

王朝庆

汤汤淮水崩流急，七县三州尽鱼鳖。斗米千钱价日高，灾黎百万吞声

[1] “憎兹”，原本作“憎之”，据程抄本改。

泣。海陵红粟旧陈仓，耕九余三堪备荒。何物老瞒工媚外，空吾杼柚饱东洋。商人逐逐锥刀切，重视金钱轻玉粒。只道充吾紫绀囊，哪知填彼黄金穴。一石朱提贡六钱，铢铢总是苍生血。冯夷肆虐卷波涛，损我禾黍伤我苗。江南江北哭声高，始知祸首为老饕。官民束手叹无策，不是灾区也绝食。万家厨灶冷无烟，迫我良民为盗贼。西风渐紧寒簌簌，人人欲食参之肉。狡狯潜移建业舟，攀援又秉珠江纛。余生老幼醉乡土，一片哀鸿集袁浦。藜羹留养且充饥，六十万人同一苦。救灾恤邻多善士，博施济众诚难事。雪虐风号已断魂，哀哉大半饥寒死。初犹薄棺掩骸骨，继求槁葬不可得。生不同室死同穴，颠倒僵尸混埋没。吁嗟乎！高官厚禄荣其身，悠悠苍天此何人？歌以当哭垂青史，恰比词曹秉笔真。

艺文志补遗

玉堂禁经

唐　张怀瓘

夫人工书，须从师授。必先识势，乃可加功。功势既明，则务迟涩。迟涩分矣，无系拘跔。拘跔既亡，求诸变态。变态之旨，在于奋斫。奋斫之理，资于异状。异状之变，无溺荒僻。荒僻去矣，务于神采。神采之至，几于玄微，则宕逸无方矣。设乃一向规矩，随其工拙，以追肥瘦之体，疏密齐平之状。过乃戒之于速，留乃畏之于迟。进退生疑，臧否不决，运用迷于笔前，震动惑于手下。若此，欲造玄微，未之有也。今论点画偏旁、用笔向背，皆宗元常、逸少，兼递代传变，各有所由。备其规范，并列条贯。

送从弟惟祥宰海陵序

唐　王维

天子若曰：“咨尔三事百辟！寇贼奸宄，震惊朕师。其举吏二千石至墨绶，予将大命于朝，以抚方夏。”群从曰：“惟祥。旧有令闻，克奉成宪。往践乃职，无恫于人。狱货非宝，农食滋硕，浮于淮泗，浩然天波。海潮喷于乾坤，江城入于泱漭。彼有美锦，尔尝操刀。学古入官，倚法为吏。上官奏课，国将大选尔劳。勉哉行乎，唱予和汝。”

上哲宗疏

宋　刑部侍郎　王觌

臣窃以祖宗来，台谏阙一员，诏近臣荐二员，召对便殿，去取选任，一出上意。执政大臣，不得干预。盖台谏所以司察大臣过。若出大臣，则朋附之人至，忠说之路塞矣。人主虽欲明目达聪，虚心听纳，嘉谋嘉猷，何由而至哉？

近者监察御史阙二员，命翰林学士、御史中丞共荐六人，今闻所召者二人而已。未审出于陛下之意，为复出宰执之意耶？若出陛下之意则可，然未应祖宗故事。若出宰执进拟，则权归大臣，朝政阙失，谁复拟议？此源既开，臣恐异日台谏皆出大臣之门，而陛下孤立矣。

《书》曰："惟辟作福，惟辟作威。"又曰："庆赏刑威曰君。"愿陛下念兹在兹，今后近臣奉诏荐举台谏官，并须召对，亲阅人才，去取独出圣断，庶使祖宗故事不废，台谏得人为多。

论吕惠卿

宋　王觌

臣闻：自古中国有以致外国之患者，其端固不一也，然大要多因守边之吏，贪功生事而侵扰之，积以成衅，其祸乃深。故汉武帝用王恢、聂壹之言，绝匈奴之好，以兴马邑之师。初则已无利，而其后连兵不解者数十年。唐明皇因宗惠[1]、赵惠琮之谋，背吐蕃之盟，以有青海之战。初虽一捷，而其后官军陷没者数万人。如武帝、明皇，可谓英睿之主矣，然一为边吏所误，渝盟爽信，以快一时，而至使生灵肝脑涂地，财竭力殚，为后世笑，可不为之痛惜哉！故为国深虑者，若贪功生事之边吏，置之法而无赦，则庶几得所以怀柔边境之道也。

臣伏见资政殿大学士吕惠卿，前知太原府，于元丰八年内差知府折克行等，于四月十七日入西界三角川以来讨荡；及差弟一将訾虎，于四月十九

[1] "宗惠"，据《新唐书·吐蕃列传上》，疑当作"孙诲"。

日入西界聚星泊以来讨荡。二将及麟府州蕃汉士卒，并帅府添差之兵，无虑二万人骑，不惟无故结衅于彼，而我之士卒阵亡及伤而见名姓者数百人，随军子弟不与焉。致西人却于五月中，引千余骑，犯边至葭芦寨，供奉官王英以战死，兵士陷殁者六十余人。臣伏读三月六月赦书，应沿边州府，仰逐处长吏并巡检、使臣、钤辖、兵士及边上人户，不得侵扰外界，守疆场勿令搔扰。此朝廷之美政，陛下之盛德也。凡州郡，赦书初到之日，集官吏、军民而宣读焉，圣恩深厚，孰不叹嗟？远人传闻，当亦感泣。

盖皇帝陛下即位之始，太皇太后同听政之初，以神宗新弃天下，圣心悲哀，岂遑武事？故须慰安外境，休息兵民，俾兵民安土，而无荷戈之忧；遐陬归心，而无扰边之患。然后可以见中国礼义之举，可以申圣考亮阴之情也。而惠卿志不在哀，心轻赦令，侥幸功赏，妄兴师徒，使朝廷内则致疑于兵民，外则失信于远方。捐亏国体，蠹伤圣政，皆惠卿之由也。

惠卿尝为执政，方握帅权。朝廷礼遇，不为不优；国家寄委，不为不重，所当将顺圣德，弹压边陲。若提封之内，敢或违赦弄兵，辄侵外境，自当决行军法，以严天子之命，以为边吏之戒。安可自为乱阶，身犯诏禁？涣汗之号，方悦于群情；无名之兵，已骇于众听。如此，则吏民岂复以赦书为可用，边外岂复以中国为可亲，四方岂复以朝命为可尊，后世岂复以祖宗为可法？

陛下以惠卿之罪为微罪耶？以惠卿之恶为可恕耶，为不可恕耶？以惠卿之罪为微罪，则自古以来，废诏逞兵、残民辱国者，皆微罪矣。以惠卿之恶为可恕，则由今以往，欺君罔上、坏法乱常者，皆可恕矣。

或谓惠卿虽无遵用赦书之意，亦岂敢更不奏请而遽出兵哉？请不请，固非臣之所知，而其为罪恶则均也。伏望圣慈，察惠卿妄兴师旅，违圣孝之情；废格赦敕，无人臣之礼，蚤行诛窜，以为天下后世不忠不孝之戒哉。

举留胡瑗管勾大学状

宋　欧阳修

右臣伏见新除国子监直讲胡瑗充天章阁侍讲，有以见圣恩奖崇儒学、褒劝经术之臣也。

然臣等窃见国家自置太学，十数年间，生徒日盛，常至三四百人。自瑗管勾太学以来，诸生服其德行，遵守规矩，日闻讲诵，进德修业。昨来国学、开封府并锁厅进士得解人中，三百余人是瑗所教。然则学业有成，非止生徒之幸、庠序之盛，亦是朝廷美事。今瑗既升讲筵，遂去太学，窃恐生徒无依，渐以分散。

窃以学校之制，自昔难举。惟唐太宗时，生员最多。史册书之，以为盛美。其后庠序废坏，至于今日，始复兴起。若一旦分散，诚为可惜也。臣等欲望圣慈，特令胡瑗同勾当国子监，或专勾管太学，所贵生徒不至分散。伏候敕旨。

胡安定先生墓志

宋　端明殿学士　蔡襄

胡氏世居长安，询为唐兵部尚书。其孙韬[1]，因乱留蜀，为西蜀陵州刺史。蜀平，归京师，终卫尉卿。于君，为曾祖。生泰州司寇参军讳修己，卒葬如皋[2]。司寇生宁海节度推官讳讷，赠太子中允。博学善属文，吕文靖夷简尝荐其书，备修国史。君，其长子也，讳瑗，字翼之。少有气节，颛意经学，兼通律吕[3]之法。力贫以抚兄弟之孤，爱义良厚。景祐中，范文正公仲淹上言[4]，君知古乐。召见论乐，拜试秘书省校书郎。康定初，元昊寇边陕西，帅以[5]辟为丹州推官，后移密州观察推官。丁父忧，举其族之亡于远者九丧归葬。服除，迁保宁军节度推官，治湖州州学，又召教授诸王宫。病家[6]辞免，遂以太子中舍致仕，泛恩[7]改殿中丞。驿召会秘阁议乐，除大理评事兼太常主簿，寻复解罢。岁余，授光禄寺丞、国子监直讲，仍与议乐。乐成，改大理寺丞，赐绯鱼。嘉祐元年，迁太子中允，充天章阁侍讲。既而疾不能朝，拜太常博士，还官政，从其子志康杭州节度推官，以就养。四年

[1] “韬”，原本作“蕴”，蔡襄《端明集》卷三十七作“韬”。
[2] “如皋”，《端明集》卷三十七作“海陵”。
[3] “律吕”，原本作“历律”，据《端明集》卷三十七改。
[4] “上言”，原本作“上书言”，据《端明集》卷三十七改。
[5] “以”，原本作“臣”，据《端明集》卷三十七改。
[6] “病家”，原本作“以病”，据《端明集》卷三十七改。
[7] “泛恩”，原本脱，据《端明集》卷三十七补。

六月六日，终于杭州，享年六十有七。明年十月五日，葬于湖州乌程何山之原。母随氏，赠京兆县太君。娶王氏，封长安县君。有子三人，志康，进士及第，杭州观察推官；志宁、志正皆力学。志宁，永州知州；志正，携父衣冠归葬如皋太子中允墓左，遂守墓田于旧居[1]。

君孤进独立[2]，不恤权贵，义以自信。本朝承周用乐，其声高，不合中和。太祖皇帝尝诏下一律，而未遑制作。天子知乐[3]，命李照等修之。君初得对崇政殿，辨照等所修乐非是。诏令改作，未几报罢。及会秘阁议，按《周礼》以正钟律，用上党黍，列为九等，累其中者为尺，尺定而律成。验之，比旧下一律，于是彻前乐而新之。天子临紫宸，钟磬在庭。天子曰："学者能通典故而不能知声气之元，工者习其声传而不知制器之理，斯难能也。"先有议镈钟当有大小，今与黄钟一之，非古制，乃用倍半之法作应钟。至是钟成，特小小者不堪备宫县，诸儒、侍从无异议者。天子可之，用于郊庙，又令作《皇祐新乐图记》，布之天下，盖积二十年而后成。其间同议论，皆贵官、老儒。相诋正[4]者，岂一二哉？然君未始恤之也。

尤患隋、唐以来，仕进尚文词而遗经业，苟趋禄利。及为苏、湖二州教授，严条约以身先之。虽大暑，必公服终日，以见诸生，设师、弟子之礼。解经至有要义，恳恳为诸生言，其所以治己而后治乎人者。学徒千数，日月刮劘，为文章皆傅经义，必以理胜，信其师说，敦尚行实。后为太学，四方归之，庠舍不能容，旁拓步军居署以广之。《五经》异论，弟子记之，自为《胡氏口义》。侍迩英讲，不以讳忌为避。既疾，上数遣中贵人就问安否，盖亦有所待矣。比去京，诸生诣阙下乞留者累日，公卿祖送都门甚盛，莫不惜其行也。君虽老于训导，在丹州实与帅府事，建议更陈法，治兵器，开废地为营田，募土人为兵，给钱使自市劲马，渐以代东兵之不任战者。虽军校、蕃酋、亭障[5]厮役，以事见，辄饮之酒，访被边[6]利害，以资帅府。府多武人，

[1]"志宁，永州知州；志正，携父衣冠归葬如皋太子中允墓左，遂守墓田于旧居"，《端明集》卷三十七作"长女，婚大理寺丞滕希鲁；次，进士王伯起；季女尚幼。孙，守约"。

[2]"独立"，《端明集》卷三十七作"所立"。

[3]"知乐"，原本脱，据《端明集》卷三十七补。

[4]"诋正"，《端明集》卷三十七作"抵止"。

[5]"亭障"，原本为"亭长"，同上。

[6]"被边"，原本为"备边"，同上。

初谓君徒能知古书耳。既观君之所为，不以异己，又翕然称之。君隽材[1]而行笃，卒艰勤以殁。所著《资圣集》十五卷[2]，藏于家。

嗟乎！士者之志于道，以身法世，莫不欲致之于用，推之于远。然才德之士，多亦蹇轧难通，岂不有命乎！君不鄙小官，进不及用，功于诲人，其施博矣。晚乃得侍天子左右。若将有为，辄病以废，岂人事也哉？谨志[3]。

储文懿公墓志

明　礼部尚书乔宇　太原人

巏先世毗陵人，元末徙海陵。曾祖讳宏，以行义重于乡。祖讳玉，隐居弗耀，以巏贵，赠户部右侍郎。父讳信，敦俭淳朴，累封至户部右侍郎；母王氏，继母董氏，俱赠淑人。

君生而秀颖，五六岁时，读书过目即成诵；九岁，善属文。弱冠，名动场屋，乡、会试俱第一，廷对赐第二甲进士第一名，声誉籍甚，论者每以君未获入翰林为阙典。太宰、济南尹公欲选为属，巏恳求便养亲，授南京吏部考功主事，寻升郎中。丁巳，升太仆少卿。乙丑，升本寺卿正。正德丁卯，升都察院左佥都御史，总督南京粮储。戊辰，升户部右侍郎。庚午春，以疾乞休。诏慰惜之，赐乘传归。冬十月，以旧秩召用，辞不就。壬午春，复起为南京户部左侍郎。癸酉正月，改南京吏部左侍郎。方望其大用，而旧疾增剧，遂不起矣。呜呼，惜哉！

巏体貌若不胜衣，简重端默，实具公辅之器。其在考功时，评品精当。人材贤否，未尝轻有所迁就。以奖恬退、抑奔竞为己任，钜鹿公得其赞画匡辅之功居多。丙辰，当黜陟天下官员。巏询访既精，又能坚执公道，不为权要所屈挠，是以人无异议。其在太仆时，搜访马政得失，划革其蠹弊者，修举其所当兴复者，乃疏四事以闻，诏皆报可。又上章，请记孝庙言动，以示将来。其总督粮储，首厘正仓庾宿弊，条陈应议数事，省粮户及京邑供给之费。其在户部时，视钱谷数益耗，忧形于色。虽改官，犹不置念。其政迹之

[1] “隽材”，原本为“事材”，据《端明集》卷三十七改。
[2] “十五卷”，原本为“十三卷”，同上。
[3] “谨志”，原本为“噫”，同上。

彰彰者如此。

平居事亲至孝，抚从子洵如己出，为择师，遣就学，以进士显。为文简严，有法度。诗冲淡沉蔚，有陶、韦之风。博览群书，善于教人。出其门者，科第相望。所著有《柴墟文集》《驷野奏疏》若干卷。铭曰：

淮海维扬，实生伟人。显显少宰，为时荩臣。发为文章，简雅典则。视古作者，闯入畛域。论官周士，举贤汉科。裒然称首，令誉孔多。有亲在南，就养伊迩。移官金陵，山水乐只。柄衡考署，修政圉司。品士相马，精鉴攸宜。总计南台，晋贰东省。轸恤忧民，心常耿耿。载迁铨部，允惬舆情。曾不阅岁，沉疴是婴。凡今士风，日趋颓怠。持正敦廉，匪贤曷赖？人拟柄用，而止于斯。诸医弗效，命也何为。帝闻悯伤，谕哀赐葬。恤典骈蕃，光贲泉壤。海陵之堧，新坟隆然。铭文树石，于千万年。

王道论

王艮

孔子曰："如有王者，必世而后仁。"《书》曰："刑，期于无刑。"此王道也。

夫所谓王道者，存天理、遏人欲而已矣。天理者，父子有亲，君臣有义，夫妇有别，长幼有序，朋友有信是也。人欲者，不孝不弟，不睦不姻，不任不恤，造言乱民是也。存天理，则人欲自遏。是故尧舜在位，比屋可封；周公辅政，刑措不用，是其验也。盖刑因恶而用，恶因无教养而生。苟养之有道，教之有方，则衣食足而礼义兴，民自无恶矣，刑将安施乎？

然养之之道，不外乎务本节用而已。古者田有定制，民有定业；均节不忒，而上下有经。故民志一而风俗淳，众皆归农，而冗食游民无所容于世。今天下田制不定而游民众多，制用无节而风俗奢靡。所谓一人耕之，十人食之；一人蚕之，百人衣之。今欲民无饥寒，不可得也。饥寒切身，而欲民之不为非，亦不可得也。今欲民得其养，在去天下虚縻无益之费，而制用有经，重本抑末，使巧诈游民，各皆力本。如此，则生者众而食之寡，为之疾而用之舒，而财用无不足矣。其三代贡、助、彻之法，后世均田、限田之议，口分、世业之制，必俟人心和洽，方可斟酌行之。师其意而不泥其迹，行之有渐，则通变得宜，民皆安之而不见其扰矣。

所谓人心和洽，又在教之有方；而教之之方，唐虞三代备矣。昔者尧舜在上，忧民之逸居无教，而近于禽兽也，使契为司徒，教以人伦三代之学，皆所以明人伦也。是故《周礼》大司徒："以乡三物教万民而宾兴之。一曰六德：智、仁、圣、义、中、和；二曰六行：孝、友、睦、姻、任、恤；三曰六艺：礼、乐、射、御、书、数。"先德行而后文艺，明伦之道也。又为比闾、族党、州乡之法以联属之，使之相亲相睦、相爱相劝，以同归于善。故凡民之有德行、才艺者，必见于人伦日用之间，而一乡之人无不信之者。及其乡举里选之时，比以告闾，闾以告族，族以告党，党以告州，州以告乡，而乡大夫则以所举者为是，而不复考其德行、才艺，悉以敬贤之礼遇之，不若后世之猜忌防闲也。乡大夫举于司徒，司徒荐于天子，天子拜而受之，登于天府，使司马论才而授任。是故在上者专以德行取士，在下者专以德行举士。父兄以德行教之，子弟以德行学之，师保以德行勉之，乡人以德行荣之。是上下皆趋于德行，躬行实践于孝弟忠信、礼义廉耻之间，不复营心于功名富贵之末，而功名富贵自在其中矣。故在上者专取天下之贤以为辅相，不欲遗天下之贤，是与天下之人为善也。在下者专举天下之贤以为己功，不敢蔽天下之贤，是劝天下之人为善也。精神命脉，上下流通，日新月盛，以至愚夫愚妇，皆知所以为学，而不至于人人君子，比屋可封，未之有也。

后世非不知道德仁义为美，亦非不知道德仁义为教，而所以取士者，不专以道德仁义，而先于文艺之末。故上有好者，下必有甚焉者矣。在上者以文艺取士，在下者以文艺举士，父兄以文艺教之，子弟以文艺学之，师保以文艺勉之，乡人以文艺荣之，而上下皆趋于文艺矣。故当时之士，自幼至老，浩瀚于辞章，汩没于记诵，无昼无夜，专以文艺为务。盖不如此，则不足以应朝廷之选，而登天子之堂，以荣父母，以建功业，光祖宗而荫子孙矣。方其中式之时，虽田夫野叟，儿童走卒，皆知钦敬。故学校之外，虽王宫、国都、府郡之贤士大夫，一皆文艺之是贵，而莫知孝弟忠信、礼义廉耻之学矣。而况穷乡下邑、愚夫愚妇，又安知所以为学哉？所以饱食、暖衣，逸居无教，而近于禽兽，以至伤风败俗，轻生灭伦，贼君弃父，无所不至。而冒犯五刑，诛之不胜其诛，刑之无日而已。岂非古所谓不教而杀，罔民者哉？呜呼！言至于此，可不痛心！

今欲变而通之，惟在重师儒之言，选天下道德仁义之士，以为学校之师。其教之也，必先德行而后文艺，废月书季考之繁，复饮射读法之制。取之之法，科贡之典，祖宗旧制，虽不可废，当于科贡之外，别设一科，与科贡并行，如汉之贤良方正孝廉，我太祖人才之类，不拘成数，务得真才。其宾兴之典，当重于科贡。果有真才，而位列亦出进士之右。其科贡之中，苟文优而行劣者，必在所绌；行优而文虽劣者，亦在所取。精神意思，惟以德行为主，使天下之人，晓然知德行为重，六艺为轻。如此，则士皆争自刮磨砥砺，以趋于道德仁义之域，民行可兴而矣[1]。

夫养之有道而民生遂，教之有方而民行兴。率此道也以往，而悠久不变，则仁渐义摩，沦肤浃髓，道德可一，风俗可同，刑措不用，而三代之治可几矣。然非天子公卿，讲学明理，躬行于上，以倡率之，则徒法不能以自行，而卒亦不可致矣。苟不知从事于此，而惟末流是务，则因陋就简，补弊救偏，虽不无一时欢虞之效，随世以就功名，终归于苟焉而已，非王道之大也。

王心斋先生墓志

明　大学士　赵贞吉　内江人

明兴八叶之世，越中王守仁论学名世，从游若泰州王子称最著。王子名艮，少先生十一岁。先生殁，王子论学如先生，故学者亦称“王先生”。

先生泰州安丰场人，安丰俗负盐，无宿学者。先生逮粗识《论语》《孝经》章句，即邈焉如古贤人。信口谈解，如或启之，塾师无敢难者。异日，天甚寒，至亲所。亲方急鹜，盥冷水，乃痛哭曰：“某为人子，令亲天寒盥冷水而不知也，尚得为人乎？”自此，遂出代[2]亲役，入扫舍，捧席哺二老，晨省夜问，如古礼惟谨，时年二十矣。

先生孝出天成，久益行纯心明，悟性无碍。谢役，秉礼为儒者，以经征悟，以悟释经，行即悟处，悟即行处。如此有年，人未之识也。尝一夕，梦天坠压身，万人奔号求救。先生身托天起，见日月列宿失序，又手自整布如故，万人欢舞拜谢。醒则汗溢如雨，顿觉心量洞明，天地万物一体。自此行

[1] “民行可兴”，原本作“民兴可行”，据《王心斋全集》卷四《王艮杂著》改。
[2] “令亲天寒盥冷水而不知也，尚得为人乎？自此，遂出代”二十一字，原本脱，据程抄本补。

住语默，皆在觉中，题其座曰："正德六年间，居仁三月半。" 即先生悟入之始，已能如此。

是时，越中王先生自龙场谪归，与学者盛论孔门"求仁""知行合一"，泥者方仇争之。至十四年，王先生抚临江西，又极论"良知自性，本体内足"。大江之南，学者翕然从信，而先生顾奉亲鹑居，皆未及闻也。有黄塾师者，江西人也，闻先生论，诧曰："此绝类王巡抚之谈学也。" 先生喜曰："有是哉！虽然，王公论'良知'，某谈'格物'。如其同也，是天以王公与天下后世；如其异也，是天以某与王公也。" 其自信如此。

即日往造江西，盖越两月，而先生再诣豫章城，卒称王公先觉者，退就弟子。间出格物论，王先生曰："待君他日自明之。" 久之，从先生居越，叹曰："风之未远也，是某之罪也。" 辞还，驾一蒲车，二仆自随北行。所至化导人，耸人听观，无虑千百，皆饱饫感动。未至都下，先一夕，有老叟梦黄龙无首，行雨至崇文门，变为人立。晨起往候，而先生适应之。

先生风格既高古，所为又卓荦如此，同志相顾惊愕，共匿车，劝其止之。先生留一月，竟谐众心而返。然先生意终远矣！越五年，戊子，王先生卒于师，先生迎哭于桐庐，经纪其家而还，开门授徒，远方皆至。

先生骨刚气和，性灵澄彻，音咳盼顾，使人意消。即学者意识稍疏漏，不敢正以视。先生引接人，无问隶仆，皆令有省。虽显贵至悍戾不悦者，闻先生言，皆对众悔谢不及。往往见人眉睫，即知其心。别及他事，以破本疑。机应响疾，精蕴毕露。廓披圣途，使人速进。

盖先生之学，以悟性为宗，以格物为要，以孝弟为实，以太虚为宅，以古今为旦暮，以明学启后为重任，以"九二见龙"为正位，以孔氏为家法，可谓契圣归真、生知之亚者也。独不喜著述，或酬应之作，皆令门人、儿子把笔，口占授之，能道其意所欲言而止。晚作《格物要旨》《勉仁方》诸篇，或百世不可易也。卒，配越中，为"二王"云。

问先生何不仕，曰："吾无往而不与二三子，是某之仕也。" 或谓先生为隐，曰："吾无往而不与二三子，某何敢隐也？" 两救海滨之荒，活千万人。洪御史垣构舍居其徒，吴御史悌抗疏荐之，不报。嘉靖庚子十二月八日，卒。铭曰：

越中良知，淮南格物。如车两轮，实贯一毂。后有作者，来登此车。无以未觉，而空著书。

林东城先生墓志

明　都御史　唐顺之　武进人

呜呼！吾友东城林君，古所谓敦行君子也。纷华盛丽，耳目之好，一不腻乎其外；獧巧慧辨，机智之习，一不钩乎其心。洁以律乎其身，一束修之问，畏之若苞苴然；谦以裕乎其人，一舆台之贱，接之若宾友然。行必惬乎人之所安，故不为嵬崖崭巖之行；言必衡乎力之所抵，故不为要眇浮阔之言。嘉靖辛丑十一月二十日，以吏部文选司郎中卒于京师，年四十有四。出其橐，得银四两。不能棺，其寮友为之棺以归；归不能葬，郡守朱君、州守黎君赙之钱以葬。而黎君又使君之友陆位等状君之行，来请铭。朱君、黎君，君在文选时所选廉平吏，治其乡者也。

君讳春，字子仁，始号方城，以其先福建福清县方城里人，后改东城。祖讳某，父讳宏，母某氏。自君几世而上，有讳闰者，始自福清以从戎隶泰州守御所，故君为泰州人。林氏自徙泰州，未有以儒显者。为儒，自君始。后君贵，始赠父宏为吏部文选司主事，而封母某氏为太安人。

君始以窘故，几废书者屡矣。君读书，常以竹筒注膏系衣带间。惟所适，则出膏于筒，燃火读书。君父为漕卒，君又独与母、妻织屦、读书，率终夜不睡。尝日中不能炊，贳米于邻，不得，君行歌自若。家人颇非怪之，君自若。已而受学于知州王君某，与其乡先生王君汝止。两王君，故王阳明先生弟子。君因此始闻“致良知”之说，则心喜之。至夜中睡醒无人处，辄啧啧自喜不休，遂欲以躬践之，则日以朱、墨笔点记其意向，臧否醇杂，以自考镜。久之，乃悟曰：“此治病于标者也。”于是骎骎有意乎反本矣。

戊子，举乡试。壬辰，举会试第一，登进士第，选户部广西司主事，调礼部主客司主事，又自礼部调吏部文选司主事。吏部故矜厓岸，锁门谢宾客，虽亲故人，不往拜，示自尊重；而吏部以提热柄故，虽诸寮中，率自羯羠相猜抵。君色温气柔，不以行能先人。其在诸寮中，恂恂下之唯谨；其在同志中，虽其名位绝不相埒者，亦恂恂下之唯谨。门无留宾，日旰出部，则遍走刺答诸宾客，或罗致诸宾客讲学，意烝烝如也。诸宾客人人自以林君亲己，其尤厚者，则相与挟衾被、栉具，往宿观寺中，讲学竟夕，以为常。后为郎中，官重益多事矣，然犹如此。以此，诸寮中虽其志行与君绝不入者，亦谓君长者，不复猜也，而善类因君以联者为多。

君自束发至盖棺，未尝一日不讲学。然君本以长厚清苦、绳墨自立，其于学也，亦因其质之所近。君为主事，是时，缙绅之士以讲学会京师者数十人，其聪明解悟、能发挥师说者，则多推山阴王君汝中；其志行愊实，则多推君与吉水罗君达夫。罗君于朋友中最沉密矣，然君犹面疵罗君，以其露才也，君之自敛可知已。王君汝中洒落，而君小心周慎，画尺寸，不敢失。两人操行不同，然君独心敬王君。为主事久之，转验封员外郎，已而调文选司员外郎。居一年，母安人病瘫卧，君谢病归养。

君居乡，则益悛悛谨甚，如故儒生时。家无一钱，不以取于人；家有一钱，亦必以施于人。侍母安人病，病少间，则出寓故所读书处万寿宫者，与其故时友人及乡之后生讲学。以间走安丰，就其故师王君，叩所疑义，每往必喜，幸以为闻所未闻。君于师，推王君汝止；于友，推王君汝中。君居官，有未识王汝止者，君与之言，必曰“吾师心斋说如是”；君居乡，有未识王汝中者，君与之言，必曰“吾友龙溪说如是”。

居久之，越官补稽勋郎中，调文选郎。君自为吏部主事，泰州守某駤而虐，君请于尚书黜之。泰，君乡也，尚书趦趄曰：“某未有劾者，奈何？”君曰：“不实，则罢主事。”遂以其人调边地。顷之，南御史劾章至，则其人也，竟黜之。后君赴官，泊淮，淮守某以次谒诸过客，舟始及君，供张又薄，若不知君为吏部者。后淮守入觐，考下，当远调。君为稽勋郎，具白尚书，以过淮事荐其廉静，恳乞留之，更得调永平内郡。二者，其一远嫌者不敢为，其一怙势者不能为。而君为吏部若此。然君长者，常护人短，其请黜泰州守事，则尤为君所难。

君既长选事，益思荐进贤人，慎择监司守令，洗刷奉其职。然事有曳掣，或不能尽如所欲为，则君自谓曰：“选曹之职，欲上通于君与相、冢宰之心，下通于选人与天下人之心。相、冢宰之心，未必选人与天下人之心；选人与天下人之心，未必相、冢宰之心。选曹居其间，欲两合焉，难矣。虽然，求无负乎吾心，足矣。”

君始调文选，会御史论君受牌坊银事。虽众以为妄，然君独自念束发兢兢砥行，遭点染，居常引咎不惬。欲解官，又业已为之；既任事，又曳掣，缩缩不自得。曹又多事，君日夜其间，固甚瘁。居无何，病，一夕卒。卒之日，犹在曹，不自知病。病且革，乃舁归舍。先是，君尝会朋友讲曾子启手足，意恳恻，闻者皆怵惕。未数日，君遂卒。君问学几二十年，其胶解冻释，未知其何如也。然自同志中语质行者，必归君。

君娶李氏，封安人。子四人：晓、晖、曜、昕。晓，朴而材能似君者也，为庠生，妻某氏。晖，聘某氏。女一，适王。葬以卒之明年某月某日，墓在某所。

君不喜为华词，其举第一应试文字，及后所为诗古文，务理道，质而不艳，如其人。始君幼，不知书，父故贫苦也，不能资君以书。以余子给事千户王某所，某奇君，令与其子王烈同学书，君自是始学书。后父所见君读书，且喜且嗤之曰：“儿读书固善，然书可饱乎？”因取其书，欲烧之。君婉词跪谢，乃解。后君贵，常恩王氏，厚报之。自王烈以下，礼节称谓、岁时起居，一不改于故余子时。铭曰：

君尝有言：天然之门，盎然出之。不作好丑，不为我偶，不为人觭。天心[1]之窟，如彼日月，光照四垂。楼台殿阙，粪壤鼠穴，亦所不遗。藏疾于薮，有茹其垢。蓄德之资，有如宝然。玉金在前，其耀不施。君子若愚，暖暖姝姝。不其浅而，我韵君语。勒石于墓，式昭世规。

---

［1］“天心”，原本误作“大心”，据《〔崇祯〕泰州志》卷十改。

续纂泰州志卷之三十四

金　石

汉罪人葬砖　熹平元年。邑人高裕寿藏。

宋桑氏神墓砖　泰始五年。邑人杨氏藏。

魏周国隆造象记　景明三年。邑人高裕寿藏。

隋墓志残石　开皇十八年。高裕寿藏。

唐忠武军节度兵马使、朝请郎、试左金吾卫兵曹参军、上柱国朱萱墓志铭并盖　大中四年。旧藏邑人夏氏。

按，夏荃《退庵笔记》："道光戊戌，于城西张家庄，得唐李府君志石。后二年春二月，又于城西之头营，得唐大中四年朱府君墓志石，并获其盖。"今夏氏藏石，半已易主，此志并盖，闻亦为他邑人购去。因其为吾邑出土古石之最佳者，故仍录入邑乘，俾后之人有所考焉。

陇西李府君墓志铭　咸通五年。邑人夏荃藏。《退庵笔记》：道光戊戌十一月，宫婿槼告余，有衣匠云："城西张家庄某处石上，有刻画文字。"余令仆李庆偕匠往录其文，乃唐《陇西李府君墓志铭》也。月之廿一日，命庆购之，舁以归。舁者即石主，告余廿年前发土所得，并砖椁取之，盖李君葬处也。计葬之岁，距今九百七十五年矣。按《志》，李君名扶先，世陇西成纪人。曾祖以下，皆隐居不仕。君好游，靡不涉历。至海陵，乐其风土，慨然有终焉之志。侨居廿余年，以咸通四年六月二十九日终于杜父里之第，年六十九。明年二月十三日，葬于县之兑宜陵乡白露里之原，子鉥请铭于乡贡进士马郁。此《志》文之大略也。考李君殁于咸通四年，年六十九，当生于贞元十一年。张家庄，在今州城西，所谓葬于县之兑是也。县何？海陵县也。杜父里，县市坊名；宜陵乡白露里，县都鄙名。此皆李唐旧名，甚雅，不似今志所载诸里舍、村堡名，略无古趣。然则今之张家庄，即唐宜陵乡白露里地。石今得之城西，而《志》文"葬于县之兑"，并可识今州城与唐县城建置之地不甚相远。千年志石，足补志乘之阙，正在此，岂不可贵？今由州而西，陆行三十六里至宜陵镇，属江都县。唐时城西白露里属宜陵乡，宜陵必乡都之总名，所属当不止白露里一处，安知今之镇非即唐之乡耶？马郁自称"谬居是邑"，必邑人矣。乡贡进士，即今之举人。州志选举，宋以前无闻。得马郁，则唐选举中有人，皆足为邑乘之助。其可疑者，《志》称夫人彭城刘氏生二女，又称夫人汝南周氏生一子二女，子即鉥。据《志》，则刘初娶而周继室。乃志于刘，则云少耸妇德，长峻母仪；于周，则云植德无征，早从风烛。周盖早亡，何以反列刘后，疑书丹入石时，有错简脱误也。石纵一尺八寸，横如之，高三寸强。叩之，其声清越，其调翰似逊江都梅氏所得《贞元田府君志》石。然千年古刻，为吾邑金石文字之冠，俯视诸明碑，如儿孙奴隶矣。咸通志石见于《金石萃编》者，九年《刘遵礼墓志》，十五年《孔纾墓志》，皆在此石后，顾不足重与？

道德经幢 广明元年。旧藏邑人夏氏，今归焦山。《退庵笔记》：州城垣坍塌久矣，东、西、北三方有五大缺，迤逦十数丈或数十丈，工费颇巨。戊戌秋，州大夫陈公玉成捐廉为之倡，延董劝捐督修，分仁、义、礼、智、信五段，而东门信字段，尤柳村任其事。己亥三月，柳村督匠斸东门外地，治灰池，深七八尺，得断石一段，有"广明"年号。柳村以余有石癖，举以赠予，用二壮士[1]舁至。石八方，高尺四五寸。上口破碎，确荦不平；中有凹处，盖承上段之牡者；下有牡，当有座石承之。周身刻道德经，字半漫。一面石损如削，上下之未损者，字尚可辨。末一尾行，上口有"三娘"二字，"三"字上缺；"娘"字下略空，有"次廿四娘"四字；"廿四娘"下略空，有"广明元年十一月建"八字。此唐广明初所建道德经幢也。就石上文回环读之，文义不相属者，亡其上段，不能句读也。"廿四娘"乃施银建幢之人，例得入石。其文间与今《道德经》小异者，疑唐时本如此。千年古刻，亦足以资考证也。字多破体，余见唐人志铭类如此，不足为病。拓本每行字有多寡、参差不齐者，以上口缺损之大小为字数之多寡也。考经幢始于唐武后，老魁佞佛所为。终唐之世，厥制甚多，然所刻多佛经。此经勒老氏家言，尤为罕遘。疑今州城东南，唐时当有道院于此，惜代远无可考矣。余[2]藏唐宋人墓志石各一，郡人之藏唐志者亦不下四五种。若经幢，则无。只郡中东隐寺有经幢一拓本，余未见。仪征黄圣台告余，幢刻《弥陀经》颇完善，年号上一字泐，下一字略是"和"字。唐有元和、太和、中和三号，幢为唐物无疑。二十年前，今仪征相国建亭迁其上，榜曰"唐石幢亭"，俾寺僧守之。余所获广明幢，乃刻《道德经》文字最古，"广明"字亦明晰。虽残损不完，亦几成紫窑片矣，六客庐中，当以此为称首。吾子孙慎毋忽诸！仪征汪鋆《十二砚斋金石过眼录》碑书广明元年，

[1] "壮士"，原本脱"士"，据程抄本补。
[2] "余"，原本作"今"，据程抄本改。

有“二娘”“廿四娘”字，大率与造象同一用意。按，广明为僖宗改元年号。其时黄巢据大内，僖宗车驾发兴元，至成都，乘舆播越，关中糜烂。而斯时之民，尚克奉开元崇尚老子之制，刻《道德经》于幢。书势虽不若易州苏灵芝所书之本，而尚不失唐人矩矱。惜其石上半不存，不为完本。《宜禄堂金石记》谓“石藏泰州夏氏”，今不知何以徙置焦山禅堂，与无专、定陶同列一室，亦可称江南之古金石也。

佛顶尊胜陁罗尼经幢 前序无年月，后记“昇元五年重建”。盖本唐幢，而南唐重建者。城东鲍家坝农人掘土所得，移庋城内光孝寺碧云丈室。

后唐钟楼古铜钟 同光年铸，在钟楼巷。

按，邑人姜凤喈[1]作《南唐永宁宫大钟歌》，断钟楼为南唐建。夏荃《退庵笔记》著论驳之，定钟楼为明初建，谓钟为明铸，非南唐物，并谓：“凡铸巨钟，必具铸之年月及司事者名氏于上，而惜竟无爬剔款识辨之者。”今细审钟身，确有字，虽多剥蚀漫漶，而“同光”二字则清晰可辨。考同光为后唐庄宗年号，尚在南唐昇元前十余年。然则姜诗断楼为南唐建，非无所见而云。然夏氏之说，亦由于未见钟上有“同光”二字耳。

南唐南山寺古碑趺 无年月。在城内南山寺。

《退庵笔记》：道光乙未六月某日，城南石姓劚宅内隙地，取土深二尺许，蓦得一物，昂首四足，背隆起，赫然一巨赑屃也。一时哄动，观者如堵，络绎不绝。主人惧生事，闭门。门外来观者不得入，抛砖伤门内观者老人头，血被面。主人大骇，启门。众蜂拥入，势汹汹，至夜方散。主人夜鸠工，谋埋之，灭其迹。次日侵晨，瑞伯飞札招予往观。彭儿颇好事，拉予往。将及石门，闻耶许声，路人曰：“龟已埋矣。”趋而入，见蠢然者已在坎中，幸未掩土，得纵观。其身之广狭，视城隍庙中者稍大。背有深槽，乃受碑牡处。鼻小损，其左趺有“江宁府石匠骆成绪打造”字。坎旁断碑石一方，有钩勒篆书“敕赐”二字，字径六七寸。右有小篆书“表”字，“表”字上有字，仅存字脚，莫能辨，因与瑞伯徘徊久之去。以碑文无年号，众莫审为何代物。或曰：“石家近蒋参政坊，有坊必有祠，安知此地非蒋氏祠旧址？碑殆祠中物。”予曰：“不然。无论蒋公官止参政，例无谕祭葬事，不得擅用‘敕赐’字。且明太祖定鼎，江宁为京师，改元集庆路为应天府。成祖建北京，以应天府为南京。终明之世，无称江宁者。参政，明臣，安得生今反古耶？此甚易晓也。考江宁之名，始兴唐肃宗至德二载，然曰江宁郡，不曰江宁府。五代杨溥改为金陵府，至南唐李氏始改为江宁府，江宁府之名始此。宋初，仍唐升州之名。天禧二年，升为江宁府。建炎三年，改为建康府。元曰集庆路。然则江宁府之名，惟南唐及宋有之。南唐昇元初，升海陵为泰州。观其筑永宁宫，迁杨氏子孙居此，泰固俨然一重

[1]“姜凤喈”，原本作“姜凤皆”，据程抄本及下文改。

镇也。其时必有大兴作，类用‘敕赐’文字。惜偏闰之朝，史皆略而不书。宋邑许、查、周三著姓，多达官朊仕，往往有特恩。且仙源万寿宫，大观中赐名也，《志》称拓屋至五百区。今地近城东南，安知非其地？以予所见，非南唐物，必宋物也。”或难予曰：“本朝改明应天府为江宁府，安知非本朝物乎？”予曰：“此又不然。本朝名江宁府，是矣。使果有敕赐立碑事，州志必载。即不载，予亦当知之。且碑趺如此巨制，其碑可知，亦非寻常祠宇所能立，予故曰非本朝物也。”越十余日，任君其相谋于余曰：“据子云则定为南唐、赵宋物，近千年矣，邑金石莫之或先。既显复晦，甚可惜。盍置之南山寺中，为邑增一古迹？路近且便。予已商之石姓，颇欣然，听客之所为。运力，则予与子分任焉，何如？”予曰：“诺。”爰诹吉于闰六月廿四日，集壮夫三十二人，穷力一日，始出坎。翌日，坏垣出。众力不能举，因用滚木五六段，更番起落，挽以长缅，众犹弗胜。又益以修迎春桥石工八人，由纪家巷而北，循千户所署大街而东，过东黉门，折而西南。时挽夫近五十人，每曳动约十许步，即少休。轰轰然声撼林木，挽夫汗如浆，滚木寸寸屑，观者倾城至。又一日，始曳至南山寺，置露台东、古银杏树下。

宋池州石埭县令查宝之墓志铭　至和元年。邑人王澹如得于城北查家庄野田中，移藏天禄街紫芝山馆。

将仕郎、试将作监主簿姜谔墓志铭　嘉祐三年。邑人夏荃藏。

《退庵笔记》：出北门迤西行五六里，折而北，有生孙庄，古招贤地。明乡先生、广平太守刘公宏宇，祖居于此。庄有城隍庙，不知建于何时。数年前，庙僧筑墙，掘庙旁地深数尺，得巨石一方。石下甃砖甚固，疑古墓，惧不敢发，掩焉。石固有字，僧不识也，取置庙中，供皮物杵草用。余曩闻其事。道光辛卯十月，余编《海陵文征》初稿成，思石上文当可采，命仆携楮墨往。时大水，僧绝粮，愿售石于余。余念墓志非寺观碑记及关系古迹者，比理固可售，酬以值。十四日，二村夫舁至。石厚三寸强，高一尺八寸，广如之，为宋故将仕郎、试将作监主簿姜君墓志铭，凡四百五十五言。按，姜君家世海陵，没于宋仁宗嘉祐三年，年三十四，当生于天圣三年。没五年，乃葬。葬之岁，距今七百六十有九年矣。姜固宋时邑著姓，有名猎者，登元丰壬戌榜进士。猎子素、元孙济时，亦先后登进士，殆君之族与！撰文、书丹，为“乡贡进士史原”。君娶于史，志称“予以其亲而不获辞”，则原必姜之妻兄弟矣。书盖为“乡贡进士周尧卿”，《宋史·儒林传》：“周尧卿，道州永平人。天圣二年举进士，积官至太常博士，以庆历五年卒”，先君没十三年。志中书盖之周尧卿，必同名异人，疑与史原均为泰产。而所称“乡贡进士”，即今之举人。考乡贡，在宋时漕试，谓之发解，第阶之，解送南宫会试耳。试不第者，须再试，未阶以入仕也。及累举不第，然后有推恩。元代因之，明初始定为入仕之途。然哀然举于乡者，亦多称“乡贡进士”。史、周在北宋时，均举进士而不第，故例得书乡贡进士也。勒石为浩继安。浩固僻姓，而海陵西溪旧有浩氏，见徐铉《稽神录》所记广陵王姥事。继安，必邑人矣。书既，客谓予曰："以予观姜君，盖宋时一富人耳，纳粟授末秩。特性好施与，非有畸行卓节、巍科显爵而传于世。而子获其墓石，如宝玉大弓，摩抄拂拭，又为之字栉句比，意甚郑重，得无阿所好乎？"余曰："不然，子之论姜君，不过如今之号富厚，遇事出多金，为市义举耳。否则，必制于官司，胁于乡议，勉而出此，非真有所乐而为之也。且其人半驵侩屠沽，龌龊不可近。若姜君，岂其人哉？君甚儒雅，先世有隐德，因司马君高年，蚤撄世，故以资授秩，非其志也。观其亲师友、好问学，其本端矣。他若善行，多可称述。其尤卓卓者，置全监书，功在黉序。其会乡老贡士，赒助宴衎，明中宪王公相说林居时曾行之。中宪为邑贤士夫，而君实先之，不可谓之不贤矣。使君享年，其措施必伟。惜年不称德，赍志以没，良足悲矣。自唐宋科举之制兴，而明制极重科甲，士之以他途进者，虽有奇材异能，皆不得比数。顾亭林论科举之弊，曾极言之。宋仁宗时，号称郅治，距今久远，风俗人心，必不如亭林所论偏重科目偷薄之甚。而子顾以今人之胸臆轩轾古人，不亦颠乎？若余之重此石也，则更有说。以姜君之所为，皆余之所欲为，而资力不逮然。如余之网罗散佚，矻矻穷年，托删订之役，阐往哲而诏来兹，所编唐以下乡先生撰述，成《文征》《诗征》两大部；又撮录杂著，为丛书数十册，得百数千万言。使与姜君生同时，君必深许余，有以助余而趣其成。今瘠田陆沉，梨枣不给。世无姜君，奈之何哉，奈之何哉？且姜君年三十四，余年三十九，有犬马疾；君以资授秩，余亦循例得校官；君子一，余子亦一；君女二，余女三倍之；君之性情嗜好，悉与余近。余之于君，可谓旷世而相感，恨古人不见我也。余虽不欲阿私君，又乌可得哉？然则石之归余，余之重石，谁曰不宜？"客避席言曰："子论甚辩，仆无难也。"客退，因次其语，书之。

御书阁记碑额 无年月。藏邑人夏荃宋石斋。

《退庵笔记》：尤君柳村既以所得广明经幢贻余，复于东城根坏垣中获巨碑额一，篆刻"安定书院御书阁记"八字。余以意逆之，当是南宋物，欲为发棠之请。柳村笑曰："是求其宝剑也。虽然君果能出所谓御书阁记示我，当举以赠君。"退而举扬州府、泰州、如皋县各志求其说，不可得。且安定书院，自宋宝庆二年州守陈公垓建于城西泰山前，而碑额顾出自东城，尤足异。复取前明崔公所纂《安定胡公书院记》、邑人陈公应芳《重修泰山书院记》、宫公伟镠《重修安定讲堂记》遍阅之，皆指城西今胡公书院。只湛公若水《安定先生祠堂记》云："南昌王君公弼来守泰州，卜城东南之隙地，以州之赎金，撤官之闲屋而兴之。"而宫公伟镠《复张玉甲学使书》亦称："安定祠在城东，其后人之不肖者鬻于官，为御史行台，即今东察院地。"据此，则宫公所称鬻官之祠，即州守王公所创者；所云东察院，在州治东南，久废，与今试院为明嘉靖时抚军李襄敏开府、旧志亦号察院者异地。但在城东南者，乃公之祠堂，非书院，似又不能无疑。岂城西书院废兴无常，后人因移此碑于公之祠堂，日久祠废碑亡而额存与？至书院之有御书阁，则尤不可考。按，《上庠录》云："先生在太学，四方之士自[1]远而至者，太学不能容，遂傍取官舍，以为学舍。太学西庑，即御书阁所在。祖宗以来，严火禁，斋舍不许灯。公请于朝，乞勿禁，士始便之。"此先生在太学时事，后之建安定书院者，或略仿太学之制，建阁以贮御书，便士子诵习，亦事理之所有。大抵御书阁必宋制，明代亡有，故余谬定为南宋碑额者以此。若必欲确指御书为何代物，阁定何时建，文献无征，余虽好辩，亦难臆断，姑缺疑，以俟习知古事之君子。

佛顶尊胜陁罗尼经幢 无年月。以字体定为宋元间物，藏邑人程嵩龄家[2]。

土神残石 年月泐，字体类宋元间物，藏邑人高裕寿家。

明南山寺钟 永乐十八年铸。

《退庵笔记》：南山寺大殿铁钟，以铜为钮，架以二巨木，不足异，寺僧颇傅会其说。钟文坟起，为永乐十八年铸，是邑诸寺中钟最古者。

重修城隍庙碑记 正统五年学正孙琛撰，知州骆士隆等立，详见《艺文二》。

处士王震墓志铭 正统九年。藏邑人夏荃宋石斋。

《退庵笔记》：江都梅蕴生植之，博雅士也，工诗善书。幼好鼓琴，长益癖焉，慕嵇中散为人，自号嵇庵。与予神交有年矣。丁酉二月，蕴生以科试来吾州，一日薄暮，飞札至，曰："顷过州桥东巷中，见草屋土墙下，有明志石一方，其文殊可传，未审曾见而采之？否则急扛之，堪与与宋志相辉映。"翌日，余邀蕴生至其处，商之主人，酬以值，石归于余。盖石篆书"大明故处士王公达阳墓志铭"十二字，下角微缺而字不损。志石裂为二，上方小缺。合之，亦不失一字。按志文，处士王姓讳震，字达阳，世为湖广江夏人。先世仕维扬泰州，遂家焉。自其祖以武功显，赠怀远将军，子孙亦多以武秩世其家。处士独潜德不仕，孝友而好义。卒于正统八年癸亥，寿七十六。子一，孙曾十许人。卒之次年，葬于城东永吉乡。子昭状其事，请铭于州学正孙琛。琛，天台人，见《州志·秩官》，而不详其世次。据志文，知其为正统间任。凡金石文字，多足补史乘之阙，此其征也。书丹者邑人李用，篆额者邑人周选。选，永乐间贡生，官昌平通判。用，宣德间贡生，官宝庆同知，见《州志·选举》。计余获石之年，距正统甲子，得三百九十五年。视前所获嘉祐八年姜君志石，此其亚也。余年来遍搜邑中金石文字，竟失此石。匪蕴生物色之，几何不以泥涂终耶？今年余甫得交蕴生，而蕴生即以

[1] "自"，原本作"至"，据程抄本改。
[2] "家"，程抄本作"居住之因树园"。

此石贶予，余两人真可谓石交矣。迹处士生平善行多可纪，盖隐君子也。故湮没四百年，卒得蕴生而大显于世。余急录其文，入《海陵文征》，并属蕴生为文纪之，备他日故实云。

国子助教张颀墓碣 天顺三年立。在赵公桥北菜田中，墓前。

《退庵笔记》：张公颀，宣德乙卯举人，官国子助教。以子文贵，赠员外郎刑部。其墓在赵公桥北，墓前有碣，南向，小半没土中，字迹漶漫，惟碑之首行“国子助教张公墓表”八字，尾行“大明天顺三年，岁次已卯嘉平月（“下浣”缺）孝子文等泣血立石”等字，略可辨。夫天顺己卯，逊斋先生领解岁也，至今道光辛卯计三百七十四年，石字漶漫固宜。国朝张海房太史，于颀为九世孙，太史尝称兴化高文义表其墓碣，所勒者是也，惜无可考矣。公教授临邑时，士子祀其像于学宫，学者称“茂才先生”，其言行必多可述，而州志不为立传。录之，且以补丘墓之阙也。

义官储璟墓志铭 弘治元年，储巏撰文，冒政书丹。在通俗教育馆。

按，此文懿公撰其从祖墓志铭，叙储氏谱系、家世甚详，志称公葬于永吉乡李家之原，当在今城东斜桥。不知何年出土，砌于土地祠内墙下，埋没残砖荒草间。通俗教育馆主任徐钟岳移置馆中博物部，计距公之葬已四百三十余年，而石质完好，一字不缺，良可宝也。

处士钱诚墓志铭 弘治十一年。藏邑人程嵩龄因树园。

敬一亭碑 嘉靖七年立。在学宫明伦堂。

按，碑刻明大学士张璁等请将所著《敬一箴》并解注范氏《心箴》、程子《四箴》，通行两京国子监、南北直隶十三省提学官，摹刻于府、州、县学，题奏四通，世宗谕旨五通。而《敬一箴》与五箴解注不列于碑，意或别刻一石，今不存矣。

敕赠林宏承德郎敕命碑 嘉靖十二年立。在东门外东山寺前，墓上。

《退庵笔记》：余家先茔在东门外土山庄，去先茔百余步，田野中有丰碑屹立，岁时展墓，未暇考也。己丑五月，病初起，力疾扫墓。时田麦尽刈，因得纵步至碑所，读碑文，始知为林子仁先生赠公墓。公讳宏，见《州志·封荫》。碑文乃嘉靖十二年敕命一通，字大如碗，尚可辨。顾墓土剥落殊甚，荆棘如蝟。询土人，知久无人拜扫矣。耕者因碑存，故不敢遽夷其墓，然日见侵削，危矣哉！

督抚刘公报德祠碑记 嘉靖二十年蒋应奎撰，在海安镇凤山，详载《艺文二》。

重修南山寺碑记 嘉靖三十年邑人李鹏撰，嵌在南山寺后殿西北廊下壁上。

巡按江北誓辞碑 万历二十四年巡按御史蒋春芳撰书，在城隍庙功曹殿，详载《艺文二》。

重修城隍庙碑记 万历二十七年郡人黄鹗撰，知州张骥等立，在城隍庙，详载《艺文二》。

三塘李氏宗祠碑记 万历四十四年刘时雍撰，在海安镇。

范文正公祠碑记 万历四十四年勒石，邑人王纪撰，在海安镇。祠内碑后有跋云："海安之有范公祠者，盖自嘉靖戊子始。□□□□余年，垣宇几颓，曾未有纪其事者，则后有废兴，将何取证乎？吾侪讲学其间，既□□修理矣，尤虑无以垂远，乃询之故老，得[1]本镇向登家尚有碑记原稿在焉。阅之，果详且悉，遂跃然喜曰：'此天所以绵范公也。'复捐资勒石，以垂不朽云。"

按，碑文作"乡民向政、杨乔、向澍等建"，府州志载"里人程清、程泮、李祐、李社"等，当系重修而勒石者。碑后之跋，疑即程清等勒石时所记也。盖王君之文作于嘉靖戊子，至万历丙辰，已阅八十九年，祠宇几颓。程清等重修，始于向登家求得王君原稿而勒诸石，并跋其后也。碑文载《艺文二》。

董孝子祠碑 无年月，以祠为万历四十五年建，故列于此。

《退庵笔记》：董孝子名永，丁溪场人。鬻身葬父及遇天女事，详《州》志。永与父墓，俱在丁溪辞郎河。辞郎庙、缫丝井、凤升井、凤升桥、义乡桥诸古迹，皆永故事。永，西溪人，为吾邑人物之冠；其井、墓，亦古迹最久者。祠为万历四十五年盐院谢公建，今在城内西南丰利桥西，潮音寺内。寺旧为火星祠，后改建，不知孝子祠何以合并为一。己丑冬，偕程鹤衫往访。寺外古木郁森，日月亏蔽，甚幽僻。入寺门，屋不多，而堂庑修整。由佛堂西廊入小门，有破屋三楹，屋内竹木杂沓，灰石坌集，将为新祠计。中木龛，供孝子、天女像，冠帔藻缋，剥落殊甚。龛下砖台嵌碑石，高[2]三尺许，因与鹤衫移案稍前，俯而读之，中勒"至孝先贤[3]西汉董公神祠"十大字，两旁勒"公讳永，丁溪人。父殁，贫不能葬，自鬻身于本场治丝家。天降玄女，配。后女白昼飞升，传云孝感所致。侍御谢正蒙，粤西人，巡鹾两淮，梦公与语，因建董公仲舒祠于江都；夜复梦公，乃建祠于此"，下勒"高沙张大忠立愿重修"九字。按，碑载谢公感梦建祠事，与紫元太史所纪同。第张大忠乃邻邑人，捐修之由并岁月，俱未详。凡有修置，须撰文勒石，俾后之人有所考。惜谢公当日，未立碑石，为缺典耳。寺尼告余曰："祠因[4]列祀典，屋久坏。官至，无展拜地，甚苦之。前以屋圮，故请于州牧王公，许之，委吏

[1] "得"，新抄本作"将"。
[2] "高"，原本脱，据夏荃《退庵笔记》卷三补。
[3] "先贤"，原本作"先圣"，据《退庵笔记》卷三改。
[4] "因"，原本作"固"，据《退庵笔记》卷三改。

目诸惟诠勘修。吏目索贿不得,卒尼其事,事遂寝。计明春必欲兴之,不敢复请于官矣。”尼名普源,七十许人,貌诚朴而勤操作,类苦行有道者。明年闰夏,偶与张式南过寺,则祠已焕然新,像饰炫烂。且移碑石于东壁,从余说也。余允普源为孝子作记,今忽忽未有应,抱憾先贤矣。

重建吉祥庵碑记 天启二年邑人刘宏宇撰,在城北桑家湾吉祥庵中。

《退庵笔记》:余近搜集邑中金石,或告余北乡桑家湾庙有古碑,欲访之,未果也。阅《州志·寺观》,州治北十五里桑家湾,有吉祥庵,疑即此。庚寅秋,属小舟往吉沟观获,携纸笔置箧中。过桑家湾,见岸侧有庙,遂舍舟登岸。入庙门,见殿之西廊,巨碑在焉,乃《重建吉祥庵碑记》,刘公人斋撰,时天启二年也。碑刻尚完善,就录之,文甚平平。念邑中碑版无多,不忍弃置,拟收入《文征》中。按,《记》称庵名吉祥,太仆兰台公所题,创始在万历己酉。顾其称“唐元中丞相桑公肇基兹土”,故湾以桑家名。玩“唐元中”三字语气,疑有脱误。桑丞相,不知何许人。又称“村中井石,可为的据”,考井在村中如意庵,有小石栏,无年代款式,不足为据。叩之土人,亦莫详其说,碑文殆出于傅会。庵僧导余至殿中,指示曰:“此国公匾。”仰视,中悬“三藏法堂”四字额,为魏国公徐宏基题。庵在前明时供奉《藏经》全部,刘《记》称僧祖节、达岑修习净因,阅《如来藏》,指此。经久散失,尚存二巨柜。僧启柜示余,蠹蚀特甚。余属僧仅护之,亦抱残守阙义也。庵仅十数楹,制颇隘。据刘《记》载,当日庵基只一亩五分,建庵费只三百余缗,可概见矣。地又僻远,乃时邀士夫足音,如陈、刘诸公,不惮为之题名、撰记,阐扬律行。且所藏《藏经》,为邑诸丛林所未有。若祖节,若达岑,必浮屠中有道者,能度越寻常比丘矣。

樊氏买山券砖 天启五年。邑人王贻典藏。

按,买山券之刻,其制甚古。东汉建初元年,已有会稽冢地刻。后世踵事增华,至唐季尤盛。多摭取道流语录、符箓之类,瘗之冢中,以为吉兆,亦如会稽刻石首列“大吉”二字之意也。此砖二方:一刻符箓,周以八卦;一刻券文,自左向右读,字势峻整,饶有古致,洵明代金石之最佳者。

光孝寺捐金置田碑记 天启七年,邑人陈王业撰书,杨应诏等立。在寺内大殿东偏。

州侯徐公重建鼓楼碑记 崇祯八年,邑人刘万春撰。在鼓楼废基上,详载《艺文二》。

文庙石炉 无年月。清初出土,当系明代制,在大成殿香案上。

《退庵笔记》:今文庙大成殿香案上所供石炉,乃国初邑人王公孙骠劚地所得,极爱重。骠临殁,嘱其子晋源送入文庙,供朔、望升香。骠为鞠劬中宪从子,即除里中马矗之害者,功在桑梓甚巨。子晋元,即雪樵先生,雍正癸卯解元。玩炉制,长方,无足,高□寸,《州志》骠传谓之石鼎。

清西山寺钟 顺治八年，通州刘田等铸，寺僧明錞书，李大观、吴从聘刻。在大殿内架上。

按，《退庵笔记》载："西山寺殿角铜钟，遍体錾经文。苦阴暗，莫辨铸钟年月。"又云："元帝庙僧觉定告余：泰诸寺钟，以西山为最。中多金块，谛视可见。"今观此钟，铜质精美，含金之说不虚。钟文第一层刻阳文"皇图永固，帝道遐昌。佛日增辉，法轮常转"十六字，字径三寸，体兼篆隶。第二层刻双钩偈语七十二字，作寸楷体，效欧、虞。第三、四层刻双钩《金刚般若波罗蜜经》全文，第五层刻阴文《大悲陀罗尼咒》，尾刻书者、刻者、铸者姓名。其铸之年月，但书辛卯年，而无年号。询寺僧，谓系顺治年铸，指寺中所供本山神主为据。视主，列住持僧明錞为清代第一世，所谓顺治年铸，自可信。錞字，字书所无，不知何以取名。书法甚工，盖非徒深律行者。此钟为吾邑诸寺钟最要，不仅在铜质之美也。

重修北山寺碑记 顺治八年知州钱履吉撰，邑人李又白书，寺僧济能勒石。在寺门内东壁。

姜凤喈《丛谈偶录》：余于乙卯秋与团蕉墩读之碑文，文分四层，层十余行，第二行读之，文义不接，蕉墩谓且向后读去，数行后复有隔塞处，然皆在一行之首，与前行之尾龃龉，寻行数之，恍然大悟，方知颠倒数行，一经识破，顺口而下，数年之疑始豁然，真快事也。此碑书法极妙，邑人鲜知者，他处拓工至泰，必摹数十本而去。

《退庵笔记》：碑高五尺许，阔二尺许，陷寺门内东壁，碑文分四层，其第二层第十九行误列在第十五行，一转移则顺口而下矣。碑记寺废兴始末甚悉，撰记者州牧钱公履吉，字子坦，顺治四年任。书丹者邑人李又白，字吟仙，号木庵，天启四年诸生，工书。前州牧刘藻生先生选其诗入《吴陵国风》，非其长也。勒石者，寺僧济能，时在顺治八年辛卯。是日拓碑二通，余与式南更番捶之，观者如堵。前姜丈与团丈读寺碑，寻行数墨，得其误处。又与彭丈竹楼携笔砚，坐碑下抄录。聚观者甚众，今余好事突过诸老矣。

光孝寺僧田碑铭并序 无年月，邑人俞铎撰，在寺内方丈廊下壁间，详载《艺文二》。

按《道光志》，俞公登顺治九年进士，改庶吉士，逾年授御史。时值秋谳，上疏停刑，巡按宣大，疏罢监司之不职者，然则公巡按宣大，当在顺治年间，此碑结衔正称巡按直隶山西宣大等处监察御史，故可断为顺治年立也。

青龙泉石井栏题字 康熙十八年信士潘大礼造，在北山寺两吉光庵前。

重修心斋先生祠记 康熙四十一年，扬关监督殷特布撰，石高尺余，阔三尺许，嵌祠内壁上，详载《艺文二》。

新修崇儒祠碑记 康熙四十二年，邑人沈乔生撰。杨中元书，在祠内，详载《艺文二》。

海安镇关帝庙碑记 康熙四十八年，邑人张符骧撰，在海安镇庙内，详载《艺文二》。

重修六生祠碑记 雍正元年，知州石杰撰，邑人刘大楫等立，在登仙桥南愍义祠内。

《退庵笔记》：登仙桥有愍义祠，荒落芜废，无過问者。庚寅夏，吾[1]偕式南、价人出南门，访打鱼湾诸迹，过祠门入焉。祠屋三楹，甚庳隘，中供木主六，特书茂才虚白刘君启衷、文波刘君光道、印江李君邦相、如江李君邦翰、凤郊邱君启贤、乾斋方君士元神位。众愕眙，莫审其义。久之，于龛侧得短碑一，陷壁内。拭而读之，始悉其事。明万历二十三年，泰大水，有司不以闻。六生奔走诣阙下，吁陈疾苦，得旨蠲赈，全活甚众。归舟抵淮上，同溺于水。州人感其德，祠而祭之。颜曰"愍义"，纪实也。祠之建，由来旧矣，岁久倾圮。至国朝雍正九年，六生后裔刘大楫等，葺而新之，请记于州牧石公杰，今祠中所勒《重修六生祠碑记》是也。记称旧有碑，漫漶不可识。近又百年，旧碑石久亡。考《州记・祠庙》"愍义祠"注，只载六生溺淮，而未详致溺之由。匪碑文，后之人何所据耶？其告灾原疏，亦有关系文字，惜不与缪钦[2]、蔡蕙两疏同登《艺文》，为可憾耳。六生裔，刘姓二十一人，李姓十二人，方姓六人，邱姓五人，皆修祠者，得著名于碑。

高凤翰行隶书石刻 雍正年。在坝署大堂壁上。

《退庵笔记》：泰有监掣官，自雍正十年始。高公西园为第二任，旧无廨署，治事舟中，公乃首创坝署。今厅事东壁陷二横石，一刻公隶书"盐津总会"四大字，一刻行书诗三章，俱超妙，为吾邑金石中不可多觏之品，惜知者少。庚寅，命奴子李庆拓二本藏之。公工书善画，隶书尤佳。晚，右臂患痺，乃用左手书，自号"左手生"。公监掣在雍正甲寅、乙卯间，其翰墨流传极多，至今邑人得公寸楮，甚爱重。

重修祇树禅林碑记 乾隆元年，邑人仲振猷撰。碑在海安镇祇树禅林庙中，文载《寺观》。

顾烈妇墓碑 乾隆十八年，邑人金渠撰，里人尤子朗等立。在东门外

---

[1] "吾"，《退庵笔记》卷三作"五"，属上读。
[2] "缪钦"，原本作"缪嵚"，据《退庵笔记》卷三、程抄本改。

烈妇墓前。

《退庵笔记》：忆幼时，侍先君子扫墓，出东郭数十步，道左有坟巍然，坟前石碣高三尺，先君子指示余曰："此顾烈妇墓也，小子识之。"心窃异焉，不敢忘，然烈妇事未遑考也。道光己丑，偕程鹤衫往东山寺，谒张王像，道经烈妇墓，相与席地坐碣侧审视，始知烈妇事实，详载碑阴。第多年苔藓剥蚀，深入字里，不可辨。勉读数字，辄屈诘不能上口。不得已罢去，心殊怏怏。庚寅闰夏，与张式南携楮墨，至城南拓南山寺碑。乘舆出东门，至烈妇墓下。时日将晡，余短视，不辨碣字。式南用裁纸刀刮苔纹殆尽，字显而石不伤，粗能成诵。余用拓碑余墨取字，就碑顶[1]读之，且刮且读且抄。碣下近土之字，积久深入土中。复用刀轻启其土，伏地尽读之。抄毕，仍覆土，长揖而退。而时乡城聚观者数十人，咸惊叹诧。余与式南相顾而笑，入城，已昏暮矣。途次，谓式南曰："此十余年来心愿，不图今日与君了之，真快事也。"按，妇殉烈事，在乾隆十六年十月初五日夜。碣立于十八年秋，立者为里人尤子朗等，金渠撰文。渠，字子伊，邑诸生，捐资筑茔为章尧文兄弟，捐置石主为谭武城，附书备考。今鼓楼东有木坊，为烈妇建。岁久坊坏，坊下瓦砾拉杂，污秽淋漓，过者恻然。后储文凤函买地坊侧，为其节母建坊祠。工竣，并烈妇坊葺而新之，围以短栅，意甚善，惜其墓日就塌削。设有好义者加封植，亦维持风化之一端也。

重修迎春桥碑记　乾隆十九年六月立，在东门外迎春桥。

重建泰州长堤碑记　乾隆二十六年，巡抚陈弘谋撰，在城北永宁寺门外碑亭。

王贞女墓碑　乾隆三十五年立，在东门外凤凰墩贞女墓前。

《退庵笔记》：顾烈妇墓稍南，有王贞女坟。女许字邑人周风祥。祥殁，女守贞，誓死不夺。陈文柳堂为作传。卒，葬东门外迎春桥北。葬地隆起，方整如罫，上有碑石者是也。

汪梅墅生圹铭　嘉庆元年，共横石十方。首刻梅墅居士小像，次丹徒王文治撰书《生圹铭并序》及《吴塘八咏》诗，次桐城姚鼐撰书《记》。此石亡其前半，故《记》文不全。次钱塘袁枚撰书《生圹铭》，又次则仪征尤荫所题《寿藏吟》。摹勒者刘次山，钩刻精好。旧藏东门尤氏，今在邑人陈云路家。

重修仙源万寿宫记　嘉庆二年里人公立，在东门万寿宫内。

刘猛将军新祠碑记　嘉庆七年，知州陈廷栋立，在仙源万寿宫东祠内。文载《祠祀》。

---

[1] "碑顶"，原本为"碑项"，据程抄本改。

伊秉绶隶书柘庵石刻 嘉庆十一年刻石，藏邑人周姓家。

重修试院碑记 道光十八年知府吴葆晋撰，江都江寿民书，在试院仪门外左侧，详载《艺文二》。

修泰州考棚记 道光二十年仪征阮元撰，吴廷飏书，知州陈玉战等立，在试院仪门外左侧。详载《艺文二》。

凤山殿阁重修记 道光二十八年立，在海安镇。

王氏宗祠董事兼管崇儒祠记 道光二十九年刻，石嵌崇儒祠殿壁上。

重修泰州城隍庙正殿记 咸丰四年，署州事同知徐瀛撰，仪征吴熙载书并篆额，在城隍庙大殿前。详载《艺文二》。

运使乔松年海陵八景诗石刻 同治□年，在小有天园，诗载《艺文二》。

盐宗庙碑记 同治二年，运使乔松年撰，仪征吴文锡书。碑嵌庙内壁间，文载《祠祀》。

学使王先谦、知州陆元鼎倡和诗石刻 光绪十四年，吴子岩钩摹。石嵌试院思补堂西室壁间。

新建延寿寺石闸记 光绪二十二年立，在城西樊川镇南延寿寺内，详见《河渠》。

叶承年摹刻石鼓文 光绪二十五年，邑人叶承年摹刻天一阁本，藏于家。

重刻董文敏行书《金刚般若经》 光绪三十三年，邑人臧克柔[1]摹刻，王贻牟跋，在光孝寺碧云方丈。

[1] 臧克柔，原本作臧柔，据程抄本改。

续纂泰州志卷之三十五

杂　志

陶敬宣，南唐时为泰州刺史，没于泰州。徐铉为泰州司户，于其归也，作诗悼之。陈致雍撰《敬宣谥议》，中云："东吴牧民，勤恤不倦，宽裕顺理，惠和以施。《谥法》：'慈仁和民曰顺。'其陶敬宣，请谥曰顺。"刺史德政，于此概见。《退庵笔记》。

钱昆，字裕之，吴越废王倧之子。归宋，中淳化三年进士，仕至秘书监。性嗜蟹，常求补外郡，曰："但得有蟹，无监州处，足慰素愿也。"《十国春秋》

《州志·秩官》：大中祥符七年，有钱昆者，知州事。计其官泰时，距淳化壬辰仅二十三年，当是一人无疑。宋时士夫，例得乞郡。泰邑产蟹，甲他邑。昆刺州，殆请得之。《退庵笔记》。

侍讲当召对，例须先就阁门习仪。侍讲曰："吾平生所读书，即事君之礼也，何以习为？"阁门奏上，令就舟次习之。侍讲故辞，上亦不之强。人皆谓："山野之人，必失仪。"及登对，乃大称旨。上谓左右曰："胡瑗进退周旋，举合古礼。"其治家甚严，尤谨内外之分。儿妇虽父母在，非节、朔，不许归宁。有遗训："嫁女必须胜吾家者，娶妇必须不若吾家者。"或问其故，曰："嫁女胜吾家，则女之事人，必钦必戒。妇之不若吾家，则妇之事舅姑，必执妇道。"《曾孙滁记》。

时方尚词赋，独湖学以经义及时务，学中故有经义斋、治事斋。经义斋者，执疏通有器局者居之；治事斋者，人各治一事，又兼一事，如边防、水利之类。故天下谓湖学多秀异。其出而筮仕，往往取高第；及为政，多适于世用，若老于吏事者，由讲习有素也。欧公诗云："吴兴先生富道德，诜诜弟子皆贤才。"王荆公诗云："先收先生作梁柱，以次收拾桷与榱。"《家塾记》。

皇宋[1]至和间，为国子直讲，朝廷命主太学，生千余人。先生日讲《易》，每讲罢，或引当世之事以明之，至《小畜》，以谓"畜，止也，臣止君也已"，乃言及中令赵公补所碎札子呈于艺祖之事。《麈史》。

判国子监，其教育诸生有法。先生与诸生食饱，未可据案或久坐，皆于气血有伤，当习射投壶游息焉。是亦食不语、寝不言之遗意也。程伊川曰："凡从安定先生学者，其醇厚和易之气，望之可知也。"为国子先生日，有番禺大商遣其子来就学。其子儇宕，所赍千金，仍病甚瘠，客于逆旅，若将毙焉。偶其父至京师，闵而不责，携其子谒胡先生，告其故。曰："是宜先警其心，而后发诱之以道者也。"乃取一帙书，曰："汝读是，可以先知养生之术。知养生，而后可以进学矣。"其子视其书，乃黄帝《素问》也。读之未竟，惴惴然惧伐性命之过，甚痛悔自责，冀可自新。胡知其已悟，召而诲之，曰："知爱身，则可以修身。自今以始，其洗心向道，取圣贤之书，次第读之。既通其义，然后为文，则汝可以成名。圣人不贵无过，而贵改过。无愧昔悔，第勉事业。"其人颖锐善学，二三年，登上第而归。《李廌记》。

周孟阳春卿，英宗宫僚，圣眷素厚，书简以"老丈"称之。当议储副时，英宗固辞，春卿就卧内谕意。上大悟，拜春卿床下，遂正储位。裕陵在东宫，朝廷复以春卿为翼善。春卿为人纯直，谓不当为父子宫僚，上表力辞，有"亲奉尧言，躬承禹拜"之句。《孙公谈圃》。

林灵素盛时，一日，有诏两学之士问道于其座下，且遣亲近中贵监莅。灵素既升座，首召太学博士王俊乂，久而不出。既出，乃昌言："昔吾先圣与老聃同德比义，相为师友，岂有抠衣礼黄冠者哉？"闻者骇然，各逡巡而罢。王，海陵人，历宰掾，分符而终。《清波杂志》。

予憩燕京会同馆，有梁大使者，先朝内侍官也，入馆传旨，赐金澜酒两瓶，银鱼、牛鱼二盘，瓶、盘皆金银之为，升龙交错，形制甚精古，且并令留之。古乐府曰："月穆穆以金波。"金澜之名，其取诸此乎？然金澜，金运其

[1]"皇宋"，《麈史》卷一"忠谠"作"皇祐"。

将阑也。银鱼长尺余，比南方者尤大。牛鱼，出混同江，其大如牛，或云可与牛同价，故名。又燕中暑月，于冰窖造御酒甚清洌。使至，尝被赐。女真人多酿糜为酒，醉则杀人。盛馔以雁粉为贵，以木柈贮之，其涬黑色，以生葱蒜韭之属置于上，臭不可近。又俗重茶食，阿姑打开国之初，尤尚此品。若中州饼饵之类，多至数十种，用大盘累饤，高数尺。所至，供客、赐宴亦用焉。一种名金刚镯，最大。《海陵集》。

周枢密麟之充金哀谢使，金主爱之，享其所钓牛鱼，非旧例也。枢密糟其首，归献于朝，同馆王龟龄目为“鱼头公”。闻金人甚贵此鱼，一尾之值与牛同。《二老堂杂记》。

裒类父祖著述，版行于世，惟后嗣是责。若父祖捐馆日，子孙幼弱。及一旦编纂，岂免小有疏略？当随拾遗佚而为别集可也。族叔同知《海陵集》已有墨木，然于《内制》不载批答。又小官刑赏告词，语虽简而切当功罪，最为用功处。绍兴复疆，除两京留守，孟庾西京路，允迪南京。旋坐失守，皆贬责，后追复官职。适当草制，孟曰：“属关中之事，初有望于萧公；弃河上之师，尚何尤于高克？”路曰：“惟睢水之遗忠，始焉有愧；比李陵之失节，终则为多。”制出，士皆传诵，今俱不收于集。《清波笔记》。

施宜生，福人也。少游乡校，有僧过焉，与之言，引之鱣堂下，风檐杲日，援手周视曰：“余善风鉴，子有奇相，故欲验予术耳。归，他日当语子。”又数年，遇诸途，宜生方踬场屋，不胜困，欲投笔。漫征前说，以所向扣之。僧出酒一壶，与之藉草饮，复援其手曰：“面有权骨，可公可卿。而视子身之毛，皆逆上，且覆腕，然则必有以合乎此，而后可贵也。”时范汝为讧建剑，宜生心欲以庄严、尚让自期，而未脱诸口。闻其言，大喜，杖策径谒，干以秘策。汝为恨得之晚，亟尊用之。亡何而汝为败，变服为佣，渡江至泰。有大姓吴翁者，家僮数千指，擅鱼盐之饶。宜生佣其间，三年，人莫之觉也，翁独心识之。一日，屏人问曰：“天下方乱，英雄铲迹，亦理之常。我视汝非佣，必以实告，不然，且捕汝于官。”宜生不服，曰：“我服佣事惟恭，主人乃尔置疑。请辞而已。”翁固诘之，则请其故。翁曰：“汝动作皆佣，而微有未尽同者。余日者燕客，执事咸馂，而汝独逊于诸侪。撤器有噫声，若欿然不怡。此鱼服而角也。我将全汝，而何以文为？”宜生惊汗，亟拜曰：“主实生我，不敢匿。”遂告之由。翁曰：“官购方急，图形遍城野，汝安所逃？龟山有僧，可托以心，余交之旧矣。介之入北，策之良也。”从之，翁赆之金，隐之衲至寺，服缁童之服，以求纳。主僧者出，俨然乡校之所见也，启缄而留之。余数旬，持桡夜渡宜生于淮，曰：“大丈夫，富贵，命耳。予无求报心，天实命汝，知复如何？必得志，毋亡中国。逆而顺，天所佑也。”金法：无验，不可行。遂杀一人于道，而夺其符，以至于燕。上书自言，道国虚实。不见用，縻而致之黄龙。会赦得释，因以教授自业。金有附试畔归之士，谓之“归义”，试遭捷。金主时有意南牧，校猎国中，一日而获熊三十六。廷试多士，遂以命题，盖用唐体。宜生奏赋曰：“圣天子，讲武功，云屯八百万骑，日射三十六熊。”主览而喜，擢为第一。不数年，任至礼部尚书。绍兴三十年，金来贺正旦，宜生以翰林侍讲学士为之使。朝廷闻之，命张忠定焘以吏部尚书侍讲馆之都亭。时盟誓方坚，国备大弛，而谍者传造舟调兵之事无虚日，上意不深信。馆者因以首丘风之，至天竺，微问其的。宜生顾其介不在旁，忽庾语曰：“今日北风甚劲。”又取几间笔扣之，曰“笔来！笔来！”于是始大警。及高景山告衅，而我粗有备矣，宜生实先漏师焉。归，为介所告，烹而死。宜生方显时，龟山僧至其国，言之于金而尊显之，俾乘驿至京，东视海舟，号天使国师，不知所终。僧踪迹有异，淮人能言之。出入两境如跳河，轻财结客，又有至术，髡而侠者也。“逆而显，顺而戮”，岂非其相然耶！《宋稗类钞》。

泰州人韩羽，置坟山于近郊，择庆元二年三月课工斩草，建造生墓。正昼间，见一红裳妇人、一皂衣髯翁从山内奔出，极异之。晚归，述与其妻徐氏。徐梦所见二人跪于床下，妇曰：“妾与翁在山五百余年矣，今日方遇主人。无以效勤，敢献微物。”捧出紫袋，中有所盛。徐执之而寤，手内有所执，呼婢点烛视之，见是紫袋中包一瓠，摇之有声，置之于几。明日，韩复入山。夜半，徐又梦二人跪，妇曰：“昨与娘子一瓠，七枣在内。可钻开取食，当生七子，为国家栋梁。如至耄年，尚可与媳妇服，亦主生七孙荣显。闻来日开金穴，如见妾等，不可杀害。”徐曰：“汝等在何所？”曰：“尽在穴中，一长一尺八寸，一高三寸。”徐惊觉，以告其夫。明日，于土内得一赤蛇，长尺八，身红如金。一龟，高可三寸，身绿色。韩以银盆贮之，捧归。翌日启视，无所见，而七枣至今存。《夷坚志》[1]。

欧阳公观为泰州判官，尝夜烛治官书，屡废而叹。妻郑氏问之，则曰："此死狱也，我求其生而不得尔。"郑曰："生可求乎？"公曰："求其生而不得，则死者与我俱无恨也。矧求而有得耶？以其求而有得，则知不求而死者有恨也。夫常求其生者，犹失之死，况常求其死耶？"公廉而好施，善行种种，故其子修为枢密副使、参大政，朝廷推恩三世。人知欧阳永叔崇贵矣，孰知先泰州公积德哉？余愿有民社之寄者，时时三复泰州公对郑夫人之言，奚啻生民之幸？天之所以昌其后者，亦当如泰州公矣。《呵冻漫笔》。

宋钱明逸，久在禁林，不满意，出为泰州，居常怏怏不视事。韩魏公闻之，语人曰："己虽不足，独不思所部十万生灵耶？"吁！魏公之言，真宰相之言也。然则近臣出补，不以民事为心者，岂非公之罪人乎？《学圃余力》。

储巏疏荐谪籍遗才丁玑、张吉、王纯、敖毓元、李文祥，曰："与其旋求敢谏之士，不若先用已试之人。"《皇朝世说新语》。

储巏《答林吏部》云："平世用人，多循资格。感公意，欲以积薪待仆。不知当路之见，正如太仓之放陈也。"同上。

储巏在吏部，留意人才，考注臧否，无不曲当。一时人士竦然戒曰："储公阳秋可畏。"同上。

《豫章漫抄》云：弘治乙丑，内阁试庶吉士，以"春阴"为题，下注："不拘体。"同年王钦佩韦作歌行，为诸老所赏。太仆少卿储柴墟巏读其稿，至警句云"朱栏十二昼沉沉，画栋泥融燕初乳"，柴墟击节叹赏，曰："绝似温、李。"予时在座，曰："本是王、韦。"盖指摩诘苏州，以指其名也。柴墟为之绝倒。《坚瓠集》。

李贽谓储巏曰："公视阳明先生，居然前辈矣。阳明中弘治十二年进士，时公则已太仆少卿，而往来问学若弟子。吁！此公之所以益不可及也。后泰州有心斋先生，其闻风而兴者与！"《续焚书》。

壬辰会元林先生春，其父故漕卒，家贫，善养其母。往往至日中，不能炊，先生拾穗行歌无怨色。后官吏部，卒于邸。检之囊中，仅得银四两，几无以殓，可谓终始一节者。大学士张玉阳赏其卷，批曰："布帛菽粟之文，必

[1] 此条本出宋洪适《夷坚三志》壬集卷十，文字略异。

是笃行君子。”张可谓知人矣。《寄园寄所寄》。

弘治间，一直指观风泰州，题为“非帷裳，必杀之”。一生破云：“服有违乎王制者，王法所必诛也。”盖误以“杀”为辟刑耳。直指阅其文，首录之，云：“异日必登八座。”拆卷乃沈凤岗，后历官部院。《坚瓠集》。

《敬止集》四卷，明陈应芳撰。应芳以泰州之人，言泰州水利，故以“桑梓敬止”之义为名。其书集当时奏疏、公牍、私札，附以六图十三论，其论又兼田赋、漕运而言之。《四库全书总目提要》。

沈少司马遗笏，今藏裔孙东山家。笏长一尺三寸，端广一寸六分，根广二寸一分，厚二分。背有血点，是公廷杖时股血所溅。公因司马丁汝夔事牵连被杖，距今三百余年，血痕深渍不涅，见之令人竦敬。《退庵笔记》。

茅山道士陈某游海陵，宿于逆旅。雨雪方盛，有同宿者，身衣单葛，欲与同寝，而嫌其垢弊，乃曰：“寒雪如此，何以过客？”答曰：“君但卧，无以见忧。”既就寝，陈窃视之，见怀中出三角碎瓦数片，练条贯之，烧于灯上。俄而火炽，一室皆暖。陈去衣被，乃得寝。天未明而行，则寒冷如故矣。《坚瓠集》。

吴介兹云：“读吴野人诗，如入冰雪窖，使人畏冷。”《今世说》。

黄云，江南泰州人，长身玉立，能文诗，善谈论，负气慷慨。逢俗人稍不合意，辄谩骂之。人目以为狂，不敢近。《今世说》。

黄客汝宁，太守金公为黄旧好，赠贻极厚。时有别驾郑君，所知客多，不能成行。黄一日遍招客，置酒高会。酒酣，以太守赠金尽散诸客而去。故归时止有二十金，其贫如故。人多笑之，黄不以屑意也。《今世说》。

门人张琴，渊静沉默，作歌行踔厉风发，而不失规矩，扬州人无知其工诗者。余取其诗入《感旧集》。《渔洋诗话》。

海盐钱野堂，天姿颖敏，有隽才，工诗，善书画，弱冠即以三绝名京师。平生少有许可，惟推张石楼为知画理者。石楼名嵚，初名崟，泰州人，美丰姿，雅好古玩器，名公卿多折节交之。以资为郎，当授州牧。后竟不仕，画笔最有声。《画征录》。

歙人王文治，著《后村杂著》，其自记小像云：“康熙甲申冬，下相徐子坛长来金陵，偕行者为泰州李子舍。子舍善写真，为余作小照数幅，首荷锄，次读书，次垂钓，次寻梅，次看剑，次游岳图。”《后村杂著》。

海安陈銮、陈镔，相传其先童时牧牛，遇虎，虎欲噬陈。牛力斗，与虎俱毙。陈既免，筑墓葬牛，且世祝焉。至今西门外有义牛坟。《依归草》。

康熙十九年，德州田公纶霞视学江苏，按部至扬郡，校士毕，太守崔公莲生饯公南浦。田公特遣使，招黄仙裳、宗定九舟次夜饮。时，宗、黄舟已先发，未及赴。仙裳感其意，为绘《仙舟图》，邀同人题咏，张其事。其原唱有“谁知夜半仙舟上，相对停灯待布衣”之句，一时盛传之。《悠然堂稿》。

宫鸶邻中宪，罢兖郡归，挟鼍鼓二，一置家庙中，一置南山寺。《夏小正》“二月，剥鳝。”《诗・大雅》：“鼍鼓逢逢。”冒鼓以鼍，由来旧矣。《退庵笔记》。

吴梅村《题海虞孙子长七十寿图》诗云：“同辈半非身健在，为谁写入炼丹图？”自注云：“虞有徐神翁炼丹处。”《梅村诗集》。

陆吴州、张词臣两先生，皆邑之三塘人。少时读书里中，因颜其室曰“双虹堂”，盖取太白“双桥落彩虹”句意。后吴州致位通显，词臣历治剧县，文章、治绩，并耀一时。双虹之名，殆不虚也。《退庵笔记》。

州牧武公柱国，康熙五十二年再任泰州。是年冬，公将去州。百姓相承，塞城门留公，并塞公宅门。适行州试事，公以父老愚忱，导谕累日，权罢考试。越日，宅门始开，又一日城门始开。《退庵笔记》。

丙申夏，吾游吴门，登虎丘，访真娘墓，于高冈榛莽中得之。冈势陡荒，葛野蔓罥，塞不可上。墓前碑高五六尺，广二尺强，大书深刻“古真娘墓”四字，碑右刻海陵陈铁坡重建。铁坡名鐄，字德渊，南村先生之孙，倥侗先生之从祖也。《退庵笔记》。

全兴杨竹圃亲家，拏舟同游海陵，访魏笛生观察，盘桓三日，始分手归舟。时竹圃年七十一，余年七十二，笛生年七十五，皆轻健无龙钟态。海陵城中观者啧啧，以为老人星聚，殆不虚也。余有《下河舟中杂诗》十二首纪之，他日或可编入方志乎？《浪迹丛谈》。

小有天园有双鹤，其一自上海携来，雪翎丹顶，以吕四场白鹤配之，引吭对舞，为斯园增色。后武人折其足，逾日毙。其一哀鸣不食，殉焉。诗人为之赋瘗鹤篇。《竹枝词》注。

泰州北门内水关桥西，有古槐一株，不知历几百年来，对医士张步黄之门。张氏于顺治初迁居于桥西，筑堤以护槐根，架木扶其枝干之旁出者。夭娇龙拏，形势苍古，极一州之巨观。槐西，即陈进士师庆、程解元宇光宅也。《续府志》。

下河风车，为戽水溉田之用。其制：中建木为机心，以利旋转。四旁建水为之廓，系篷六，或束蒲，或束草所成，微风至则全张之，疾风则半张之。其卷舒，系以绳。其四旁，牵以竹缆。其下，架以轮，轮有齿，风动则与水车额头之齿递应，自为转易，以代人力。第下河地皆平衍，水亦平衍，他处则非所宜然，亦足补农政之阙。《续府志》。

坡子街于道光初年数被火灾，曾有人频呼于街侧，曰："一个人，两只眼。"迨火兴，乃悟其为火谶也。或曰："街火，本似火字。天禄街适在坡子街东，命名有自来矣。"《竹枝词》注。

北极楼，俗呼挡军楼，楼上有高僧元度曾书"水"字，所以压火也。后因改修，复火。疑后人书"水"字不灵，不敢再建。《竹枝词》注。

通州牧金刺史小庄咸过境，船泊施家湾，乡勇哗为奸细，胠箧一空。运司但公云湖明伦船泊上河，先后数日，祸相埒。《晋砖室诗存》。

州署前某家筑墙，墙下获铁盔一，古镜一，系南唐时物，周师入泰州后所遗者。《竹枝词》注。

谚说：永宁寺省火神龛，能镇水怪。若动之，则下有井泉洪波突起，为下河害。《竹枝词》注。

魁星阁，在学宫东南。阁三层，塑南北二像，神极灵显。缪沅以己丑科得第，见神跳舞于阁。《竹枝词》注。

乔道士，名贞祜。幼不娶，焚修三十年。殁后，回煞之次日，家人启户视之，见卧室三间，画梅竹疏落有致。王观察广业有诗云"福地洞天三十六，可能一一画梅花"，盖指此也。《竹枝词》注。

蒋藩，邑之清化桥人。不娶，断荤三十载。殁之日，抱膝而化。道家以抱膝化为"骑鹤化"。《竹枝词》注。

附 录

宣统续纂泰州志抄本序[1]

程法

戊寅春，余迁居下河。己卯，由华家舍迁彭茅。偶回城，见书铺收购旧书，不分古今版本，以斤论价，车载肩运，据云回缸造纸。关怀文献者颇觉触目惊心。途遇仲亦侯兄，谈及吾泰志书，明以上已无完本可考矣。崇祯时，有崇祯印本。康熙时，有崇祯刻康熙印本。道光时、雍正时，有道光、雍正印本。光绪时之光绪志，则为油印本。宣统时虽有宣统志，民国以来亦有民国志，但均系稿本，未及刊印。亦侯兄以书籍大遭毁损，望而兴叹，特将手录《宣统志》稿本托余带往乡间。余于乡居无聊时，籍抄写消磨岁月。计全稿三十五卷，分装十本，名曰《续纂泰州志》。抄写既竣，乃将原稿璧还。时民国三十年辛巳元宵日，泰县程法识于西坝张氏斗魁室。

[1] 此篇原载程法抄本《〔民国〕续纂泰州志》册首，今据《泰州文献》第一辑影印本收录，题目为整理者所拟。

后　记

2021年10月,“泰州市旧志整理文化工程”启动。海陵区党史方志办公室负责整理部分《泰州志》,整理工作依据泰州市党史方志办公室拟定的统一标准、统一要求、统一版式,以点校为主,简体横排呈现。

《〔民国〕续纂泰州志》是海陵区现存较为完整、体量较大的方志,海陵区党史方志办公室邀请扬州历史文化研究学者邓桂安先生主持此志的点校整理工作。此次点校整理,对旧志进行标点以及对原稿中存在的讹、脱、衍、倒之处进行校勘。邓桂安先生主要从事地方文献研究工作,先后出版有关扬州古代园林、名人等多部著作。

《〔民国〕续纂泰州志》整理稿完成后,南京出版社安排专业人员进行校核。海陵区党史方志办公室邀请卢红、李华、储质卿等古文献专家,组织本办蔡清、王顺国、易楠希等人,共同对整理稿进行审校验收,提出许多很好的修改意见和建议,一并表示感谢。

志书是地域性文献,旧志点校整理专业性强,不仅需要扎实的文献学功底,还需要熟谙地情。本书虽经多方共同努力,问题和错误仍在所难免,敬请各位读者批评指正。

泰州市海陵区党史方志办公室

泰州市海陵区档案馆

2023年12月